LIESHA LONGTOUGU

猎杀龙头股

巧用指标找准买卖点

丁 力◎著

SPM 南方传媒 | 广东经济出版社

· 广 州 ·

图书在版编目（CIP）数据

猎杀龙头股：巧用指标找准买卖点 / 丁力著. —广州：广东经济出版社，2022. 4

ISBN 978 - 7 - 5454 - 8273 - 7

Ⅰ. ①猎… Ⅱ. ①丁… Ⅲ. ①股票投资 - 基本知识 Ⅳ. ①F830. 91

中国版本图书馆 CIP 数据核字（2022）第 034590 号

责任编辑：蒋先润　谢善德
责任校对：张钰晴
责任技编：陆俊帆

猎杀龙头股：巧用指标找准买卖点

LIESHA LONGTOUGU：QIAOYONG ZHIBIAO ZHAOZHUN MAIMAIDIAN

出版人	李　鹏
出　版 发　行	广东经济出版社（广州市环市东路水荫路 11 号 11 ～ 12 楼）
经　销	全国新华书店
印　刷	广东鹏腾宇文化创新有限公司 （珠海市高新区唐家湾镇科技九路 88 号 10 栋）
开　本	787 毫米 × 1092 毫米　1/16
印　张	17
字　数	299 千字
版　次	2022 年 4 月第 1 版
印　次	2022 年 4 月第 1 次
书　号	ISBN 978 - 7 - 5454 - 8273 - 7
定　价	58. 00 元

图书营销中心地址：广州市环市东路水荫路 11 号 11 楼
电话：（020）87393830　　邮政编码：510075
如发现印装质量问题，影响阅读，请与本社联系
广东经济出版社常年法律顾问：胡志海律师

前言

Foreword

以交易系统来寻找龙头股

不知不觉之中，笔者已在股市和其他衍生品市场摸爬滚打近20年，在经历了几轮牛熊起伏、结识了形形色色的投资者之后，笔者深感，要在投资市场中取得成功是何等困难！经过不断摸索，笔者终于找到了一种简单实用的操作方法，建立了一套比较完备的交易系统，在实战检验中也取得了良好的效果。为了让更多普通投资者了解笔者研究出来的操作方法和交易系统，笔者专门写作了本书。

笔者前面写作出版的两本股票类图书都是以最常见的移动平均线作为核心趋势指标来设计交易系统，关键的买入方法也是偏向保守的回撤均线买入，但这套操作方法需要个股走出非常流畅的主升浪行情，才能在关键的点位给出买入信号，一旦错过这些买入信号就很难再找到介入的良机。最近，A股市场没有出现大牛市，强势个股普遍是阶段性上涨行情，如果继续用之前的交易系统，操作机会并不多。

如今，A股市场的最大特点是个股数量众多，行情分化严重，中短线机会层出不穷，为了更好地把握这一市场特点，笔者设计了一套新的交易系统，本书将详细阐述这套新的交易系统的具体操作。新的交易系统仍然以跟踪趋势为目的，但是以市场上不常用的指数移动平均线作为核心趋势指标。指数移动平均线与移动平均线的区别是前者对趋势的变动更加敏感、对趋势的跟踪更加紧密，在常见的移动平均线还没有形成多头排列的时候，指数移动平均线就可能率先形成多头排列，给出买入信号，让我们能够及时把握住个股的机会。而在关键的买入方法方面，笔者选择了向上突破买入，这相对回撤均线买入较激进，但股价突破之后往往紧接着就会展开一轮拉升，这就能够让我们在买入后不需要等待太长的时间便可迅速获得盈利。

本书共分为七章，由浅入深地导出交易系统的全部内容，从道、法、术、器这 4 个层次讲解这套新的交易系统。第一章主要讲述投资理念，这属于道的范畴，是投资最根本的理论基础，投资者只有对自己选择的道有一个深刻的认知，才能在后续的投资活动中始终坚守原定的方向不动摇。第二章主要介绍各类龙头股的特点，这属于法的初级阶段，笔者把龙头股按照不同的时间周期分为多种类型，我们在投资的时候必须明白自己适合把握哪一类的龙头股。第三章详细阐述交易系统所需的软件指标的编写、设置，这属于器的范畴，能为我们的投资活动提供强有力的保证。第四章、第五章、第六章是本书的核心内容。其中第四章详细讲解了交易系统的买入方法，这当然属于法的范畴，但只是买入的法。第五章主要通过典型案例介绍如何寻找各类龙头股的买点，这是法的运用，属于术的范畴。第六章讲述卖出股票的 3 种情形，分别是止损卖出、逃顶卖出、寻找上涨趋势结束的信号卖出，这 3 种情形各有若干卖出方法或者技巧，这一章也属于法的范畴，是卖出的法，只有把买、卖的方法结合起来，才能更加深刻地理解交易系统。第七章是笔者总结的优秀投资者必备的素质，投资者必须从道、法、术、器这 4 个层次把握交易系统的各方面要点，烂熟于心，具备良好的交易心态，做好交易计划和仓位控制，这样才能在市场上运用自如，最终到达胜利的彼岸。

需要特别提醒的是，本书所有案例，只为研究之用，不构成投资建议，若据此操作，风险自担。

最后，感谢本书策划人及出版社编辑老师的辛勤努力。

祝投资者朋友们心想事成，投资顺利！

丁　力

2021 年秋

Contents 目录

第一章
树立正确的投资理念

任何一位投资者来到股市进行投资，首先必须进行基本知识的学习，认识股市的本质，明白自己能够做什么、不能做什么。笔者认为，入市的第一步，是要树立一个正确的投资理念，如果理念不正确，说明一进入市场就错了，那么结果一定是失败，就算在短时间内侥幸有所收获，未来也会遭受更大的失败。

所谓树立正确的投资理念，主要是指投资者信奉哪一种正确的投资哲学，在这一哲学的指导下采用何种有效的投资方法。只有树立了正确的投资理念，构建起可靠的交易系统，并有效执行，才能确保稳定盈利。

第一节　你对股市了解多少

A 股市场自诞生以来，就牵动着无数国人的心。从 1990 年算起，沪深证券交易所成立仅仅 30 多年。如果从 2005 年股权分置改革算起，A 股市场的规范发展只有十多年，然而 A 股市场却在这不长的时间里，以火箭般的速度迅猛发展起来。

从上市公司的数量和总市值数据看，A 股市场的发展速度可以说在人类历史上都是空前的。最初，上市公司只有上海证券交易所的“老八股”[①] 和深圳证券交易所的“老五股”[②]，但截至 2020 年底，沪深证券交易所上市公司数量已经超过 4100 家。具体来看：2000 年，A 股上市公司数量首次超过 1000 家；2010 年，超过 2000 家；2016 年，超过 3000 家；2020 年 9 月，超过 4000 家。与此同时，A 股上市公司的总市值也发展到了一个极高的水平：2000 年，A 股上市公司总市值为 4.81 万亿元；2010 年达到 26.54 万亿元；而到了 2020 年则达到了 79.72 万亿元，占国内生产总值的 78.45%。

30 多年来，A 股市场为 4000 多家上市公司提供了超过 16 万亿元的直接融资金额，有力地促进了各行业龙头企业的做大做强，为大量高新技术企业的迅速发展壮大提供了坚实支撑，为国民经济的发展注入了源源不断的动力。与此同时，得到 A 股市场大力支持的上市公司，业绩整体保持平稳增长，增速超过同期国内经济增速，对投资者的回报也逐年增多，仅 2018 年、2019 年和 2020 年，连续年分红总额突破 1 万亿元，分红公司占比超过七成。30 多年来，A 股累计分红金额超过 10 万亿元，其中工商银行历年累计分红金额超过 9988 亿元，雄居 A 股上市

---

① 沪市“老八股”包括延中实业、爱使股份、真空电子、浙江凤凰、飞乐股份、飞乐音响、申华电工、豫园商城。

② 深市“老五股”包括深发展、深万科、深安达、深金田、深原野。

公司分红排行榜之首。此外，随着大量上市公司的不断发展壮大，其股价持续上涨，也给广大投资者带来了分红以外的更大收益。可以预见的是，在未来相当长的一段时间内，A股市场还将继续发展壮大，在市场治理方面将更加规范化，在国民经济中的作用也会越来越大。

如今，参与股市交易的群体也在急剧扩大，截至2020年底，A股投资者账户总数已经超过1.77亿户，参与股市交易的家庭数量至少达到了我国家庭总数的三分之一。

在我国经济长期高速增长的大背景下，数以亿计的投资者蜂拥进入股市，但一个无法回避的现实是，其中大部分人是盲目跟风进入股市的，这些投资者很少进行系统的股市知识学习，对股市相关知识知之甚少，更谈不上掌握科学的投资方法，所以他们的投资收益难以让人满意。股市上流传着一句话："七亏二平一赚"，说的就是我国股市投资者的总体现状，即70%的投资者总体是亏损的，20%的投资者盈亏相差不大，只有10%的投资者是盈利的。由此可见，投资者进入股市，一定要先对股市各方面的知识进行系统性的学习，充分了解其中的风险，总结科学的投资方法，反复在市场中锤炼，验证投资方法的有效性，构建出一套有效的交易系统，才能获得满意的投资收益。

投资的方法林林总总，总结下来主要有两大流派，分别是价值投资派和技术分析派。价值投资派的思路主要是深入调研上市公司，重点研究公司的优势和发展前景，然后逢低买入那些有突出优势和广阔发展前景公司的股票，并长期持有，从而获得公司发展和成长带来的红利。价值投资需要投资者沉下心来，专心精研公司基本面，并对未来的市场变化进行准确的预判；另外还需要投资者长时间耐心地持股，其间需要排除股价波动的干扰；更重要的是，需要投资者排除市场上的种种诱惑和主力设置的陷阱。而要做到这一切，对大多数投资者来说是极其困难的，所以能够做出正确判断并坚持走价值投资之路的投资者总是太少。

而技术分析相对来说容易上手。目前，市场上存在着大量的技术分析方法、指标、买卖法则等，笔者喜欢和擅长的投资方法也属于技术分析的一种。不过，需要提醒的是，技术分析虽然上手容易，但要做到运用自如、稳定盈利还是有一定难度的。要做到这一点，首先，投资者必须对股市有一个清晰的认知，对自己的交易方法有深刻的理解；其次，要建立起一套自己的买卖规则；最后，还要具备果敢执行的勇气和强硬的心理素质。

第二节　A股市场的赚钱效应在哪里

最近几年，我国经济规模稳居世界第二，各项产业继续迅猛发展，普通民众的可支配收入也在稳步提高。与此同时，A股市场也迎来了前所未有的复杂局面，尤其是2020年下半年以来，极少部分所谓的核心资产股股价不断走高，并带动各大指数稳步向上，然而大部分个股不论业绩好坏，股价原地踏步，甚至出现连续下跌。2021年1月15日收盘后，笔者查询最近60个交易日A股市场所有股票的涨跌情况，发现上涨数为1124只，下跌数为3003只。而上证指数，也就是股民俗称的大盘，则从60个交易日前，即2020年10月22日收盘的3312点，上涨至2021年1月15日的3566点，涨幅为7.67%，其他指数包括上证50、沪深300、中小板指、创业板指、科创50以及平均股价、总市值等同期都有不同程度的上涨，但一个残酷的事实是，同一时期三分之二的个股是下跌的。

我们再将交易时间拉长，查询180个交易日A股市场所有股票的涨跌情况，发现从2020年4月22日开始，到2021年1月15日，上证指数从2844点上涨至3566点，涨幅为25.39%，同期上证50涨幅为36.13%，沪深300涨幅为42.17%，中小板指涨幅为45.52%，创业板指涨幅为51.25%，科创50涨幅为27.44%，平均股价涨幅为31.97%，总市值涨幅为37.58%，代表中小盘个股的中证500涨幅最小，为19.12%。而同一时期个股涨跌情况如何呢？结果是，A股市场上涨个股数为2025只，下跌个股数为2108只，也就是说在各大指数一路上扬的情况下，180个交易日内，下跌的个股数仍然超过了上涨的个股数！

这一现实告诉我们，股市已经悄然发生了深刻的改变。考虑到数以亿计的投资者大多数都持有中小盘非核心资产的个股，必然会出现大部分投资者赚了指数亏了钱，如此严重的两极分化，用冰火两重天来形容可谓十分贴切！下面我们具体来看例子，见图1-2-1。

图 1-2-1　上证指数（000001）日 K 线（1）

图 1-2-1 是上证指数从 2020 年 3 月到 2021 年 1 月 15 日的日 K 线走势图，图中标示出 2020 年 4 月 22 日的位置。可以看到，上证指数在 2020 年 3 月见底之后反复向上拉升，其间有过将近半年的高位震荡。2020 年底，继续向上创新高，完全是牛市的走势。

图 1-2-2 是交建股份在同一时期的日 K 线走势图。可以看到，该股在 2020 年 7 月初跟随大盘上涨，但超过 2020 年 4 月的高点后立即见顶回落，此后持续不断反复下跌，尤其是进入 2021 年后，在大盘再创新高的情况下，该股仍继续创新低。

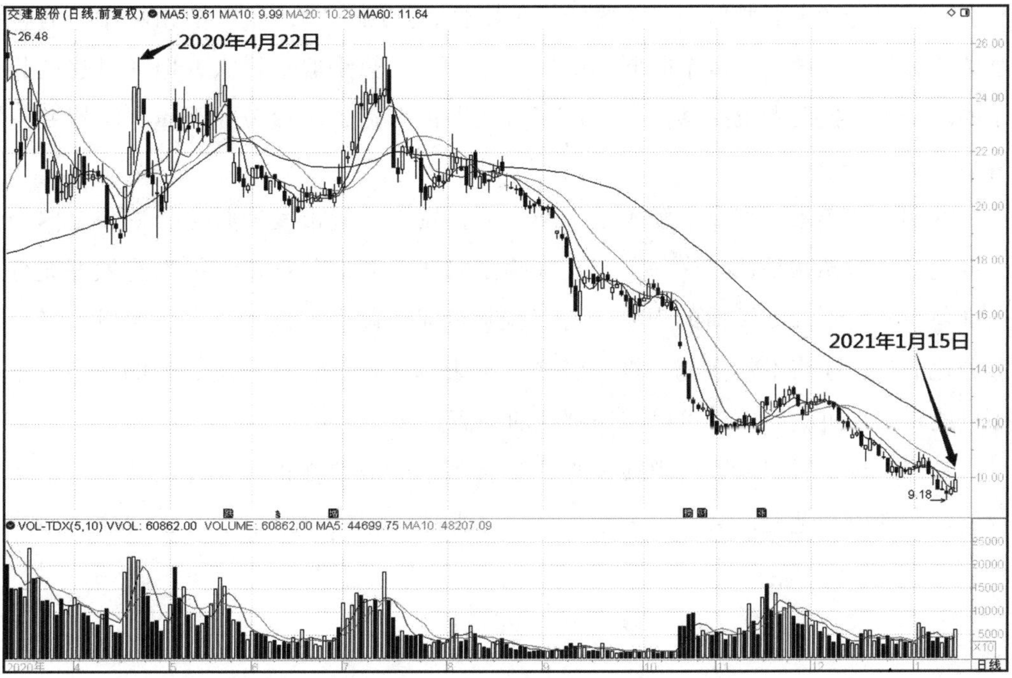

图 1-2-2 交建股份（603815）日 K 线

图 1-2-3 是宝莫股份在同一时期的日 K 线走势图。该股在 2020 年 4 月22 日达到阶段性高点，此后一路向下，疯狂杀跌，最大跌幅达到 50%。

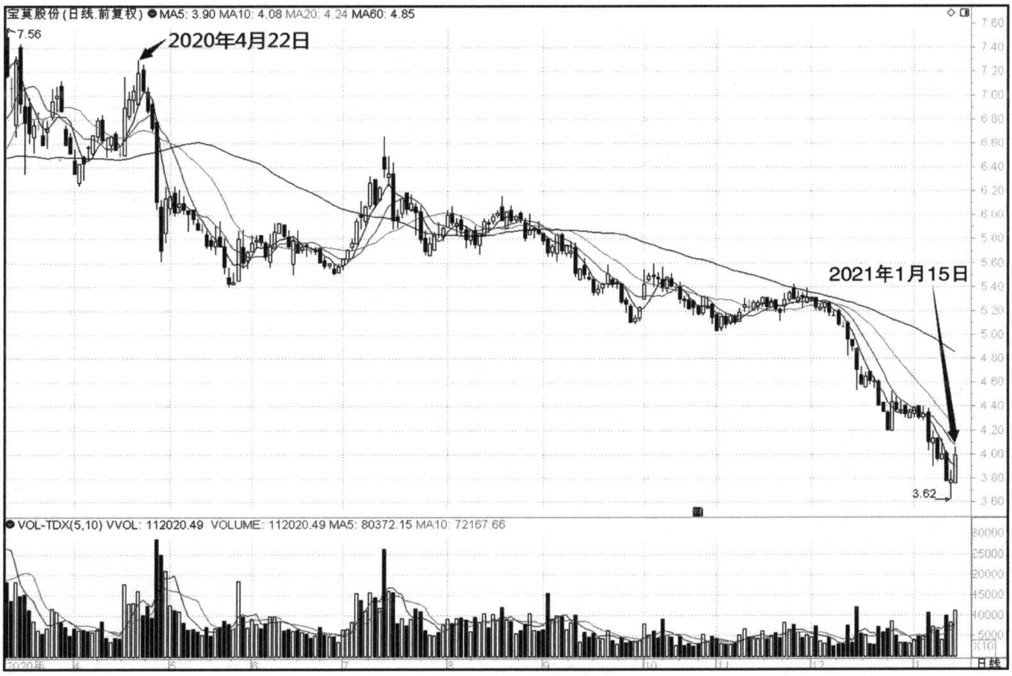

图 1-2-3 宝莫股份（002476）日 K 线

交建股份和宝莫股份两只个股的市值不大，业绩一般，在A股市场中具有很强的代表性。虽然大多数个股同期的跌幅没有这两只个股这样大，但通过这两只个股的例子，投资者也能够深刻了解指数繁荣的背后，个股分化严重，赚钱并不容易。

其实，多年来一直有市场人士不断告诫投资者，股市发展必然会逐步走向个股分化。但遗憾的是，当这一天真正来临的时候，大部分投资者都没有做好充分的准备，不得不接受亏损的现实。可以预见的是，随着时间的推移，A股市场个股分化的趋势还将不断强化，投资将变得越来越专业化，就算出现新的牛市，也不可能再出现过去人人都可以轻松赚钱的局面。

未来，投资者想从股市赚钱，必须学会基本的股票知识和操作技巧，了解市场的赚钱效应并把握机会，而不是全靠运气瞎蒙。

第三节 坚决和趋势做朋友

前文我们提到，市场上的投资方法主要分为两大类：价值投资和技术分析。无论是哪一种方法，本身没有好坏之分，只要能赚钱，就都是好方法。作为投资者，你必须清楚，哪一种投资方法更适合自己。

从投资策略上来说，价值投资主要考虑上市公司的市净率、市盈率等财务指标，以及未来财务指标的发展方向，侧重于现金流，不太关注短期股价走势。技术分析则需要投资者对股价走势的变化进行分析，侧重于获得股票短期价格波动带来的差价收益。

笔者信奉的趋势投资属于技术分析的一种。趋势投资来源于道氏理论，其认为股票价格变动有 3 种趋势。其中最主要的一种称为股价的基本趋势，即股价广泛或全面性上升或下降的变动情形。这种变动持续的时间通常为一年或一年以上，股价上升或者下降的幅度超过 20%。对投资者来说，基本趋势持续上升就形成了多头市场，持续下降就形成了空头市场。股价变动的第二种趋势称为股价的次级趋势。因为次级趋势经常与基本趋势的变动方向相反，并对其产生一定的牵制作用，所以也称为股价的修正趋势。这种趋势持续的时间从 3 周至数月不等，其股价上升或下降的幅度一般为股价基本趋势的一半左右。股价变动的第三种趋势称为股价的短期趋势，其反映了股价在几天之内的变动情况。修正趋势通常由 3 个或 3 个以上的短期趋势组成。这一理论认为，一旦股价变动形成一种趋势，便会持续相当长的时间，此时投资者也应该顺应趋势，保持自己的仓位直至市场发出趋势转变的信号。

一个好的趋势投资者必须有认识趋势的能力，掌握趋势转折的节奏，尽可能早地掌握趋势的变化，在关键的时候做一个趋势先知者。那么，具体如何做呢？一要顺势而为，只要上升趋势不变，即可坚定持有该股票。二要强化技术分析，不必在意个股的业绩和市盈率，但必须重视对技术点位和K线组合的分析。三要抓住主流板块，大环境下股票都有轮动机会，抓住主流板块就抓住了盈利主线。四要注意分清趋势性质，短线品种涨得快，跌得也猛，注意分波段操作；长线品种调整有序，可耐心持有上行通道保持完好的品种。五要注意时间周期，可按照黄金分割理论结合市场行情对大小周期进行动态预测。

市场上有一句俗话：“复杂的事情简单做，简单的事情重复做，重复的事情用心做，你就是赢家!”这句话其实高度概括了投资者在资本市场长久生存的法则，笔者对此感悟颇深。投资者要想在股市上持续盈利，操作起来确实是一个复杂的系统性工程，但是越复杂的事情我们越要将其简化，首先理清楚脉络，掌握好关键点，列出简明的纲目，拟定出具体的步骤，然后才能一步一步着手实施。俗话说，“三百六十行，行行出状元”，不管什么行业，能够做到最高境界的人往往都能够化繁为简，抓住关键点以简驭繁，相对轻松地达成目标。

不过，需要提醒的是，简化以后需要重复做，但绝非简单地复制。我们必须清楚，自己在哪些方面可以重复。市场上有一句话，“历史会重演但不会简单地重复”。我们重复做时，并不能按照预定的模板一模一样地做，而是要考虑当时的市场状况并及时调整。简单的事情重复做，看似重复，但却没有一次操作是一模一样的，每次都有不同的因素加进来，所有的变化在过程中自然发生。

至于说，重复的事情用心做，就是要求我们不能掉以轻心，不能把每一次投资行为当成流水线上的标准动作，而是要用心去应用我们的交易系统，应该坚持原则，绝不能有半点动摇，对市场的各种变化也要随机应变。只有用心才能发现每一次投资之间的相同点与不同点。在投资过程中会有许多预料之外的事情出现，这时就需要我们反复验证自己的投资方法和交易系统是否继续成立，这样才能让我们的投资行为一次比一次好，不断进步。只有用心做好简单的事情，最后才能完成复杂的事情。

“股神”巴菲特的合伙人芒格说过一句话：“我们不需要什么新的思想，我们只需要正确的重复。”这句话其实就是上面三句话的简化版。由此可见，成功的投资者具有一些共同的特征，每个人的投资方法可能各不相同，但最后落实到实际操作的思路、方法，都有很大的相似性。

巴菲特的成功无非是做到了两点：第一，透彻研究个股，把公司未来10年的发展前景都看清楚。第二，把握市场低估值的机会买入该公司股票，然后长期持有等待价值回归。这样一来，投资的成功率就非常高，长期坚持不懈地贯彻执行这种投资方法，用不断的成功累计复利，最后的效果是极其惊人的。普通投资者也完全可以做到这一点，但我们需要在交易方面下苦功夫、笨功夫，真正找到一套行之有效的投资方法，并长期坚持正确执行，不断累积盈利，从而实现长期稳定盈利。

第四节　技巧和理念哪个更重要

相信很多投资者都有一个困惑：投资技巧和投资理念，到底哪个更重要？关于这一点，我们经常看到一些投资者在交流的时候发生争论。

或许，部分投资者没有搞清楚投资技巧和投资理念的内涵。总体来说，投资理念和投资技巧的关系可以看作道与术的关系：投资理念代表道，表示我们信奉的投资哲学，也是我们进入股市投资的初心；而投资技巧就是实现这个投资哲学的具体手段，而且技术多种多样。所以，在笔者看来，投资技巧和投资理念都重要，缺一不可！没有投资理念的投资者如同一只无头苍蝇，在市场上乱碰，只能成为无本之木、无源之水，没有明确的指导思想，今天听信一个消息，明天又相信一个指标，如何提升投资的准确率？而没有投资技巧，就意味着没有具体的手段来实现自己的投资哲学，所谓的目标也成了空中楼阁，空有一番理想，更谈不上成功。

比如，有的投资者进入股市的初心，是认为国家经济在高速增长，投资股票可以分享国家经济增长的果实，其实这就是一种投资理念。秉承这种投资理念的人，可以采取价值投资的方法，精选具有普遍成长性的上市公司进行长期投资，或者干脆买入某一行业的基金或市场龙头公司的基金，从中获得行业或公司成长的红利。不过，很多投资者要么没有能力找到那些具备普遍成长性的上市公司，要么很难排除干扰，坚定持有这些公司的股票，最后只能违背初心，陷入追涨杀跌的恶性循环之中。

还有的投资者，他的初心是坚信股市波动是有规律的，想通过技术分析找出其规律并加以利用，从而实现盈利，这也是一种投资理念。秉承这种投资理念的人，就应该潜心研究技术分析，找到一个适合自己且行之有效的技术分析方法，并构建一套成熟高效的交易系统，最后严格执行，这样也能取得成功。不过，一个残酷的现实是，大多数投资者要么不能建立起一套成熟的交易系统，要么不能严格执行自己的交易系统，因此，长期套牢就成了很多投资者的日常。

根据笔者沉浮股海近 20 年的经验和教训，不论你是信奉哪一种投资哲学，秉承哪一种投资理念，都特别需要两种能力，而且缺一不可。第一种能力，是建立一套符合自身投资理念且有效的交易系统的能力；第二种能力，是排除各种诱惑严格执行自己的交易系统的能力。

笔者进入股市的初心，是相信股价的波动具有趋势性，我们可以跟随股价波动的趋势来实现盈利。秉承趋势投资的理念，以均线系统为核心，经过多年的潜心研究，笔者建立了一套比较完备的交易系统，本书将详细介绍这套交易系统的全部内容。经过几年的市场检验，这套交易系统在实际操作之中取得了很好的效果，在后面的章节中，我们将进行系统性的介绍。

第二章
全面认识龙头股

毋庸讳言，投资者进入股市，最主要的目的当然是赚钱，而实现这个目的要做到的无非就两点：一是尽可能多、尽可能快地盈利；二是尽可能少地亏损。第一点，说的是利润最大化和盈利速度最快化，即要使盈利的效率最高。第二点，即要使投资本金回撤幅度最小。而要做到这两点，相对有效的方法是尽量操作龙头股，因为龙头股的最大特点就是累计涨幅巨大、上涨速度快、回撤幅度小。

当然了，人人都想抓龙头股，但并不容易做到，必须讲究一定的方法。本章我们一起来探讨、了解龙头股的基本特征，以及不同类型龙头股的走势特点。

第一节 龙头股的基本特征

在股市交易中，大家肯定都听说过龙头股，很多人也很想抓住龙头股，那么，你了解龙头股吗？龙头股到底有哪些基本特征呢？笔者经过梳理总结认为，龙头股通常具备以下五大基本特征。

一、公司具备独特的市场优势，竞争对手难以模仿

这是股票市场所有长线大牛股的最大特征，即目标公司一定要具备宽阔的“护城河”，要么拥有独特的专利技术，要么具有成本优势，要么拥有大量的忠诚用户，要么拥有排他性的优势资源、牌照使用权等，这些优势往往会形成强大的品牌效应。总而言之，就是竞争对手难以对它形成有力的威胁，这样的公司自然利润丰厚，而且很稳定，可以有充足的空间来加强这种优势，发展空间广阔。

例如，美国的可口可乐公司拥有独特的配方，产品非常适合广大消费者的口味，所以能够长盛不衰，其股价也是长期走牛，为投资者带来了丰厚的回报。A股市场上，也有类似的龙头股。例如，位于贵州省仁怀市的贵州茅台酒股份有限公司［贵州茅台（600519）］拥有经过长期历史沉淀的独特酿酒工艺，以及历史传承下来的窖泥、窖池和当地独一无二的水资源，能够酿制出独特、优质的美酒，最终造就了A股第一市值股的辉煌。还有位于福建省漳州市的中药龙头公司漳州片仔癀药业股份有限公司［片仔癀（600436）］，其药物研发历史悠久，主打产品使用的是国家一级中药保护品种，具备稀缺原料麝香的使用权，从2004年至2020年，其产品零售价一共上提19次，量价齐升趋势不减，提价仍未触及天花板。该公司立足传统中药，逐步拓展到日化、保健等领域，公司成长空间巨大，在二级市场上，公司股价也是一路高歌猛进。

此外，具备各种优势的 A 股上市公司还包括中药行业的云南白药集团股份有限公司［云南白药（000538）］、东阿阿胶股份有限公司［东阿阿胶（000423）］，家电行业的珠海格力电器股份有限公司［格力电器（000651）］、美的集团股份有限公司［美的集团（000333）］等。

二、公司属于行业龙头，未来市场空间广阔

这类公司和前面说到的一类公司不同，往往来自高科技、互联网等新兴行业，其特点是公司具有独家的高新技术或者盈利模式，属于行业龙头，可以在市场上迅速发展壮大。这种公司即使利润很少甚至暂时亏损，也不影响市场对其的高度关注，只要其市场可以迅速扩张、主营收入可以爆发式增长，那么投资者就会看好公司未来的盈利空间，其股价也会水涨船高。

例如，美股的亚马逊公司，从 1995 年创立到 2014 年的 20 年间，一直亏损，但是公司的业务却实实在在地处于高速增长状态，所以其股价也一直稳步向上。2015 年，该公司勉强扭亏为盈，但是利润依然很少，不过公司的主营收入一直在高速增长，所以市场给予了该公司积极的响应，其股价开始加速拉升，其创始人成为世界首富。

过去，A 股市场上这样的公司相对稀缺，因为根据规则，公司盈利 3 年才能上市，不过随着注册制改革，这样的公司逐渐多了起来。例如，2009 年在创业板上市的惠州亿纬锂能股份有限公司［亿纬锂能（300014）］，是国际领先的锂电池龙头企业，具有多国专利技术，该公司主营收入和利润从 2017 年开始同步加速增长，2018 年和 2019 年均达到了 40% 以上的年增速，其股价也在 2018—2021 年这几年一飞冲天，暴涨 20 倍。还有一家典型公司，即 2019 年在科创板上市的北京金山办公软件股份有限公司［金山办公（688111）］，该公司在所处行业是国内当仁不让的龙头老大。2017—2021 年，该公司主营收入年均增长 40% 以上，尽管公司目前市盈率高达百倍，其股价却迭创新高。

三、实力机构扎堆买入并长期持有

前面提到的两类公司其实并不难找，因为 A 股市场已经逐步进入机构时代，各大机构已然成为沪深股市的中流砥柱，它们以公募开放式基金为主，包括中央

汇金投资有限责任公司、社保基金、证券公司、保险公司、封闭式基金、私募基金、国家级产业基金、各类财务公司、外资机构等。目前，机构投资者参与股市的深度和广度都达到了前所未有的程度，这些机构对上市公司的调查研究也比普通投资者深入和严谨得多，因此，大量机构扎堆买入几乎所有的优秀公司股票，尤其是真正具有良好广阔发展前景的优质公司，直接被机构称为核心资产。因为有机构投资者长期看好，公司股价能稳定走高，就算遭遇系统性下跌，也能率先反弹。在股票软件上打开前面提及的贵州茅台、片仔癀、亿纬锂能、金山办公等公司的基本资料股东栏，前十大股东绝大多数是上述机构，尤其是公募基金。

在A股市场上，真正长期走牛的龙头股，基本都是基金等机构的重仓股，那些没有基金等机构介入的股票，就算出现短线暴涨，从中长期来看也不过是昙花一现，难以成为龙头。

四、中长期趋势一路向上，慢涨快跌

龙头股一般都被市场各方集体看好、合力拉升，尤其是被各类机构投资者持续买入，其中长线趋势都是逐步向上的，很多大牛股不仅周线、月线形成了多头排列，而且季线、年线也都形成了向上趋势，普通投资者在这样的大趋势之中操作，获利的概率也就远远大于亏损。

例如片仔癀（600436），其股价从2007年产生5年均线之后，就一直沿着5年均线向上，其间只偶尔短暂跌破5年均线；再看其季线，最近一次形成多头排列是在2015年6月底，那时刚好是大盘见顶之时，但是该股仅仅小幅跌到季线附近，此后沿着均线逐渐向上并加速拉升。由此可见，龙头股的中长期趋势通常是向上的，其间就算有调整，也只是短线快速下跌，之后就会迅速企稳并逐渐转为上涨。贵州茅台（600519）也是如此，该股近几年幅度最大的一次调整，是从2018年9月28日高点的700元附近大跌到同年10月30日的477元，跌幅超过30%，其间更是出现了该股历史上首个一字跌停板，但是该股迅速止跌企稳，经过一段时间横盘整理后重新开始了新一轮大牛走势。

可以说，龙头股一旦确立中长期上升趋势，出现短期调整时正是难得的买入良机。

五、成交量持续放大，股价反复震荡走高

龙头股的一个明显特征就是走势远远强于大盘和同板块的其他个股。在大部分个股和大盘都处于震荡甚至下跌阶段的时候，龙头股就已经悄然确立了中长期上升趋势，等到大盘走强的时候，龙头股就会伺机爆发，走出主升浪，短线涨幅往往达到30%～50%，甚至更高，领涨于大盘和板块。龙头股的主升浪拉升幅度很大，调整幅度很小，往往量价齐升，盘中抛盘很小，经常拉出大阳线。

龙头股还有一个明显的特征，就是上升周期很长，不像一些短线黑马股拉升一波以后就会萎靡不振，长期下跌。龙头股往往会反复震荡拉升，主升浪过后震荡修复一段时间，再进行下一波拉升。如果将周期拉长到5～10年乃至更长时间来看，真正的大龙头股的累计涨幅都非常惊人，很多个股的股价能翻十多倍甚至几十倍、上百倍。所以，当我们抓到龙头股时，一定不要轻易下车，要坚定持股信心，让利润飞涨。

第二节 优质白马龙头股

龙头股除了具备上一节谈及的基本特征以外，不同类型的龙头股还具备自身独特的优势。其中，优质白马龙头股往往都是蓝筹股，是市场上最受投资者欢迎的热门投资标的，也是市场关注度最高的明星股。

一般来说，优质白马龙头股植根于具有广阔市场容量和稳定发展的行业，基本面信息透明，业绩长期稳定增长，未来发展前景较为明朗，兼具大市值、业绩优良、高成长、高分红、低风险的特点，因而具备良好的投资价值，往往被大量机构投资者买入并坚定持有。

优质白马龙头股的财务指标一般都非常优良并且总体保持稳定增长，主要表现在每股收益、每股净资产值、净资产收益率、净利润增长率、主营业务收入增长率、市盈率和市场占有率等数据上。近年来，随着A股市场扩容和全面注册制落地，相当数量的个股将陷入少人关注的尴尬境地，价值投资的理念日趋深入人心，此时白马龙头股的优异表现就凸显出来了，成为很多人未来股市投资的重要选择。

与此同时，在股价走势方面，优质白马龙头股往往都表现出短期调整、长期反复向上的态势。调整的时候下跌时间短，下跌幅度小；拉升的时候持续性强，累计上涨幅度大，关键点位向上突破的时候拉升坚决，短线爆发力强。投资这类股票，就应该选择在持续上升阶段或者短期向上突破的时机介入，这样在买入后其股价通常都会持续性上涨。一旦成功买入此类标的，往往可以在承受较低风险的前提下获得稳定而又丰厚的投资收益。

从技术来看，优质白马龙头股往往在年线上形成完全多头排列，一旦展开主升浪行情，就会持续多年上涨，其调整以月线调整为主。投资优质白马龙头股时，我们要从月线图上寻找其技术上的买点。此类龙头股需要较长时间持股，相应的累计涨幅非常巨大，非常适合长期投资。下面我们来看一只典型的优质白马龙头股的走势，见图 2－2－1。

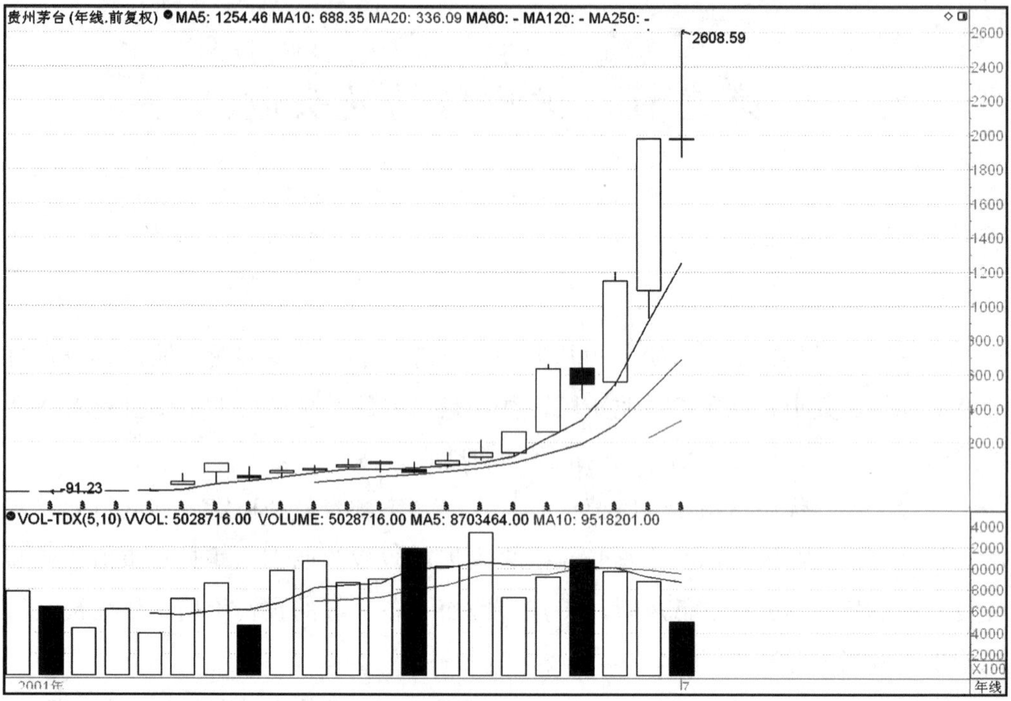

图 2－2－1 贵州茅台（600519）年 K 线

图 2－2－1 是贵州茅台从上市以来的年 K 线图。该股是 A 股市场上最具知名度的优质大白马，是白酒板块当之无愧的龙头股。从年 K 线图来看，该股上市以来，只有 4 年是下跌的，其余 16 年都是上升的，股价基本沿着均线上升，而且上升的幅度越来越大，均线也越来越陡峭。投资这样的龙头股，只要持有时间足够长，就是稳定盈利的，而且持有时间越长盈利越大。

投资者要做的就是学会准确识别这类龙头股，并找到好的时机买入，就能够分享到这些公司不断发展所创造的价值。关于如何在适当的时机点买入优质白马龙头股，我们将在第四章进行具体分析讲解。

第三节 独角兽龙头股

独角兽龙头股和优质白马龙头股有很多相似的特征，但前者最突出的优势是具备广阔的发展前景，或者在一个新兴的行业以及新的市场中具备垄断性优势，其关键就是具有高成长性。但这类公司也有明显的缺点，就是建立的时间较短，往往都不超过10年，目前的业绩不一定非常好，历年的业绩起伏变化也比较大。在投资实践中，市场对此类公司目前的业绩要求不高，而是更看重可能出现的爆发式业绩增长。

与优质白马龙头股一样，独角兽龙头股也容易得到机构投资者的关注。机构投资者会对独角兽龙头股公司进行深入调查、研究，并在评估后投入巨额资金买入那些发展前景广阔的独角兽龙头股公司的股票，因此独角兽龙头股的走势，总体上也是长期向上的。

前面提到，与优质白马龙头股公司不同的是，独角兽龙头股公司的明显缺点是业绩不稳定，每次公布业绩的时候，也是机构投资者对独角兽龙头股的发展状况和股价估值进行重新评估的时候，一旦这些公司公布的业绩没有达到机构投资者的预期，其股价往往就会出现阶段性调整。因此，独角兽龙头股的上升阶段往往具有季度性特点，当它们处于上涨周期的时候，就会当仁不让地引爆行情，成为万众瞩目的明星股，媒体也会不厌其烦地报道分析这些公司的财务报表、市场动态、发展前景等。

从技术来看，独角兽龙头股一般会在月线上面形成完全多头排列，一旦展开主升浪行情，就会持续多个月甚至超过一年的连续上涨，而调整一般以周线级别为主。投资者在投资独角兽龙头股时，一般来说以中线投资为主，通常持股时间要比优质白马龙头股短一些，其最终涨幅也是可观的，所以这一类龙头股更适合季节性投资。下面我们来看一只近年典型的独角兽龙头股的走势，见图2－3－1。

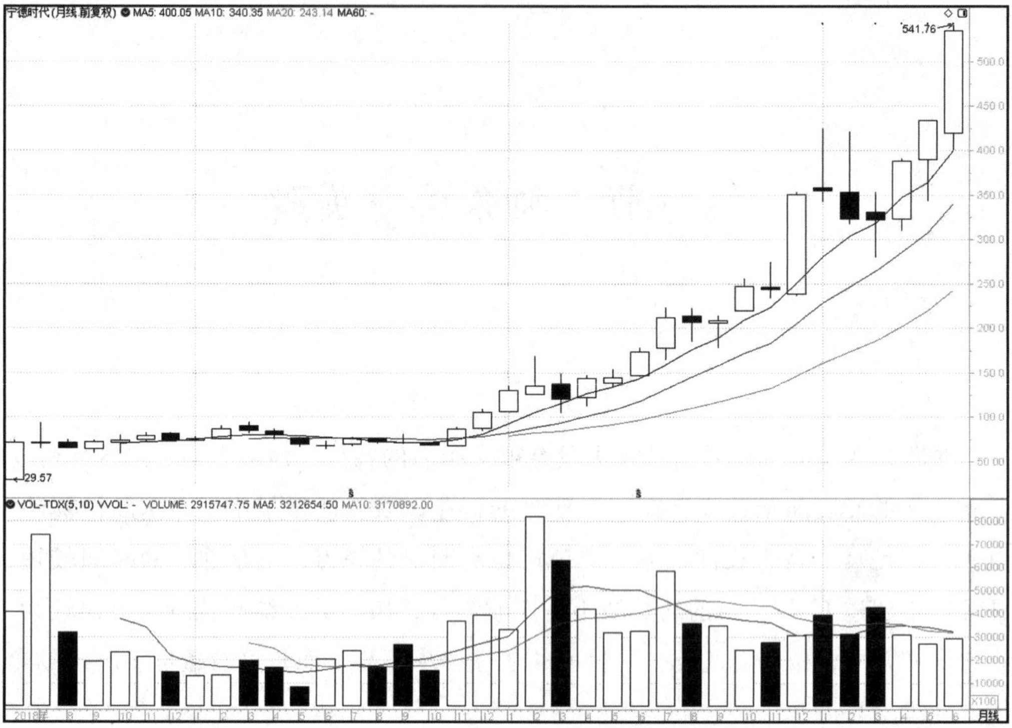

图 2-3-1 宁德时代（300750）月 K 线

图 2-3-1 是宁德时代自上市以来的月 K 线图。该股属于典型的独角兽龙头股。该公司是全球锂电池行业的龙头企业，近年来，随着新能源汽车行业的高速发展，该公司获得了巨大的发展，但其目前的业绩并不能支撑这样高的股价，市场各方主要看中其未来的发展前景。

从月 K 线图来看，该股从上市以来，上升和下跌的时间基本各占一半，如果想长期持有这样的个股，没有选准买入机会的话，那么投资收益是不理想的。此类个股一旦开启中线行情，通常会在月线上形成完全的多头排列。从收益的稳定性来说，投资此类龙头股，投资者需要认真把握其中线上升趋势的形成时间，并找到合适的时机买入，才能获得主升阶段的可观收益。

第四节 阶段热点龙头股

顾名思义，阶段热点龙头股是在某一个阶段受市场瞩目的热点板块，主要在某一阶段出现强劲的持续暴涨行情。从长期来看，这一类龙头股上涨的时间不长，调整的时间也相对较长。但是当阶段热点龙头股成为当时的市场炒作对象之后，就会展开井喷式拉升行情，其短线爆发力是非常强悍的，短期的上涨幅度也是优质白马龙头股和独角兽龙头股无法比拟的。这类龙头股一旦启动，往往呈现出阶段性连续拉升的行情，成为市场明星，并能够迅速吸引各类资金，共同推高股价。

从技术来看，阶段热点龙头股一般会在周线上形成完全多头排列，一旦展开主升浪行情，就会持续几周乃至十几周的连续上涨，而调整一般以日线为主。投资阶段热点龙头股时，以阶段性短期投资为主，我们要从日K线图上寻找其技术上的买点，持股时间一般为几周至十几周，如果能拿得稳，短期涨幅非常可观。下面我们来看一只典型的阶段热点龙头股的走势，见图2－4－1。

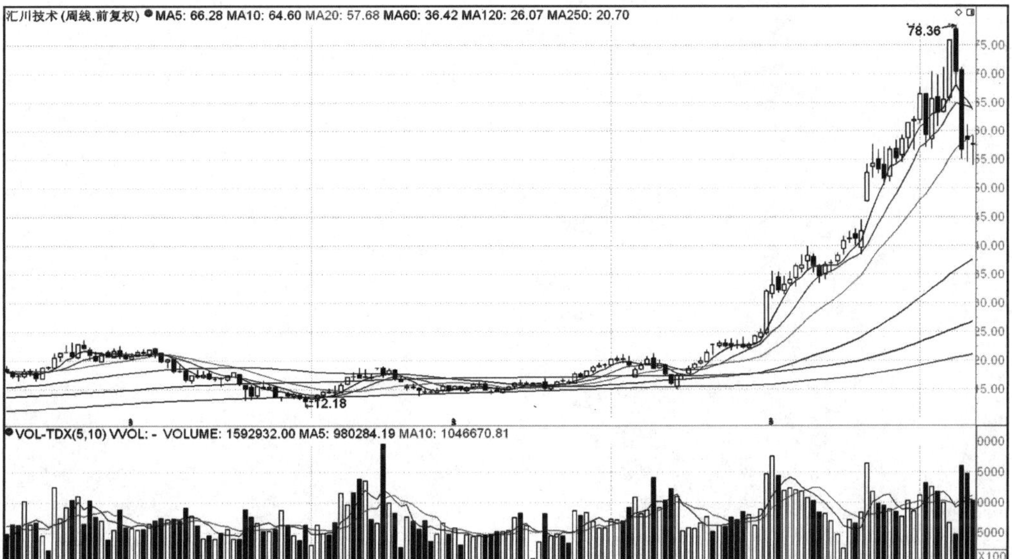

图2－4－1 汇川技术（300124）周K线

图 2 -4 -1 是汇川技术 2018 年至 2021 年初的周 K 线图。这是一只典型的阶段热点龙头股，该公司既是我国工业自动化领域的龙头，又是新能源制造业的龙头。可以看到，该股在 2018 年到 2020 年上半年之间，股价总体维持区间震荡，上升持续性不强，涨幅不大，略有上涨后又迎来较长时间的调整，但在 2020 年 6 月开始形成周线完全多头排列之后，该公司股价走出了一轮持续暴涨的行情。

在股价暴涨期间，该公司代表的工业自动化、工业机器人等行业成为市场各方追捧的热点概念板块。作为行业龙头，其在这段时间的股价表现可谓独领风骚。我们投资这一类龙头股时，一定要找准其阶段性行情启动的关键位置，果断出击，才能抓住其阶段性连续拉升的行情。

第五节　短线爆发式龙头股

短线爆发式龙头股的最大特征就是启动迅速、短线爆发力极强，但暴涨行情来得快也去得快，持续时间较短。这样的龙头股基本面情况参差不齐，其中也包括前文所述的3种龙头股，此类龙头股在经过长时间的震荡蓄势之后，一旦突破关键位置，短线爆发式拉升行情来势汹汹。当然，还有一种不同于前述3种龙头股的标的，其以往的走势平淡无奇，没有形成典型的上升趋势，可能在某一天行情突然启动，股价一飞冲天。一般来说，这类龙头股基本面乏善可陈，公司业绩有好有差，市值大多偏小，很难引起机构投资者的兴趣，操作这类龙头股的一般都是"游资大鳄"，或者是中小机构投资者。

短线爆发式龙头股在行情启动前，都会有一个酝酿过程，然后到了一个临界点，只需要一个契机，股价就会暴涨，而这个契机可能是公司在经营方面有大动作，也可能是受到突发利好消息的刺激。行情启动后，往往以连续涨停板的情况出现，短时间内成为市场热点。

不过，需要提醒的是，此类龙头股的行情往往来得快也去得快：短的行情可能几天时间就拉升到位，然后冲高见顶回落；长一点的行情也不超过一个月，主力就会高位出货，股价见顶。因此，投资此类龙头股，必须精准寻找买卖点，才能在最短的时间内获取最大的利润。

从技术来看，短线爆发式龙头股一般会在日线上形成陡峭的多头排列，一旦展开爆发式行情，多头可能持续几天至十几天的连续攻击，其间甚至出现连续涨停，而调整一般以小于日线的周期小幅下跌为主。

一般来说，投资短线爆发式龙头股时，我们应该以超短线为主，主要从60分钟或者120分钟K线图上寻找买入时机，持股时间一般为几天至十几天，一旦抓住主升浪行情，就会在极短的时间内获得丰厚的利润。下面我们来看一只典型的

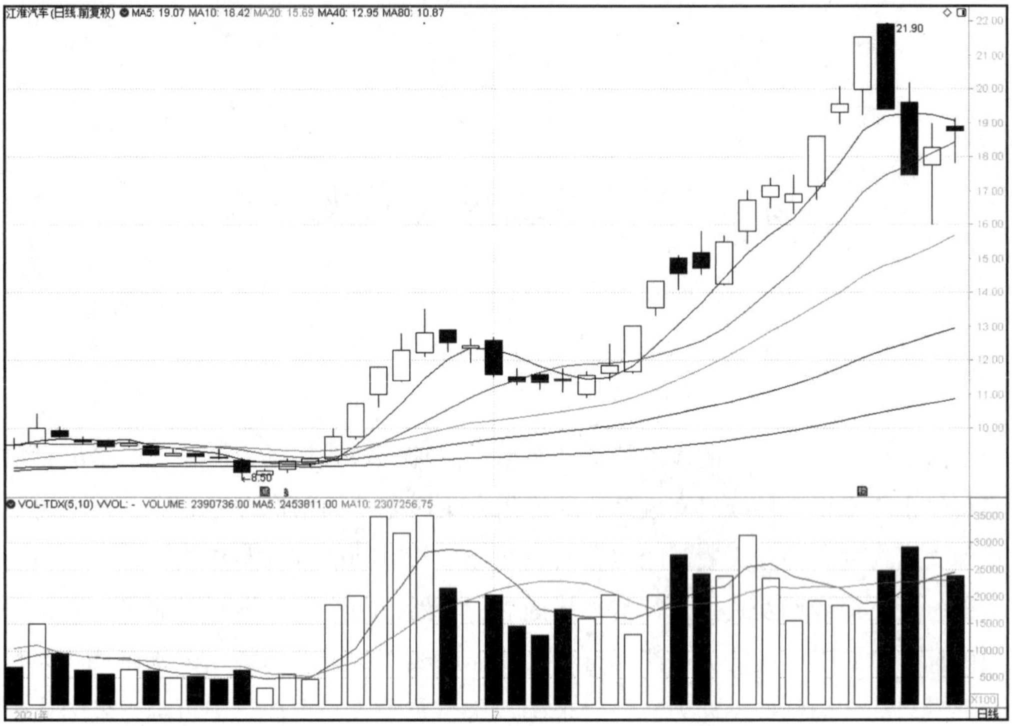

图 2－5－1　江淮汽车（600418）日 K 线

短线爆发式龙头股的走势，见图 2－5－1。

图 2－5－1 是江淮汽车在 2021 年 6 月至 7 月的日 K 线图。在短短两个月内，该股从萎靡不振到放量爆发，经过短暂回调后再次展开第二轮爆发，股价在半个月内就接近翻倍。该股在进入 2021 年之后前 5 个月都是震荡向下的，但是股价暴涨，短时间的拉升就远远超过了前面几个月的下跌幅度，如果我们长期投资该股，大部分时间都是下跌的，投资的效率就降低了。而我们在该股日线形成明显的上升趋势之后，再从 60 分钟或者 120 分钟 K 线图上寻找买入时机，完全就可以做到规避震荡调整的阶段，抓住股价短期暴涨的行情。这在后面第五章再进行具体分析。

下面我们再来看一只长周期没有完全走好，但是短线出现爆发式行情的龙头股，见图 2－5－2。

图 2－5－2　兴业科技（002674）日 K 线

图 2－5－2 是兴业科技 2020 年 3 月至 2020 年 9 月的日 K 线图。该股的周线、月线都没有形成完全的多头排列，但是日线上已经形成了持续的多头排列，股价同样走出了短线连续拉升的行情。

投资者如果在这个阶段，从 60 分钟或者 120 分钟 K 线图上寻找到该股的买入点，就可以抓住这一段股价短期暴涨的行情，获利颇丰。

第三章 构建交易系统

“工欲善其事，必先利其器”，意思是说做任何事情都要做好准备工作。投资股市，同样要先有一套基本完善的方法，这就是交易系统。

上一章，我们讲了龙头股的基本特征，而龙头股的主要优势最终体现在二级市场的股价走势上，如果一家公司的基本面看起来很好，但其股价却长期低迷，其股票自然不是我们要寻找的龙头股。要筛选出适合自己的龙头股，必须从股价走势特征入手，这也是笔者提倡投资者一定要建立交易系统的原因。

要建立自己的交易系统，首先要确立一个指导思想——笔者的交易系统就是以趋势投资为核心指导思想的——然后利用一套指标系统将其具体化，使其具有可操作性和便捷性。一般来说，完善的交易系统必须包含可执行的买入条件和卖出条件，以及资金控制等。

建立一套有效的交易系统后，软件的自动选股功能能够帮助投资者从大量的股票中快速筛选出符合条件的个股，这样既可节约宝贵的选股时间，又能够大概率实现投资目标。

必须提醒的是，投资市场上任何一套交易系统都不可能做到百战百胜，都会出现失败情况，但这并不可怕，有效的交易系统还包括及时的止损条件，能够将每一次投资的亏损都控制在可接受的范围内，然后通过多次交易，提升总体的成功率来实现整体盈利。另外，就算是同一套交易系统，使用者不同，其结果也有可能截然不同。

本章笔者将毫无保留地公开一套交易系统，这套系统由笔者精心研发，并经过市场反复验证有效。

第一节　趋势指标的选择

前面提及，笔者信奉的是趋势投资，在度量趋势的众多技术指标之中，最为直接的是均线。首先，均线是按照股价经过一定运算方法得出的，是相对客观的，不存在争议，不像人为画出来的各种趋势线、压力线和阻力线，因为每个人的水平和看法不同，画出来的各种线完全不一样，分析结果也会大相径庭；其次，均线可以紧密跟随股价的变化而变化，及时跟踪股价的变动方向，便于我们发现趋势并做出决策；最后，均线比较直观，灵活好用，无论是投资新手还是老手，绝大多数人都会使用均线，只不过使用的频率有所不同而已。

最常见的均线就是移动平均线，它原理简单、计算方便，容易上手。目前，市场上所有股票软件都会在K线图上附加显示均线。多年前，以移动平均线作为核心趋势指标，笔者专门设计了一套交易系统，经市场验证效果不错。

但是，在最近几年的交易实践过程中，笔者发现移动平均线往往会滞后于市场的波动，尤其是在个股走出短期爆发式行情的情况下，移动平均线很难及时提示较佳的交易机会。经过深入思考，笔者认为很有可能是由于移动平均线的使用深入人心，所有人都盯着这个指标，资金实力雄厚的主力为了确保自身利益，故意不按照常规技术出牌：要么在移动平均线尚未完全走好时就提前启动行情；要么让移动平均线一定程度走坏破位，等技术分析派投资者卖出止损后再启动行情。这样一来，就带来一个尴尬的局面，就是用以移动平均线作为核心趋势指标的交易系统进行操作，成功率大幅降低，失误率大幅提高。

为了应对市场出现的新局面，笔者进行深入思考后认为，唯有另辟蹊径，寻找另一个核心趋势指标来取代移动平均线，才能彻底摆脱被动局面，用全新的思路开创崭新的局面。经过反复对比和验证，笔者发现了另一种不常见的均线计算方法，这就是指数移动平均线，在通达信软件上其计算函数为EMA。

指数移动平均线本质上仍然是一种均线，但该指标不像移动平均线只是简单计算收盘价的平均值，而是对收盘价进行加权计算，这就使得指数移动平均线的变化更贴近股价的波动，也就能够让投资者更加敏锐地抓住股价变动趋势。因为当前市场上使用指数移动平均线的投资者还很少，所以不用太担心主力刻意用这个指标来进行战略欺骗，也不用担心太多投资者同时使用这一指标，造成市场各方哄抢某只股票。从这点来看，以指数移动平均线作为核心趋势指标构建的交易系统能够最大限度排除干扰，实战中提示的个股交易机会也更多，据此操作的成功率也更高。

移动平均线在股票软件上（以通达信软件为例，下同）通常显示为代码 MA，它是在 K 线图上计算最近某段时间的收盘价的平均值，然后将其连接形成的线。比如5 日均线，就是计算最近 5 个交易日的收盘价的平均值，作为交易当天5 日均线数值，然后把每一天 5 日均线数值连接形成的线。

我们先来看看传统的移动平均线（MA）数值和指数移动平均线（EMA）数值之间有什么差别。首先，它们都是 K 线收盘价的平均值，MA 数值是简单的算术平均值。例如在日 K 线图上，5 日均线（以下简称 MA5，10 日均线简称 MA10，20 日均线简称 MA20，以此类推）数值的计算方法就是，先确定一个权重值，MA5 的权重值就是$\frac{1}{5}$（MA10 的权重值就是$\frac{1}{10}$，MA20 的权重值就是$\frac{1}{20}$，以此类推），分别用最近 5 个交易日的收盘价乘以相同的权重值$\frac{1}{5}$，从而得到 5 个数，然后把这 5 个数加起来，得到最后这个交易日的 MA5 数值，最后把每一天的 MA5 数值连接成线，就构成了 MA5。而 EMA 数值是指数移动平均值，简单来说，在计算 5 日指数均线（以下简称 EMA5）数值时，将最近 5 个交易日的收盘价分别乘以大小不同的权重值，最后一天的权重值是$\frac{5}{1+2+3+4+5}$，前面 4 天的权重值由近及远分别是$\frac{4}{1+2+3+4+5}$、$\frac{3}{1+2+3+4+5}$、$\frac{2}{1+2+3+4+5}$、$\frac{1}{1+2+3+4+5}$，得到 5 个数后把它们加起来得到最后这个交易日的 EMA5 数值，最后把每一天的 EMA5 数值连接成线，就构成了 EMA5。由上可以看到，计算指数移动平均线数值时，权重值的分母不变，EMA5 的权重值的分母就是 $1+2+3+4+5$，EMA10（10 日指数均线）的权重值的分母就是 $1+2+3+4+5+6+7+8+9+10$，以此类推；权重值的分子，最后一天就等于周期数，例如 EMA5 最后一天的权重值的分子就是5，然后每往前一天递减1，EMA10最后一天的权重值的分子就是10，然后每往前一天递减1。那么，EMA有什么好处呢？它给越近的收盘价赋予越大的权重，给越远的收盘价赋予越小的权重，这就能使均线更加贴近股价的波动，使投资者能够更敏锐地把握住股价波动的短线机会。

一般来说，通达信软件上没有直接的EMA均线指标，但有一个系统自带指标叫作“EXPMA 指数平均线（系统）”指标（以下简称EXPMA），这个指标就是用EMA函数画出的两条指数移动平均线。我们可以在通达信软件上打开这个指标的公式编辑器，查看其内部编制原理。打开通达信软件后，按下键盘快捷键Ctrl+F，就可以打开公式管理器，见图3－1－1。

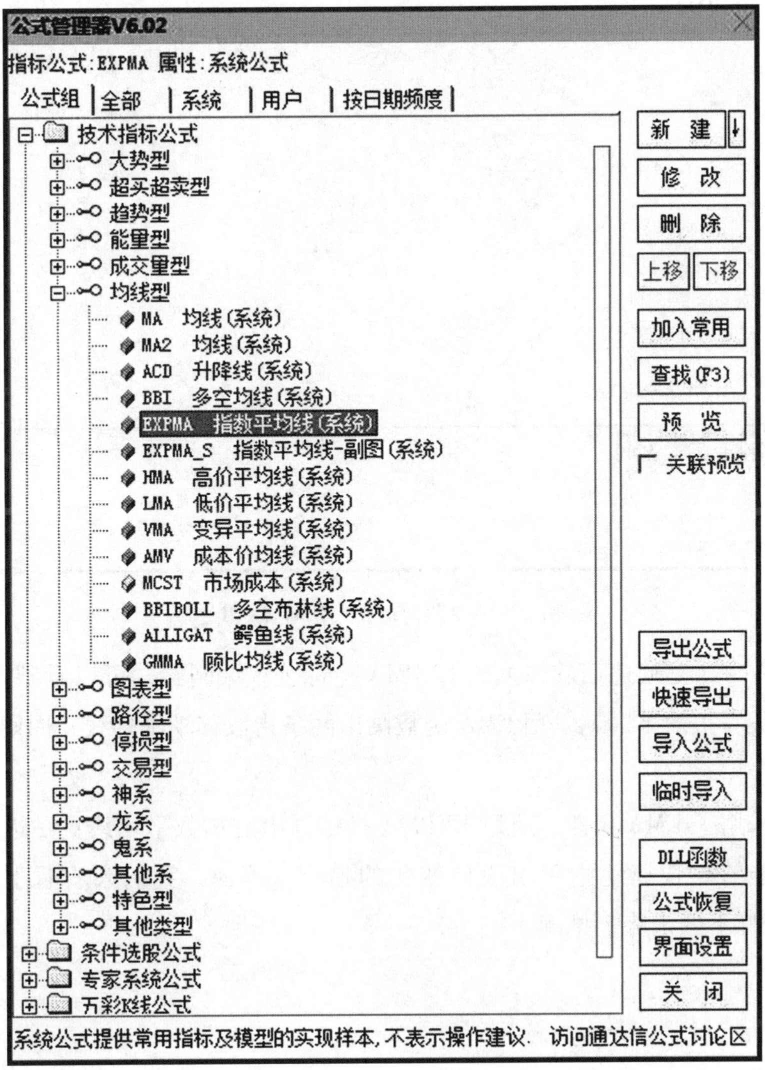

图3－1－1 公式管理器

图 3－1－1 是通达信软件上的公式管理器。我们找到“技术指标公式”菜单下面的子菜单“均线型”，点击该子菜单，然后找到“EXPMA　指数平均线（系统）”，双击鼠标就可以打开这个指标的公式编辑器，见图 3－1－2。

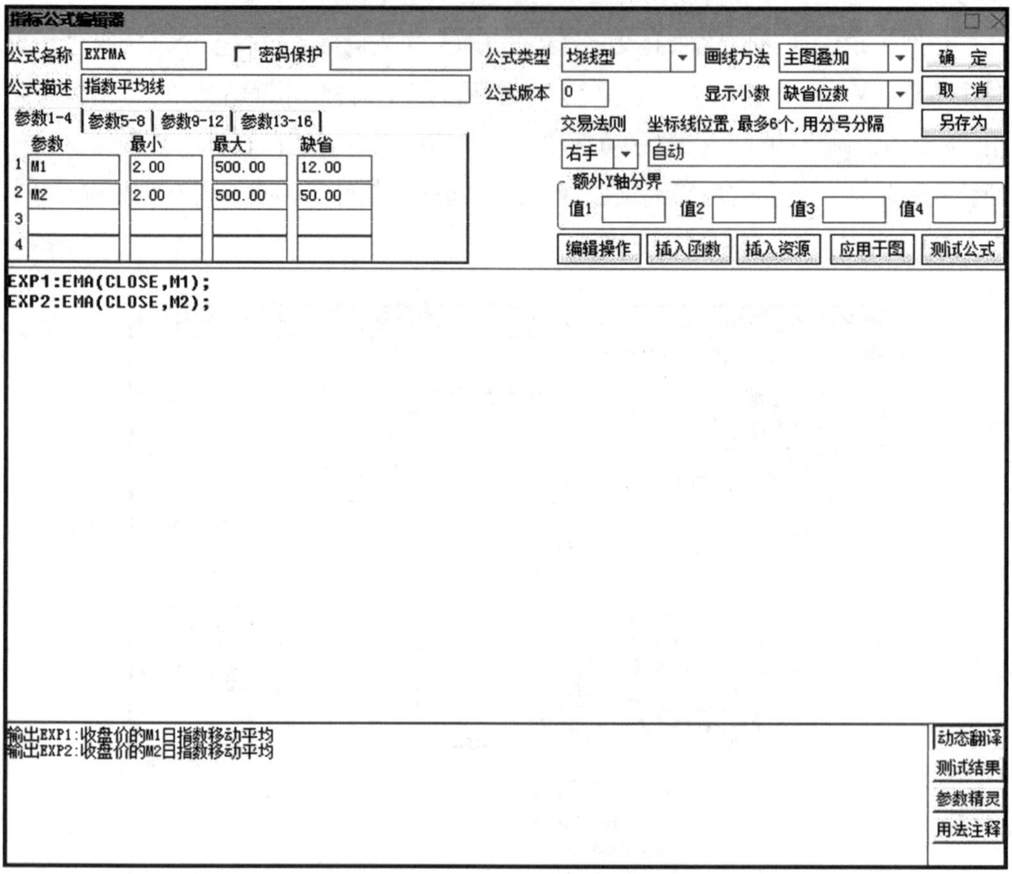

图 3－1－2　指标公式编辑器（1）

图 3－1－2 是通达信软件上的 EXPMA 指标公式编辑器，可以看到 EXPMA 这个指标的编写很简单，就是用 EMA 函数画出两条指数移动平均线，周期分别是 12 和 50。

因为采用了 EMA 函数，所以 EXPMA 指标画出的指数平均线更贴近 K 线的变化趋势，能够更快捷地指示出股价变化的趋势。下面，我们来看看上证指数在 EXPMA 指标下的走势，见图 3－1－3。

图 3-1-3 上证指数日 K 线（2）

图 3-1-3 是上证指数从 2020 年 6 月初到 2021 年 2 月底的日 K 线图，图中使用了 EXPMA 指标。这个指标画出两条指数移动平均线，虽然也能够指示出大盘的趋势，但总体来说过于简单，难以找到确定性的买入信号。

下一节，我们来讲解如何使用 EMA 函数编写更加周详、直观的指标，以及如何找到具体的买卖信号。

第二节　编写核心指标

为了让广大读者获得实实在在的帮助，本节笔者将毫无保留地公开自己编写的核心指标。通达信软件向所有使用者开放了自由编写指标的功能，让每位投资者都能够自行编写指标，从而更好地执行自己的投资理念和交易规则。

需要特别指出，我们编写的所有指标都应该在前复权的K线图（本书使用的股票走势图均为前复权下的截图）上使用，因为经过前复权的股价走势图才是连贯的真实波动曲线，如果不复权，股价走势图就会出现变形，对分析的结果造成严重影响。

一、EMA均线

EXPMA指标只有两条均线，周期选择太少，难以形成可靠的规律性，而且无法给出直观的买入信号，使用起来很不方便，因此，笔者引入了更高效的EMA均线指标。

其实，指标的编制并不复杂。下面是笔者编写的一个EMA均线指标，也是用EMA函数计算得出的均线指标，名字叫EMA均线，均线周期选择了依次翻倍的一组数列：5、10、20、40、80。笔者对这组数列进行了反复验证，发现其对趋势的把握相对精准。请看图3－2－1。

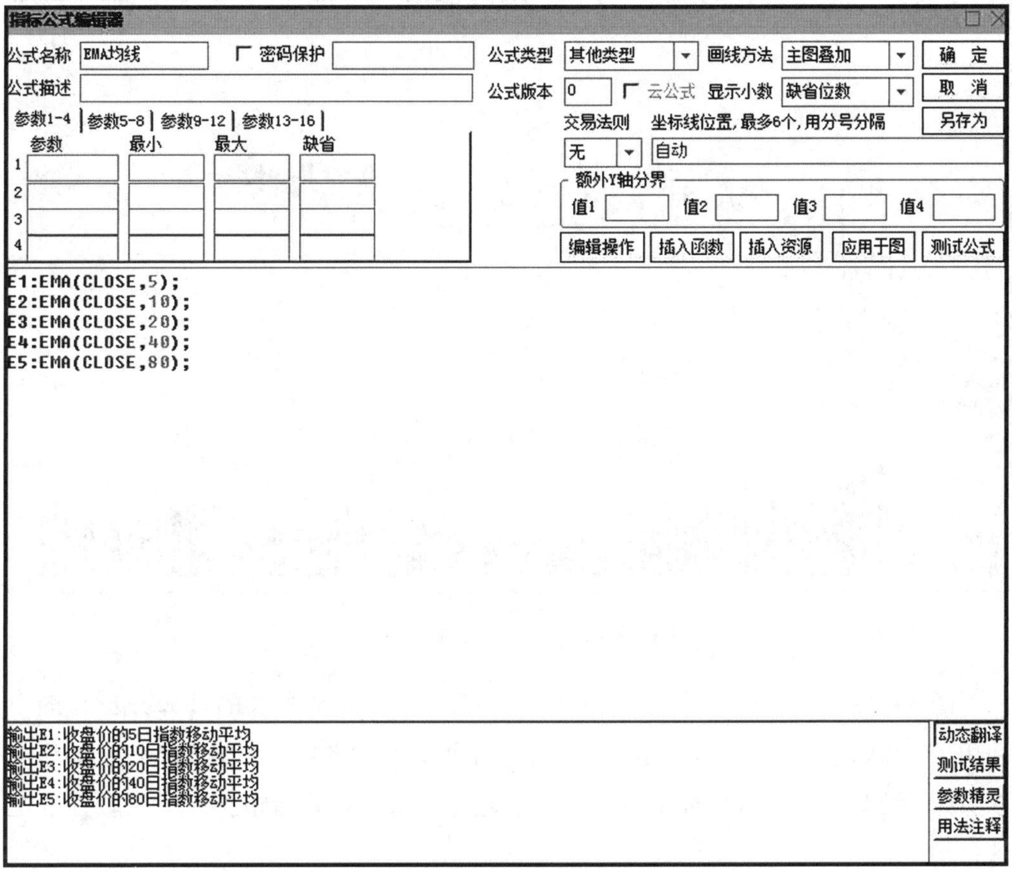

图 3－2－1 指标公式编辑器（2）

图 3－2－1 是指标公式编辑器中“EMA 均线”指标的具体内容，可以看到中间的公式和下方的动态翻译。公式在 K 线图上输出 5 条均线，分别为 E1、E2、E3、E4、E5，都是用 EMA 函数计算得出的指数移动平均线，周期分别为 5、10、20、40、80。

下面，我们看看上证指数在该均线指标下的走势，见图 3－2－2。

图 3-2-2　上证指数日 K 线（3）

图 3-2-2 是上证指数从 2020 年 6 月初到 2021 年 2 月底的日 K 线图，图中使用了 EMA 均线指标。这个指标画出了 5 条指数移动平均线，当 5 条线全部形成多头排列之后，大盘就形成了可靠的上升趋势，这预示着后市会有一波较强的上涨行情。

二、EMA 信号

很显然，EMA 均线指标给出了 5 条均线，趋势可以看得比较清楚，但是没有指导操作的买卖信号，使用起来还是不方便。为此，笔者在 EMA 均线指标中加入 3 个图标，这是本书的核心指标——EMA 信号。这 3 个图标分别是：B 点、箭头、笑脸。有了这 3 个图标，投资者操作起来不但方便快捷、省时省力，而且获胜的概率大大提升。见图 3-2-3。

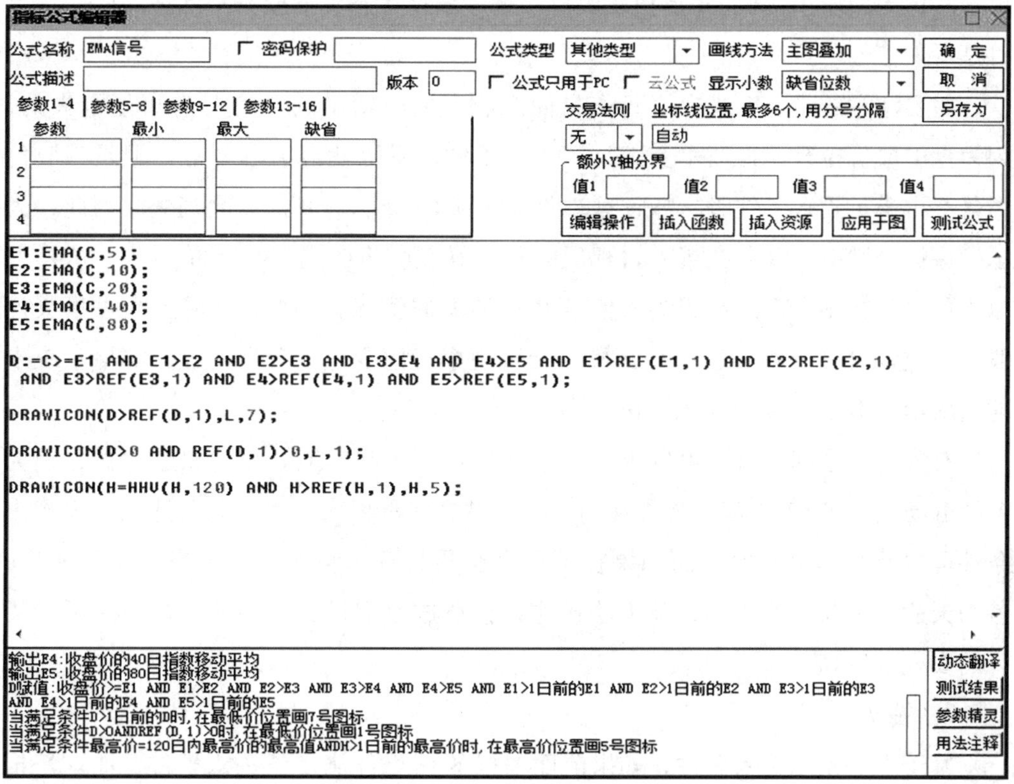

图 3－2－3　指标公式编辑器（3）

图 3－2－3 是指标公式编辑器中“EMA 信号”指标的具体内容，可以看到中间的公式和下方的动态翻译。公式在 K 线图上输出 5 条均线，分别为 E1、E2、E3、E4、E5，和“EMA 均线”指标是一样的。下面加入了 3 个图标，具体的公式编写涉及的程序语言本书不做详细介绍，有兴趣的朋友可自行在网上搜索相关教程。笔者并不追求把指标编写得多么丰富多彩，而是力求简洁和实用。从实际操作的角度看，加上这 3 个图标可以让操作更方便快捷，大大提升投资者的操作成功率。

新增的 3 个图标使投资者的操作精准度有所提升。下面，我们来简要讲解其原理和代表的含义。

1. B 点

设置一个买入条件，内容是股价首次满足站上 5 条均线，5 条均线形成多头排列，并且 5 条均线全部向上运行。

如果首次满足以上条件，那么系统会在 K 线下方给出 B 点。B 是买入的英文单词（Buy）的首字母。B点代表股价从无序震荡状态到形成攻击状态的质变，此时是买入信号。

需要注意的是，K线在当日交易尚未收盘之时给出的B点是有可能消失的，因为盘中股价拉升使得技术上满足了买入条件，系统就会给出B点，但是当股价回落不再满足买入条件时，如收盘时股价跌到E1下方，B点就会消失。因此，为了确保提升胜率，我们在买入目标股时，最好在临近收盘时再下单买入，这样可以避免股价在尾盘下跌造成买入信号B点消失的状况。当然，如果当天过早买入股票，收盘时B点消失了，那么第二天可观察行情变化，等到尾盘，如果系统未能重新给出B点，此时应该卖出股票。

有人肯定会问：可不可以等下一个交易日再买呢？笔者不建议这样做，因为A股市场实行T+1制度，如果在前一个交易日尾盘买入，第二天若达到止损卖出条件可以及时卖出股票，而如果在下一个交易日开盘再买，由于当天不能卖出，若当天股价下跌需要止损，就无法操作，会造成亏损扩大。因此，在当天尾盘买入的安全性较高。

2. 箭头

基于上一条的买入条件，如果前面一根K线已经满足了买入条件，而这一根K线继续满足买入条件，那么系统会在K线下方给出向上的箭头。给出箭头的前一根K线一定会给出B点或者箭头。箭头代表股价攻击状态的延续，是继续持股待涨的信号，投资者在系统给出B点买入股票后，如果系统持续给出箭头的话，通常可以持股待涨。

如果错过了前面的B点，没有及时买入股票，而系统后续给出箭头时，能不能再度买入呢？笔者认为是完全可以的，因为系统继续给出箭头，代表着股价趋势继续保持上涨，此时买入仍有获利空间。但是，如果在此时买入，需要排除掉股价见顶回落的各种可能性因素，包括但不限于出现高位放量大阴线、出现高位放量长上影线、在敏感的时间窗口等。

本书后面的内容在讨论买点时，统一以系统给出B点作为买点，不再讨论给出箭头时应买入或者加仓，但大家应该明白，系统给出箭头同样是买入和持股的信号，在实际操作中，投资者需要根据具体情况灵活把握。

此外，需要注意的是，在当天的交易收盘之前，系统给出的箭头也是有可能消失的，原因与B点一样。所以，在箭头出现时买入或加仓，同样最好选择在尾盘进行。

3. 笑脸

当股价创出最近 120 根 K 线的最高价时，K 线上部就会出现一个笑脸。在日 K 线图上，股价创半年新高之时，系统会给出笑脸，给出笑脸后笑脸就再也不会消失了，因为股价创阶段新高已经成为事实。股价创出一段时间的新高，代表股价彻底摆脱了一段较长时间的压力位，上升空间就此打开，后市的上升趋势更加明确，对交易的参考意义非常重大，见图 3－2－4。

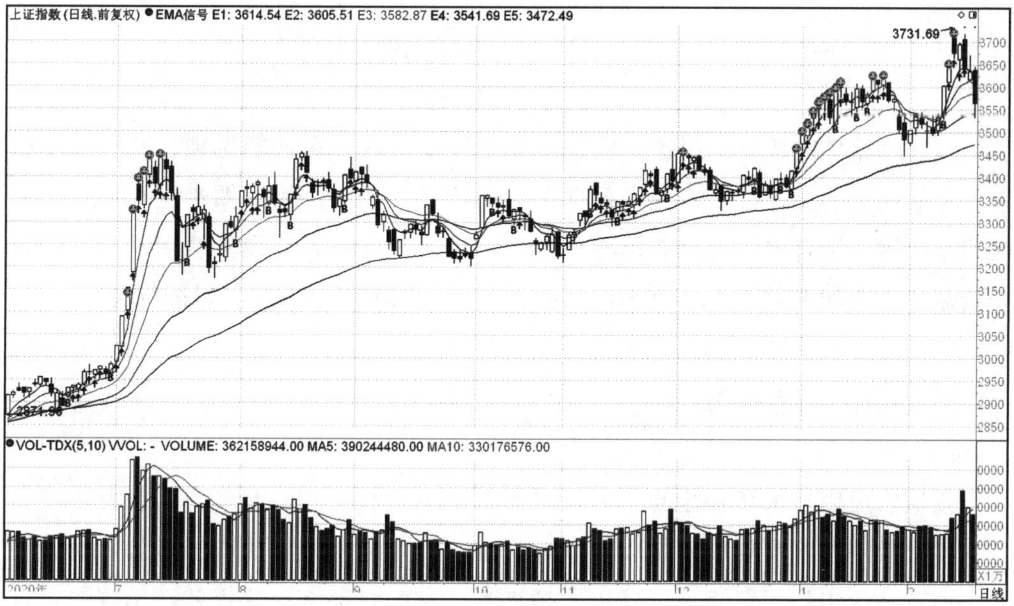

图 3－2－4　上证指数日 K 线（4）

图 3－2－4 是上证指数从 2020 年 6 月初到 2021 年 2 月底的日 K 线图，图中使用了 EMA 信号指标。可以看到，随着行情变化，系统都及时给出了 3 种图标，投资者看到这些积极信号之后，可以及时做好买入准备。

围绕本书的核心指标——EMA 信号，在后面的章节中，我们将详细讲解如何操作买入和卖出。

第三节 系统设置

通达信软件向所有使用者开放了有关系统设置的大量功能选项，其中包括很多非常实用的功能，投资者可以根据自己的技术方法、使用习惯来进行设置。从实用性出发，结合本书提到的核心技术方法，笔者提出必须设置两项功能，即成交量复权和增加K线周期，其他的功能，大家可以根据自己的喜好进行设置。

一、成交量复权

投资者可以在K线图上点击右键进行股价的复权处理，具体方法在此不再赘述，本书统一按照前复权来对股价进行分析，因为经过复权的股价走势才是股票总市值的连续走势，据此进行分析才是真实可靠的。那么，这里就会出现一个连带问题，那就是成交量也需要进行复权。因为股价复权后总股本会变化，下方的成交量指标是按照成交股数进行显示的，总股本变大后成交股数也会相应变大，成交量柱状线自然就会失真。

在通达信软件中，成交量复权的具体设置方法是，在键盘上按Ctrl+D，打开“系统设置”窗口，然后点击上方的“设置1”栏，见图3-3-1。

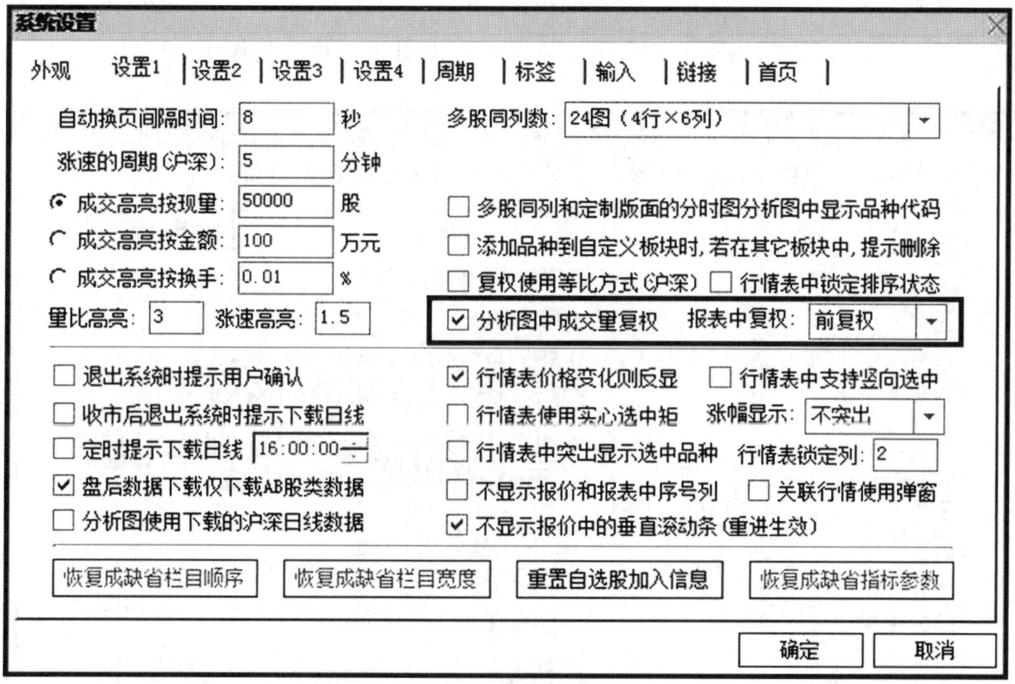

图 3-3-1　系统设置—设置 1

图 3-3-1 是“系统设置”中的“设置 1”栏目，可以看到有许多可以根据自身不同需求自由设置的项目，在右边一栏中间的位置，用方框框出来的地方，在“分析图中成交量复权”前面的小格里点击鼠标打钩，在后面“报表中复权”右边选择栏中选择“前复权”，这样就设置完成了。

二、增加 K 线周期

通达信软件默认的设置有多个时间周期的 K 线，除了常用的日 K 线、周 K 线、月 K 线等大周期，还有小于日 K 线的周期，主要是 60 分钟、30 分钟、15 分钟、5 分钟、1 分钟等 K 线。由于 A 股市场实行 T+1 的交易制度，当天买入的股票当天不能卖出，所以太短的周期分析意义不大，但是某些比日 K 线小一点的周期也有很大的作用，根据笔者的经验来看，120 分钟 K 线和 60 分钟 K 线是非常好的两个周期，能够对我们分析股价走势、寻找更好的买入机会发挥出意想不到的独特作用。

通达信软件默认没有 120 分钟 K 线周期，但是软件赋予了使用者自己设置周期的权限，我们可以设置自己需要的 K 线周期。具体方法是：在键盘上按 Ctrl + D，打开“系统设置”窗口，然后点击上方的“周期”栏，见图 3－3－2。

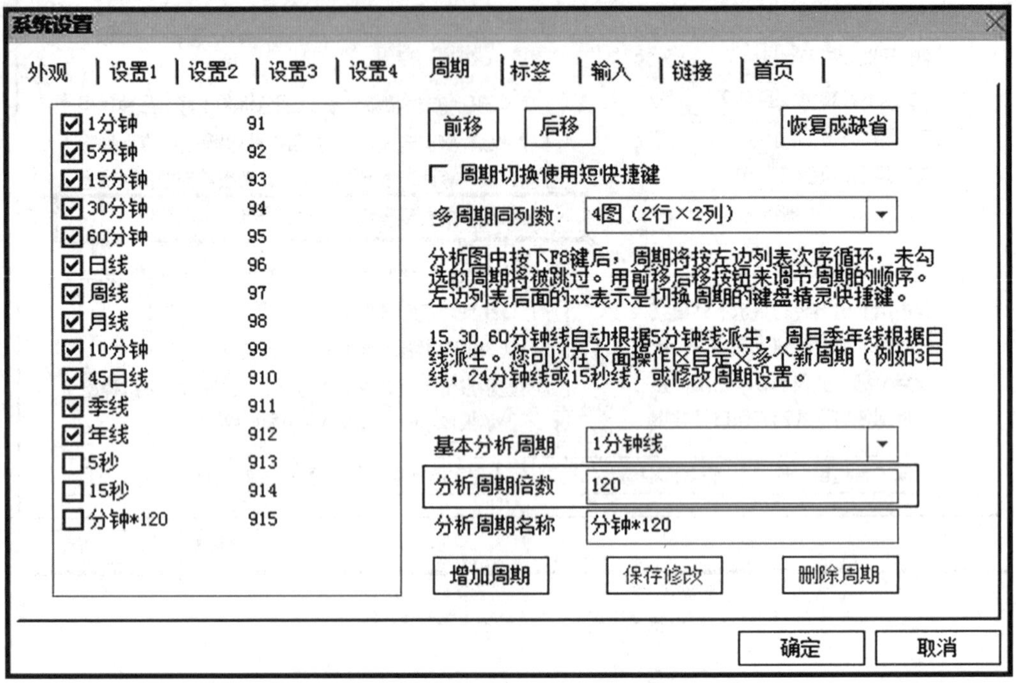

图 3－3－2　系统设置—周期

图 3－3－2 是“系统设置”中的“周期”栏目，可以看到右下方有增加周期的操作界面。在“基本分析周期”右边选择“1 分钟线”，然后在下面的“分析周期倍数”右边的空格中输入“120”。这样，在最下方一栏的“分析周期名称”右边的空格中就会自动出现“分钟＊120”，然后用鼠标点击下面的按键“增加周期”即可。此时，在左边的方框中可以看到所有的 K 线周期，其中最下方就是编辑增加的“分钟＊120”，这就是 120 分钟 K 线，它的右边有一个数字“915”，代表的是在 K 线图上输入“915”，然后点击回车，就可以切换到 120 分钟 K 线。

本书后面的内容会经常用到 120 分钟 K 线，这是笔者用来寻找超短线龙头股买点必需的一个指标。当然，大家还可以自行增加更多的 K 线周期，对股价变化进行独到的监测，例如分钟＊90、日线＊2、日线＊3 等。总之，适合自己的，才是最好的。

第四节　保存指标模板

在实战交易中，会经常使用这些设置好的指标来分析行情和决定买卖。此外，为了提升准确性，我们还需要一些辅助的附图技术指标作为参考。考虑到交易决策的时效性，如果每次都要临时调出各种附图技术指标，自然很麻烦。幸运的是，通达信软件有一个指标模板功能，可以把一整套主附图指标系统全部保存下来，后续使用时，只需点击一个按钮就可以调出整个指标系统，这样可以最大限度地方便投资者使用。要找到指标模板的位置需要先切换到 K 线图上，见图 3－4－1。

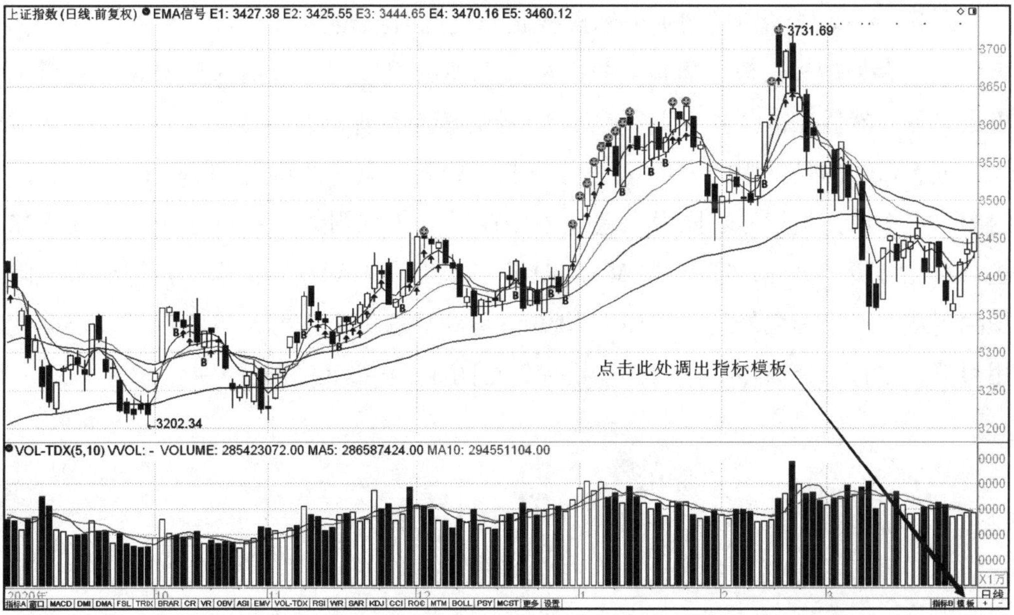

图 3－4－1　上证指数日 K 线（5）

图 3－4－1 是上证指数的日 K 线图，主图指标是“EMA 信号”，附图指标只有一个成交量指标。此时我们可以点击右下角“模板”，即可切换到指标模板，然

后保存我们常用的指标，见图3－4－2。

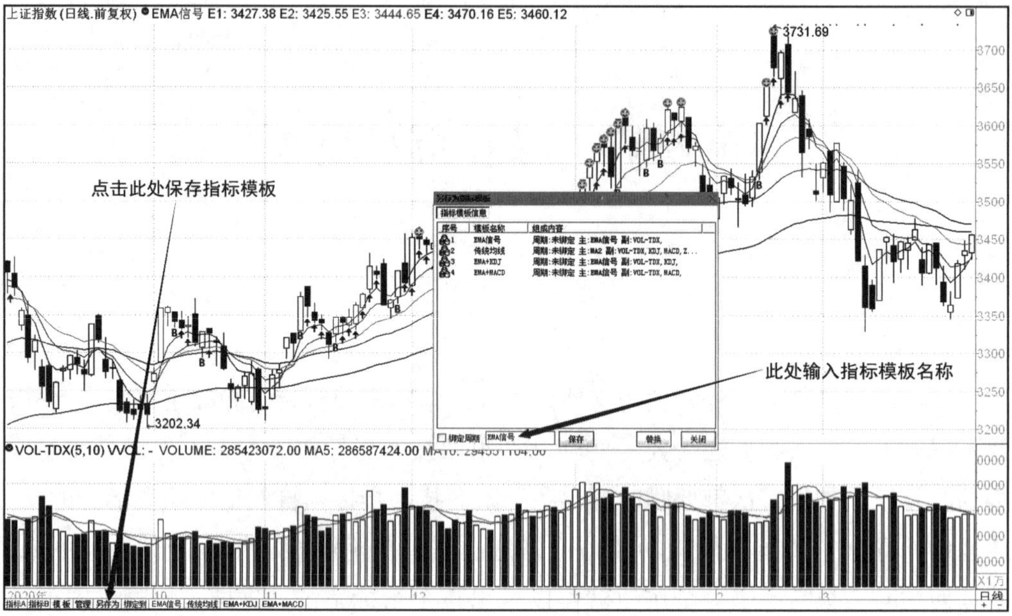

图3－4－2　另存为指标模板

图3－4－2已经切换到了指标模板状态，此时点击左下方的“另存为”就会弹出“另存为指标模板”窗口。我们可以在弹出窗口的下方输入想要保存的指标模板名称，然后点击“保存”，就完成了指标模板的保存。

笔者保存的是常用的“EMA信号”指标模板，就是主图使用EMA信号指标，附图是一个成交量指标。同时，笔者还保存了“传统均线”指标模板，主要用来进行对比分析。另外，还有“EMA＋KDJ”“EMA＋MACD”这两个指标模板，附图除了成交量指标之外还分别加上KDJ和MACD这两个指标，投资者可以根据使用习惯，自行选择保存常用的几个指标，见图3－4－3和图3－4－4。

图 3-4-3 “EMA+KDJ”指标模板

图 3-4-3 是笔者保存的“EMA+KDJ”指标模板，每次需要使用时，只要用鼠标点击下方指标模板区里面的“EMA+KDJ”就可以调出整个图形。

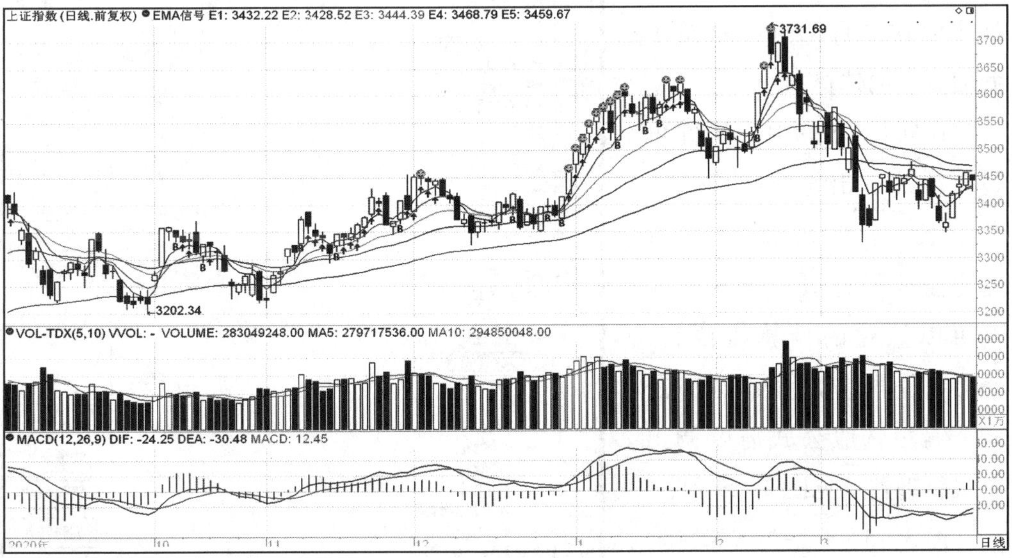

图 3-4-4 “EMA+MACD”指标模板

图 3-4-4 是笔者保存的“EMA+MACD”指标模板，每次需要使用时，只要用鼠标点击下方指标模板区里面的“EMA+MACD”就可以调出整个图形。笔者还在附图加上一个 MACD 指标，该指标配合“EMA+KDJ”指标，在寻找个股卖点的时候会经常被用到。

第五节 编写条件选股公式

设置好指标并保存指标模板之后，投资者就可以很方便地分析个股走势了。不过，此时如何筛选到符合自己的目标股又成为一个大问题。目前，沪深北三市的个股数量已经超过了4000只，而且还在继续扩容，如果全靠人力一只接一只翻看每只个股，所需的时间太长了，普通投资者依靠一个人的精力难以完成，因此，通达信软件自动选股就给了我们更好的选择。

在实际交易中，软件可以自动筛选出符合我们需要的个股。要实现软件选股，首先需要把选股的条件转化为可以量化的计算机语言，然后编写相应的条件选股公式。编写选股公式需要调出公式管理器，见图3-5-1。

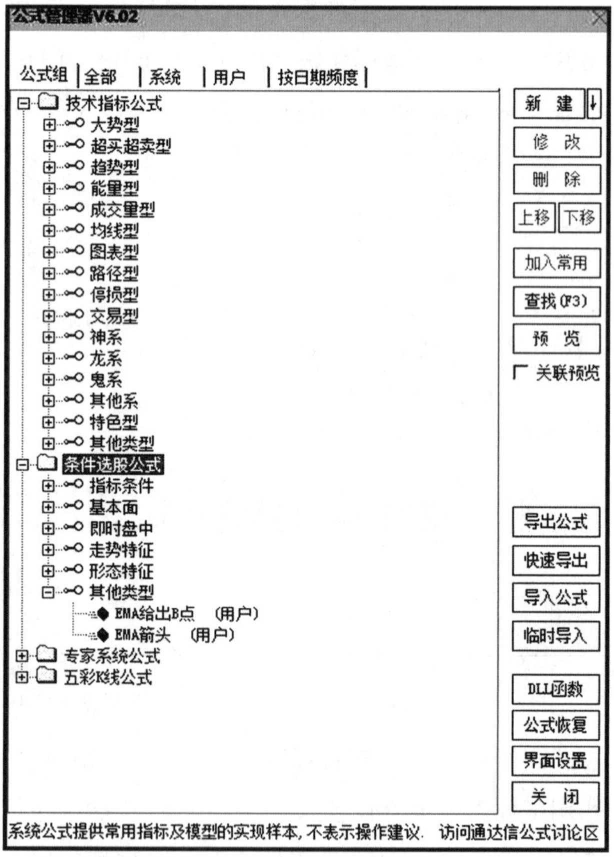

图3-5-1 公式管理器—条件选股公式

图3-5-1是公式管理器中的"条件选股公式"栏目。前面我们编写核心指标是在公式管理器第一栏"技术指标公式"之中，现在找到第二栏"条件选股公式"，就可以在下

拉菜单中编写选股公式了。笔者将核心指标“EMA 信号”中的 B 点和箭头的条件编写到了条件选股公式当中，得到了两个选股公式，见图 3－5－2 和图 3－5－3。

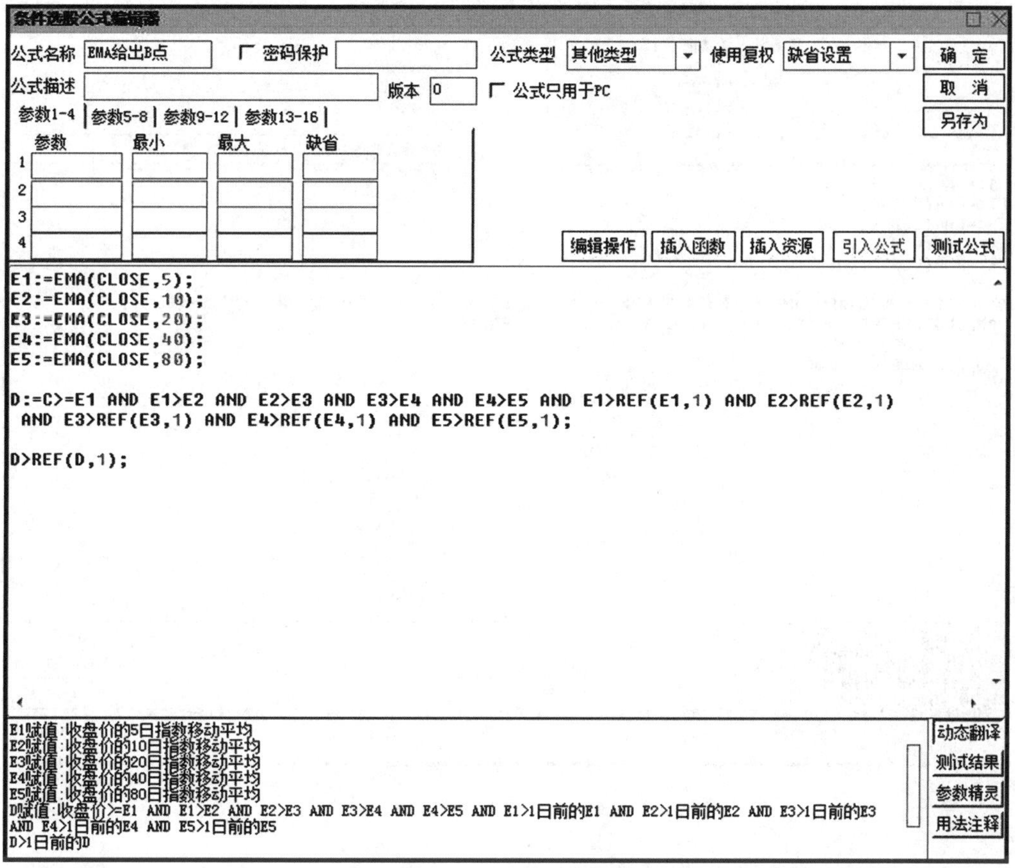

图 3－5－2 条件选股公式编辑器（1）

图 3－5－2 是条件选股公式编辑器窗口，第一个选股公式名称是“EMA 给出 B 点”，中间部分可以看到公式内容，下方还有动态翻译。这个选股公式的内容就是选出符合“EMA 信号”指标中给出 B 点的个股。具体要求是：股价首次满足站上 EMA 5 条均线，5 条均线多头排列且全部向上运行。在实战交易时，我们寻找好的买点，主要参考系统给出 B 点的位置。

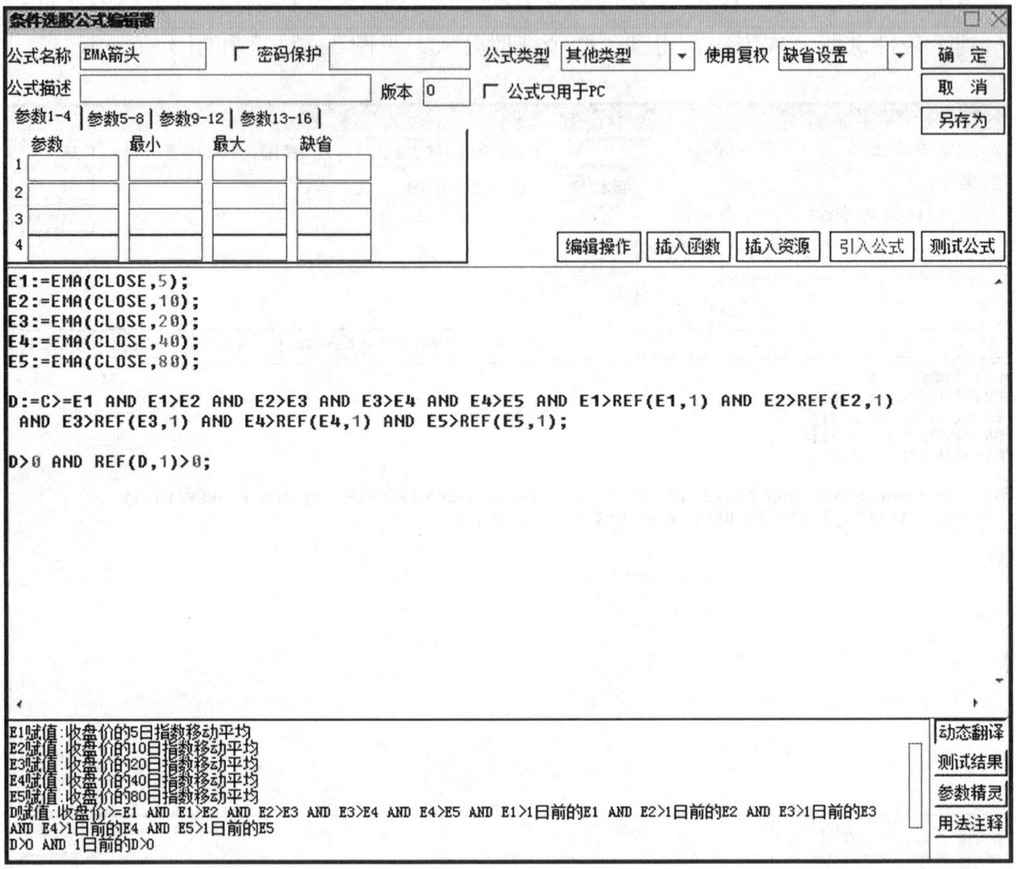

图 3-5-3　条件选股公式编辑器（2）

图 3-5-3 是条件选股公式编辑器窗口，第二个选股公式名称是“EMA 箭头”，中间部分可以看到公式内容，下方还有动态翻译。这个选股公式的内容就是选出符合“EMA 信号”指标中给出箭头的个股。具体要求是：股价前一根 K 线和当前 K 线都满足站上 EMA 5 条均线，5 条均线多头排列且全部向上运行。前文已经说过，系统给出箭头代表股价上升趋势的延续。

编写好了条件选股公式之后，我们就可以用它来进行实战选股了。实战交易时，打开软件，在键盘上面同时按下 Ctrl + T，就可以调出“条件选股”窗口，见图 3-5-4。

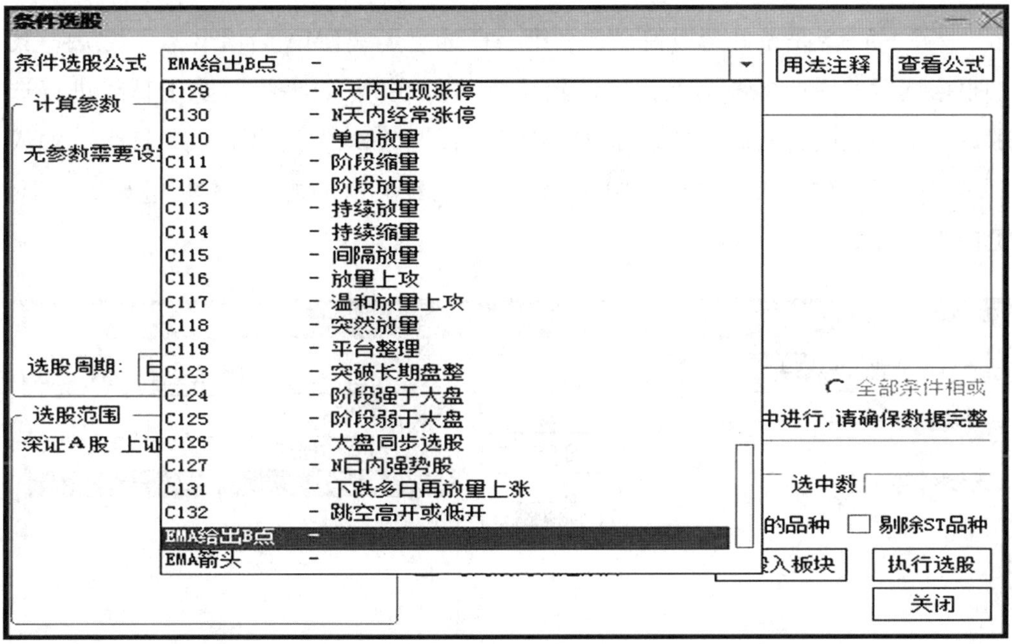

图 3－5－4 条件选股—EMA 给出 B 点

图 3－5－4 是条件选股窗口，打开窗口后，第一步是在左边的“条件选股公式”栏选择我们需要的选股公式，点击其右边的三角形打开下拉菜单，滑动到最下方点击“EMA 给出 B 点”，然后进行下一步。见图 3－5－5。

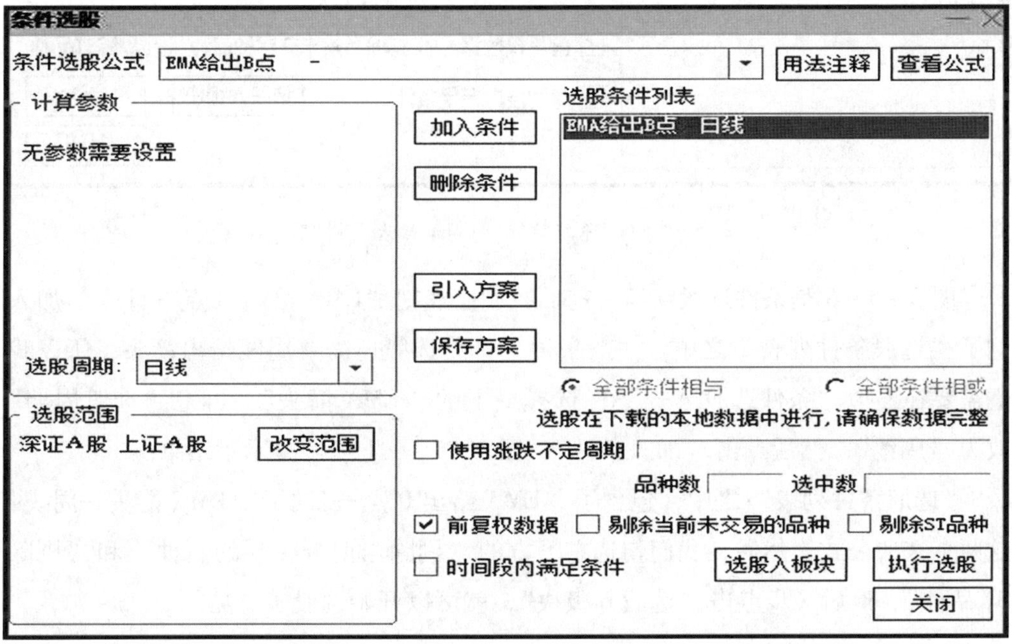

图 3－5－5 条件选股—EMA 给出 B 点（日线）

图3－5－5是条件选股窗口，在第一栏选定了“EMA给出B点”之后，我们根据选股的周期再来调整，软件默认是“日线”。如果我们要用日线进行选股，就不用更改，然后点击“加入条件”，就把“EMA给出B点—日线”加入到了“选股条件列表”之中，图3－5－5上已经显示了结果，然后进行下一步。见图3－5－6。

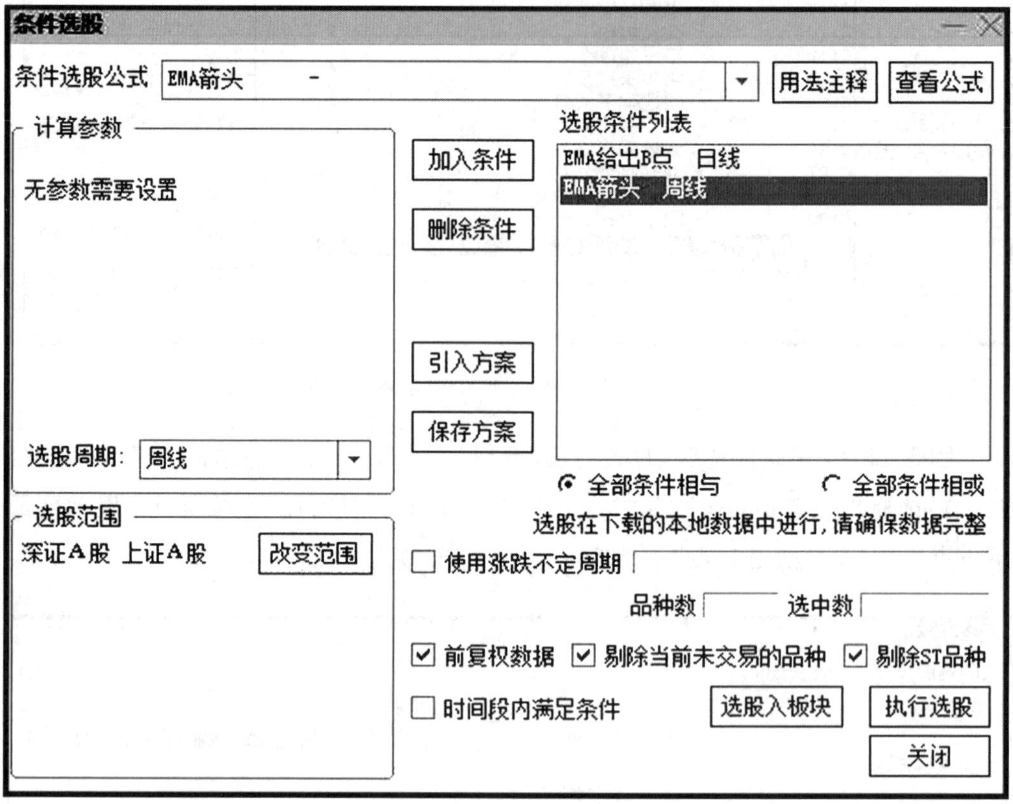

图3－5－6 条件选股—EMA箭头（周线）

图3－5－6是条件选股窗口，前面我们已经把“EMA给出B点—日线”加入到了“选股条件列表”之中。一般来说，日线选股还需要周线给出箭头，所以我们需要在左边“条件选股公式”栏选择最下的“EMA箭头”，再把“选股周期”改为“周线”，然后点击“加入条件”，图3－5－6上已经显示了结果。

“选股条件列表”之中，包含了“EMA给出B点—日线”“EMA箭头—周线”这两个选股公式。然后，我们勾选右下方的“剔除当前未交易的品种”和“剔除ST品种”，最后一步点击“选股入板块”，就可以开始选股了。见图3－5－7。

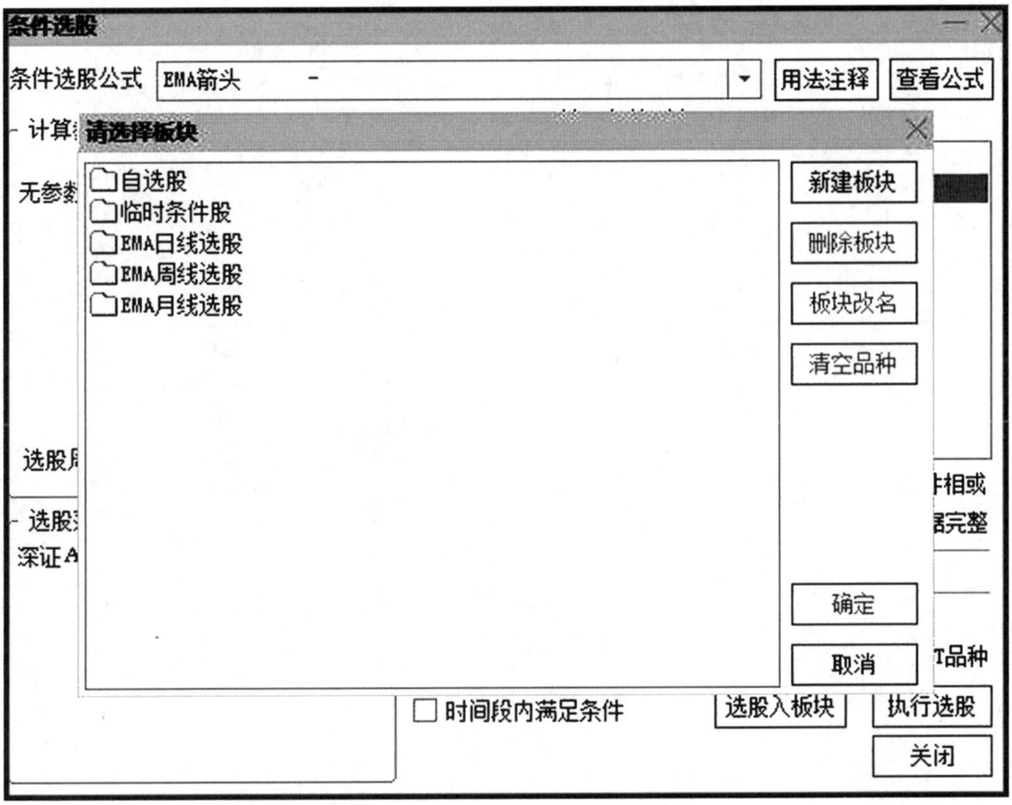

图 3-5-7　条件选股—选择板块

点击“选股入板块”以后就会弹出一个“请选择板块”的窗口。因为这是日线选股，所以可以建立一个名为“EMA 日线选股”的文件夹，然后点击这个文件夹，再点击下方“确定”，软件就会开始下载数据，即可自动进行选股了。系统选出符合条件的个股之后，会自动把符合条件的个股都加入“EMA 日线选股”文件夹里，该文件夹的位置在与“自选股”文件夹并列的“自定义”文件夹中间。

编写设置好核心指标和条件选股公式之后，交易系统的准备工作就全部完成了，接下来，投资者就可以开始进行选股交易了。

第四章 用交易系统寻找龙头股买点

上一章，我们已经讲解了如何用通达信软件编写指标，选出给出了买入信号 B 点的个股，但我们会发现这样的个股数量还是太多，并且也不是每只给出了买入信号 B 点的个股后续都会走出连续上升的行情。其中，某些个股在 B 点出现后股价很快走出主升浪行情，这些信号属于优良买点；另一些个股在 B 点出现后，股价要么陷入横盘调整，要么反而下跌，这些都是低质量的信号。因此，我们必须对每一只给出 B 点的个股走势进行深入研判，找到真正的优良买点，规避那些质量不高的信号。

本章将会结合实例，详细讲解如何运用系统指标寻找龙头股的优良买点，包括系统买入的 3 个必要条件、优良买点的经典形态以及典型的失败形态。

第一节　系统买入的必要条件

本节主要讲解笔者经过多年实战总结出来的系统买入的3个必要条件。在上一章，我们谈到，设置好核心指标之后，K线图上经常会给出B点，如果在每一个B点都不假思索地进行买入操作，成功率肯定不高，甚至可能出现亏损。既然我们的目标是捕捉龙头股，那么对于买入条件的选取是非常苛刻的，也就是说，要尽量寻找到龙头股的优良买点。

所谓龙头股的优良买点，是指龙头股即将走出主升浪行情前给出的买入信号B点，这样的买点必然要求个股已经进行了启动行情之前的充分准备，短期调整结束，股价到了一触即发的关键时刻，一飞冲天就在眼前。所以，准确捕捉优良买点是每一位投资者的最高目标，这样的买入信号当然还必须具备额外的条件。

本书将会深入探讨各种大小K线周期的买入操作，在每一级K线周期操作的时候，同时需要参考更大一级K线周期的信号，因此，我们需要明白操作周期和大一级周期的概念。简单来说，操作周期就是我们在执行选股、买入股票时所用的K线图的时间周期，大一级周期就是比操作周期更大一级的K线图的时间周期。比如，当我们在日K线图上面执行选股、买入操作，日K线就是我们的操作周期，大一级周期就是周K线；当我们在周K线图上面执行选股、买入操作，那么周K线就是我们的操作周期，大一级周期就是月K线，以此类推。

笔者列出了系统买入的3个必要条件，符合其中一个必要条件的买点可以称为合格的买入信号，优良买点则必须3个条件全部符合。

一、大一级周期给出买入信号

老子说："合抱之木，生于毫末；九层之台，起于累土；千里之行，始于足下。”说明事物的变化总是循序渐进，从小到大，从量变到质变逐渐发展的。龙头股的成长过程也是如此，不会突然一天就成了市场龙头，而是在较长时间内不断酝酿震荡，最后才进入主升浪，走出爆发式行情。

从技术上来说，龙头股在操作周期上面给出了B点的同时，大一级周期上面也同步给出了B点或者箭头。因此，我们在选择龙头股的时候，必须先观察大一级周期上面是否已经给出了B点或者箭头，然后看在小一级的周期，也就是操作周期是否出现B点。具体来说，长线龙头股需要年K线图上的EMA信号已经给出了B点或者箭头，然后到操作周期月K线上寻找B点进行操作；中线龙头股需要月K线图上的EMA信号已经给出了B点或者箭头，然后到操作周期周K线上寻找B点进行操作；短线龙头股需要周K线图上的EMA信号已经给出了B点或者箭头，然后到操作周期日K线上寻找B点进行操作；超短线龙头股需要日K线图上的EMA信号已经给出了B点或者箭头，然后到操作周期60分钟K线上寻找B点进行操作。

需要特别指出的是，我们要求的大一级周期上给出了B点或者箭头，是指在操作周期给出B点的同一时刻，大一级周期上面也有B点或者箭头。如果大一级周期上最后一根K线给出的是箭头，则表示前一根K线必然有B点或者箭头，最后一根K线即当前的买入信号也继续成立，此时在操作周期上面给出的B点就完全符合本条要求，可以执行买入操作。

如果在大一级周期上最后一根K线给出的是B点，那么表示大一级周期是初次给出买入信号，在这一根K线收盘之前，B点是有可能消失的。这种情况下，当操作周期上面给出B点时就有两种操作方法：一种是较为激进的方法，就是立即买入，但这样操作存在大一级周期收盘的时候B点消失的风险，如果大一级周期收盘时确定B点消失了，则应该止损卖出；另一种是较为保守的方法，就是暂时观望，等到大一级周期即将收盘的时候，再观察B点是否仍然保持，同时看操作周期上是否继续给出箭头，如果二者都有，再进行买入操作。

实战之中，笔者经常遇到这种情况：根据大一级周期上面最后一根K线收盘时间的长短，来决定是立即操作还是暂不操作。例如，我们以日K线图为操作周期，在日K线图上给出B点的同时，周K线图上也给出了B点：如果当天是星期一，意味着本周的周K线才刚开始，后面还有4个交易日，变数非常大，此时最好选择保守方法，等到星期五再看日K线图上是否连续4天给出箭头，周K线图上的B点是否还在，如果二者同时满足，再买入股票；如果当天是星期三或者星期四，那么本周已经过去了大半，信号保持的可能性就很大了，此时就可以选择激进的方法，立即买入；如果当天是星期五，那么日 K 线和周 K 线将会同时收盘，也就不存在这个问题，周五在尾盘就可以立即买入。

当然，投资者在具备丰富的实战经验之后也可以根据个股在操作周期上面给出 B 点的形态是否标准、经典来决定是否立即买入。

1. 合格买入信号实例

我们在选择买点时，尽量严格按照标准进行研判，如此，成功率更高，见图 4 –1 –1。

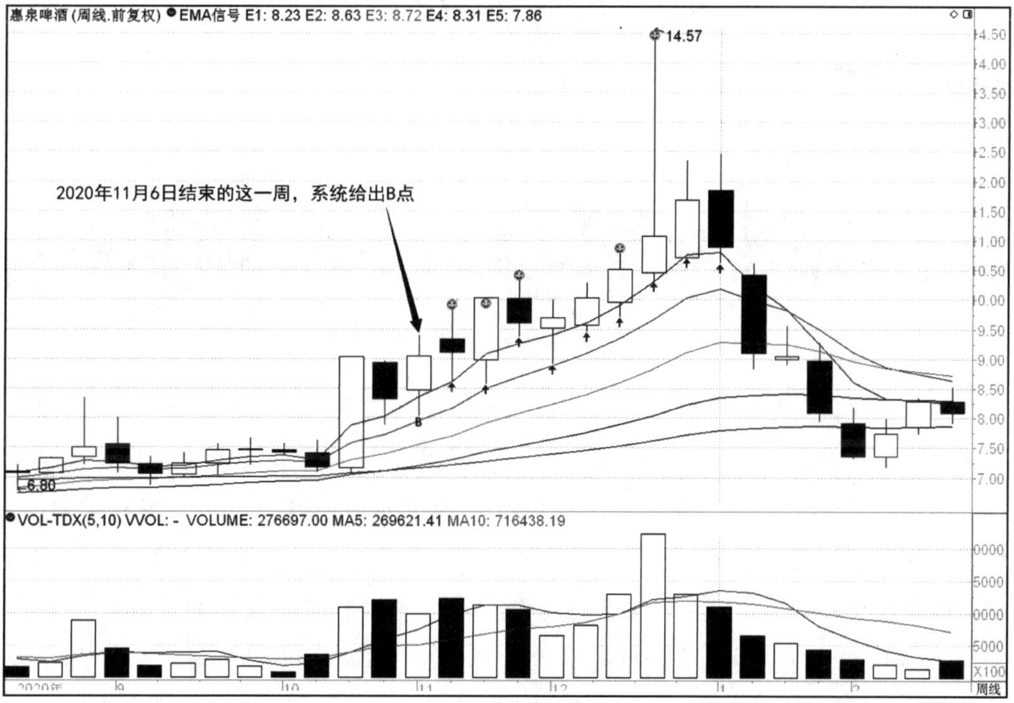

图 4 –1 –1 惠泉啤酒（600573）周 K 线

图 4 –1 –1 是惠泉啤酒的周 K 线图，图中显示 2020 年 11 月 6 日结束的这一周，系统给出了 B 点，此后连续 9 周都给出了箭头。我们以日 K 线作为操作周期，此处的周 K 线就是大一级周期，大一级周期给出了 B 点或者箭头的阶段我们就可以切换到日 K 线图上来寻找符合条件的买点。

下面我们再来看该股的日 K 线图，见图 4 –1 –2。

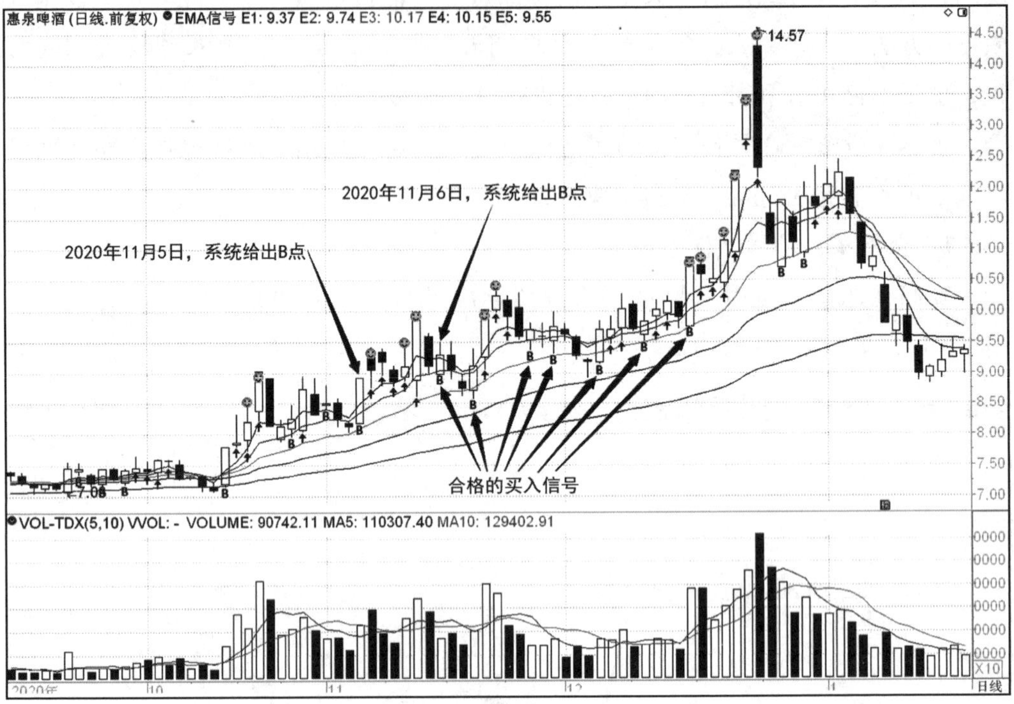

图 4-1-2　惠泉啤酒（600573）日 K 线

图 4-1-2 是惠泉啤酒的日 K 线图。从图中可以看出，2020 年 11 月 5 日日 K 线图上给出了 B 点，由于这一天是星期四，虽然周 K 线还有一天才会收盘，但是这一周已经过去了大半，综合考虑也可以立即买入。不过，当天大部分时间内，股价封住涨停板没有打开，因此无法买入。等到星期五，也就是 2020 年 11 月 6 日，该股在操作周期也就是日 K 线上面继续给出箭头，大一级周期也就是周 K 线上面给出 B 点，这就是一个合格的买入信号。在 2020 年 11 月 6 日之后，周 K 线图上面连续保持箭头信号，所以之后在日 K 线图上面给出的 B 点都是合格的买入信号。图中标出了股价大幅上涨之前的 7 个合格的买入信号，这些信号都符合本条件。

2. 不合格买入信号实例

实战中，行情随时变化，系统也会不间断地给出各种信号，有些看起来不错的信号其实并不是合格信号，见图 4-1-3。

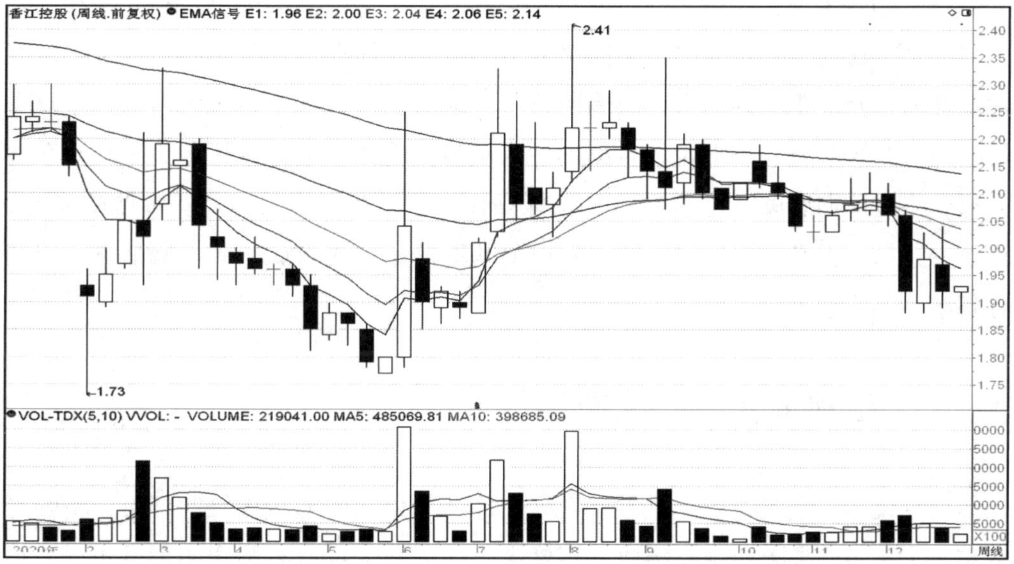

图 4－1－3　香江控股（600162）周 K 线

图 4－1－3 是香江控股的周 K 线图，图中时间跨度为 2020 年全年。可以看到，在这一年的时间内，系统都没有给出 B 点或者箭头。我们以日 K 线作为操作周期，在大一级周期也就是周 K 线上必须有 B 点或者箭头才可以买入，因此，日 K 线图上系统给出的 B 点都属于不合格的买入信号。

下面我们再来看该股的日 K 线图，见图 4－1－4。

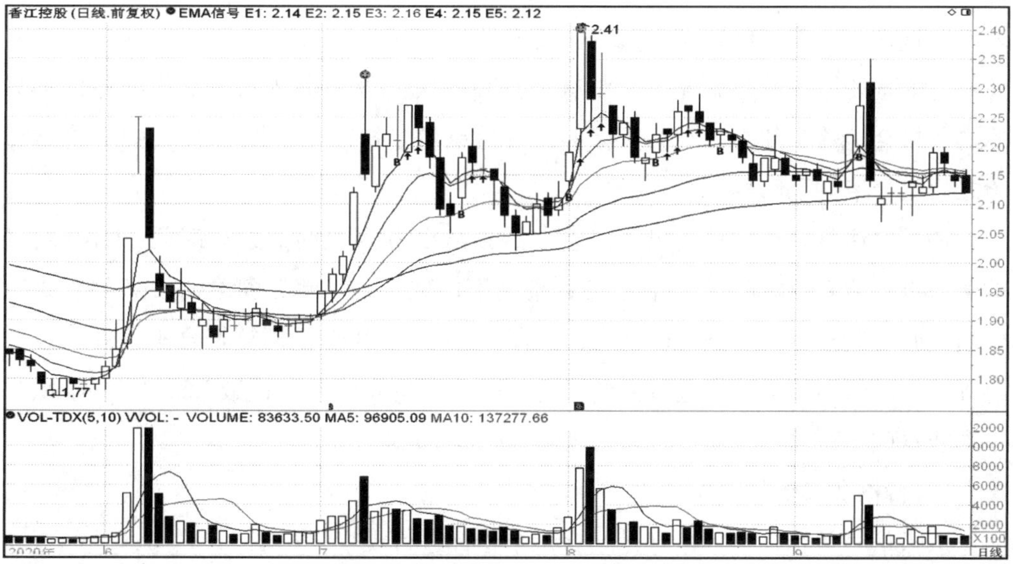

图 4－1－4　香江控股（600162）日 K 线

图4－1－4是香江控股的日K线图，图中时间跨度为2020年中的一段时间。可以看到，在这段时间的中期，数次给出了B点，而在其他时间内，该股都没有出现任何B点。但是因为大一级周期的周K线上没有给出B点或者箭头，所以日K线图上面的这些B点都是不合格的买入信号，更谈不上优良买点了。我们在实际操作中应该彻底放弃这些B点，不能操作。拉长时间来看，这些零散的B点，除了一个第二天有单日上涨以外，其他的基本都是短线高点，买入后都没有持续性行情，风险较大。

二、出现B点前，先有笑脸

此处说的“先有笑脸”，是指在操作周期的K线图上出现笑脸即可，不强制要求在大一级周期上面也有笑脸，当然大一级周期上也有笑脸说明信号更强。比如，我们在日K线图上面进行选股操作，就要求在日K线图上面必须先有笑脸，再出现B点，这才是合格的买入信号，而大一级周期——周K线图上面只要求给出箭头而不特别要求给出笑脸。笑脸代表的意义，在日K线图上就是股价创半年新高。

笑脸代表着股价已经突破了近一段时间的所有阻力压制，向上拉升的空间已经打开。当然，并不是说没有创新高的个股就不会上涨，而是说创新高的个股上涨的可能性更大、上升的空间更大，这样的个股更具备成为龙头股的可能。我们之所以选择龙头股进行操作，就是要投资确定性更高、拉升幅度更大的个股，因此相对安全的做法就是放弃那些没有创新高的次一级的小波动，专注于寻找龙头股的大机会，落实到具体观察指标上，就是尽量寻找操作周期的K线图上给出笑脸之后的合格买入信号。

还需要注意一点，就是出现笑脸之后到给出B点之前的这段时间，股价调整的最低点不能有效跌破E5，在这样的前提下出现B点才算是符合必要条件。如果给出笑脸后股价有效跌破E5，那么之后即使再给出B点也不算符合本条件，必须再等下一次给出笑脸后再进行判断。有效跌破是指股价收盘跌破E5，如果有K线下影线跌破E5，但很快反弹起来，那不算有效跌破。

1. 合格买入信号实例

买入信号是否合格，最好是结合多个指标进行观察，见图4－1－5。

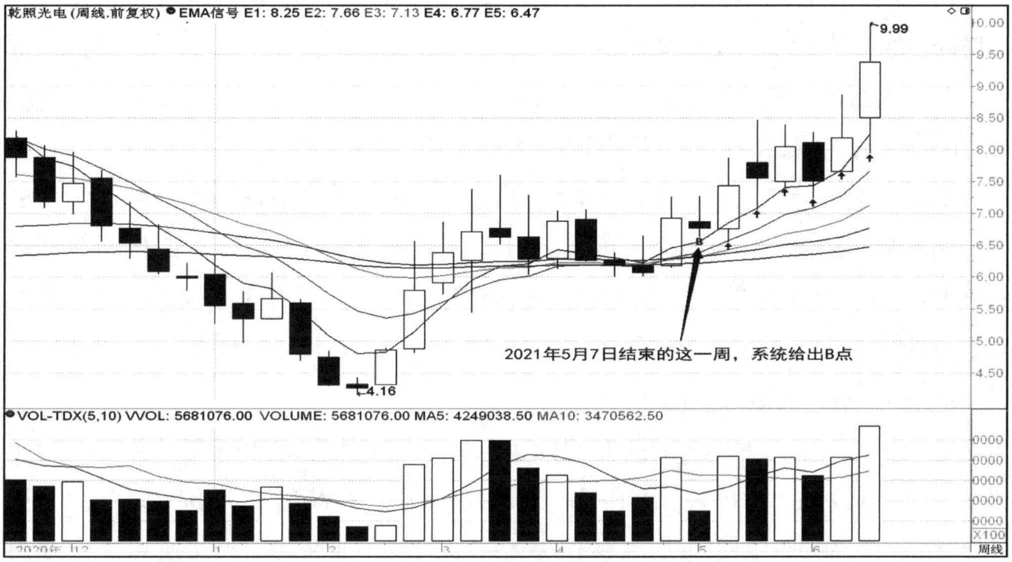

图 4－1－5　乾照光电（300102）周 K 线

图 4－1－5 是乾照光电的周 K 线图，图中时间跨度为 2020 年 11 月至 2021 年 6 月。我们可以看到，在 2021 年 5 月 7 日结束的这一周，系统给出了 B 点，此后几周一直保持给出箭头。如果把周 K 线作为大一级周期，那么我们可以在 5 月 7 日以后的日 K 线图上面寻找买点。

下面我们再来看该股的日 K 线图，见图 4－1－6。

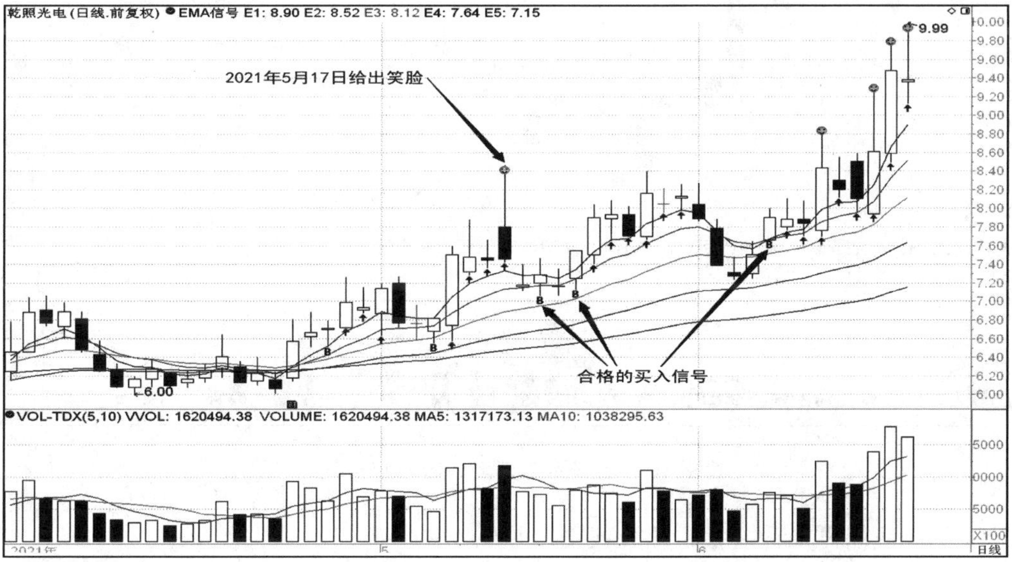

图 4－1－6　乾照光电（300102）日 K 线

图4－1－6是乾照光电的日K线图，图中时间跨度为2021年4月至6月的一段时间。可以看到，系统在2021年5月17日给出了笑脸，随后股价小幅震荡回落后又三次给出了B点，给出B点后股价基本震荡向上，有不错的涨幅，因为周K线图上此时连续给出箭头，所以这些都是合格的买入信号。

那么，给出笑脸之后，多长的时间间隔给出B点才是最好的呢？根据笔者多年的实际操作经验，这个时间跨度可长可短，关键是给出笑脸之后股价不能有效跌破E5，在均线上方进行一段时间的震荡调整之后再给出的B点就是合格的买入信号，图中标示出了3个合格的买入信号，都符合本条件。

2. 不合格买入信号实例

图4－1－7是亚太实业的周K线图，图中时间跨度为2020年9月至2021年6月。可以看到，在2021年3月19日结束的这一周，系统给出了B点，此后5周一直保持给出箭头。如果以周K线作为大一级周期，那么我们再切换到日K线图上面寻找买点。

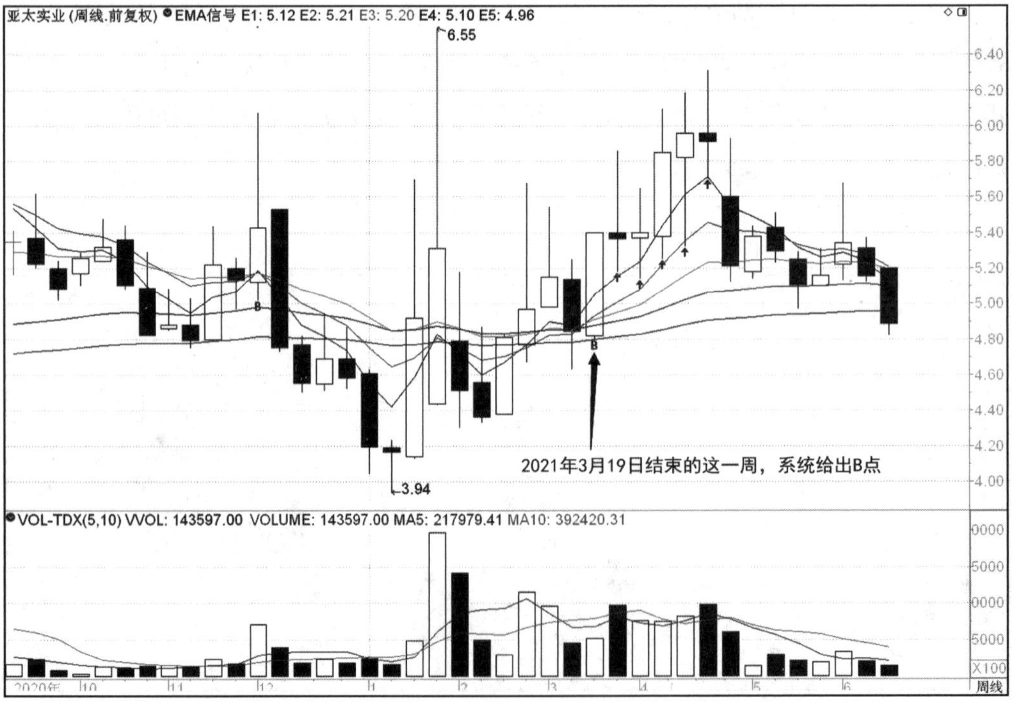

图4－1－7　亚太实业（000691）周K线

下面我们再来看该股的日K线图，见图4－1－8。

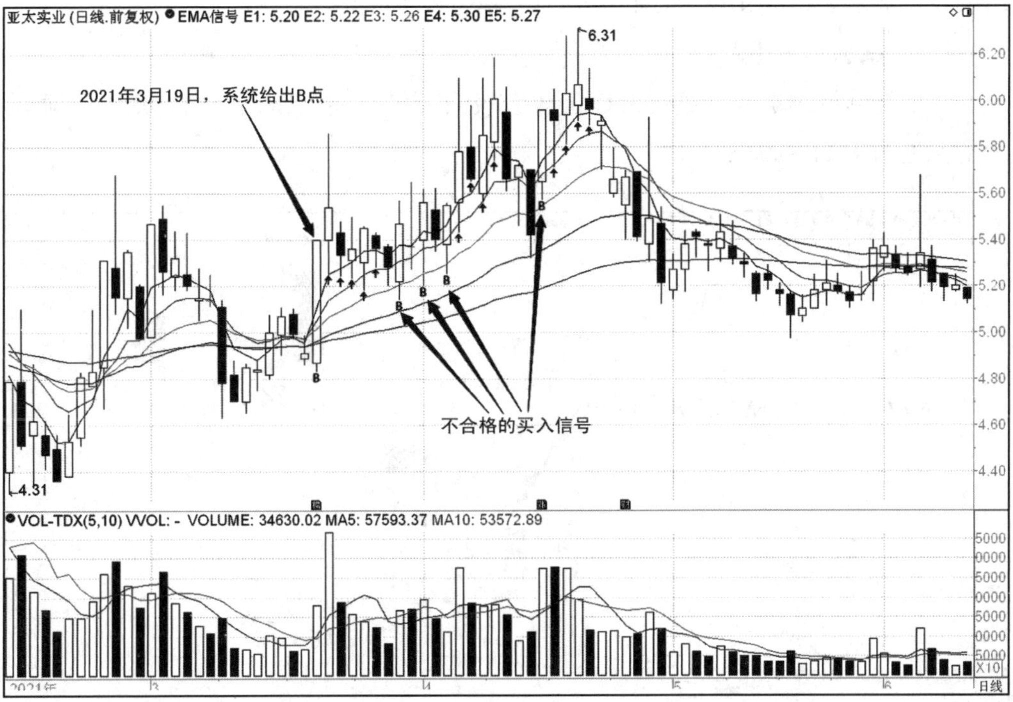

图 4－1－8　亚太实业（000691）日 K 线

图 4－1－8 是亚太实业的日 K 线图，图中时间跨度为 2021 年 2 月至 6 月。可以看到，图中始终没有给出笑脸，在 2021 年 3 月 19 日也就是周 K 线图上出现 B 点之后系统 4 次给出了 B 点，但此后股价只是短时间内小幅拉升随即回落。实战中，如果不能把握住稍纵即逝的短暂上涨，那就很难获利。这显然不是我们要寻找的龙头股，主要原因还是该股没有突破前期高点的阻力位，也就是股价没有创新高，所以不符合本条件的要求。这种情况，即使出现了符合第一个必要条件的买入信号，通常也没有大行情。

三、成交量配合良好

俗话说"量在价先"，就是说股价上涨需要资金推动，表现出来也就是成交量放大，而且应该是涨幅越大成交量也越大。尤其是在股价经过了长期的低迷之后，从低位逐渐启动上涨的初期，基本都有一个持续放量走强的阶段，直到给出笑脸才开始回落调整。反过来，在上涨趋势之中下跌调整的时候应该缩量，这样才说明主力没有出货，如果放量下跌那就可能是大资金出逃，股价的上涨趋势可能会结束。一般来说，成交量配合股价分为下列 3 种情况。

1. 上涨放量、下跌缩量

股价能够持续走高，成交量稳定放大极为关键，而下跌调整时，最好是缩量为主，见图 4-1-9。

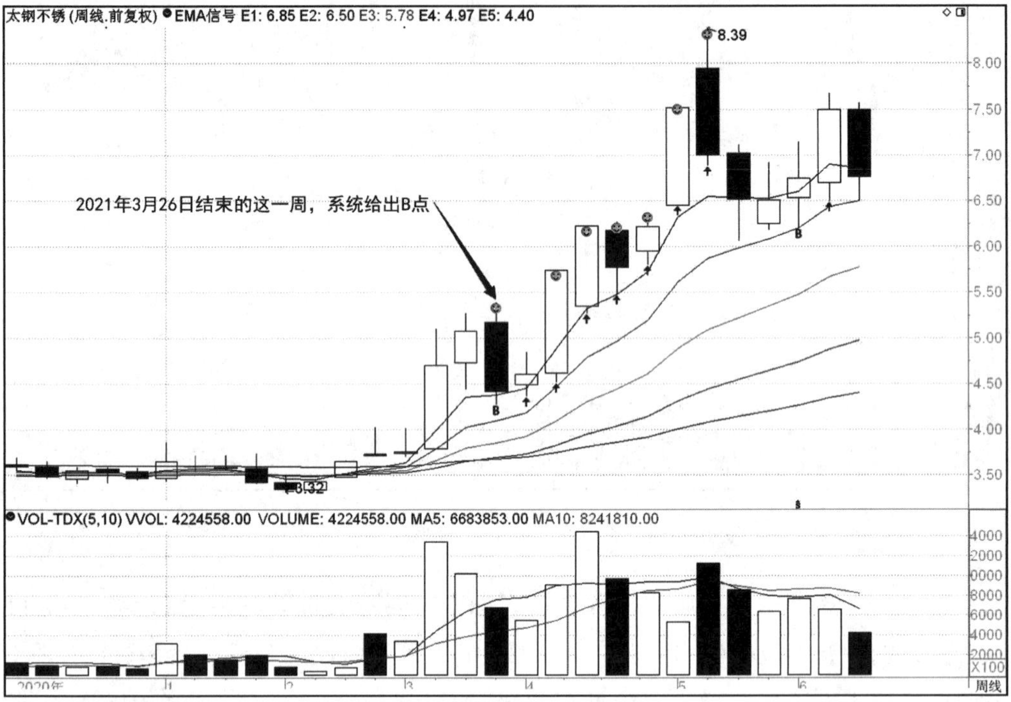

图 4-1-9　太钢不锈（000825）周 K 线

图 4-1-9 是太钢不锈的周 K 线图，图中时间跨度为 2020 年 12 月至 2021 年 6 月。可以看到，在 2021 年 3 月 26 日结束的这一周，系统给出了 B 点，此后 7 周一直保持给出箭头。我们此时可以切换到日 K 线图上寻找买点。

下面我们再来看该股的日 K 线图，见图 4-1-10。

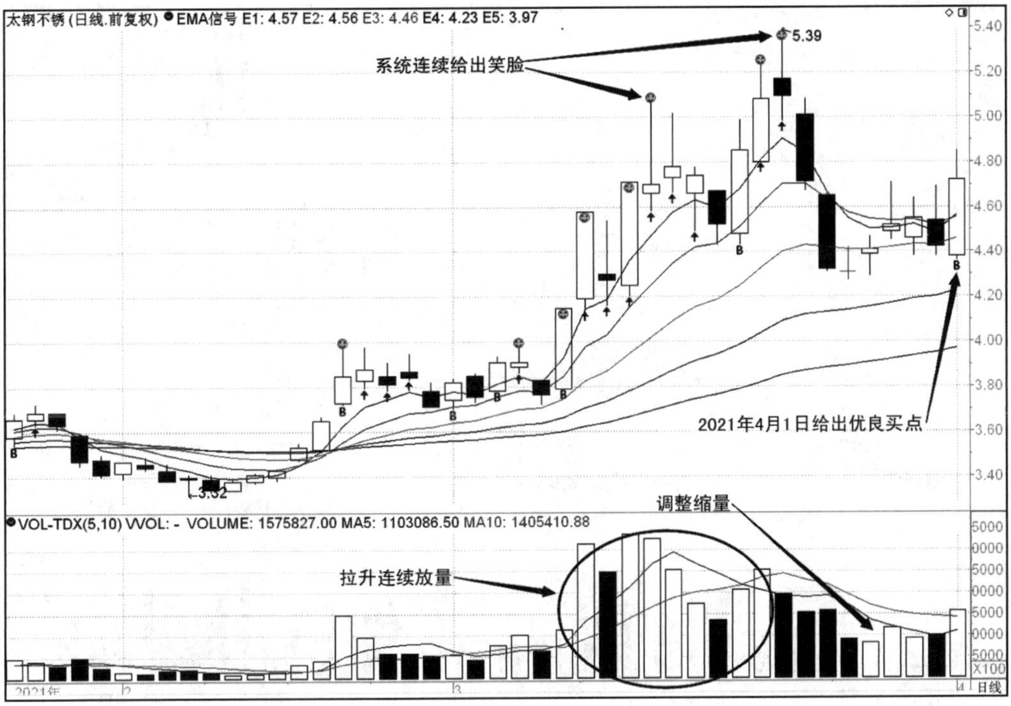

图 4 - 1 - 10　太钢不锈（000825）日 K 线（1）

图 4 - 1 - 10 是太钢不锈的日 K 线图，图中时间跨度为 2021 年 1 月至 4 月 1 日。可以看到，股价从 2021 年 3 月中旬开始连续放量走强并且系统连续给出笑脸，3 月下旬股价缩量回调，震荡几天后于 4 月 1 日拉升站上均线并给出了 B 点，此时周 K 线上面也有箭头，这一天给出的 B 点完全符合优良买点的 3 个必要条件。

笔者的演示截图最后停留在 2021 年 4 月 1 日给出 B 点的位置，读者可以逐一对照系统买入的 3 个必要条件仔细观察：大一级周期是否给出 B 点或者箭头，给出 B 点之前是否先给出笑脸，成交量是否符合上涨放量、下跌缩量。

下面再来看该股后面的走势，见图 4 - 1 - 11。

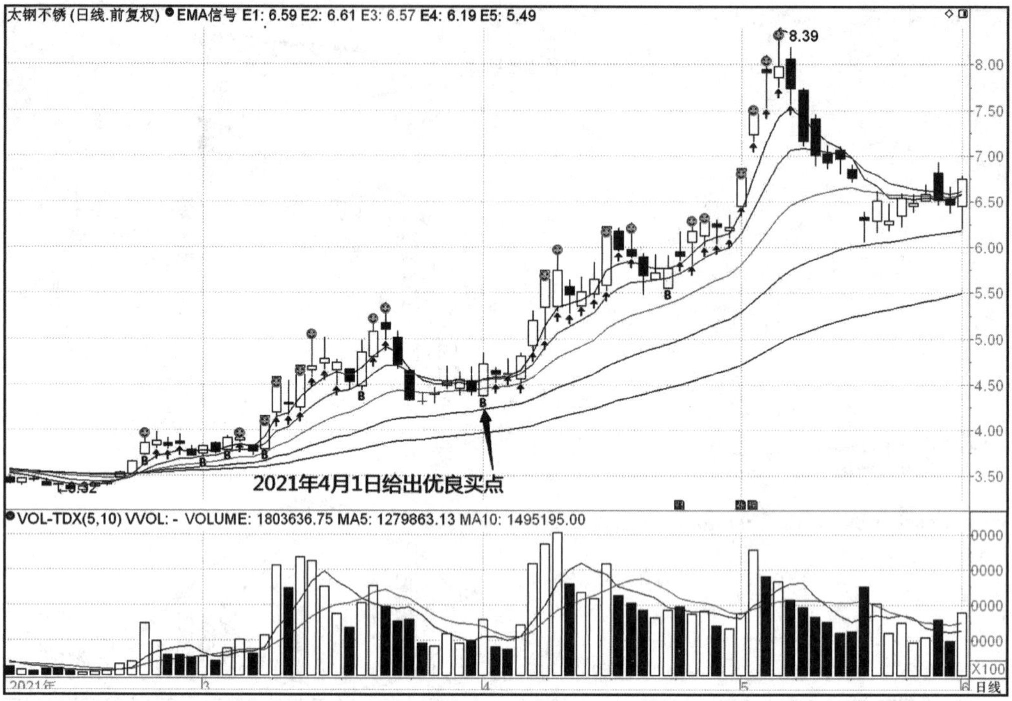

图 4－1－11　太钢不锈（000825）日 K 线（2）

图 4－1－11 是太钢不锈的日 K 线图，图中时间跨度为 2021 年 2 月至 5 月。可以看到，从 2021 年 4 月 1 日系统给出合格的买入信号之后，股价短暂调整，然后展开了一轮爆发式拉升行情，一个多月最高涨幅超过 70%。

2. 长线大牛股阶段性放量

部分长线大牛股连续一段时间一路走高，尤其是月 K 线甚至年 K 线都持续给出了 B 点或者箭头，这说明大资金早已完成建仓，已经到了下一轮短期爆发式拉升的时候，此时不需要太大的成交量就可以轻松拉升。这种情况下，调整时放量和缩量都不明显，甚至有可能出现某一根 K 线下跌的时候成交量有所放大，但总体成交量远远小于阶段性放量的水平，到了股价拉升的时候成交量也不需要明显放大就可以持续上升。

下面来看一个长线大牛股阶段性放量的实例，见图 4－1－12。

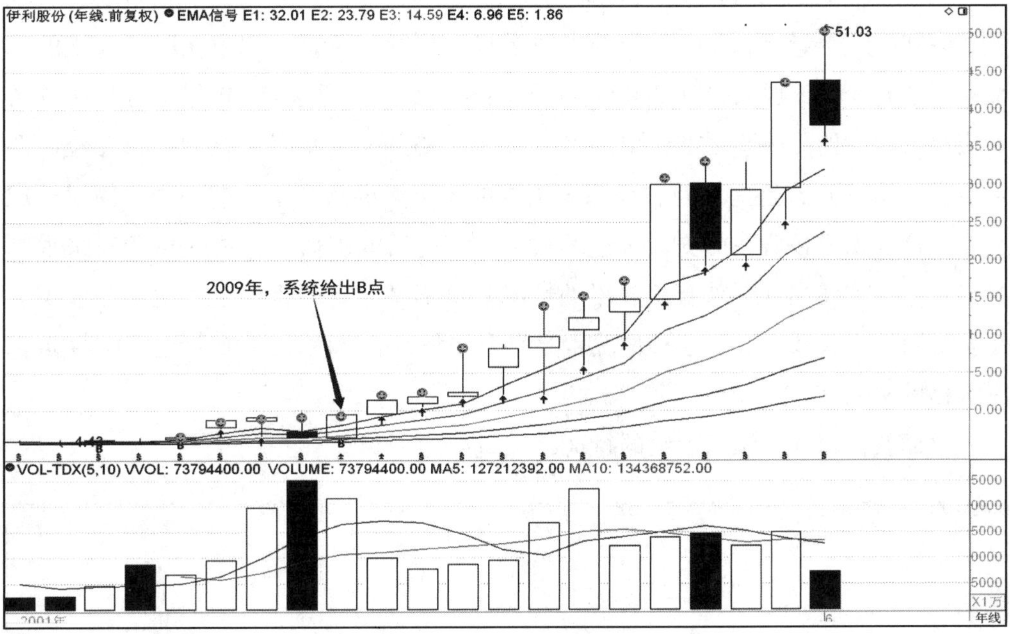

图 4-1-12 伊利股份（600887）年 K 线

图 4-1-12 是伊利股份上市以来的年 K 线图。可以看到，年 K 线最近一次给出 B 点是在 2009 年，此后连续 12 年都给出箭头。以年 K 线为大一级周期，那么我们就可以从 2010 年开始，在月 K 线图上寻找买点。

下面来看该股的月 K 线图，见图 4-1-13。

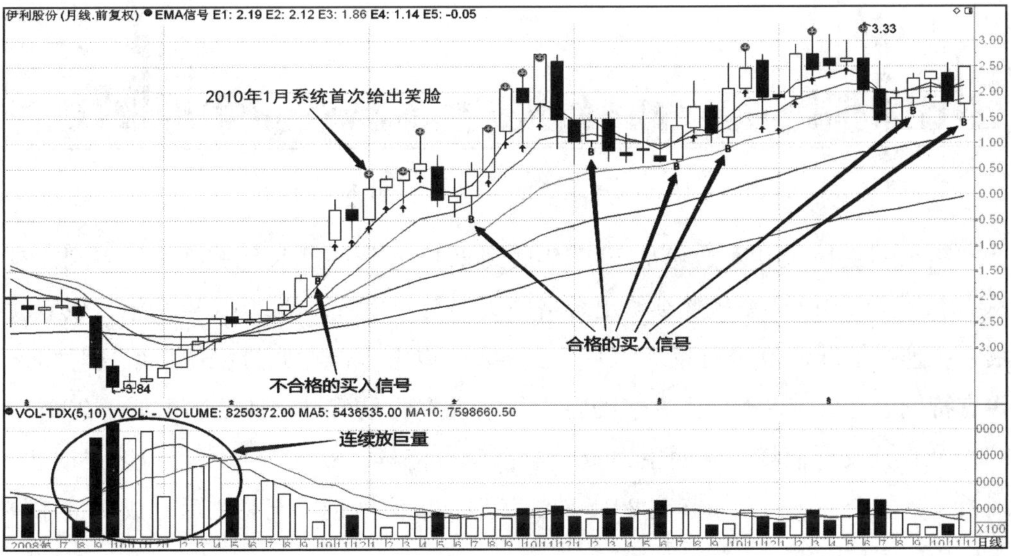

图 4-1-13 伊利股份（600887）月 K 线（1）

图 4－1－13 是伊利股份从 2008 年 5 月到 2012 年的月 K 线图。可以看到，该股在 2008 年下半年到 2009 年初的大跌走势中连续放巨量，主力在股价大跌的时候完成了建仓。该股股价从 2009 年底开始连续走强，并且 2010 年 1 月系统首次给出笑脸，在给出笑脸之前给出的 B 点是不合格的买入信号，之后股价几经回调后数次给出 B 点，这些 B 点符合系统买入的 3 个必要条件中的前两个，而对于成交量来说，由于该股在历史低位连续放巨量，此后的震荡调整成交量相对来说都显得很小，即使出现下跌有所放量的情况，也不是非常严重，主力也不可能完成出货，对于中长线个股，这种情况也是符合本条件的，所以 2010 年之后的 B 点都是合格的买入信号。

下面我们再来看该股后续的行情，见图 4－1－14。

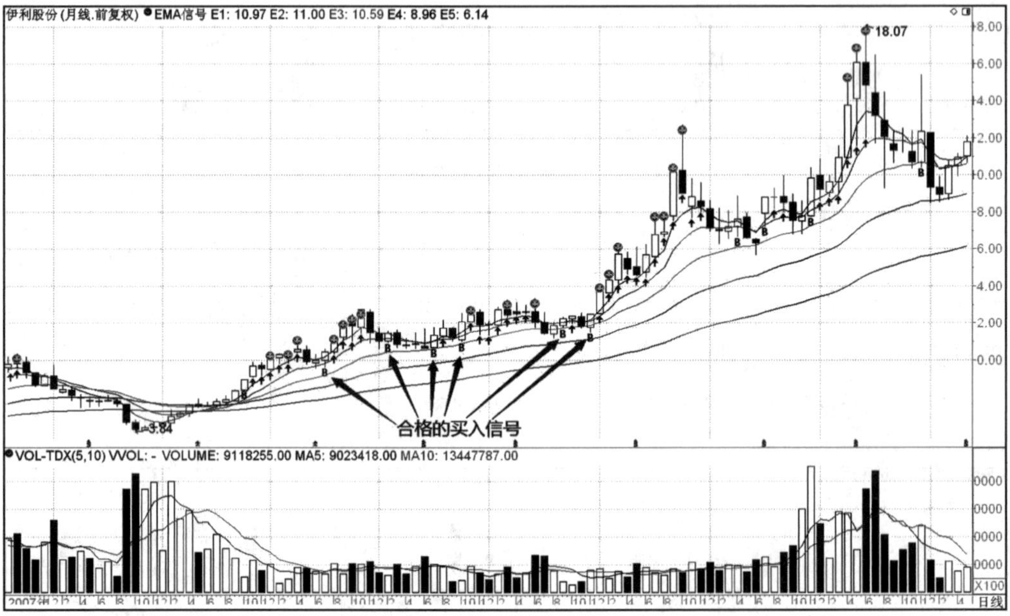

图 4－1－14　伊利股份（600887）月 K 线（2）

图 4－1－14 是伊利股份从 2007 年底到 2015 年初的月 K 线图。可以看到，自从 2011 年到 2012 年系統连续给出合格的买入信号之后，从 2013 年开始，该股就展开了连续拉升，10 个月最大涨幅达到 400% 以上。但在此过程中，成交量始终没有特别大地放量，而暴涨 4 倍的特大行情没有明显放量，甚至远远低于 2008—2009 年的成交量高峰，说明主力资金早已建仓完毕，就在等待一个拉升的时机，时机一到就会一飞冲天。直到 2015 年，该股再度大涨创出新高之后，成交量才放大到历史高位附近。

3. 放量大阴线洗盘

还有一种特殊的情况，就是某一天出现了放巨量的大阴线，这本来是短线见顶的特征，但是股价随后的下跌调整成交量总体是缩量的，短时间内股价下跌没有有效跌破 E5，很快又重新拉升回到 5 条均线上方，并且系统给出 B 点，这就意味着放量大阴线并不是主力出货，而是洗盘，洗盘完成之后股价将迅速展开连续拉升，这种情况反而是非常好的买点，但确实需要一定的技术和胆量。这种情况要特别注意成交量连续下跌放量的现象，尤其是越跌越放量就是出货的信号，需要规避。

下面来看一个放量大阴线洗盘的实例，见图 4-1-15。

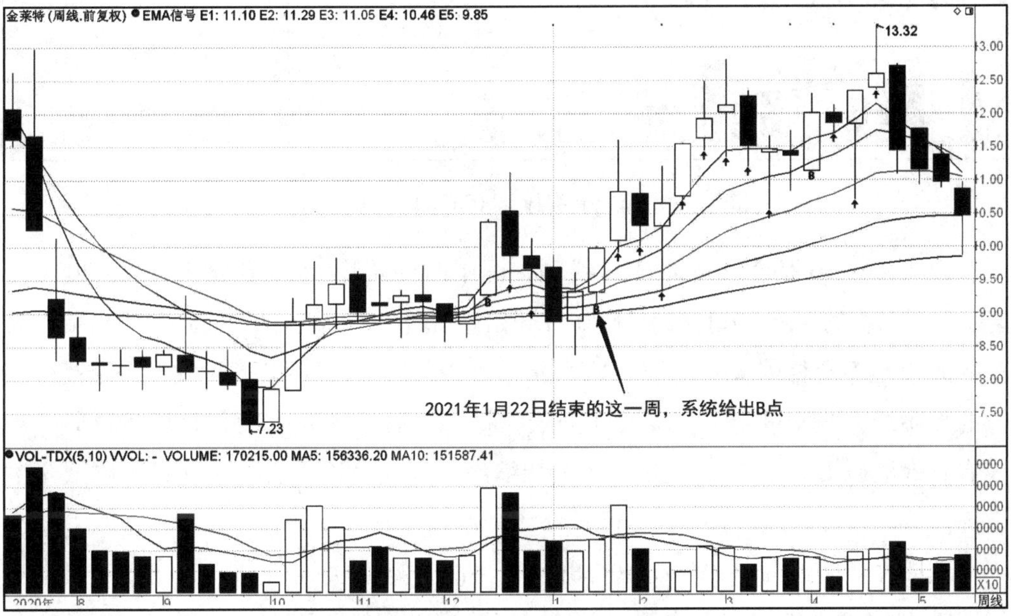

图 4-1-15 金莱特（002723）周 K 线

图 4-1-15 是金莱特的周 K 线图，时间跨度为 2020 年 7 月至 2021 年 5 月。图中标示了在 2021 年 1 月 22 日结束的这一周，系统给出了 B 点，虽然前面也给出了一个 B 点，但是在日 K 线图上没有合格的买入信号，第二次给出 B 点之后周 K 线图上连续 8 周一直保持给出箭头。我们再切换到操作周期也就是日 K 线上寻找买点。

下面来看该股的日 K 线图，见图 4-1-16。

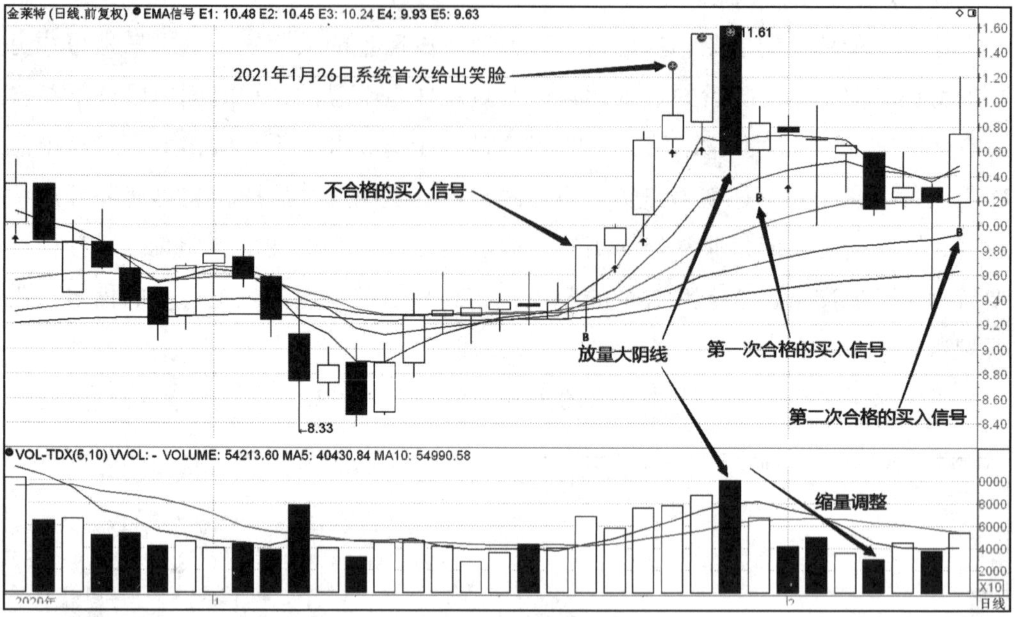

图 4-1-16　金莱特（002723）日 K 线（1）

图 4-1-16 是金莱特的日 K 线图，图中时间跨度为 2020 年 12 月至 2021 年 2 月。可以看到，从 2021 年 1 月 26 日开始系统连续 3 天给出了笑脸，给出笑脸之前的 B 点是不合格的买入信号。2021 年 1 月 28 日，该股创新高后收出一个高位放量的大阴线，成交量创了一段时间的最大量，随后连续几个交易日股价调整，但没有有效跌破 E5，同时成交量是逐渐萎缩的，也就是说没有出现连续下跌放量的情况。

该股在大阴线的第二天反弹给出了第一次合格的买入信号，又在图中最后一天即 2021 年 2 月 9 日股价大涨，并给出了第二次合格的买入信号。第一次合格的买入信号由于股价调整的时间和幅度都不够，所以并不是优良买点；第二次合格的买入信号，就是一个非常好的买点。读者可以逐一对照系统买入的 3 个必要条件仔细观察，记住这个典型的图形，尤其是在出现放量大阴线的情况下，成交量并没有连续放量下跌，反而是缩量下跌，这就说明放量大阴线是主力故意洗盘，此后再给出的 B 点就是非常好的买点。

下面再来看该股后续走势，见图 4-1-17。

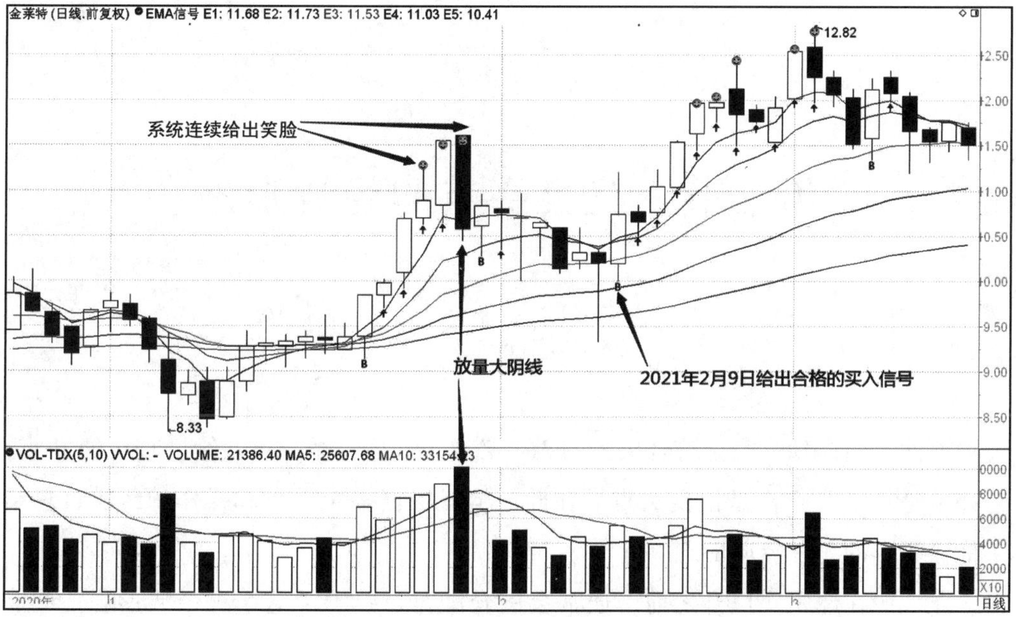

图 4－1－17　金莱特（002723）日 K 线（2）

图 4－1－17 是金莱特的日 K 线图，图中时间跨度为 2020 年 12 月至 2021 年 3 月。可以看到，该股在 2021 年 2 月 9 日系统给出合格的买入信号之后，股价连续几个交易日上涨并创出新高，最高涨幅达到了 20% 以上。

第二节 优良买点的经典形态

前面我们提到，完全符合买入的3个必要条件后，系统也会给出较多的B点，但并不是每个B点都是优良买点。在此，笔者根据多年看盘和操作的经验，总结了优良买点的5种经典形态。

龙头股在爆发式拉升之前，通常会震仓洗盘，熟悉了这5种经典形态，就能够在实战中更好地把握龙头股的最佳买入信号。读者可以仔细观察这5种经典形态的各种技术特征，记住它们各自在操作周期上给出B点的图形特点，以更好地把握住龙头股的爆发式机会。这5种经典形态如下。

一、第一种经典形态——一次深幅下探，V形反转向上

一只个股必须在低位率先拉升创出半年新高，并给出笑脸，才能符合系统买入的3个必要条件。这种经典形态要求该股前一波创新高的拉升行情最好是走势流畅、成交量密集放大，在系统给出笑脸之后出现一波深幅下探，股价最低跌至E4附近，成交量最好越跌越萎缩，在不有效跌破E5的情况下突然反转向上，上涨之时成交量开始温和放大。一般来说，股价深幅下探会造成E1短暂死叉E2，或者更进一步死叉E3，但一般不会死叉E4，然后股价逐步恢复上涨，再把E1拉回到最上方重新金叉E2，并给出B点，这就是优良买点的第一种经典形态。

这种经典形态的特点就是前一波走势创出新高，表示主力开始启动行情，如果拉升态度坚决、成交量连续密集放大，说明主力实力雄厚。完成第一波拉升之后，还需要进行一次大幅度迅速下探洗盘，对于这一次洗盘的深度，一般会回撤到第一波拉升幅度的二分之一左右，最低点应该达到E4附近，如果调整幅度不够就达不到洗盘的效果，后面拉升的可能性也不大。但洗盘不能有效跌破E5，如果

有效跌破 E5，那么图形就被破坏了，以后再给出 B 点也不再符合这种经典形态。如果顺利探底回升并给出 B 点，那就意味着股价很可能迅速展开主升浪行情，应该立即买入。

下面，我们来看几只经典形态的个股。

1. 西藏矿业（000762）

该股属于下探幅度较大，然后拉升的经典形态。具体情况见图 4－2－1。

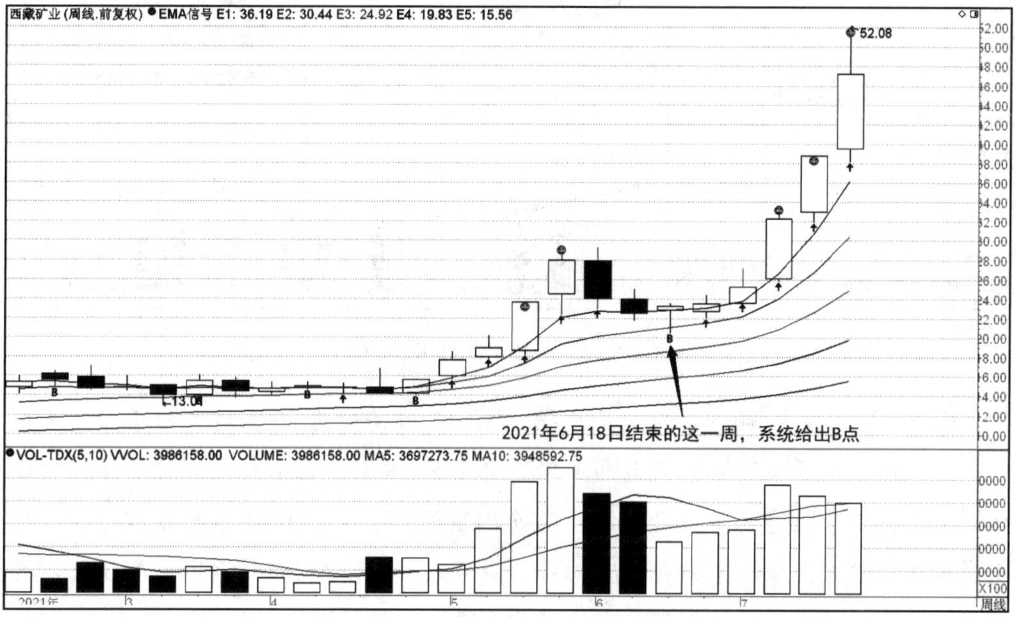

图 4－2－1 西藏矿业周 K 线

图 4－2－1 是西藏矿业的周 K 线图，图中时间跨度为 2021 年 2 月至 7 月。可以看到，在 2021 年 6 月 18 日结束的这一周，系统给出了 B 点，此后连续 5 周一直保持给出箭头。以周 K 线作为大一级周期，我们再切换到操作周期日 K 线上寻找优良买点。

下面我们再来看该股的日 K 线图，见图 4－2－2。

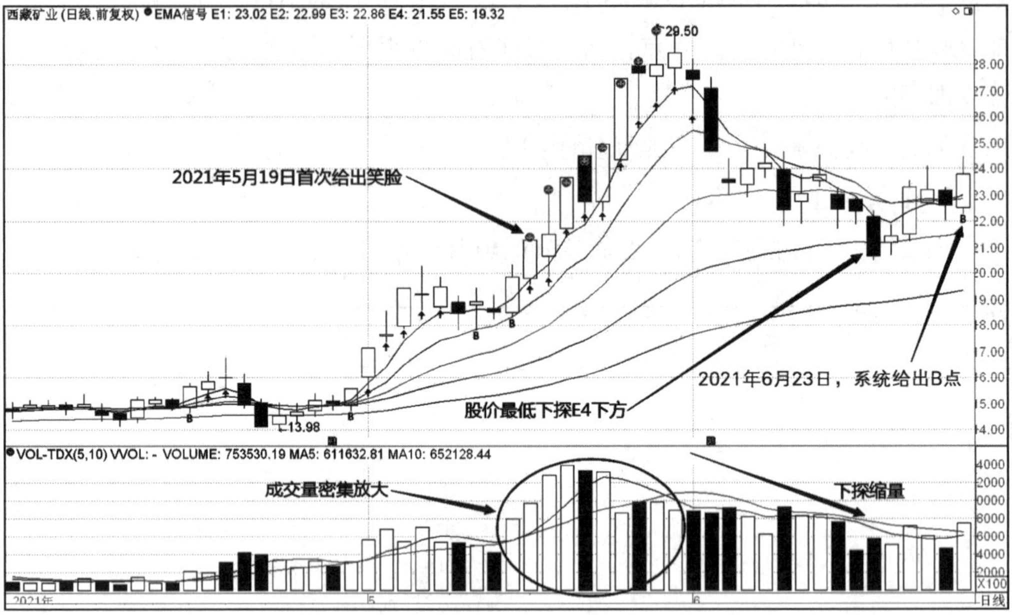

图 4－2－2　西藏矿业日 K 线（1）

图 4－2－2 是西藏矿业的日 K 线图，图中时间跨度为 2021 年 4 月至 6 月。可以看到，该股从低位连续放量走强。2021 年 5 月 19 日，该股创出新高后系统开始连续给出笑脸，在这一波拉升中股价数次出现涨停，主力拉升态度非常坚决，成交量也密集放大，显示主力在坚决买入。接下来，股价在 30 元附近冲高见顶后开始了一轮深幅下探，经过十来个交易日的下跌，最低跌破了 E4，但离 E5 还较远，同时在下跌过程中成交量逐渐减少，在调整的低点 E1 死叉了 E2 和 E3，其间再无箭头。就在跌破 E4 的第二天，股价反转向上，再度走强，并且在 2021 年 6 月 23 日系统给出了 B 点，由于在周 K 线图上 2021 年 6 月 18 日结束的这一周系统已经给出了 B 点，此时周 K 线继续给出箭头，说明这是一个完全符合第一种经典形态的优良买点。

图 4－2－2 最后停留在 2021 年 6 月 23 日给出优良买点的位置，读者可以逐一对照系统买入的 3 个必要条件和优良买点的第一种经典形态的各项要求，牢记这个经典形态，以便在日后的交易中随时调用参考。

下面再来看该股后续走势，见图 4－2－3。

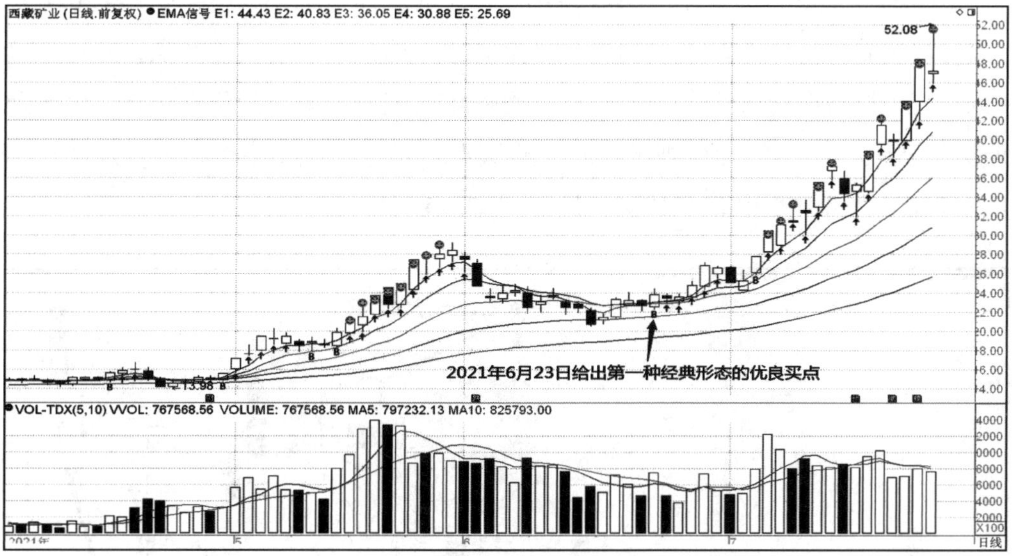

图 4－2－3　西藏矿业日 K 线（2）

图 4－2－3 是西藏矿业的日 K 线图，图中时间跨度为 2021 年 4 月至 7 月。可以看到，2021 年 6 月 23 日系统给出了符合第一种经典形态的优良买点，随后股价就展开了连续拉升。

2. 恒逸石化（000703）

该股属于下探幅度较大但仍然符合买入条件的经典形态，见图 4－2－4。

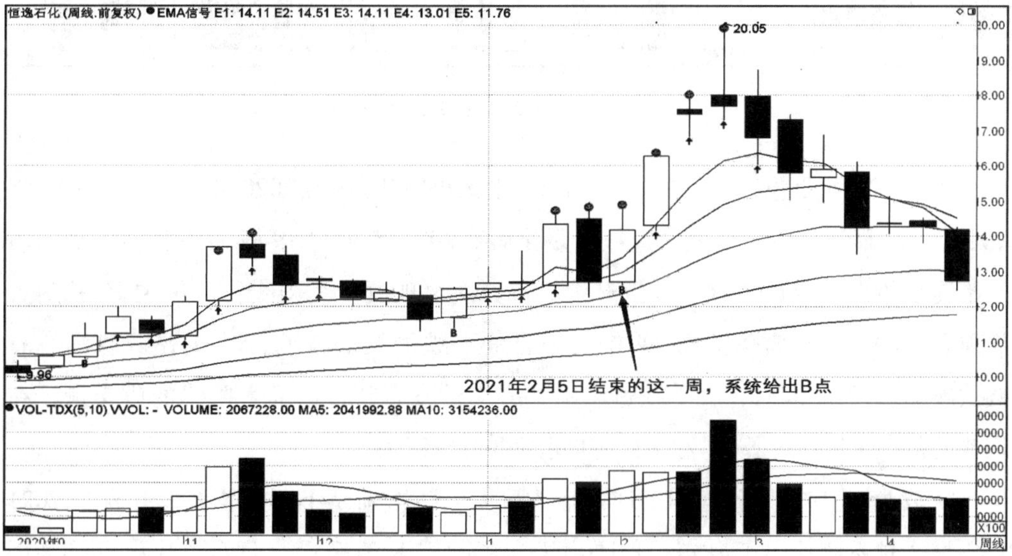

图 4－2－4　恒逸石化周 K 线（1）

图4－2－4是恒逸石化的周K线图，图中时间跨度为2020年9月至2021年4月。可以看到，在2021年2月5日结束的这一周，系统给出了B点，此后连续4周一直保持给出箭头。我们以日K线为操作周期，再来寻找优良买点。由于此处仅限于研究符合第一种经典形态的优良买点，故对该股前面的买点不做讨论。

下面再来看该股的日K线图，见图4－2－5。

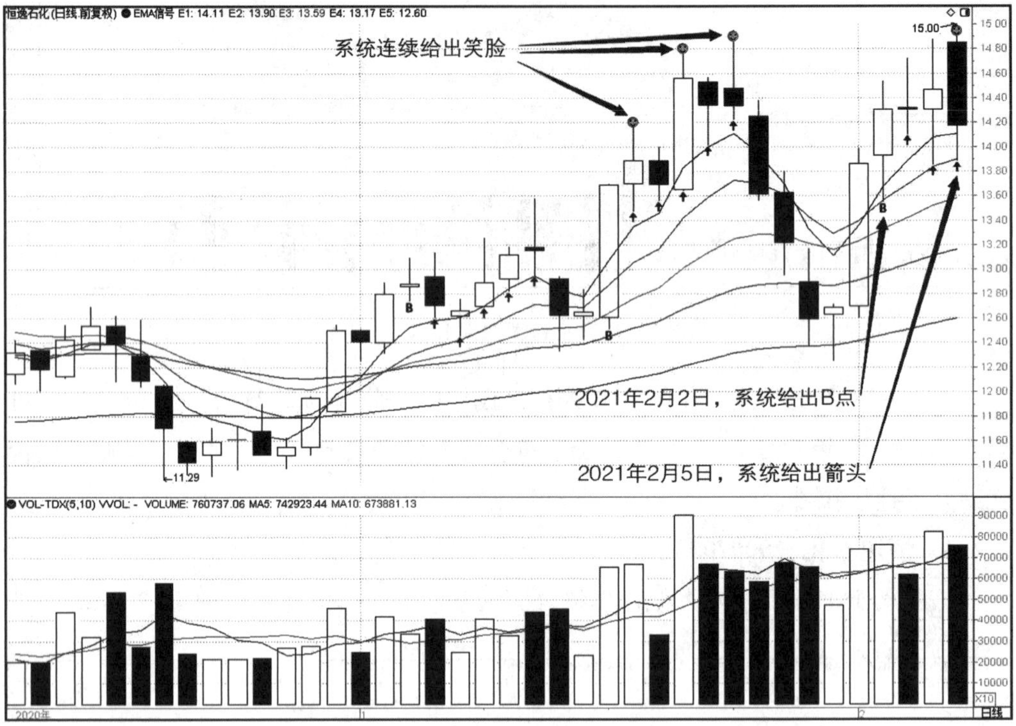

图4－2－5　恒逸石化日K线（1）

图4－2－5是恒逸石化的日K线图，图中时间跨度为2020年12月至2021年2月。可以看到，该股从低位连续放量走强，2021年1月19日，该股创出新高后开始连续给出笑脸，在这一波拉升中股价数次出现放量大阳线，股价在15元附近见顶后开始了一轮深幅下探，4个交易日的下跌最低跌破了E5，但是收盘没有有效跌破E5。与此同时，在下跌过程中，成交量没有超过前面大阳线的成交量，在调整的低点E1死叉了E2和E3，其间不再出现箭头。

跌破E5之后，股价随即出现一个放量大阳线重新站上所有均线，并且在2021年2月2日系统给出了B点，但是由于当周的周K线还没有收盘，故可以等到周K线收盘的2021年2月5日再来观察。2月5日虽然收出一个阴线，但系统仍然给出箭头，所以依然是一个完全符合第一种经典形态的优良买点。

图4－2－5最后停留在2021年2月5日给出优良买点的位置，读者可以逐一对照系统买入的3个必要条件和优良买点的第一种经典形态的各项要求，牢记这个经典形态，以便在日后的交易中随时调用参考。

下面再来看该股后续走势，见图4－2－6。

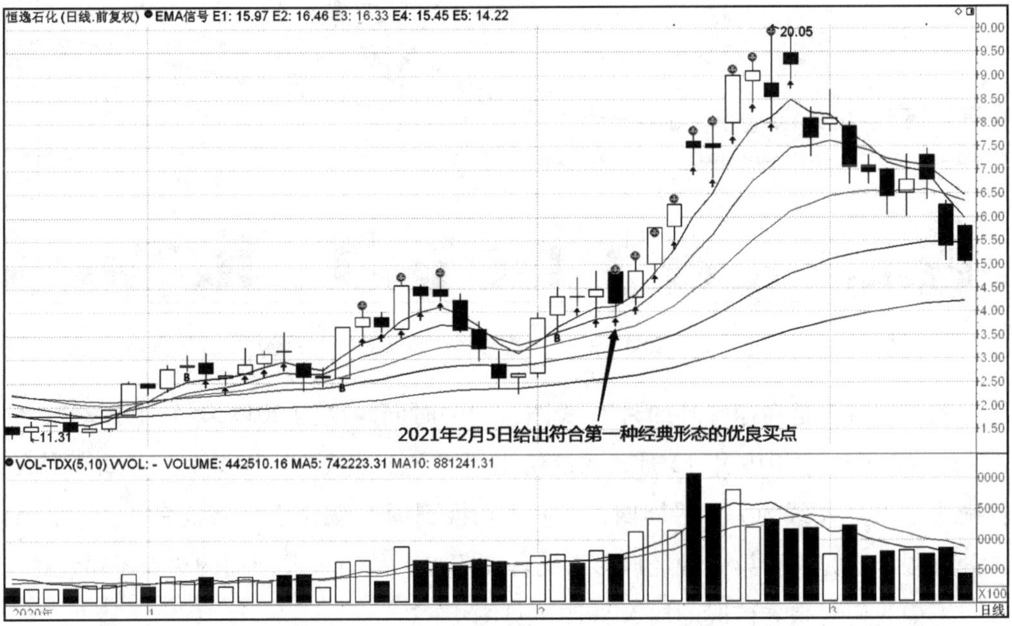

图4－2－6 恒逸石化日K线（2）

图4－2－6是恒逸石化的日K线图，图中时间跨度为2020年12月至2021年3月。可以看到，2021年2月5日系统给出了符合第一种经典形态的优良买点之后，股价就展开了连续拉升，短短几个交易日股价最高拉升30%以上。

3. 高德红外（002414）

该股是从事高新技术加军工产业的大市值个股，在不同周期的K线图上，只要形态标准，一样有符合经典形态的优良买点，见图4－2－7。

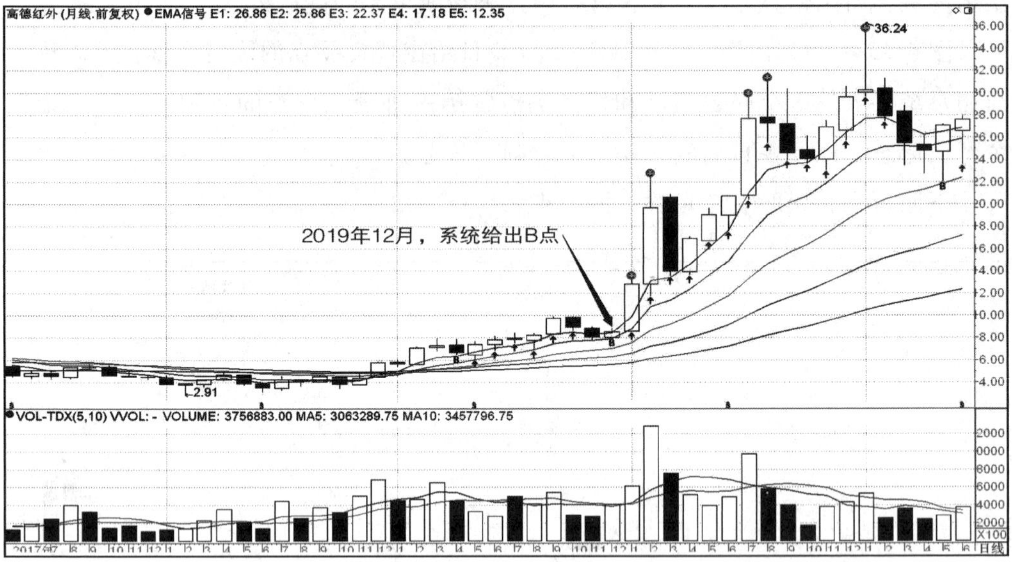

图 4－2－7　高德红外月 K 线

图 4－2－7 是高德红外的月 K 线图，图中时间跨度为 2017 年 5 月至 2021 年 6 月。可以看到，2019 年 12 月，系统给出了 B 点，此后连续 14 个月一直保持给出箭头。以月 K 线为大一级周期，我们再切换到周 K 线图上寻找优良买点。由于此处仅限于研究符合第一种经典形态的优良买点，故对该股前面的买点不做讨论。

下面我们再来看该股的周 K 线图，见图 4－2－8。

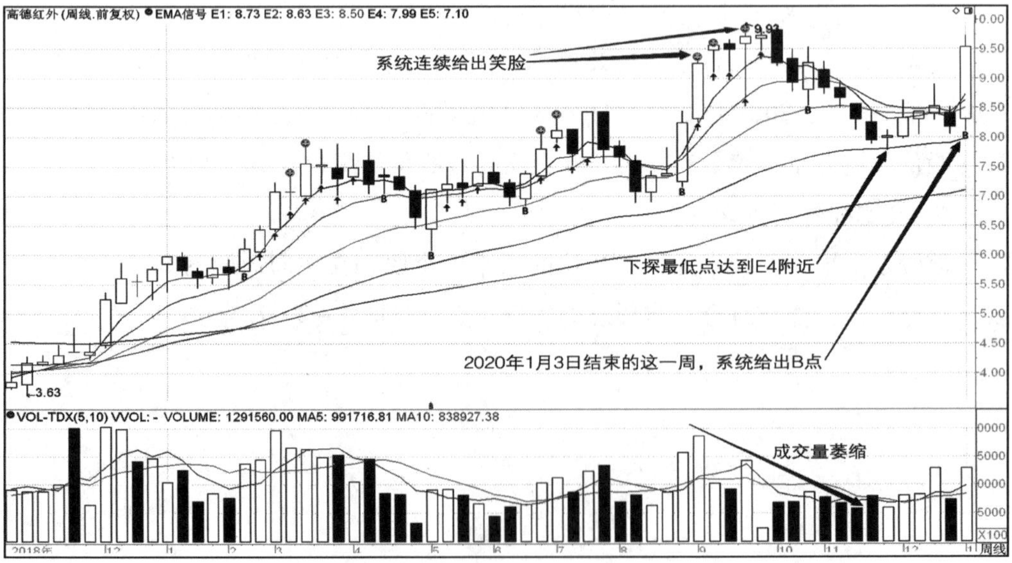

图 4－2－8　高德红外周 K 线（1）

图 4－2－8 是高德红外的周 K 线图，图中时间跨度为 2018 年 10 月至 2020 年 1 月。可以看到，该股从低位连续放量走强，2019 年 9 月该股创出新高后系统开始连续给出笑脸，经过连续几轮拉升，股价基本都是放量上涨，缩量下跌。股价在 10 元附近冲高见顶后，开始了一轮深幅下探，经过连续数周的下跌最低跌到了 E4 附近，同时在下跌过程中成交量也逐步萎缩，在调整的低点 E1 死叉了 E2 和 E3，其间不再出现箭头。

跌破 E4 之后，股价开始逐渐反弹，并且在 2020 年 1 月 3 日结束的这一周，系统给出了 B 点，由于月 K 线在 2019 年 12 月已经给出了 B 点，此时月 K 线仍然给出箭头，所以也是一个完全符合第一种经典形态的优良买点。

下面再来看该股后续走势，见图 4－2－9。

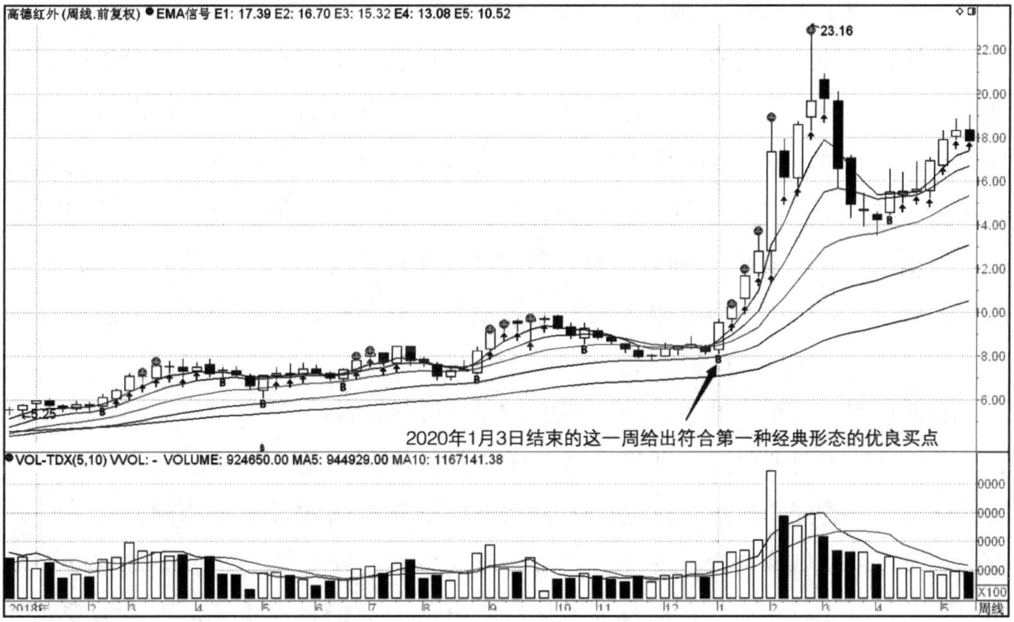

图 4－2－9 高德红外周 K 线（2）

图 4－2－9 是高德红外的周 K 线图，图中时间跨度为 2018 年 12 月至 2020 年 5 月。可以看到，2020 年 1 月 3 日结束的这一周，系统给出了符合第一种经典形态的优良买点之后，股价就展开了连续拉升，7 周时间股价就实现了翻番。

二、第二种经典形态——两次回调，构筑双底向上

部分龙头股的第一波拉升幅度很大，5 条均线之间的距离拉开很大，这时候

主力又不愿意让股价的调整幅度太大，于是只能选择让调整的时间延长，以等待均线的上行。这种形态一般来说需要股价进行两波下跌调整：第一波下跌回到 E3 附近，同时造成 E1 第一次死叉 E2，然后短暂反弹后再度给出 B 点并带动 E1 金叉 E2，此时股价并不会出现太大幅度的拉升，所以还不是优良买点，因为调整的时间还不够；第二波下跌回到第一次下跌的最低点位置附近，此时 E4 经过一段时间的上行也刚好到达股价调整的最低点附近，这样股价第二波下跌最低就会到达 E4 附近，此后股价转身向上再度带动 E1 二次金叉 E2，并给出 B 点。这就是优良买点的第二种经典形态。

这种经典形态的特点，就是股价洗盘以时间换空间的形式来完成，需要二次回调做双底，典型的形态是前后双底的调整最低点相差不大，第一波下跌回到 E3 附近，第二波下跌回到 E4 附近，然后给出 B 点。

另外，这种形态还有一些变种，就是双底形态并不那么标准：要么前一个底部高一点，后一个底部更低一点；要么反过来。还有可能某一波下跌没有造成均线死叉，或者第一次从底部反弹起来没有给出 B 点又进行二次下探。但无论怎么变化，这种形态都应该有明显的双底，其中至少有一次下跌最低点到达了 E4 附近，但不能有效跌破 E5，而且下跌过程中成交量应该越跌越小，然后构筑完成双底，最后拉升过程中给出 B 点的时候应该放量，此时也属于符合经典形态的优良买点。

有的情况是，第一波下跌最低到达 E4 附近，然后拉起来给出 B 点，符合第一种经典形态，但是股价还需要第二波下跌构筑双底再启动，这就由第一种经典形态转化为第二种经典形态。这是因为特殊情况下调整的效果没有达到，主力需要继续洗盘。遇到特殊情况，如果投资者在第一波下跌后 V 形反转的时候就已经买入股票，可以先行止损，在构筑双底之后给出 B 点之时再次买入。下面来看几个典型案例。

1. 中信特钢（000708）

该股是一只市值较大的钢铁股，在多次拉升过程中，洗盘时间较长，见图 4-2-10。

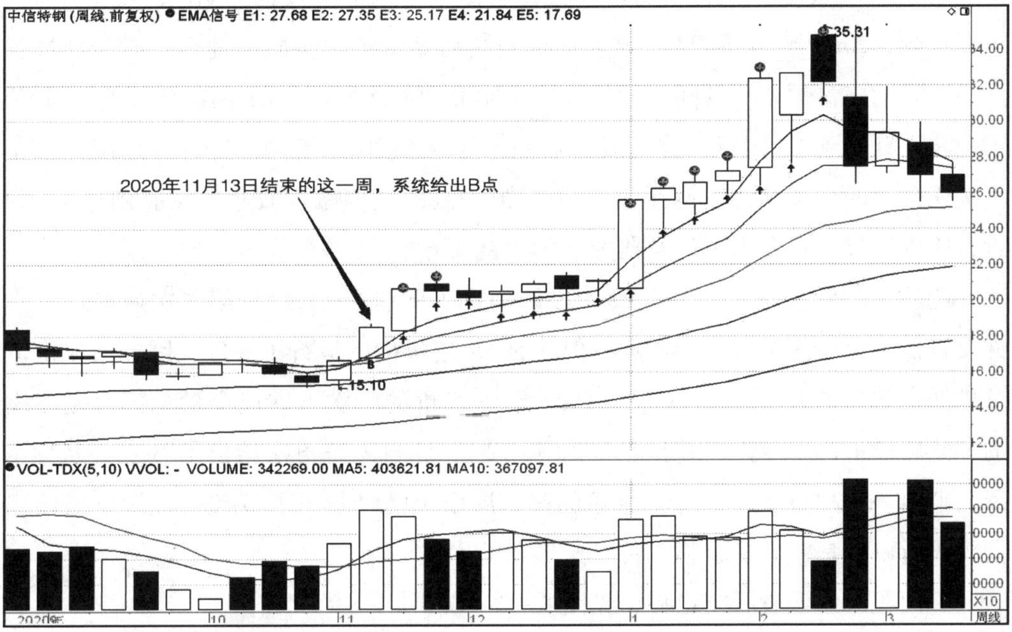

图 4-2-10　中信特钢周 K 线（1）

图 4-2-10 是中信特钢的周 K 线图，图中时间跨度为 2020 年 8 月至 2021 年 3 月。可以看到，2020 年 11 月 13 日结束的这一周，系统给出了 B 点，此后连续 14 周一直保持给出箭头。我们再切换到操作周期日 K 线上寻找优良买点。

下面我们再来看该股的日 K 线图，见图 4-2-11。

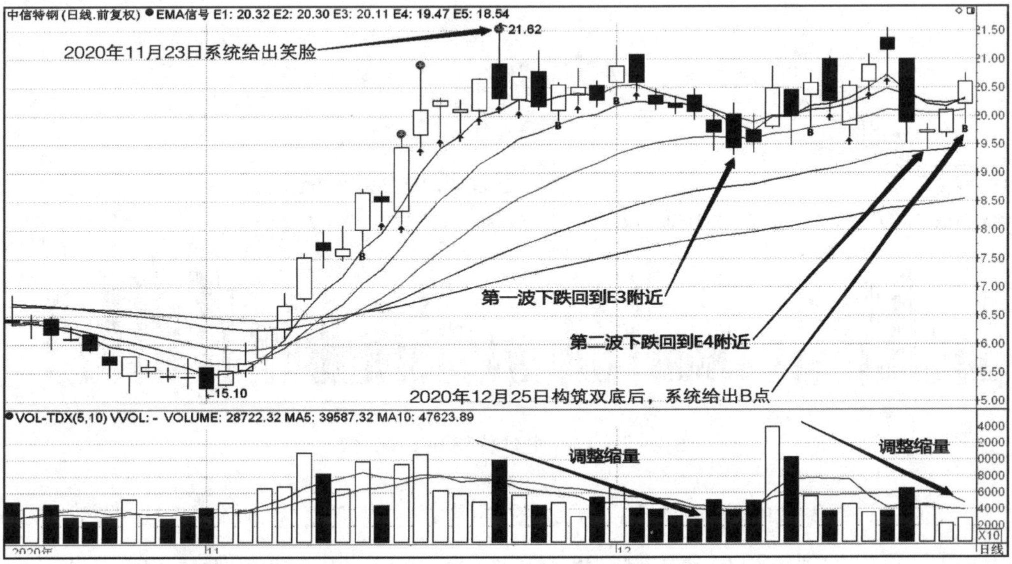

图 4-2-11　中信特钢日 K 线（1）

图4－2－11是中信特钢的日K线图，图中时间跨度为2020年10月至12月。可以看到，2020年11月23日该股创出新高后系统给出笑脸。此后，股价经过长达一个月的横盘调整。其间，股价经历了明显的两次回调，E1两次死叉E2，股价第一波下跌回到E3附近，此后股价走强，并且在2020年12月15日系统给出了一次死叉后的金叉B点，这个B点由于第一波的调整幅度较小，没有到达E4附近，所以不属于符合第一种经典形态的优良买点。

此后，股价再度调整跌破E3，最低到达了E4附近。股价第二次调整最低点并没有低于第一次调整的最低点，但此时E4已经向上运行了一段，因此第二次调整最低点到达了E4附近，但没有跌破E4。股价的两次下跌成交量总体都是萎缩的，此后股价再度走强，并且在2020年12月25日系统再次给出了B点。从周K线图来看，2020年11月13日结束的这一周系统已经给出了B点，此时继续给出箭头，所以这是一个符合第二种经典形态的优良买点。

下面再来看该股后续走势，见图4－2－12。

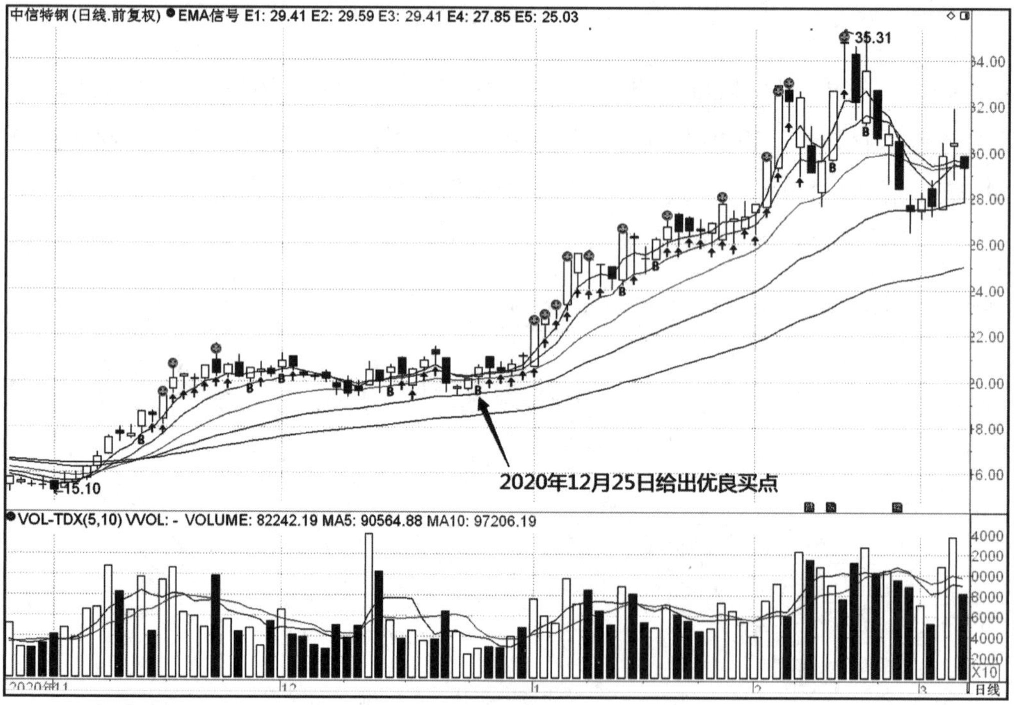

图4－2－12　中信特钢日K线（2）

图4－2－12是中信特钢的日K线图，图中时间跨度为2020年10月至2021年3月。可以看到，2020年12月25日系统给出符合第二种经典形态的优良买点

之后，股价随即展开了连续拉升，不到两个月的时间最大涨幅超过 71%。

2. 特锐德（300001）

我们再来看一个略微变形、前高后低的双底形态实例——特锐德，该股是中等市值的光伏发电新能源板块个股，也是创业板第一股。该股第一波下跌后系统给出 B 点，类似于优良买点的第一种经典形态，但是大一级周期没有给出买入信号，见图 4-2-13。

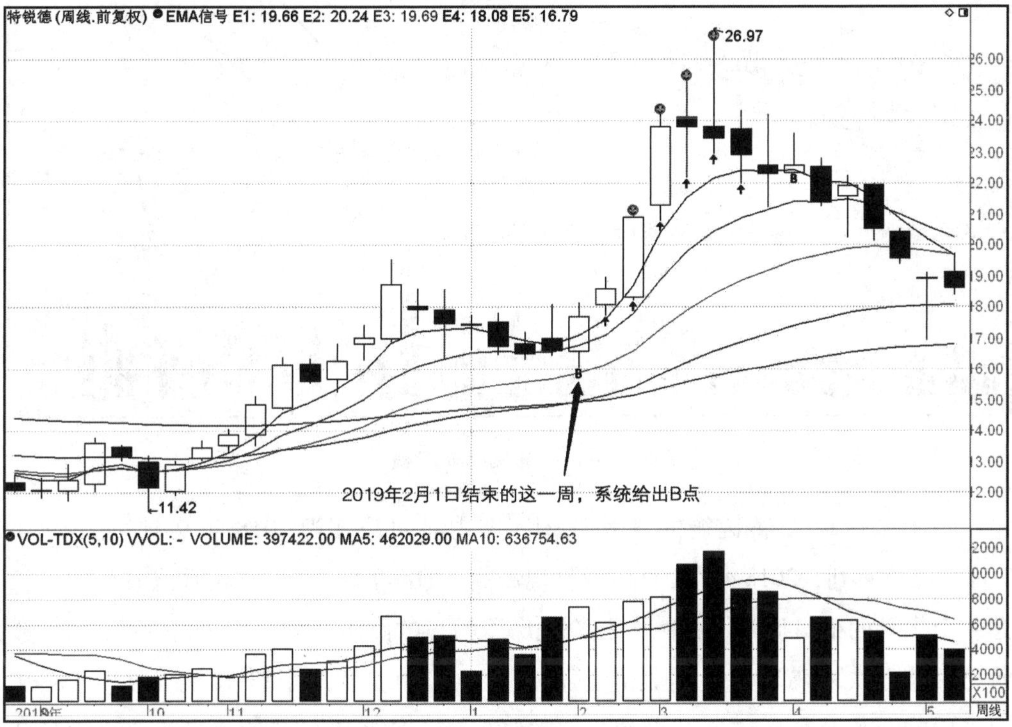

图 4-2-13 特锐德周 K 线

图 4-2-13 是特锐德的周 K 线图，图中时间跨度为 2018 年 8 月至 2019 年 5 月。可以看到，2019 年 2 月 1 日结束的这一周系统给出了 B 点，此后连续 6 周一直保持给出箭头。以周 K 线为大一级周期，我们再来从操作周期上寻找优良买点。

下面再来看该股的日 K 线图，见图 4-2-14。

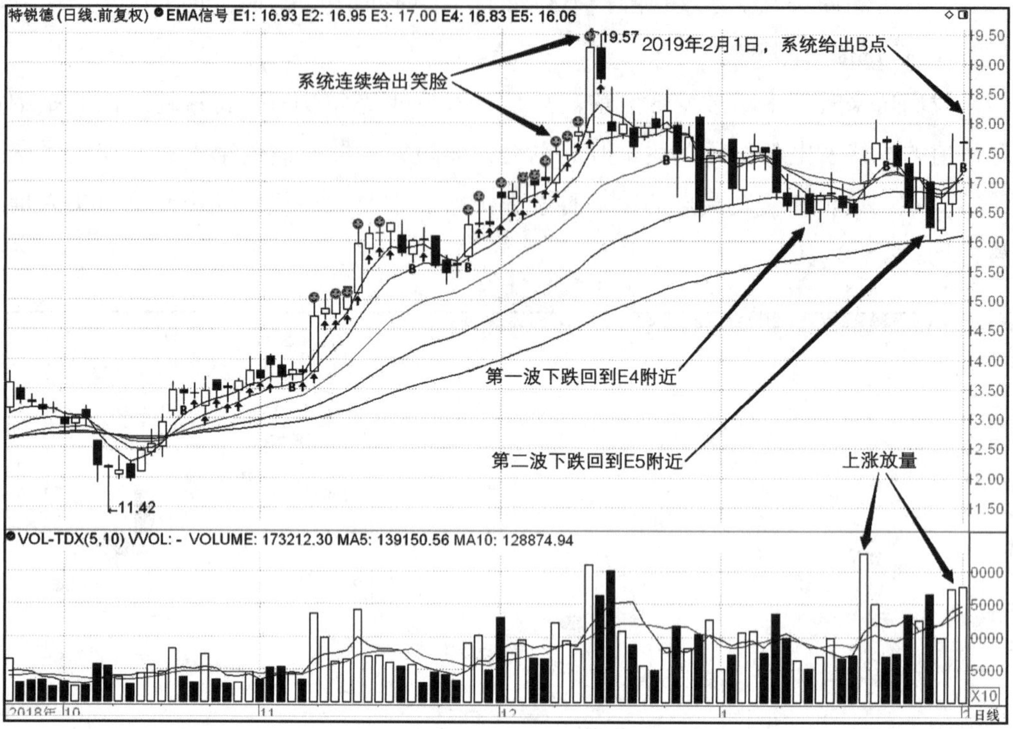

图 4－2－14　特锐德日 K 线（1）

图 4－2－14 是特锐德的日 K 线图，图中时间跨度为 2018 年 9 月至 2019 年 2 月。可以看到，2018 年 11 月该股创出新高后连续给出笑脸。此后该股开始了长达一个多月的横盘调整。其间，股价经历了明显的两次回调，E1 两次死叉 E2，股价第一波下跌跌破 E4，此后股价走强，并且在 2019 年 1 月 23 日系统给出了一次死叉后的金叉 B 点，这个 B 点看起来类似于第一种经典形态的优良买点，而且此前下跌成交量萎缩，给出 B 点时放量上涨。但值得注意的是，由于此时周 K 线图上并没有给出信号，所以这不算是一个优良买点。此后股价开始第二波下跌，再度调整跌破 E4，最低到达了 E5 附近。股价第二次调整最低点明显低于第一次调整的最低点，股价的两次下跌虽然有单日放量的情况，但上涨时放量更大，第二波下跌接近 E5 后股价再度走强，并且在 2019 年 2 月 1 日系统再次给出了 B 点，在周 K 线图上 2019 年 2 月 1 日结束的当周系统同时给出了 B 点，所以这是一个完全符合第二种经典形态的优良买点。

下面再来看该股后续走势，见图 4－2－15。

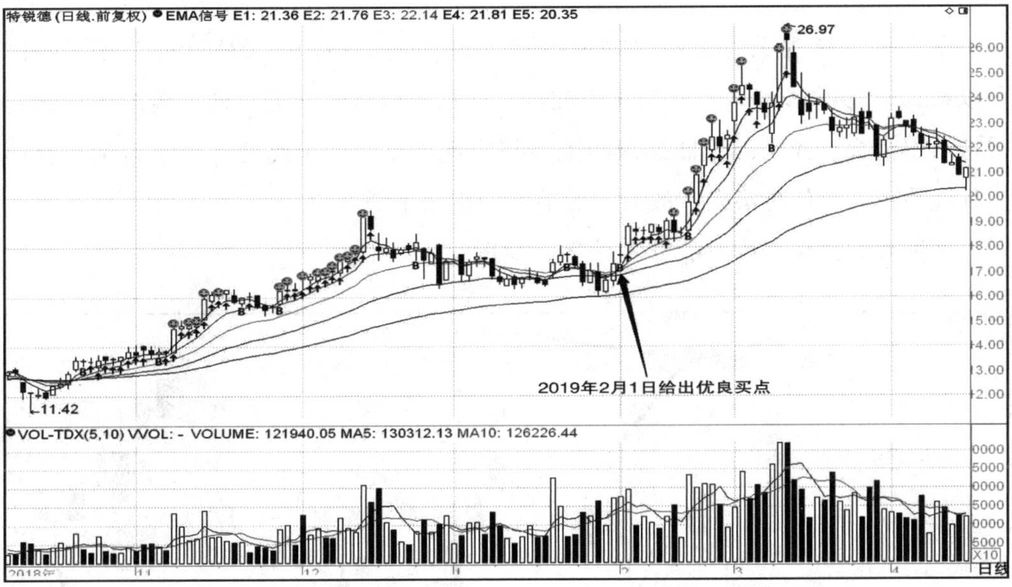

图 4－2－15　特锐德日 K 线（2）

图 4－2－15 是特锐德的日 K 线图，图中时间跨度为 2018 年 10 月至 2019 年 4 月。可以看到，2019 年 2 月 1 日系统给出符合第二种经典形态的优良买点之后，股价就展开了连续拉升，一个多月的时间最大涨幅超过 50%。

3．云海金属（002182）

下面来看一个略微变形、前低后高的双底形态的例子——云海金属，见图 4－2－16。

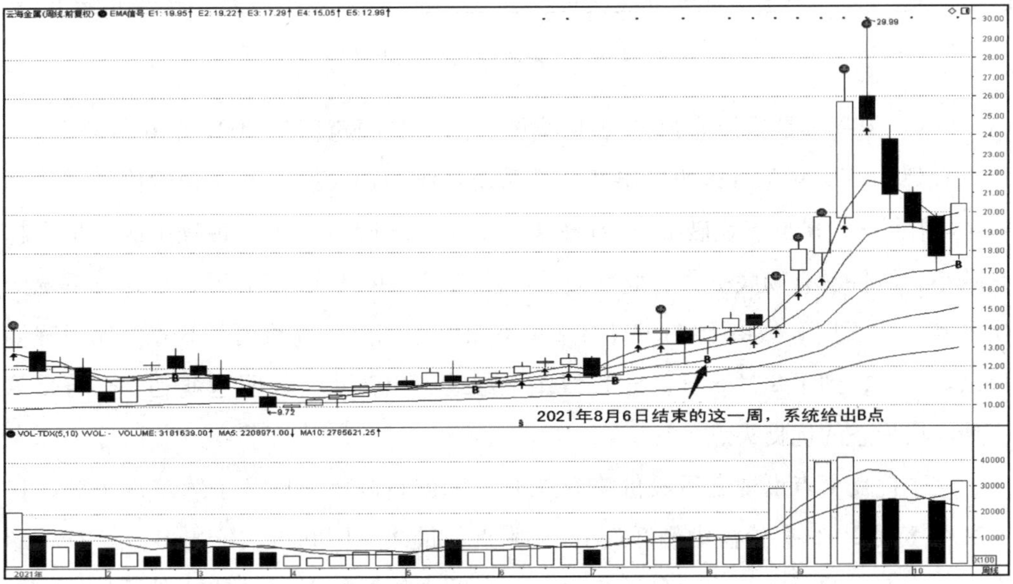

图 4－2－16　云海金属周 K 线

图4－2－16是云海金属的周K线图，图中时间跨度为2021年1月至10月。可以看到，在2021年8月6日结束的这一周系统给出了B点，此后连续7周一直保持给出箭头。我们再从日K线图上寻找优良买点。由于此处仅限于讨论符合第二种经典形态的优良买点，故对该股前面的买点不做讨论。

下面我们再来看该股的日K线图，见图4－2－17。

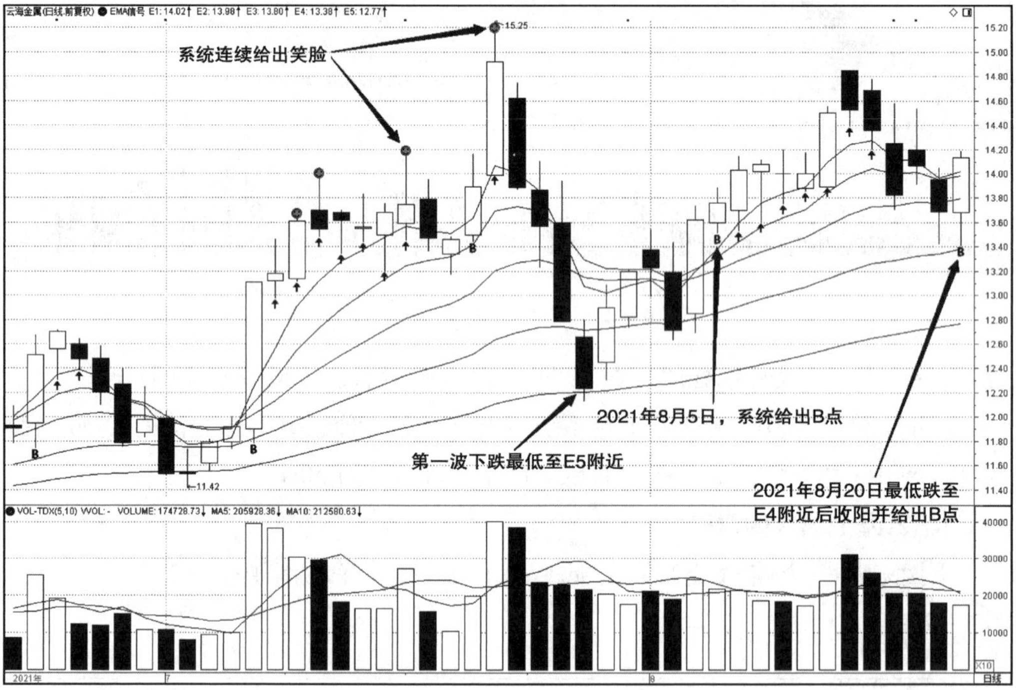

图4－2－17　云海金属日K线（1）

图4－2－17是云海金属的日K线图，图中时间跨度为2021年6月至8月。可以看到，2021年7月该股创出新高后系统连续给出笑脸。此后，股价经过连续4天大幅回落，最低点跌破E5，但收盘价没有跌破E5，在下跌过程中成交量也越跌越小，股价没有彻底破位。此后股价震荡走强，并且在2021年8月5日系统给出B点，由于周K线图上在2021年8月6日结束的这一周给出了B点，所以我们可以等一天，到了8月6日，日K线图上继续给出箭头，表明这就是一个符合第一种经典形态的优良买点。

这个优良买点出现之后股价略有拉升、未创新高，又展开了第二次下跌，在2021年8月20日股价盘中最低跌至E4附近但最终收阳并再次给出B点，这个形态是一个变形的双底，后一个低点比前一个低点抬高很多，但是也到了E4附近，其他方面条件也完全符合，所以这是一个优良买点。

下面再来看该股后续走势，见图 4－2－18。

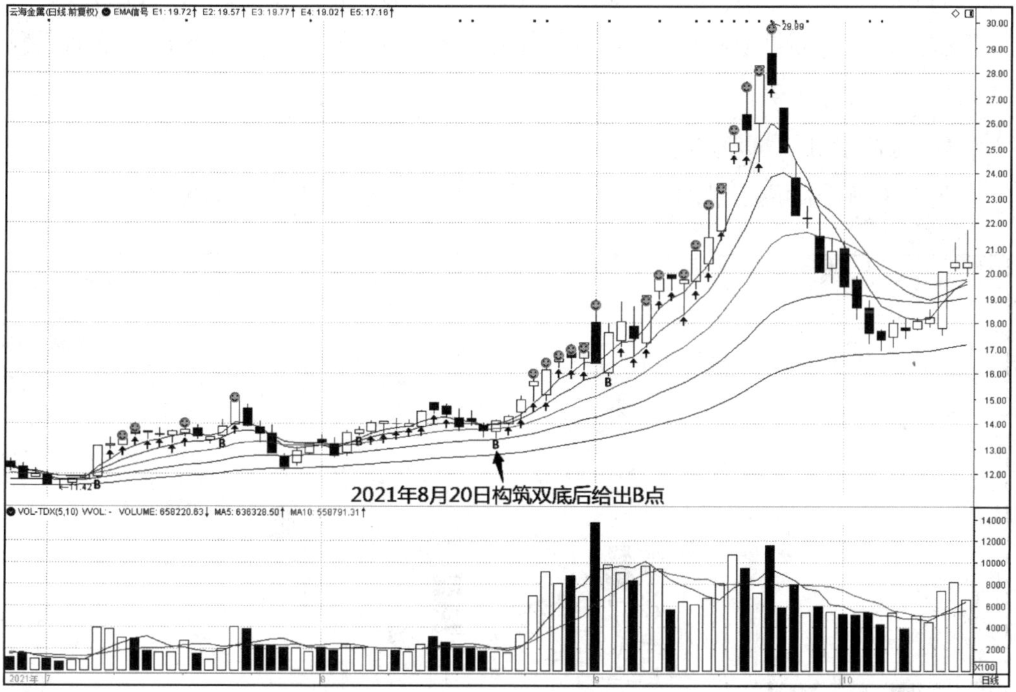

图 4－2－18 云海金属日 K 线（2）

图 4－2－18 是云海金属的日 K 线图，图中时间跨度为 2021 年 6 月至 10 月。可以看到，2021 年 8 月 20 日系统给出了符合第二种经典形态的优良买点之后，股价紧接着就开始连续大幅拉升，短短一个多月时间股价就实现了翻倍暴涨，短线获利空间较大。

三、第三种经典形态——回调横盘再启动

部分龙头股在股价创出新高且系统给出笑脸后回调，最低点到达 E4 附近，然后进行一段时间的横盘整理。一般来说，横盘维持 8～15 根 K 线，在此期间股价震荡幅度很小，成交量也相应萎缩，等到横盘最后结束时，一根放量阳线突破向上，同时系统给出 B 点，这是优良买点的第三种经典形态。

第三种经典形态主要分为两种类型：一种是高位横盘。这种形态一般出现在龙头股股价的大波段上升中途，股价主要以横盘代替下跌，等待均线上行后短暂

回踩 E4 然后向上启动继续大涨。另一种是低位横盘。这种形态一般出现在龙头股股价的第一波上升之后的洗盘阶段，股价先经历一波较大的下跌，主动靠近 E4 横盘，然后再次启动向上。当然，还有一种情况比较特殊，股价会在横盘期间反复上下震荡，系统频繁地给出 B 点，最后一次向上突破，真正启动行情。下面，我们来看几个实际案例。

1. 上海沿浦（605128）

先来看一个高位横盘的例子——上海沿浦，见图 4－2－19。

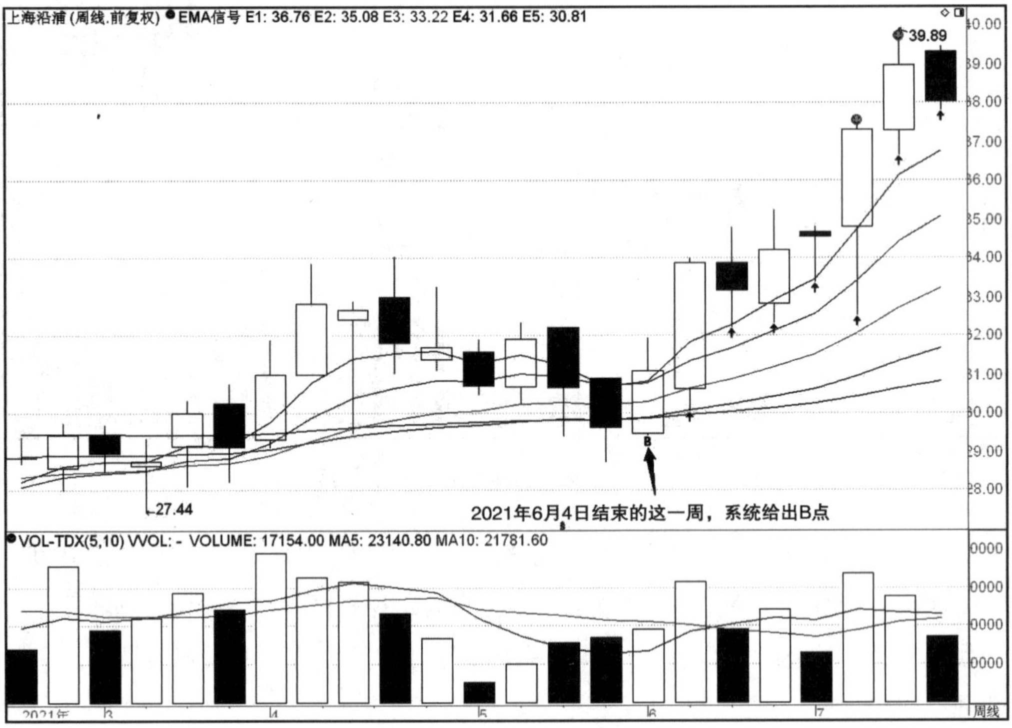

图 4－2－19　上海沿浦周 K 线

图 4－2－19 是上海沿浦的周 K 线图，图中时间跨度为 2021 年 2 月至 7 月。可以看到，2021 年 6 月 4 日结束的这一周，系统给出了 B 点，此后 7 周继续给出箭头。我们再切换到操作周期日 K 线上寻找优良买点。

下面我们来看该股的日 K 线图，见图 4－2－20。

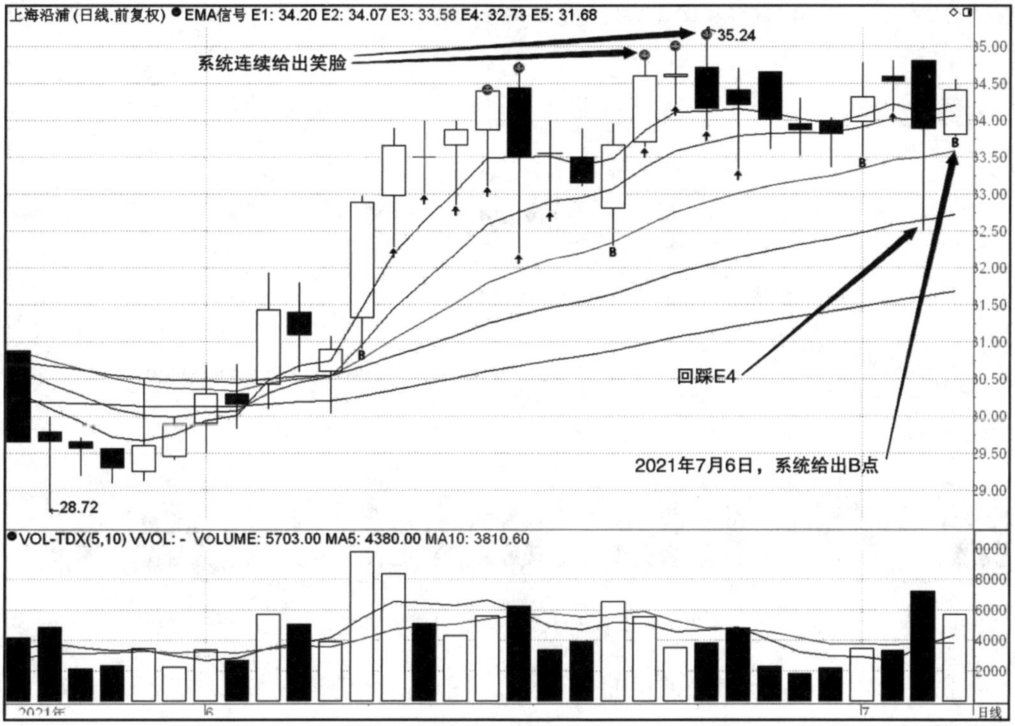

图 4-2-20　上海沿浦日 K 线（1）

图 4-2-20 是上海沿浦的日 K 线图，图中时间跨度为 2021 年 5 月至 7 月。可以看到，2021 年 6 月该股创新高后系统连续给出笑脸。此后，股价基本都在高位横盘，没有明显的下跌，其中一天以长下影线的形式回踩 E4，紧接着在 2021 年 7 月 6 日上涨，系统给出 B 点。横盘期间成交量总体萎缩。由于在周 K 线图上 2021 年 6 月 4 日结束的这一周系统已经给出了 B 点，此时继续给出箭头，完全符合第三种经典形态，是一个优良买点。

下面再来看该股后续走势，见图 4-2-21。

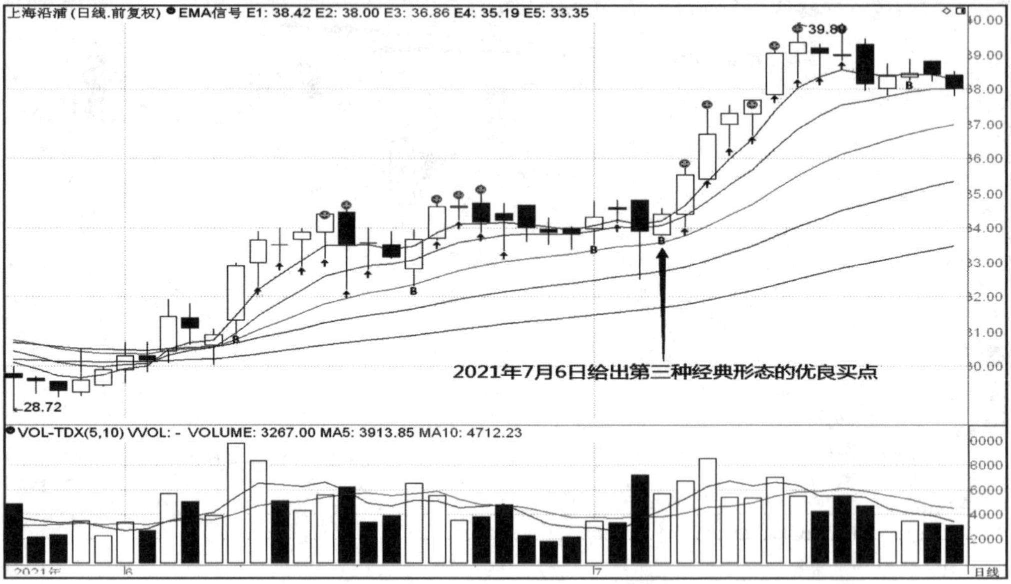

图 4－2－21　上海沿浦日 K 线（2）

图 4－2－21 是上海沿浦的日 K 线图，图中时间跨度为 2021 年 5 月至 7 月。可以看到，2021 年 7 月 6 日系统给出了符合第三种经典形态的优良买点之后，股价第二天开始连续 6 天上涨，短线有较大的获利空间。

2. 西藏城投（600773）

下面再来看一个低位横盘的例子——西藏城投，见图 4－2－22。

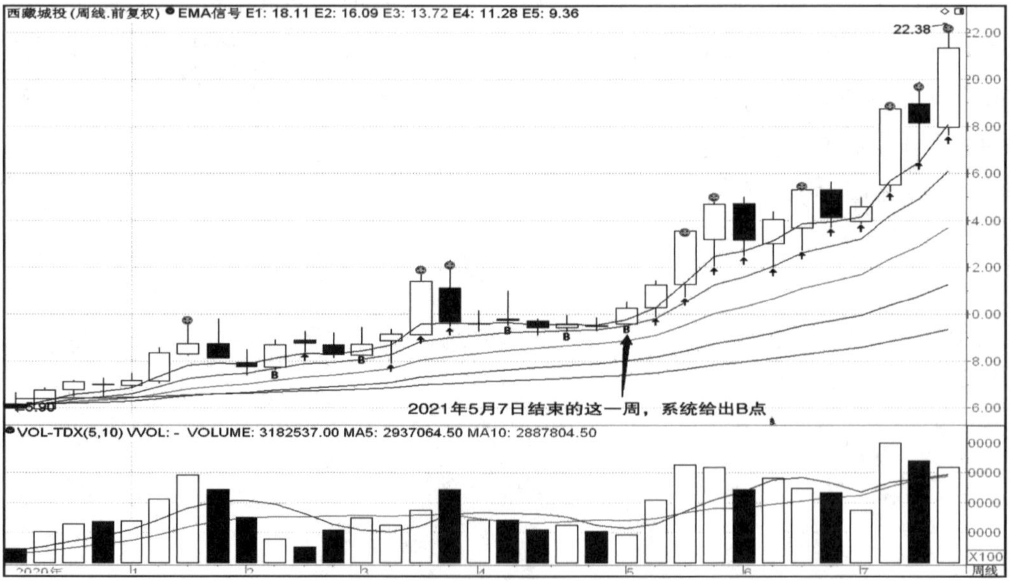

图 4－2－22　西藏城投周 K 线

图 4－2－22 是西藏城投的周 K 线图，图中时间跨度为 2020 年 12 月至 2021 年7 月。可以看到，2021 年 5 月 7 日结束的这一周，系统给出了 B 点，此后连续 11 周给出箭头，趋势良好。以周 K 线为大一级周期，我们再从日 K 线图上寻找优良买点。由于此处仅限于探讨符合第三种经典形态的优良买点，故对该股前面的买点不做讨论。

下面我们再来看该股的日 K 线图，见图 4－2－23。

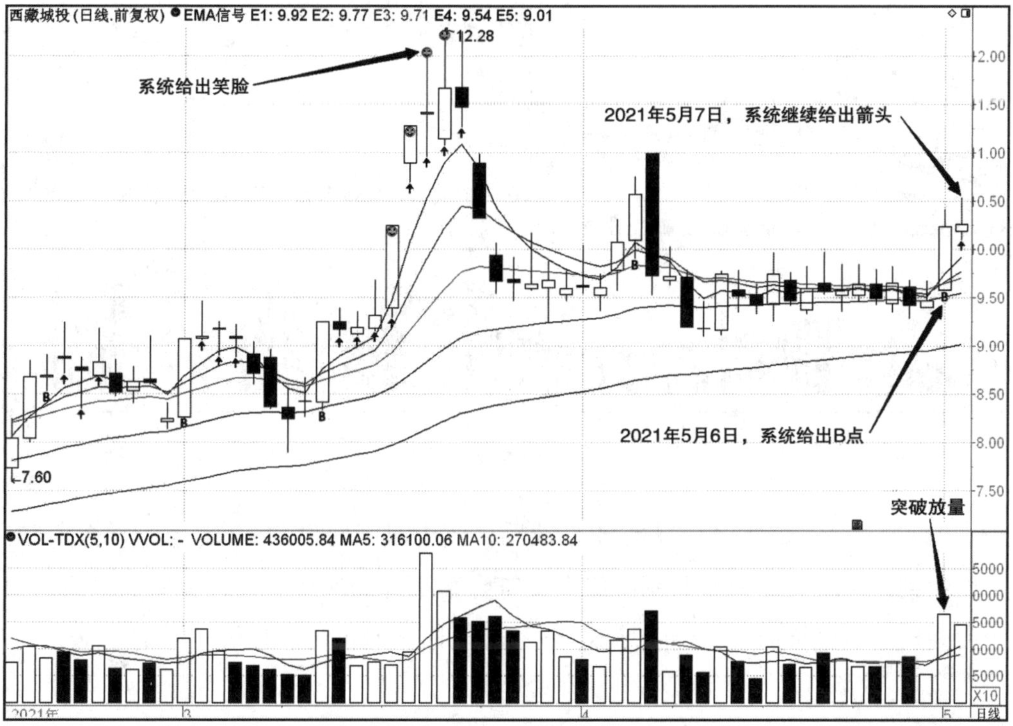

图 4－2－23 西藏城投日 K 线（1）

图 4－2－23 是西藏城投的日 K 线图，图中时间跨度为 2021 年 2 月至 5 月。可以看到，2021 年 3 月该股创出新高后，系统连续给出笑脸。此后，股价大幅下跌回到 E4 附近，经历了十多个交易日的横盘之后，2021 年 5 月 6 日该股放量上涨，系统给出 B 点。横盘期间成交量总体萎缩。由于在周 K 线图上 2021 年 5 月 7 日结束的这一周，系统已经给出了 B 点，2021 年 5 月 7 日当天日 K 线图上系统也继续给出箭头，此时可以选择 B 点买入，也可以选择周末（当周的最后一个交易日）再买入，因为完全符合第三种经典形态，是一个优良买点。

下面再来看该股后续走势，见图 4－2－24。

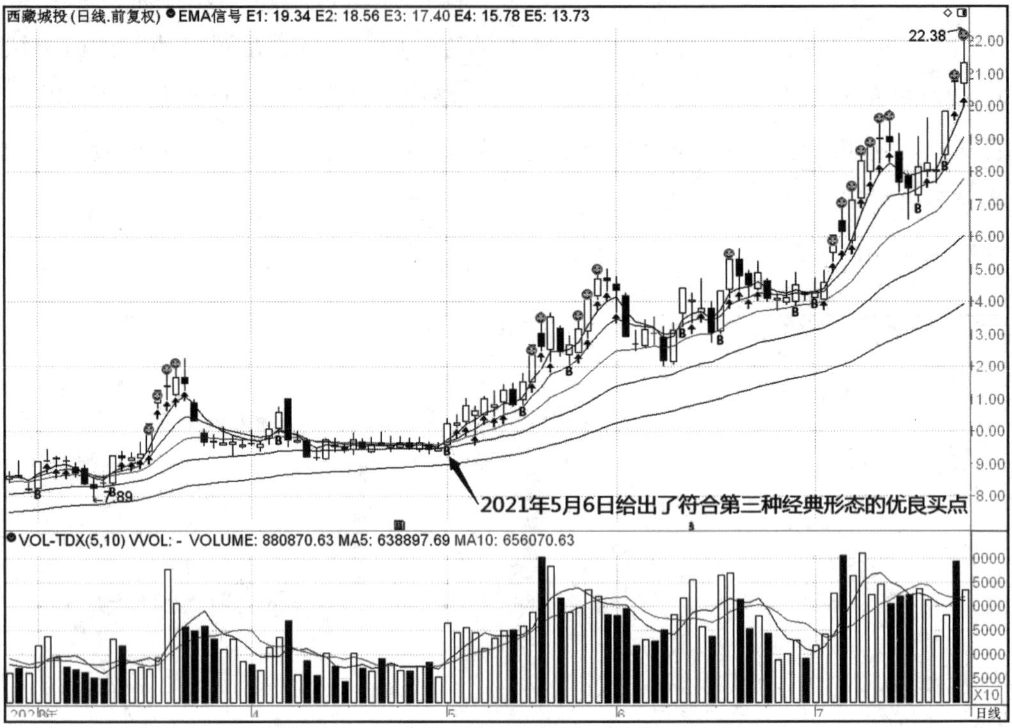

图 4-2-24　西藏城投日 K 线（2）

图 4-2-24 是西藏城投的日 K 线图，图中时间跨度为 2021 年 2 月至 7 月。可以看到，2021 年 5 月 6 日系统给出了符合第三种经典形态的优良买点之后，股价就开启了一轮特别大的行情，不到 3 个月的时间股价已经翻倍。

四、第四种经典形态——暴力洗盘之后阳包阴

第四种形态属于最典型的暴力洗盘之后暴力拉升的形态，特点是主力洗盘凶狠，拉升也很坚决。这种形态按照股价调整时间的长短可分为两类：第一类是股价上升途中的短时间迅速急跌，然后放量大涨阳包阴，并给出 B 点，类似于优良买点的第一种经典形态，这种情况往往均线系统都来不及死叉，股价就再度走强；第二类是股价经过较长时间的调整之后出现短期急跌，然后放量大涨阳包阴，并给出 B 点，类似于优良买点的第二种或者第三种经典形态。

不管是哪一种形态，其最鲜明的特征都是给出 B 点之前，股价经过了充分的调整，就是说要么造成 E1 死叉 E2，要么股价至少跌破 E3，然后大阴线之后紧接

着放量大阳线，并给出 B 点。

另外，这种形态还有一些变种：大阴线并不是一根 K 线，有可能是两三根阴线加在一起；大阳线不是一根 K 线，而是两三根阳线加在一起。一般来说，阳包阴的形态，其中大阴线如果分解成两三根 K 线，那么大阳线一般都是单根 K 线；大阴线如果是单根 K 线，大阳线有可能分解为两三根 K 线。但是不管大阴线还是大阳线，都不能分解超过三根 K 线。最后，阳包阴也是指大阳线基本收复了前面的大阴线，就可以视为优良买点。我们来看几个相关案例。

1. 开能健康（300272）

我们先来看一个短线调整、阳包阴的典型例子——开能健康，见图 4-2-25。

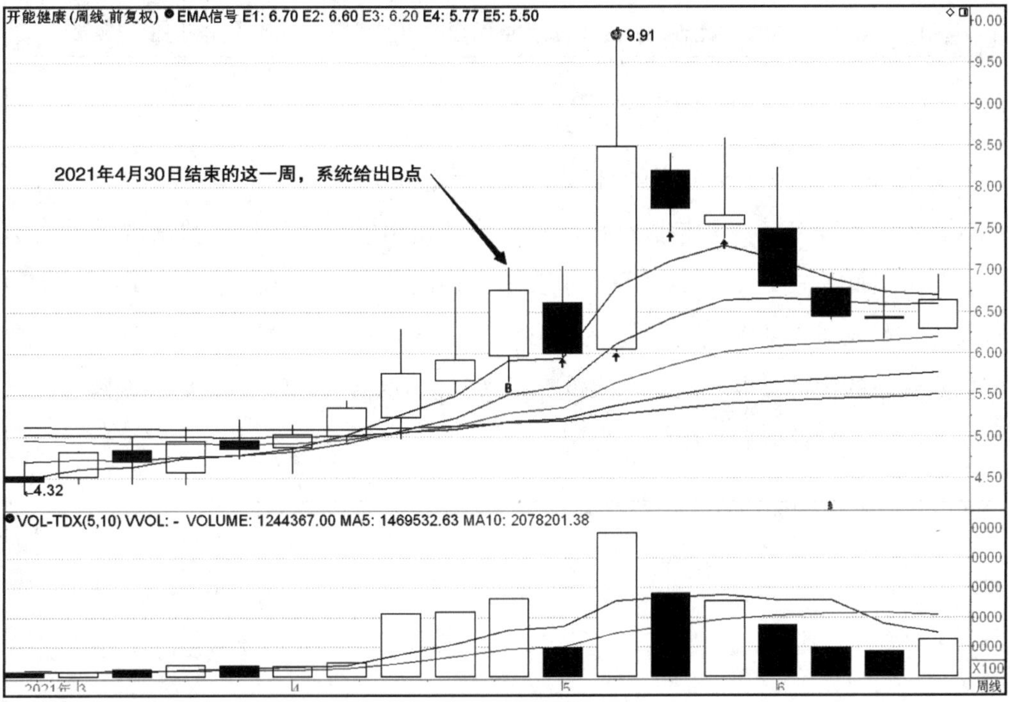

图 4-2-25　开能健康周 K 线

图 4-2-25 是开能健康的周 K 线图，图中时间跨度为 2021 年 2 月至 6 月。可以看到，2021 年 4 月 30 日结束的这一周，系统给出了 B 点，此后连续 4 周一直保持给出箭头。我们再切换到操作周期日 K 线上寻找优良买点。

下面我们再来看该股的日 K 线图，见图 4-2-26。

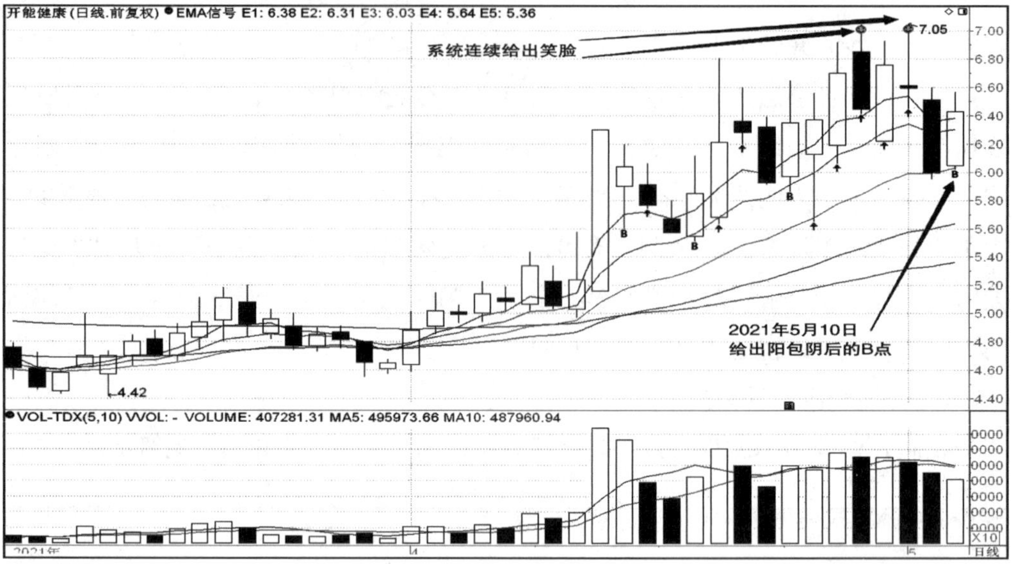

图 4-2-26　开能健康日 K 线（1）

图 4-2-26 是开能健康的日 K 线图，图中时间跨度为 2021 年 3 月至 5 月。可以看到，2021 年 5 月初该股创出新高后连续给出笑脸，此后突然出现一根大阴线，股价最低跌破 E3，下跌过程中成交量是逐渐减少的。紧接着，2021 年 5 月 10 日股价一举大涨，基本收复了前一根阴线，并给出 B 点，这就是一个典型的符合阳包阴形态的优良买点。虽然均线没有死叉，但股价跌破 E3 算是充分调整了。

下面再来看该股后续走势，见图 4-2-27。

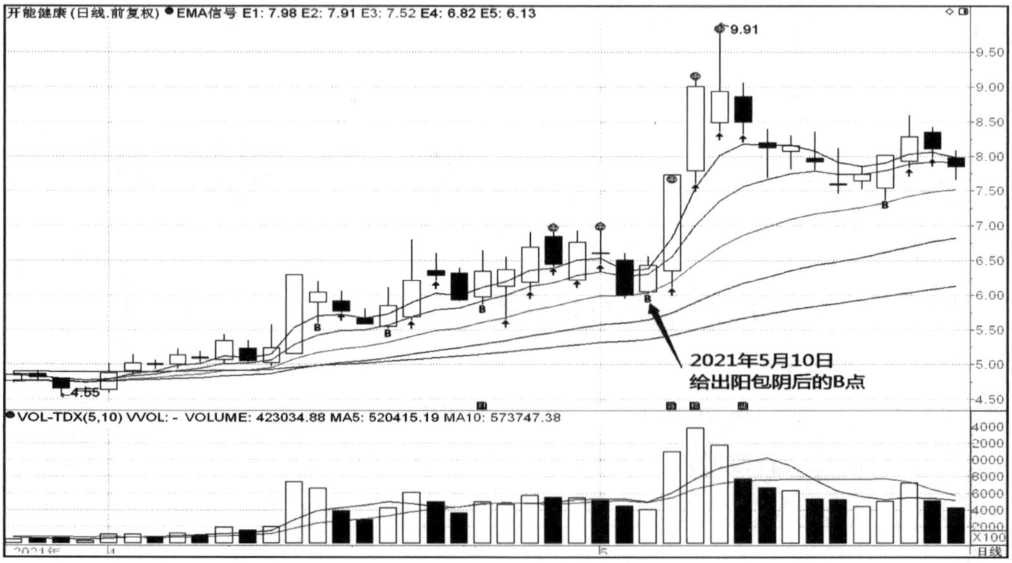

图 4-2-27　开能健康日 K 线（2）

图 4－2－27 是开能健康的日 K 线图，图中时间跨度为 2021 年 3 月至 5 月。可以看到，2021 年 5 月 10 日系统给出阳包阴后的优良买点之后，股价第二天就开始爆发式拉升，短短 3 个交易日，股价就暴涨了 54%，力度相当惊人。

2. 上海贝岭（600171）

我们再来看一个经过较长时间的调整后阳包阴的典型例子——上海贝岭，见图 4－2－28。

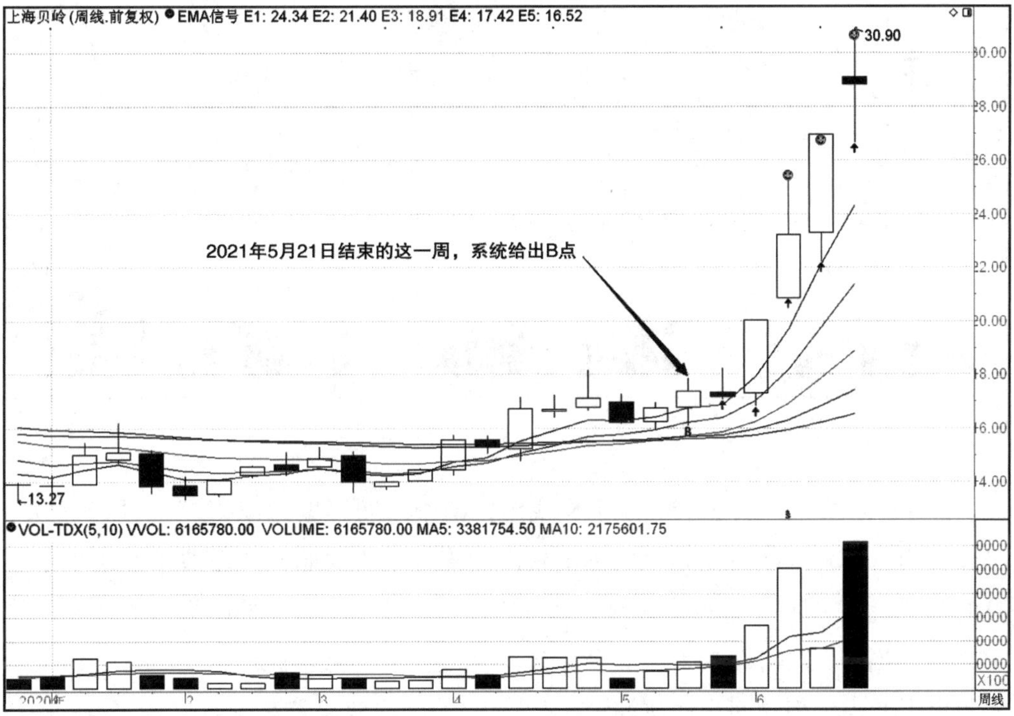

图 4－2－28 上海贝岭周 K 线

图 4－2－28 是上海贝岭的周 K 线图，图中时间跨度为 2021 年 1 月至 6 月。可以看到，2021 年 5 月 21 日结束的这一周，系统给出了 B 点，此后连续 5 周，一直保持给出箭头。以周 K 线为大一级周期，我们再从日 K 线图上寻找优良买点。

下面我们再来看该股的日 K 线图，见图 4－2－29。

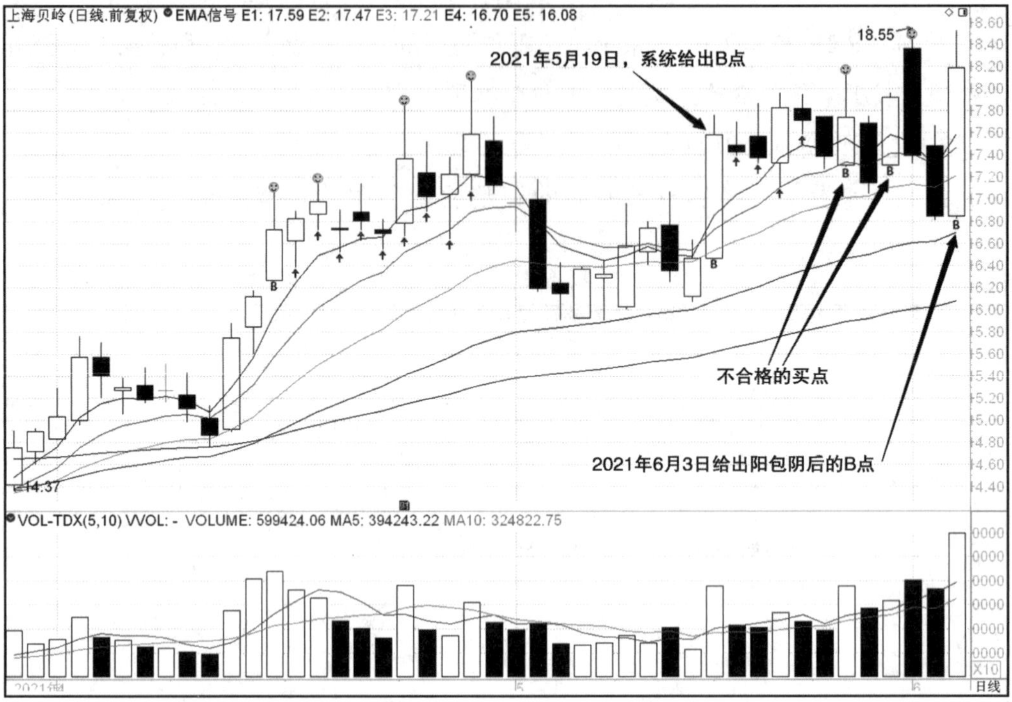

图 4－2－29　上海贝岭日 K 线（1）

图 4－2－29 是上海贝岭的日 K 线图，图中时间跨度为 2021 年 3 月至 6 月。可以看到，2020 年 4 月中旬该股创出新高后连续给出笑脸，此后股价经历了半个月的调整，在 5 月 19 日放量大涨，系统给出了 B 点。不过，此时周 K 线图刚刚给出 B 点，周 K 线图还没有收盘，所以还不算是优良买点。此后，在 5 月下旬又两次给出了 B 点，但这两次调整都没有跌破 E3，故这两次都是不合格的买点。6 月 1 日，该股创出新高后收中阴线，紧接着第二天继续收中阴线并跌破 E3，但在 6 月 3 日，股价放量大涨，一举收复两根阴线，并给出了 B 点。

仔细观察该股的走势，可以看到该股经历了两次调整：第一次调整时，E1 死叉后经历了 8 个交易日才重新走强；第二次调整时，主力采用阳包阴的形式快速完成，E1 只是轻微死叉，然后又迅速金叉。虽然在两根大阴线的下跌过程中，成交量稍有放大，但 6 月 3 日大涨的成交量远远超过前两天大阴线的成交量，因此完全符合优良买点的特征，这就是一个符合阳包阴形态的优良买点。

下面再来看该股后续走势，见图 4－2－30。

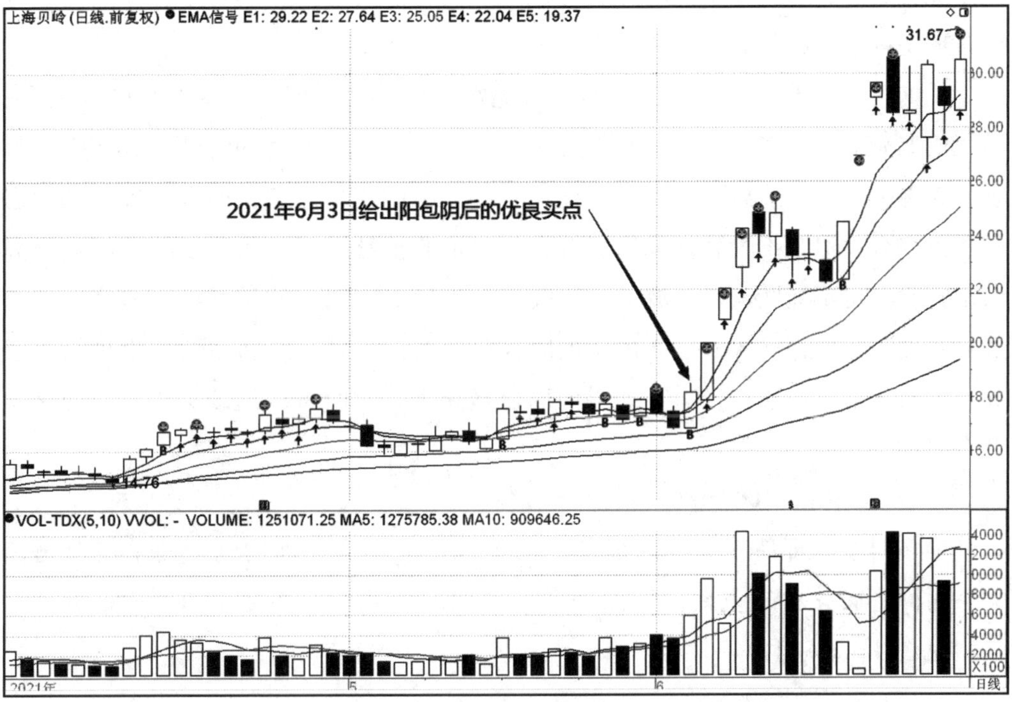

图 4－2－30 上海贝岭日 K 线（2）

图 4－2－30 是上海贝岭的日 K 线图，图中时间跨度为 2021 年 4 月至 6 月。可以看到，自 2021 年 6 月 3 日系统给出阳包阴后的优良买点之后，股价第二天就开始连续拉升涨停板，不到一个月的时间股价就暴涨超过 70%。

从以上案例可以看出，阳包阴后的优良买点具有短线爆发力极强的特征，投资者一旦能够识别优良买点，并及时买入，将体会到暴力拉升的快感，获利巨大。

五、第五种经典形态——组合经典形态

前面我们介绍了优良买点的 4 种经典形态，其特点是出现了这些经典形态之后，紧跟着股价就开启了主升浪行情。然而实际的市场走势总是复杂多变的，在很多情况下，个股走出 4 种经典形态后，股价并非立即展开主升浪，而是还需要经过反复震荡调整之后再走出主升浪。通常来说，那些最终走出主升浪的个股，其股价反复震荡调整的过程既不会跌破前一波调整的最低点，也不会跌破 E5，而且在主升浪启动之前，系统仍然会及时给出 B 点。所以，对于给出了优良买点的前 4 种经典形态的个股，在其经过复杂的震荡调整之后，系统再次给出的 B 点仍

然是优良买点，这就是第五种经典形态——组合经典形态，其可以看作前面 4 种经典形态的混搭组合。

比如，在极端情况下，双底形态可能继续延长调整时间，形成特殊的变种，转化成典型的三重底、四重底甚至五重底，这就是一种典型的组合经典形态。另外，大部分的组合经典形态不符合任何一种典型的底部形态，而是几种底部形态的混搭组合，但是不管怎样混搭组合，都要求股价延续调整的阶段既不能创新高给出笑脸，也不能跌破前一波下跌的最低点和 E5，只有这样系统给出的 B 点才是优良买点。如果在前 4 种经典形态的时候已经买入股票，那么后续再出现组合经典形态时仍然可以继续持有，如果前面已经止损，此时可以继续买入。下面来看几个案例。

1. TCL 科技（000100）

很多时候，即使双底构筑成功，股价也可能不会立即启动，而是需要延长调整时间，转化为三重底。下面来看一个双底转化为三重底的例子——TCL 科技，见图 4－2－31。

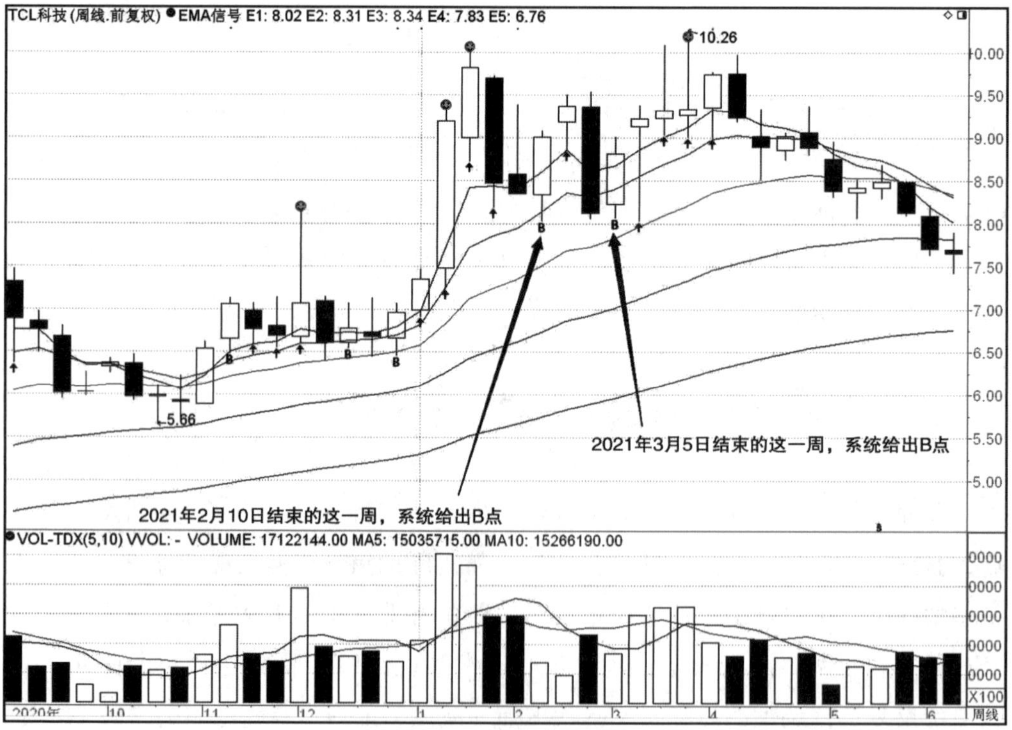

图 4－2－31　TCL 科技周 K 线

图4－2－31是TCL科技的周K线图，图中时间跨度为2020年9月至2021年6月。可以看到，在2021年2月10日结束的这一周，系统给出了B点，此后1周继续给出箭头。2021年3月5日结束的这一周，系统又给出了B点，此后4周继续给出箭头。此时，我们再从日K线图上面寻找优良买点。

下面我们再来看该股的日K线图，见图4－2－32。

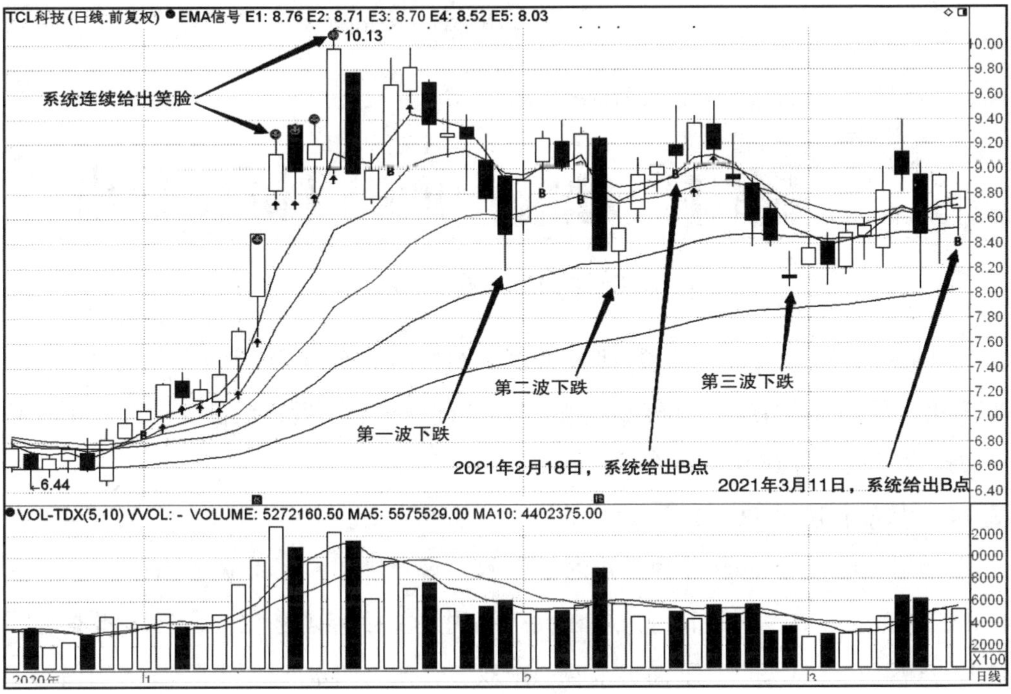

图4－2－32 TCL科技日K线（1）

图4－2－32是TCL科技的日K线图，图中时间跨度为2020年12月至2021年3月。可以看到，在2021年1月该股创新高后系统连续给出笑脸。此后，股价经过两波下跌，最低点回到E4下方，然后反弹，并且在2021年2月18日系统给出B点。由于在周K线图上2021年2月10日结束的这一周，系统已经给出了B点，此时继续给出箭头，两波下跌成交量有一根单日放量，但没有超过前期大阳线的成交量，所以是一个符合第二种经典形态的优良买点。不过，股价并没有向上突破，而是略微上涨后又开始了第三波下跌，最低点到达第二波下跌的最低点附近，但没有有效跌破E5，此后再度走强，并且在2021年3月11日系统给出B点，这就是一个典型的双底转化为三重底的形态，仍然是一个优良买点。

下面再来看该股后续走势，见图4－2－33。

图 4 -2 -33　TCL 科技日 K 线（2）

图 4 -2 -33 是 TCL 科技的日 K 线图，图中时间跨度为 2021 年 1 月至 4 月。2021 年 3 月 11 日系统给出符合三重底形态的优良买点之后，股价第二天就开始了一波拉升，短线也有 10% 以上的获利空间。

2. 冀东水泥（000401）

极端情况下，双底转化为三重底还不够，还可能再度延续调整时间，从而转化为四重底或者更多重的底，只要在大一级周期上面有信号配合，延续调整之后的 B 点也都是优良买点。下面再来看一个双底转化为四重底的例子——冀东水泥，见图 4 -2 -34。

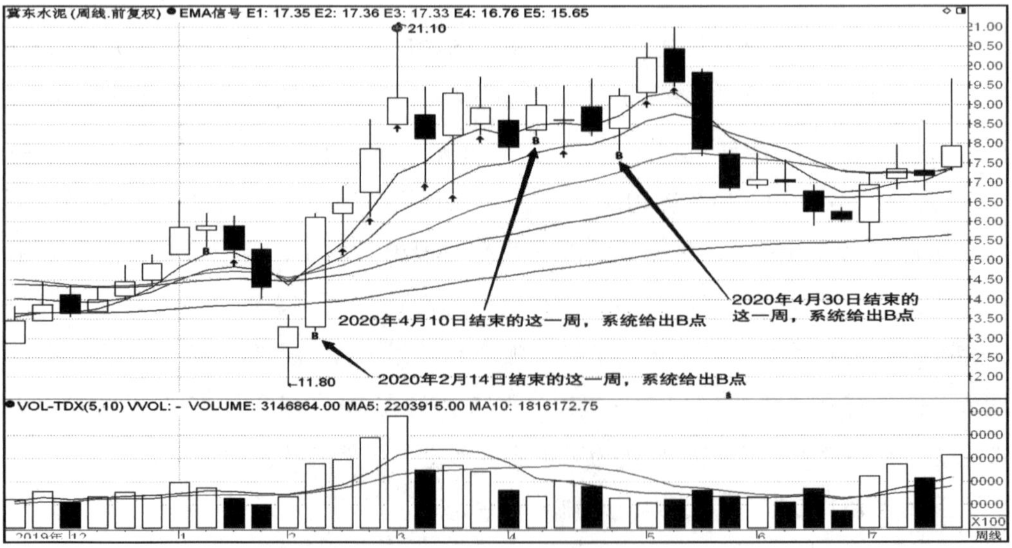

图 4 -2 -34　冀东水泥周 K 线（1）

图4-2-34是冀东水泥的周K线图，图中时间跨度为2019年11月至2020年7月。可以看到，在2020年2月14日结束的这一周，系统给出了B点，此后6周继续给出箭头。2020年4月10日结束的这一周，系统再次给出了B点，此后1周继续给出箭头。2020年4月30日结束的这一周，系统再次给出了B点，此后2周继续给出箭头。我们再从日K线图上寻找优良买点。

下面我们再来看该股的日K线图，见图4-2-35。

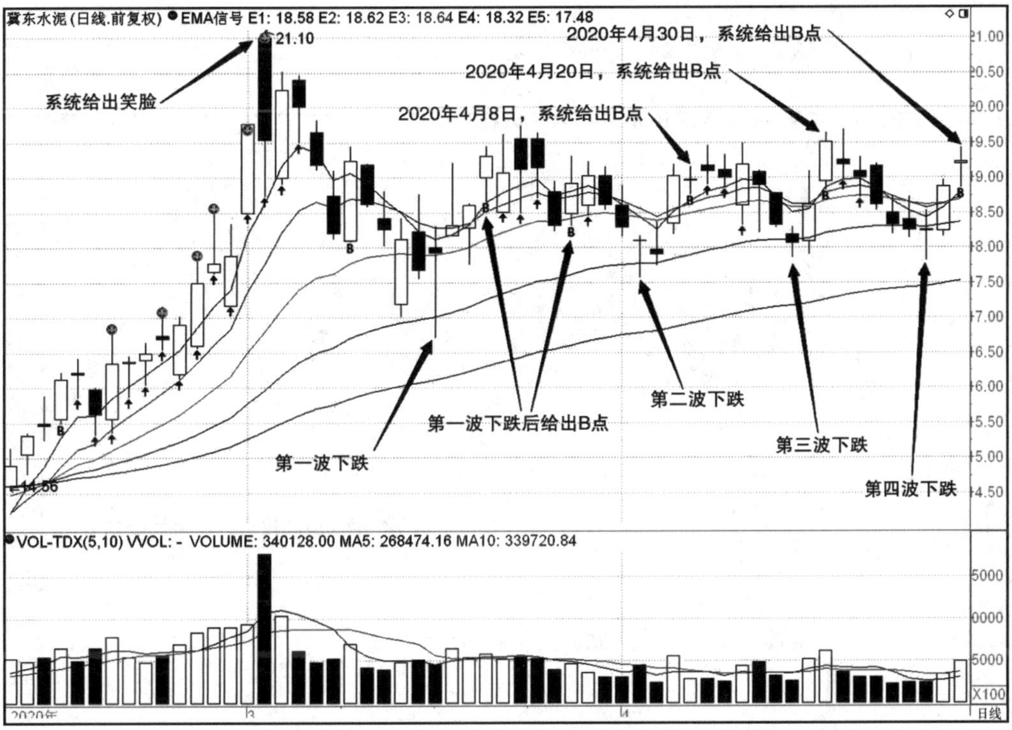

图4-2-35 冀东水泥日K线（1）

图4-2-35是冀东水泥的日K线图，图中时间跨度为2020年2月至4月。2020年3月该股创新高后，系统连续给出笑脸。此后，股价第一波下跌，最低点就回到E4下方，然后反弹并两次给出B点，由于在周K线图上系统继续给出箭头，下跌成交量萎缩，所以这两个B点都是符合第一种经典形态的优良买点。但是股价并没有向上突破，而是略微上涨后又开始了第二波下跌，最低点比第一波的最低点高了，但是也跌破了E4，此后再度走强，并且在2020年4月8日系统给出B点，此时周K线图上也给出B点，同时符合下跌缩量上涨放量，因此这是一个符合第二种经典形态的优良买点。

值得注意的是，此时的股价还没有向上突破，而是略微上涨后又开始了第三波下跌，最低点比第二波最低点高了，但也跌破了E4，此后再度走强，并且在2020年4月20日系统给出B点，因为这一天是星期一，等到星期五，周K线图和日K线图上的箭头双双消失了，所以三重底的形态构筑失败了。此后，股价继续第四波下跌，最低点同样缩量跌破E4，然后放量反弹，并且在2020年4月30日系统给出B点，这一天是周末，周K线图上也给出B点，这就是一个典型的双底转化为四重底的形态，是一个优良买点。

下面再来看该股后续走势，见图4－2－36。

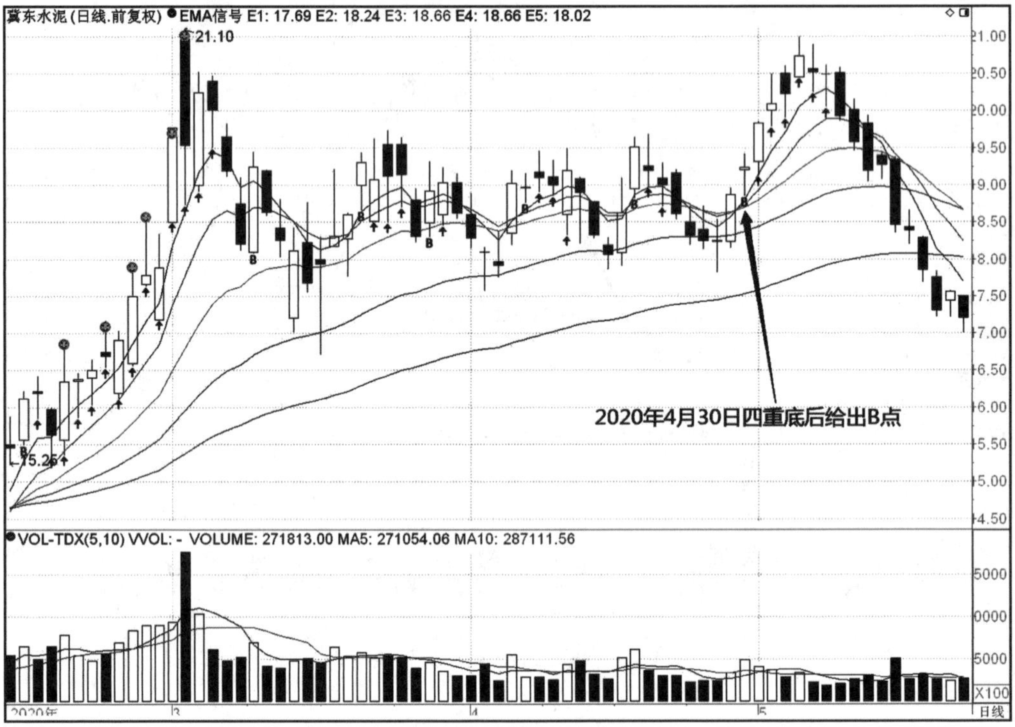

图4－2－36　冀东水泥日K线（2）

图4－2－36是冀东水泥的日K线图，图中时间跨度为2020年2月至5月。可以看到，2020年4月30日系统给出符合四重底形态的优良买点之后，股价第二天开始连续四天上涨，接近前期高点后，见顶回落。

3. 兔宝宝（002043）

还有一种常见的组合经典形态，是在出现了符合第一种经典形态的B点之后，股价再次震荡调整，但没有形成明显的双底，而是短暂下跌后再次走强并给出B

点。有些个股还不止一次地反复下跌后走强，系统频繁给出 B 点。下面来看一个这样的例子——兔宝宝，见图 4－2－37。

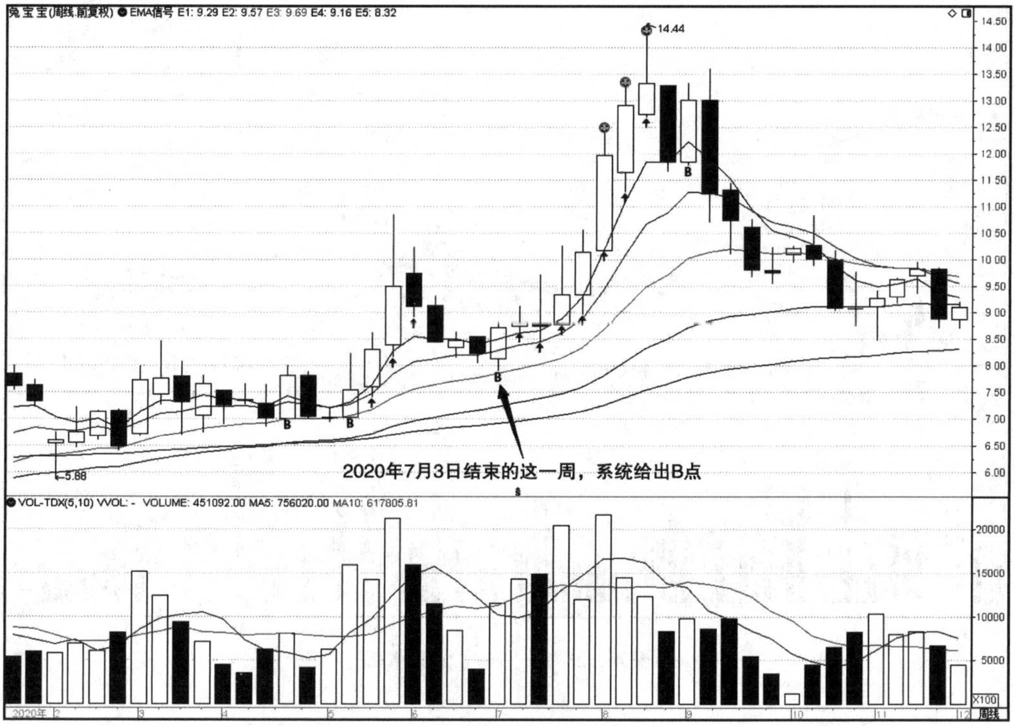

图 4－2－37　兔宝宝周 K 线

图 4－2－37 是兔宝宝的周 K 线图，图中时间跨度为 2020 年 1 月至 12 月。可以看到，在 2020 年 7 月 3 日结束的这一周系统给出了 B 点，此后连续 7 周给出箭头。此处我们仅限于研究这一段的走势，因此对该股前面的 B 点不做讨论。下面我们再来看该股的日 K 线图，见图 4－2－38。

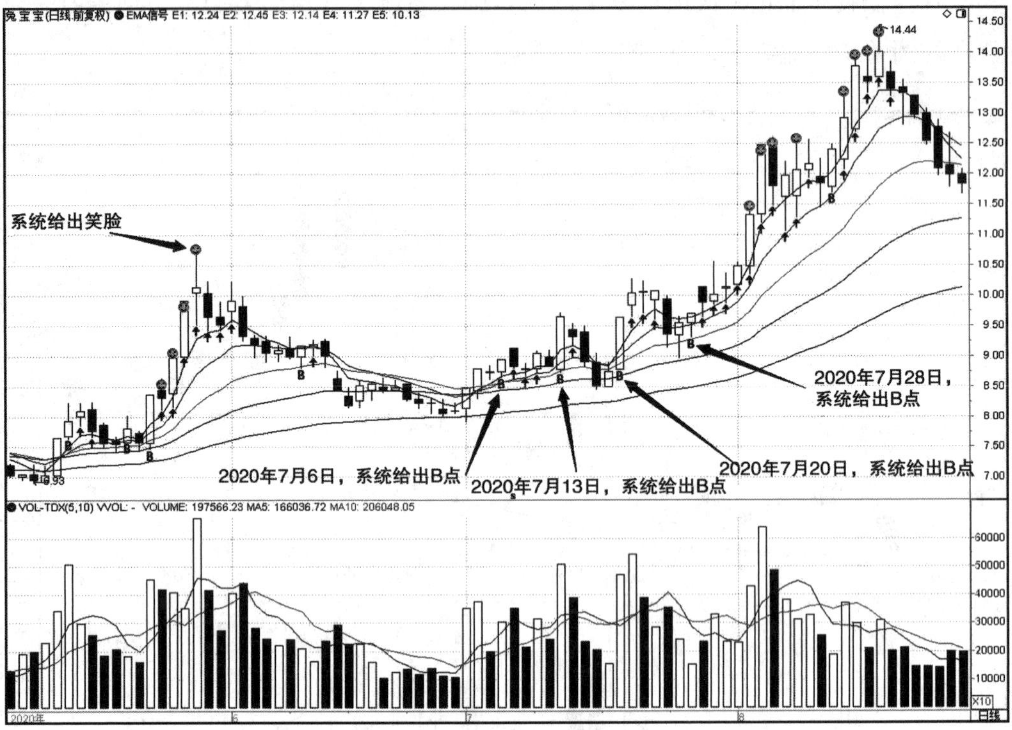

图 4－2－38　兔宝宝日 K 线

图 4－2－38 是兔宝宝的日 K 线图，图中时间跨度为 2020 年 5 月至 8 月。该股在 2020 年 5 月下旬创新高后连续给出笑脸。此后，股价连续下跌一个月左右，最低点回到 E5 附近，但未有效跌破 E5。下跌途中，系统给出了一个 B 点，考虑到之前股价的调整幅度太小，只是到了 E3 附近，所以这不是优良买点。

此后，该股股价从 E5 附近重新走强，并且在 2020 年 7 月 6 日系统给出 B 点，由于在周 K 线图上 2020 年 7 月 3 日结束的这一周，系统给出了 B 点，此时继续给出箭头，故是一个符合第一种经典形态的优良买点。

值得注意的是，系统给出了优良买点之后，股价并没有立即开启主升浪，而是震荡调整了 4 个交易日，第 4 个交易日不再给出 B 点。2020 年 7 月 13 日，该股走出大阳线并再次给出 B 点，此时周 K 线图上系统继续给出箭头，这是一个符合组合经典形态的优良买点。紧接着，股价又连续下跌 3 个交易日，回到 E4 下方。2020 年 7 月 20 日，该股拉升至涨停板并再次给出 B 点，此时周 K 线图上系统继续给出箭头，故此时还是一个符合组合经典形态的优良买点。这一次股价在下一个交易日冲高后没有继续拉升，而是又一次选择回调，最低点回调到 E3 下方，然后股价重新走强，2020 年 7 月 28 日该股小幅上涨，系统再次给出 B 点，此时周 K 线图上系统继续给出箭头，所以仍然是一个符合组合经典形态的优良买点。这一次给出优良买点之后，该股股价走出了流畅的主升浪行情，不到一个月拉升了 50% 左右。

细分来看，2020 年 7 月 6 日，系统给出的 B 点属于第一种经典形态的优良买点，2020 年 7 月 13 日、2020 年 7 月 20 日和 2020 年 7 月 28 日，系统 3 次给出的 B 点都属于组合经典形态的优良买点，投资者在任何一个优良买点都可以买入该股，然后以 E5 作为止损，只要没有跌破止损位，就可以坚定持有到主升浪行情，享受利润暴涨的快乐。

第三节　典型的失败形态

在实战中，系统给出的B点偶尔也会有一些较好的买点，但大多数最后都是失败的。为了尽可能地提高胜率，我们看到这样的B点时应该放弃。如有些看似符合系统买入3个必要条件的B点，其实具有欺骗性很强的形态，这些形态属于典型的失败形态。

此外，在完全符合系统买入3个必要条件的情况下，系统也会给出一些低质量的B点，若据此买入，之后的股价可能会上涨乏力，总体震荡下跌，最后造成亏损。笔者归纳总结了3种典型的失败形态，大家尽量熟悉，就能够在实战中更好地规避，减少亏损，提高成功的概率。3种失败形态如下。

一、连续大涨，没有调整

当股价连续大涨后，均线系统陡峭上行，大一级周期上面给出B点，此时股价脱离均线较远，没有出现任何调整，紧接着操作周期上面也给出了B点，这种信号虽然也符合优良买点的3个必要条件，但却是典型的失败形态。其特点是大一级周期刚刚形成多头排列，操作周期在连续拉升没有调整的情况下，第一次给出B点。

下面我们来看一个案例，见图4－3－1。

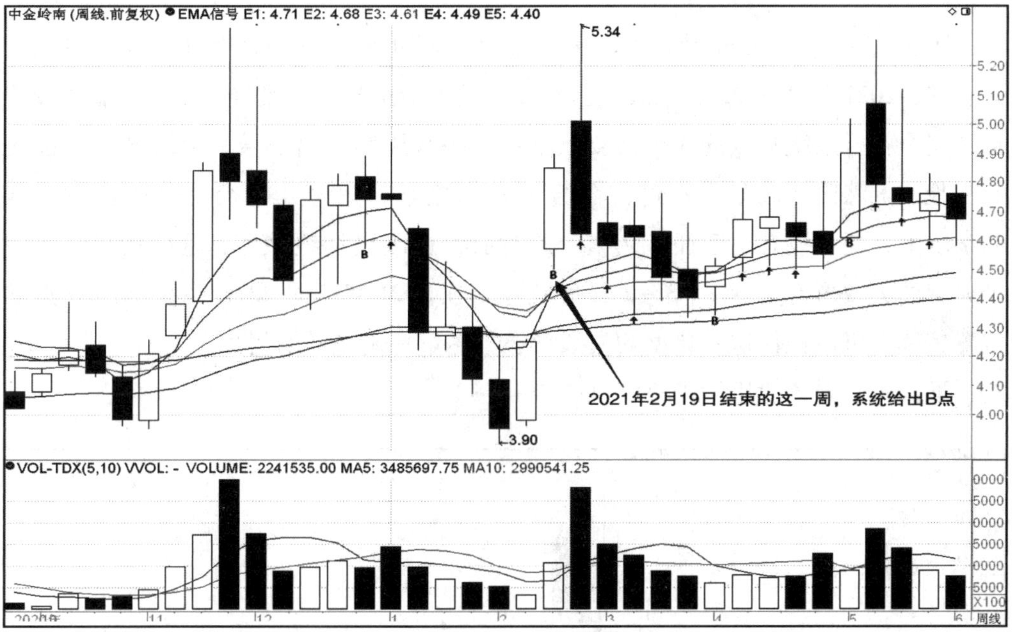

图 4-3-1 中金岭南（000060）周 K 线

图 4-3-1 是中金岭南的周 K 线图，图中时间跨度为 2020 年 10 月至 2021 年 6 月。可以看到，2021 年 2 月 19 日结束的这一周，系统给出了 B 点，此后连续 3 周一直保持给出箭头。我们再切换到操作周期日 K 线上看有没有好的买点。

下面我们再来看该股的日 K 线图，见图 4-3-2。

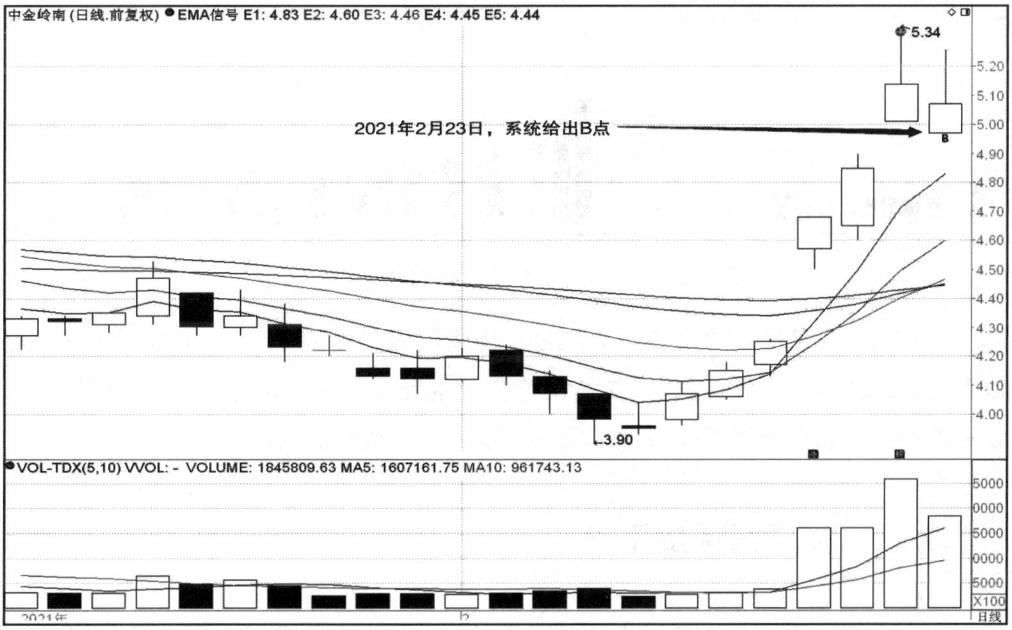

图 4-3-2 中金岭南（000060）日 K 线（1）

图4－3－2是中金岭南的日K线图，图中时间跨度为2021年1月至2月。可以看到，2021年2月22日该股创出新高后系统给出笑脸，紧接着第二天就给出B点，完全符合系统买点的3个必要条件：大一级周期给出信号、给出B点之前先有笑脸、上涨阳线放量。不过，在给出B点之前，短短几个交易日股价就大涨35%以上，并且没有出现任何调整，此时股价也脱离均线太远，这样的形态是一个典型的失败形态。图4－3－2最后就停留在2021年2月23日系统给出B点的位置，读者可以记住这一典型的失败形态，尽量规避这样的信号。

下面再来看该股后续走势，见图4－3－3。

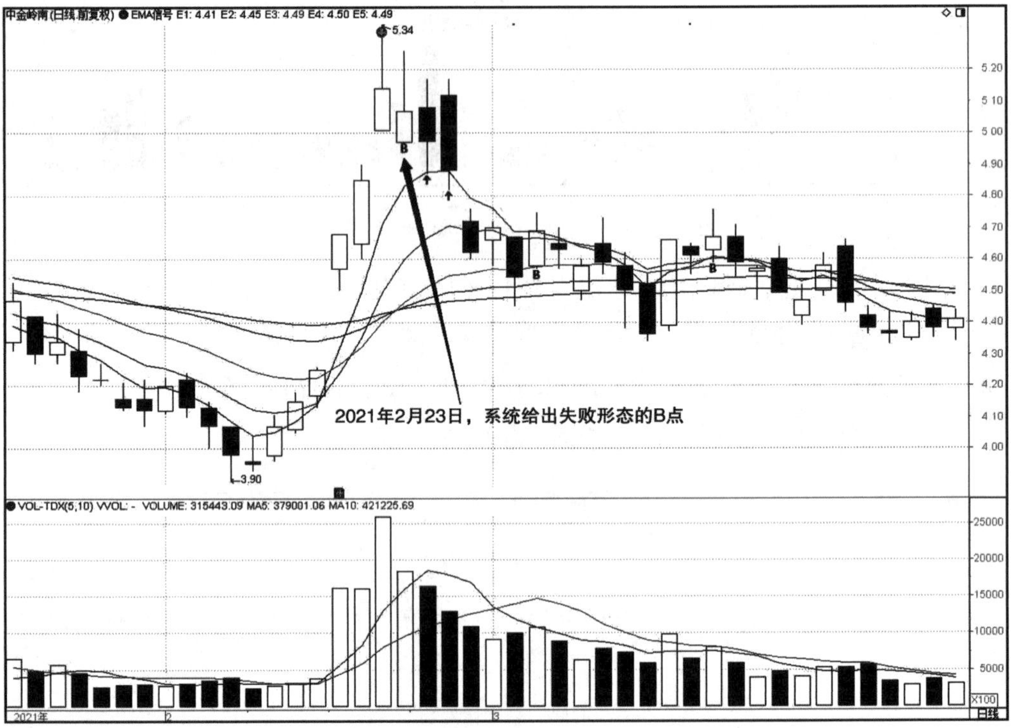

图4－3－3　中金岭南（000060）日K线（2）

图4－3－3是中金岭南的日K线图，图中时间跨度为2021年1月至3月。可以看到，2021年2月23日，系统给出符合典型失败形态的B点之后，该股股价只是短暂冲高，然后连续下跌破位，所以这是一个失败的买入信号。

二、一次下探幅度不够

某些个股股价短期连续大涨后，均线系统陡峭上行，大一级周期上面系统给出 B 点，股价在高位经过短时间调整，最低略微跌破 E3 后，很快系统就给出了 B 点。这种信号虽然也符合系统买入的 3 个必要条件，且类似于优良买点的第一种经典形态，但是考虑到股价的下探最低点还未能触及 E4，因此其调整的幅度和时间都不够，一次下探后系统就给出 B 点，大概率还不是优良买点。尤其是，如果调整的过程中还出现了放量阴线，则更加不妙，此时最好不要急于买入，可等待股价二次回调后构筑双底，在系统再次给出 B 点时，再考虑买入。如果股价就此一路下跌破位，系统不再给出 B 点，那么就是一个典型的失败形态。这种形态的特点是，大一级周期刚刚形成多头排列，操作周期上面股价调整的幅度和时间都太短，股价最低略微跌破 E3，没有接近 E4，往往还伴随着放量阴线，这也是与优良买点的第一种经典形态的明显区别。下面我们来看一个典型案例，见图4－3－4。

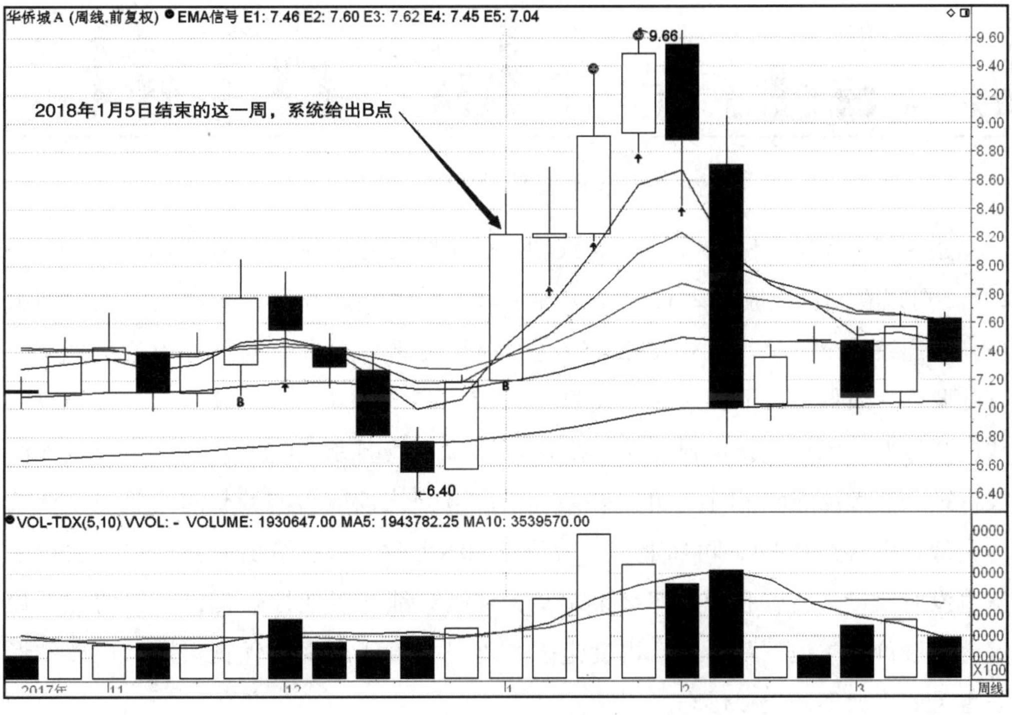

图 4－3－4 华侨城 A（000069）周 K 线

图 4－3－4 是华侨城 A 的周 K 线图，图中时间跨度为 2017 年 10 月至 2018 年 3 月。可以看到，2018 年 1 月 5 日结束的这一周，系统给出了 B 点，此后 4 周继续给出箭头。以周 K 线为大一级周期，我们再从日 K 线图上看看有无买点。

下面我们再来看该股的日 K 线图，见图 4－3－5。

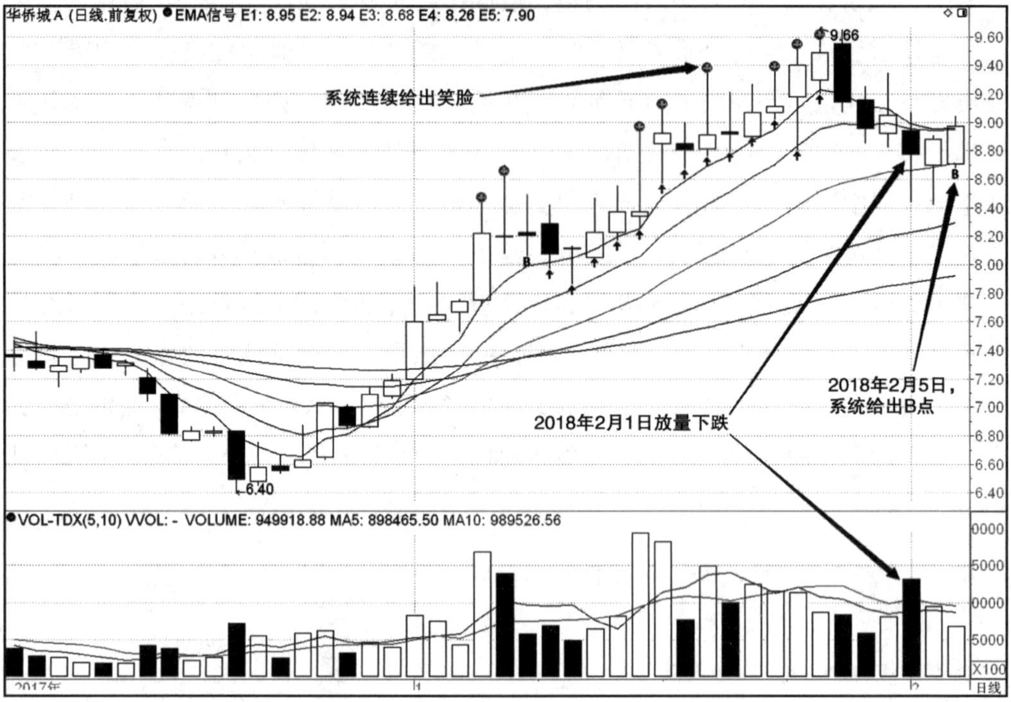

图 4－3－5　华侨城 A（000069）日 K 线（1）

图 4－3－5 是华侨城 A 的日 K 线图，图中时间跨度为 2017 年 12 月至 2018 年 2 月。可以看到，该股从 2017 年底开始展开一轮大幅拉升。2018 年初，股价创出新高后连续给出笑脸，第一波拉升最高涨幅超过 50%。此后股价经历了几个交易日的调整，最低点以下影线的形式跌破了 E3，其中 2018 年 2 月 1 日是一个放量阴线。紧接着，股价重新走强，并且在 2018 年 2 月 5 日系统给出 B 点。但由于此前股价第一波大涨 50% 以上，并且在系统给出 B 点之前股价的调整时间较短，调整的最低点没有到达 E4，再加上有一根放量阴线下跌，系统给出 B 点这一天股价上涨也没有放量，所以股价短期结束调整，继续大涨的可能性较低，这种情况下最好等待股价第二波下跌，然后再度走强，再寻找可能出现的优良买点，这样的形态也是一个典型的失败形态。

下面再来看该股后续走势，见图 4－3－6。

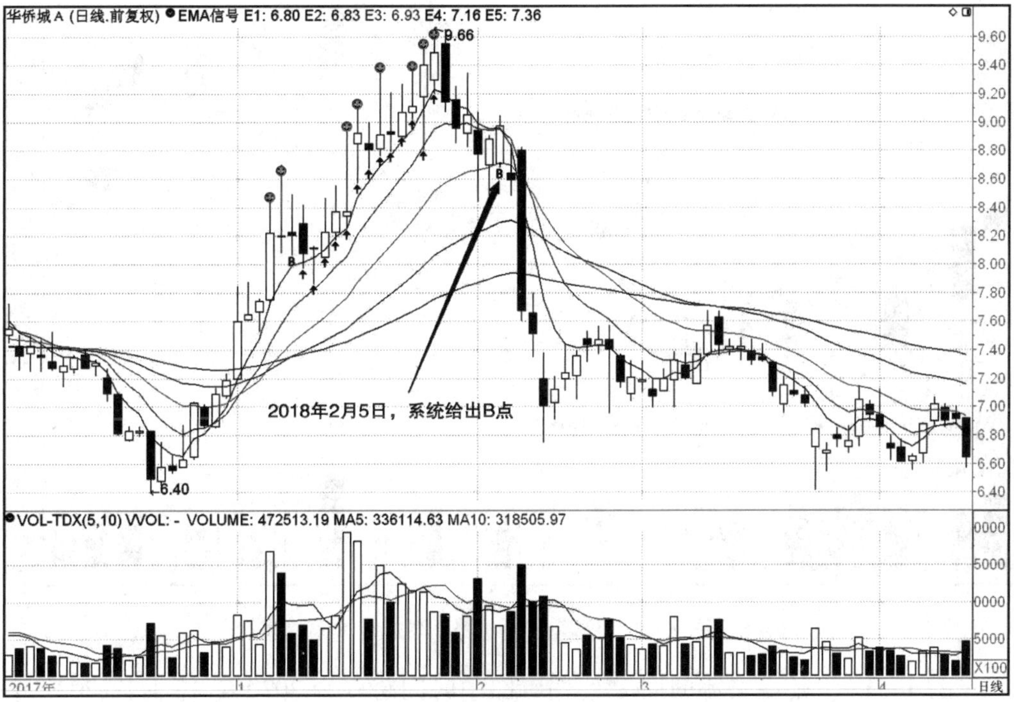

图 4－3－6　华侨城 A（000069）日 K 线（2）

图 4－3－6 是华侨城 A 的日 K 线图，图中时间跨度为 2017 年 12 月至 2018 年 4 月。可以看到，2018 年 2 月 5 日系统给出 B 点之后，股价第二天就开始连续下跌破位。因此，对于这种股价调整不够充分的形态，实战中要尽量规避，免得遭受可能的损失。

三、失败的阳包阴形态

我们在前文分析过，优良买点的第四种经典形态是阳包阴后给出 B 点。在实战中，我们经常会遇到一些似是而非的形态，表面上看起来好像符合买入条件，其实还差一点火候，比较常见的一种失败形态是阳线没有包住大部分阴线。通常来说，所谓阳包阴，指后面的阳线至少应该收复阴线实体的 80% 以上。对于似是而非的形态，最好放弃。下面我们来看一个典型案例，见图 4－3－7。

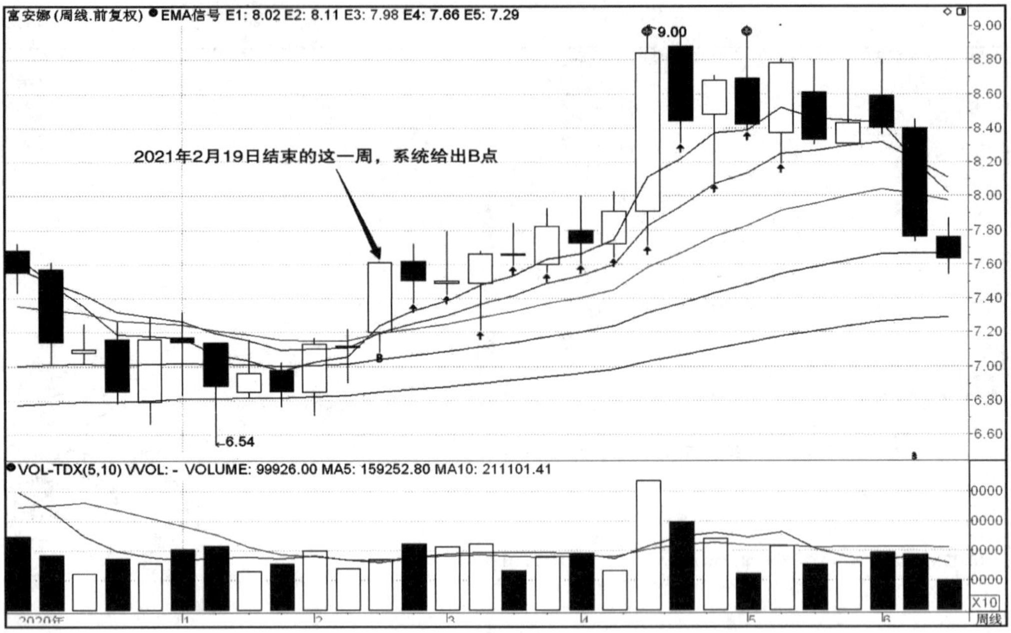

图 4-3-7　富安娜（002327）周 K 线

图 4-3-7 是富安娜的周 K 线图，图中时间跨度为 2020 年 12 月至 2021 年 6 月。可以看到，在 2021 年 2 月 19 日结束的这一周，系统给出了 B 点，此后 12 周继续给出箭头。那么我们再切换到操作周期日 K 线上看看有无好的买点。

下面我们来看该股的日 K 线图，见图 4-3-8。

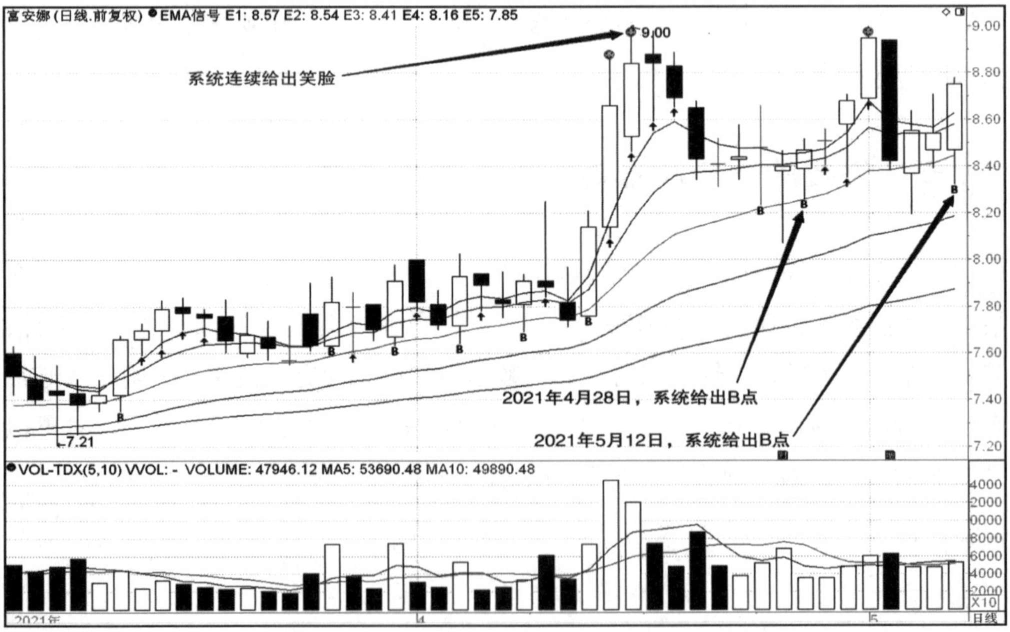

图 4-3-8　富安娜（002327）日 K 线（1）

图4-3-8是富安娜的日K线图，图中时间跨度为2021年3月至5月。可以看到，该股自2021年4月中旬创出新高后，系统连续给出笑脸，此后股价经历了几个交易日的调整，最低以下影线的形式跌破了E3，但是没有达到E4。紧接着，股价重新走强，并且在2021年4月28日系统给出B点，但是在给出B点之前股价的调整时间较短，其中也有一根放量阴线下跌，给出B点的这一天也没有放量，所以此处不算是优良买点。此后三天，股价上升了大约5%，又出现一根大阴线，调整两天后在2021年5月12日系统又给出B点，初看这一天的走势，很像是一个阳包阴的形态，但仔细比较就会发现，后面的阳线仅仅达到了前面那一根大阴线的一半多一点，并没有收复大阴线的大部分“失地”，这样的形态就是一个典型的似是而非的形态，是一个失败形态，要尽量规避。

下面再来看该股后续走势，见图4-3-9。

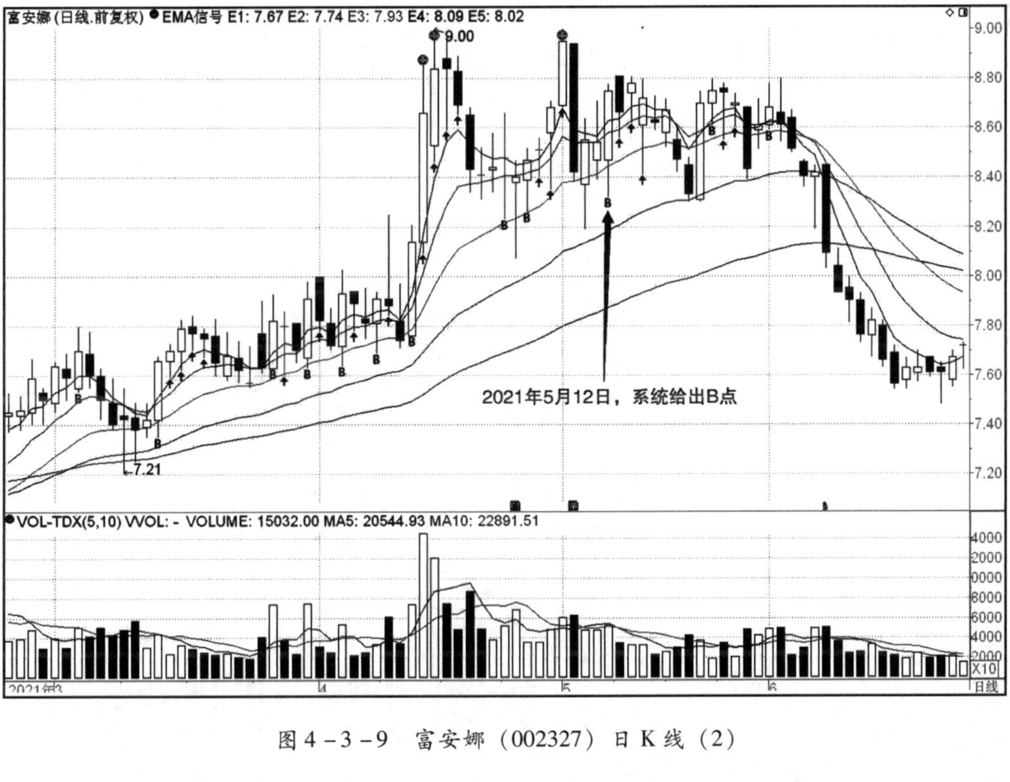

图4-3-9 富安娜（002327）日K线（2）

图4-3-9是富安娜的日K线图，图中时间跨度为2021年2月至6月。可以看到，在2021年5月12日系统给出B点之后，股价并没有上涨，而是转为高位震荡。此后，系统又两次给出了B点，但因为周K线上系统不再给出箭头，所以不是优良买点。此后，该股连续下跌破位，如果过早买入，投资者将损失惨重。

第五章
不同周期龙头股的买点

上一章，我们详细讲解了用交易系统寻找龙头股买点的方法，本章将重点讲解前述交易系统在各种K线周期图上面的运用。

笔者设置的最大操作周期是月K线，其次是周K线、日K线，更小的操作周期有120分钟K线和60分钟K线。如果操作周期比月K线还大，如使用年K线，那么投资的时间就会极其漫长，可能会长达十几年甚至几十年，即使我们选出了超长线大牛股，所需要的漫长时间也是一般人难以接受的。基于此，笔者选用月K线作为长线龙头股的操作周期，是比较适合A股市场的实际情况的。另外，操作周期也不宜太短，如15分钟K线和5分钟K线，因为A股市场实行T+1交易制度，即当天买入的股票当天之内不能卖出，使用太短的操作周期根本无法执行卖出股票的指令，所以笔者选用60分钟K线作为我们筛选龙头股的最小操作周期。

事实上，不同操作周期的交易行为在本质上是一样的，都是用一样的K线图进行分析，技术上的各项要求也基本一致，故用交易系统判断龙头股买点的方法也是一样的，卖出的方法亦相同。但是，不同的操作周期对投资者的心态、格局等方面的要求却大不一样，绝大部分投资者都习惯采用日K线作为操作周期，心理预期都是以日K线为时间周期建立的，一旦转换成其他时间周期就会非常不习惯。尤其是，越大的周期，对投资者心理预期的改变也就越大，投资者的思维也就越难适应。更为重要的是，在大周期中，股价并不是一直都在上涨，其中必然包含部分下跌波段，如果我们使用更小的操作周期就可以规避掉其中的下跌波段，从而让投资效率更高。

那么，是不是采用越小的操作周期就越好呢？笔者认为操作周期的选用要根据投资总额来确定。如果我们操作的资金比较少，例如一天买入股票的金额小于该股当天总成交金额的百分之一，那么对股价完全没有影响，我们就可以采用日K线甚至更小周期作为操作周期。但是，当我们操作的资金越来越大之后，就需要采用更大的操作周期。

另外，在操作周期较大的时候如果没有出现优良买点，我们也可以切换到较小的操作周期，看看是否出现了优良买点，一旦出现也可以进行买入操作。也就是说，针对大周期给出了信号的龙头股，我们可以切换到更小的周期上面寻找该股买点，这就给我们的操作提供了更多的机会。尤其是，在以日K线为操作周期的时候，很多龙头股没有优良买点，但切换到小一级周期上可能就会发现机会。

第一节 长线龙头股买点

第四章的案例大部分都是在日K线图上寻找买点。不过，市场上的龙头股往往都是长线龙头股，这些超级大牛股拥有极高的人气，市场号召力超强，从长期来看是能够给投资者带来丰厚回报的品种。让自己的交易系统能够准确地捕捉到这些长线龙头股的最佳买入机会，是很多人的目标！当然，投资长线龙头股需要超强的耐心、细致的观察力，以及可以进行长期投资的资金。

由于长线龙头股往往都是各类机构扎堆深度介入的个股，它的财务数据、行业市场地位、发展前景等基本面信息早就被各类机构深度调研和分析得一清二楚，所以这类个股的走势一般很少受短期突发消息的影响，也很少受大盘波动的影响，其走势通常都是特立独行的，只要其股价技术上突破了关键位置，很容易走出主升浪行情。因此，投资者要想“猎杀”龙头股，重点要多观察以往那些长线龙头股的技术走势，仔细复盘其主升浪行情展开之前的过程，熟悉和掌握其变化规律，以便在实战中识别和抓住潜在的长线龙头股。

笔者始终坚信，随着我国的经济发展从高速增长阶段转向高质量发展阶段，沪深北股市还将涌现出一大批长线龙头股，这将给数以亿计的普通投资者带来分享国家经济发展成果的绝好机会，但前提是你得拥有捕捉长线龙头股的能力。下面，我们来一起探讨如何捕捉长线龙头股。

一、长线龙头股的选股条件

首先，按照交易系统的要求，长线龙头股的选股条件是其复权后在年线级别上率先走强，并且给出了信号，然后我们再从月K线图上去寻找优良买点。由于时间周期长，我们需要耐心等待，到一年年底的时候，选出年K线已经给出B点或者箭头的个股作为备选股票池，长线龙头股就隐藏在这些个股之中。然后在接下来的一年中，每到一个月的月底，我们就可以翻看一下股票池中的个股，观察其是否给出优良买点。

值得注意的是，由于目前沪深北三市的个股数量非常庞大，在 2020 年底时，年 K 线给出 B 点或者箭头的个股数量已经达到了 500 多只，从中筛选长线龙头股还是太难。那么，我们可以更简单一点，不用建立股票池，而是到每个月月底即将收月线的时候，进行一次选股，选股条件如图 5－1－1 所示。

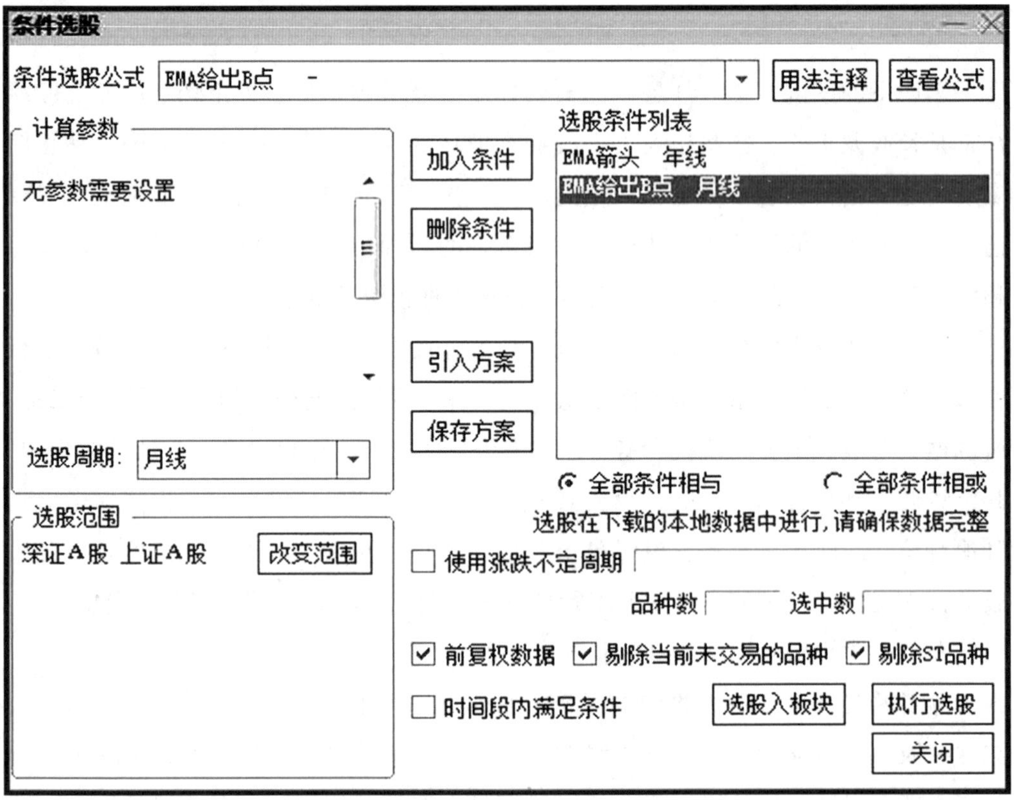

图 5－1－1　长线龙头股的条件选股

图 5－1－1 是长线龙头股的条件选股界面。我们设定，长线龙头股的两个选股要求是年 K 线给出箭头加上月 K 线给出 B 点。按照这个条件选出来的个股数量就大幅缩减了，一般不超过 100 只，这样一来，我们在月底的时候进行集中筛选，首先进行软件自动选股，然后逐一研究这些入选个股的走势是否符合交易系统的要求，尤其是其走势是否符合优良买点的 5 种经典形态。

可以看到，长线龙头股的操作周期应该是月 K 线，但是要求大一级周期也就是年K线同时给出B点或者箭头。由于长线龙头股的持股周期是以月线来计算的，因此股价在一天之内的波动很难达到破位止损的程度，所以我们可以选在月底最后一个交易日的尾盘买入股票；若下个月开盘后股价波动不是很大，也可以等月线收盘之后，信号已经确定了，在下个月的第一个交易日买入，安全性更高。

二、长线龙头股案例分析

随着我国经济的持续高速发展，以及机构投资者数量的迅速增长，A股市场的长线龙头股也越来越多了。接下来，我们来看看几只给出了符合经典形态的优良买点的长线龙头股。

1. 片仔癀（600436）

下图为给出符合第一种经典形态的优良买点的长线龙头股——片仔癀的年K线图，见图5-1-2。

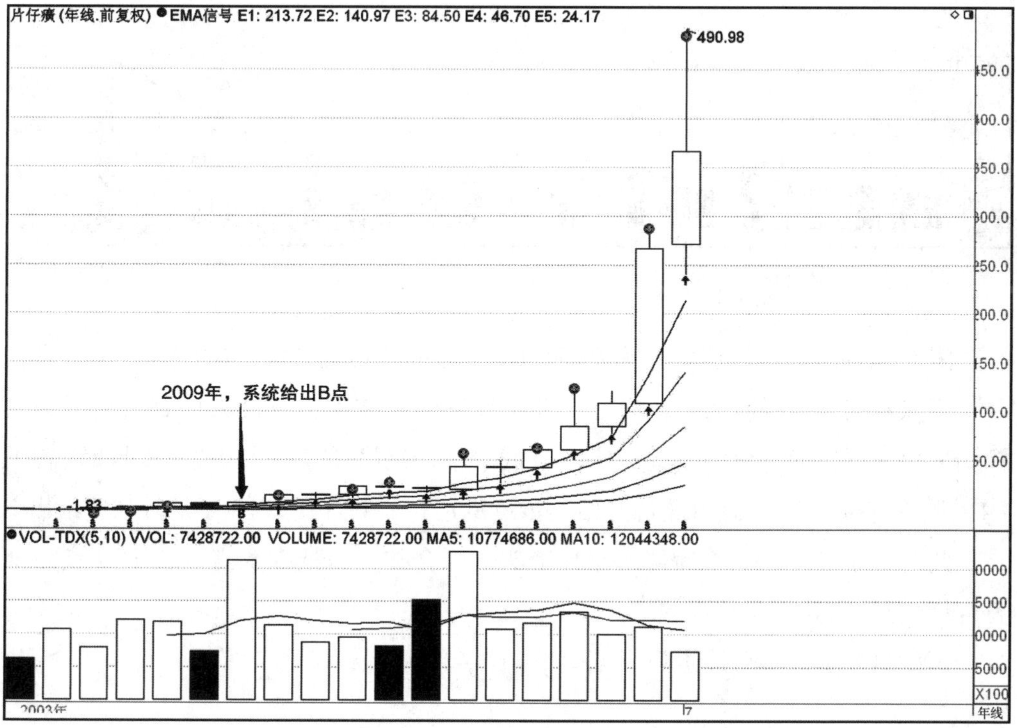

图5-1-2 片仔癀年K线

图5-1-2是片仔癀上市以来的年K线图。可以看到，在2009年系统给出了

B 点，此后连续 12 年一直给出箭头。片仔癀凭借其独家绝密的配方、疗效显著的产品，成为我国中药行业的一个标杆，在资本市场也备受追捧。我们再从操作周期月 K 线上寻找优良买点。

下面我们来看该股的月 K 线图，见图 5－1－3。

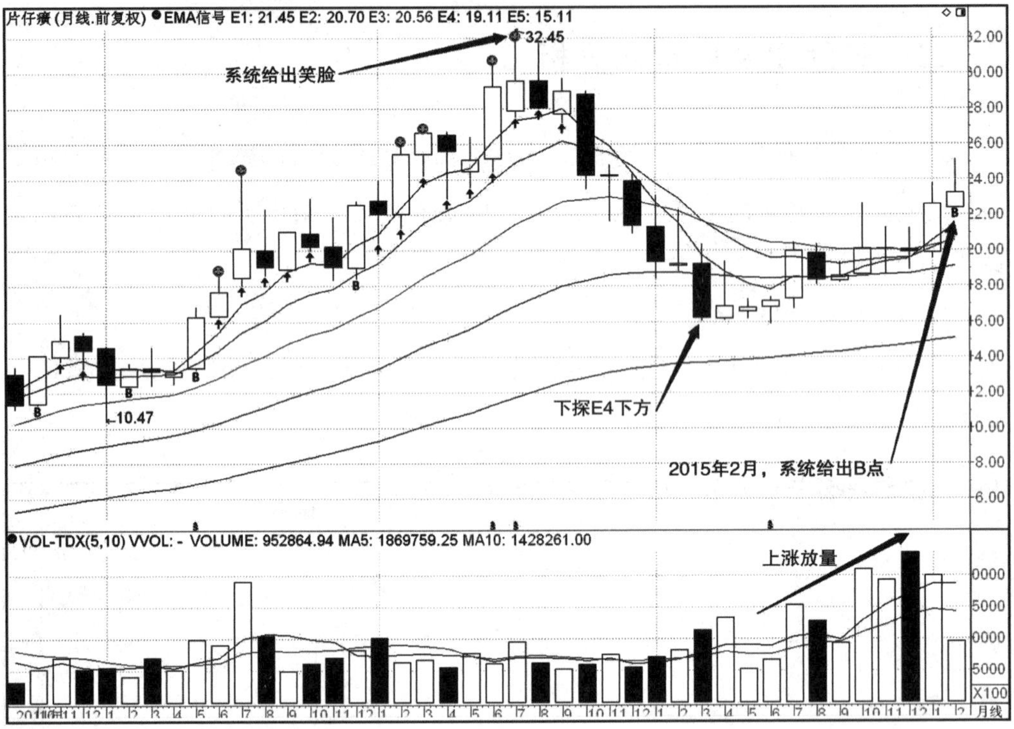

图 5－1－3　片仔癀月 K 线（1）

图 5－1－3 是片仔癀的月 K 线图，图中时间跨度为 2011 年 9 月至 2015 年 2 月。可以看到，该股前期创新高后，系统连续给出笑脸，股价见顶后出现了一轮深幅下探，下探的过程中成交量保持较低水平，经过 8 个月的下跌，最低跌破了 E4，但没有接近 E5，此后股价开始逐步放量走高，并且在 2015 年 2 月系统给出 B 点。此时，年 K 线图上系统继续给出箭头，综合各方面技术要点，这个 B 点完全符合优良买点的第一种经典形态。

下面再来看该股后续走势，见图 5－1－4。

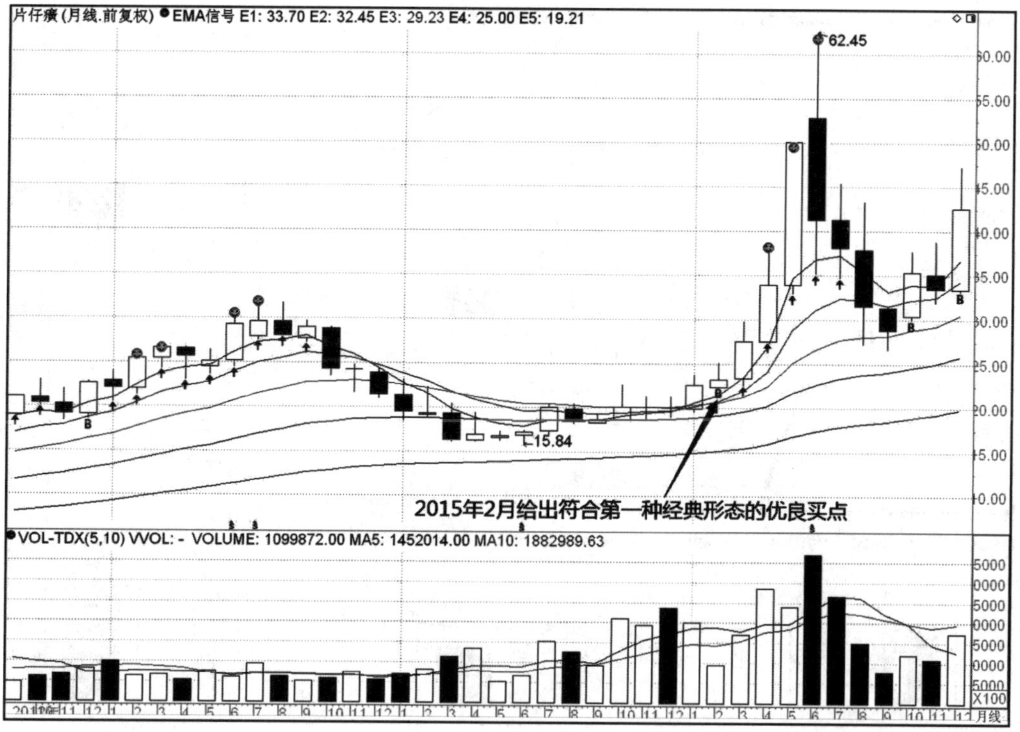

图 5-1-4 片仔癀月 K 线（2）

图 5-1-4 是片仔癀的月 K 线图，图中时间跨度为 2012 年 9 月至 2015 年 12 月。可以看到，2015 年 2 月，系统给出了符合第一种经典形态的优良买点之后，股价连续 3 个月大涨，第 4 个月继续大幅冲高后见顶回落，股价最高拉升 160% 以上。

2. 贵州茅台（600519）

众所周知，贵州茅台是 A 股市场上的白酒龙头，为超级长线龙头股。下面来看给出符合第二种经典形态的优良买点的长线龙头股——贵州茅台，见图5-1-5。

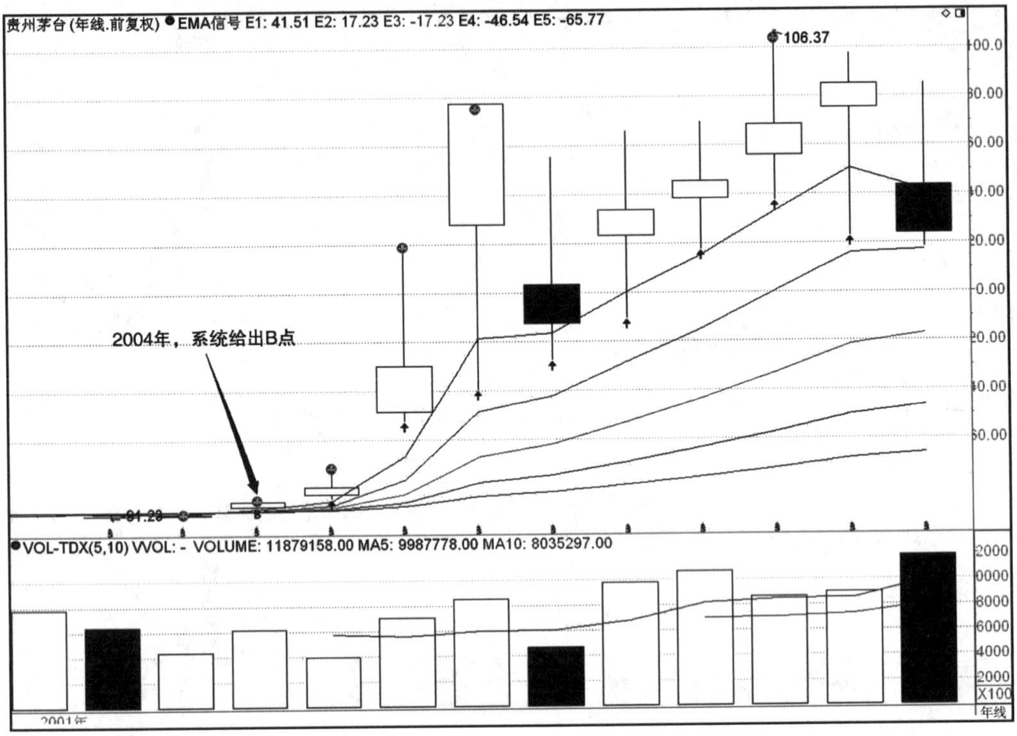

图 5－1－5　贵州茅台年 K 线

图 5－1－5 是贵州茅台的年 K 线图。贵州茅台是 A 股市场著名的核心优质资产。茅台酒只能在赤水河畔的茅台镇生产，当地相对独立的小气候条件、独特的酿酒环境和微生物环境以及沉淀上百年的品牌，多种因素缔造了长期供不应求的白酒之王，奠定了公司长期发展的坚实基础。由于历年分红，其早年的股价经过复权已经成为负数。在长线龙头股之中走出双底形态的并不多，因为双底是主力洗盘时间不足造成的，而长线龙头股的走势本来就是以月为单位，一波下跌就长达数月，在时间方面已经足够。

在贵州茅台较早的走势中，可以看到双底的形态。2004 年，系统给出 B 点，此后连续 8 年给出箭头。我们从 2005 年开始，从月 K 线图上面寻找优良买点。

下面再来看其月 K 线图，见图 5－1－6。

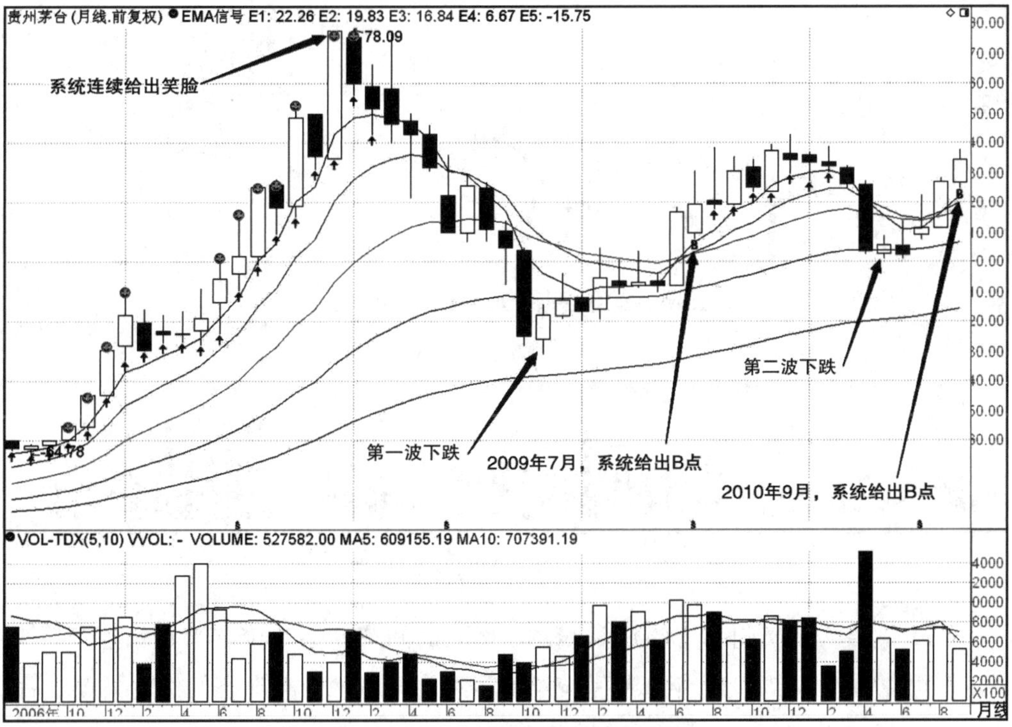

图 5-1-6　贵州茅台月 K 线 (1)

图 5-1-6 是贵州茅台的月 K 线图，图中时间跨度为 2006 年 7 月至 2010 年 9 月。可以看到，该股前期创出新高后，系统连续给出笑脸，股价见顶后出现了一轮深幅下探，下探的过程中成交量保持较低水平，经过 10 个月的下跌最低跌破了 E4，但没有接近 E5，此后股价开始逐步放量走高，并且 2009 年 7 月系统给出 B 点。此时，年 K 线图上系统继续给出箭头，所以这个 B 点完全符合优良买点的第一种经典形态。

但是本轮上涨，股价涨幅不大，在小幅上涨 4 个月之后，又出现了第二波下跌，股价再一次跌破了 E4，在 E4 附近略做停留后又开始上涨，在 2010 年 9 月系统再一次给出 B 点，第二波下跌成交量虽然有所放大，但只是单根 K 线的放量。此时年 K 线图上系统继续给出箭头，很明显是一个双底的形态，所以这个 B 点属于第二种经典形态的优良买点。

下面再来看该股后续走势，见图 5-1-7。

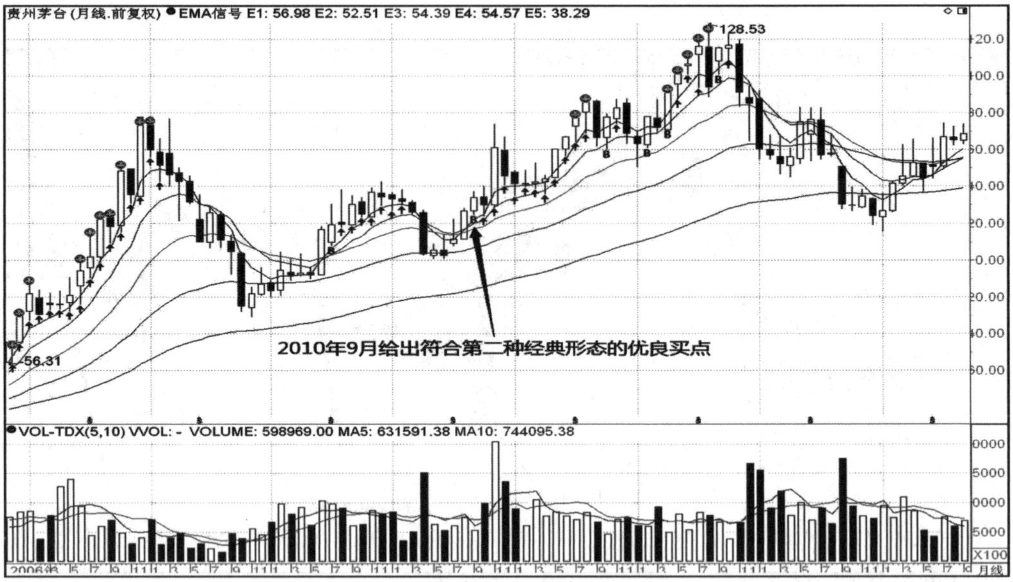

图 5－1－7 贵州茅台月 K 线（2）

图 5－1－7 是贵州茅台的月 K 线图，图中时间跨度为 2006 年 11 月至 2014 年 9 月。可以看到，自 2010 年 9 月系统给出了符合第二种经典形态的优良买点之后，股价连续两年上涨，最高拉升接近 300%。

3. 中国中免（601888）

我们再来看一只给出符合第三种经典形态的优良买点的长线龙头股——中国中免，见图 5－1－8。

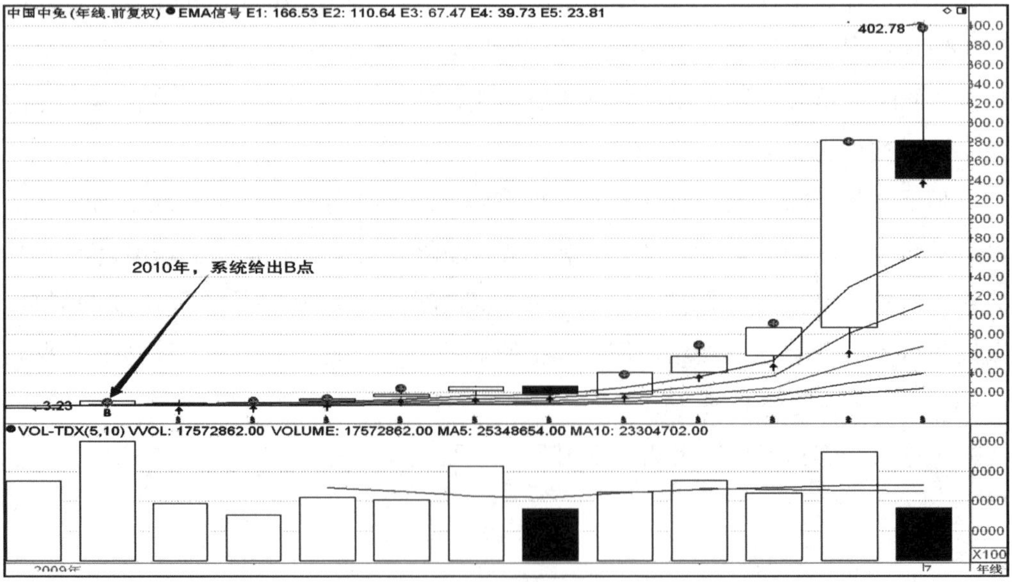

图 5－1－8 中国中免年 K 线

图 5－1－8 是中国中免的年 K 线图。中国旅游集团中免股份有限公司是在全国免税行业具有垄断地位的企业，其在市场上通过并购等形式实现了实际的运营垄断，公司业绩增长稳定，在二级市场上也受到各方资金的热烈追捧。可以看到，该股在 2010 年系统给出 B 点，此后连续 11 年给出箭头，中长期走势良好。我们可从 2010 年开始，在月 K 线图上来寻找优良买点。

下面再来看中国中免的月 K 线图，见图 5－1－9。

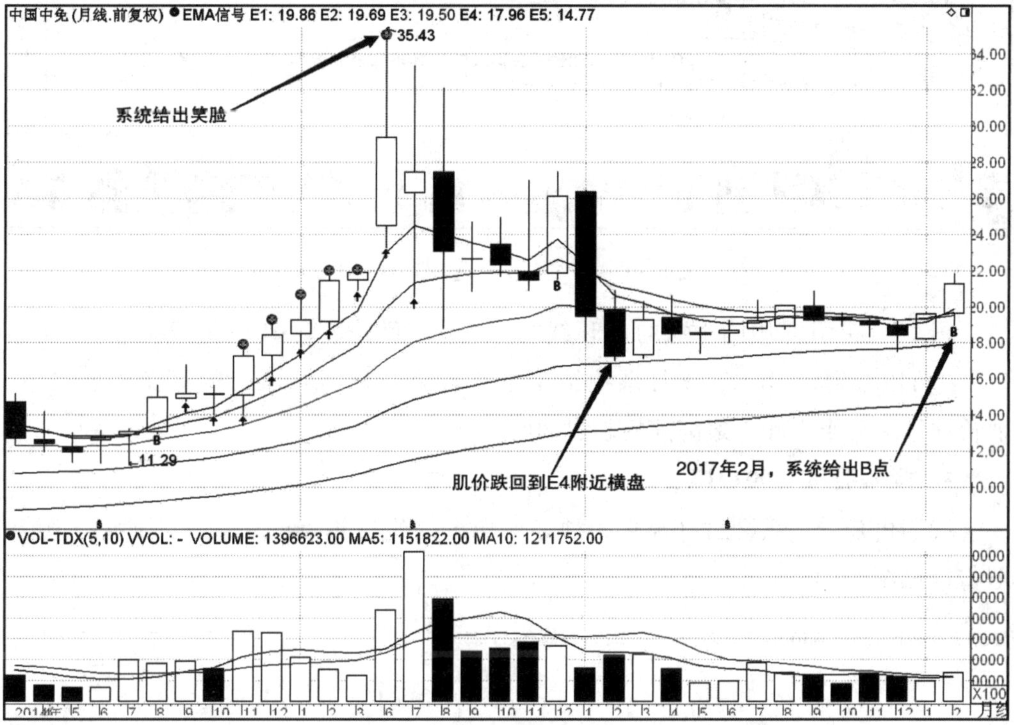

图 5－1－9 中国中免月 K 线（1）

图 5－1－9 是中国中免的月 K 线图，图中时间跨度为 2014 年 3 月至 2017 年 2 月。可以看到，该股前期创出新高后，系统连续给出笑脸，股价见顶后逐步下跌回到 E4 附近，然后开始十几个月的横盘。横盘期间，成交量保持较低水平，2017 年 2 月，股价突然向上突破，系统给出 B 点。此时，年 K 线图上系统继续给出箭头，故这个 B 点完全符合优良买点的第三种经典形态。

下面再来看该股后续走势，见图 5－1－10。

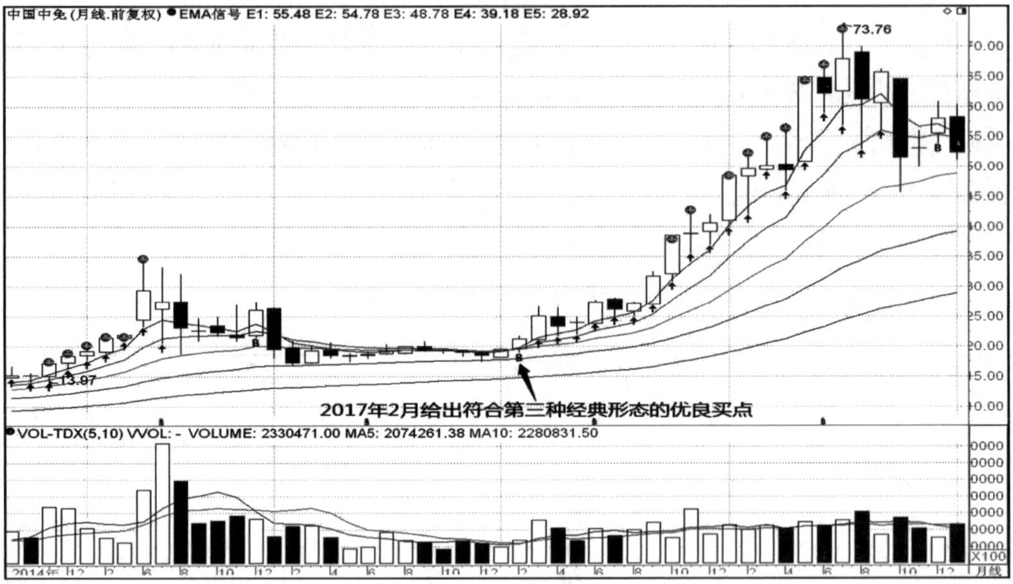

图 5－1－10　中国中免月 K 线（2）

图 5－1－10 是中国中免的月 K 线图，图中时间跨度为 2014 年 9 月至 2019 年 1 月。可以看到，2017 年 2 月系统给出了符合第三种经典形态的优良买点之后，股价连续一年半大涨，最高涨幅超过 200%。

4. 隆基股份（601012）

我们再来看一只给出符合第四种经典形态的优良买点的长线龙头股——隆基股份，见图 5－1－11。

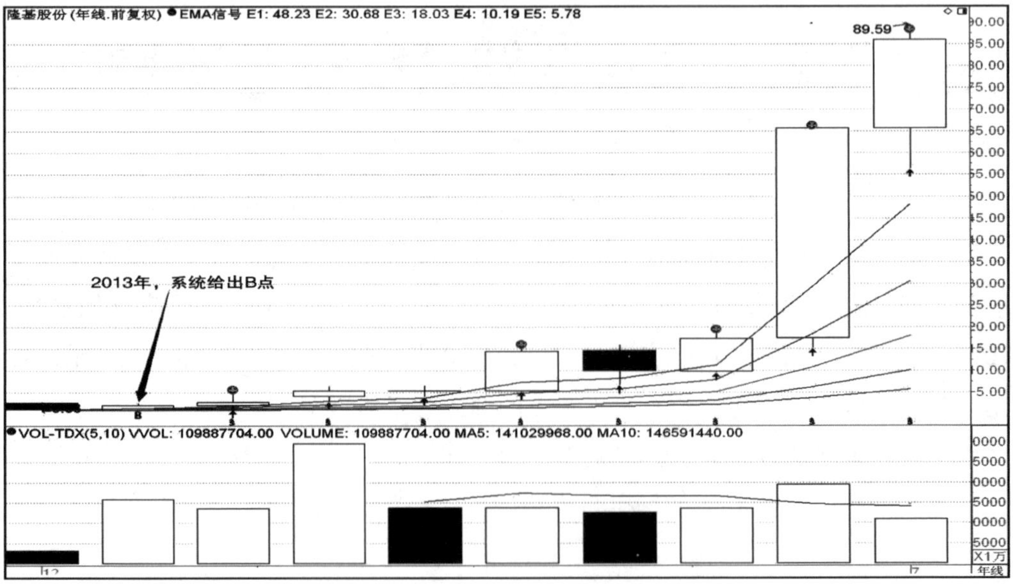

图 5－1－11　隆基股份年 K 线

图 5－1－11 是隆基股份的年 K 线图。该公司是全球领先的太阳能单晶硅棒和硅片龙头企业。近年来，随着新能源发电行业迅猛发展，该股受到市场资金的狂热追捧。该股在上市第二年也就是 2013 年系统给出 B 点，此后连续 8 年给出箭头，直到 2021 年上半年，仍然处于上升趋势之中。我们从 2014 年开始，在月 K 线图上来寻找优良买点。

下面来看其月 K 线图，见图 5－1－12。

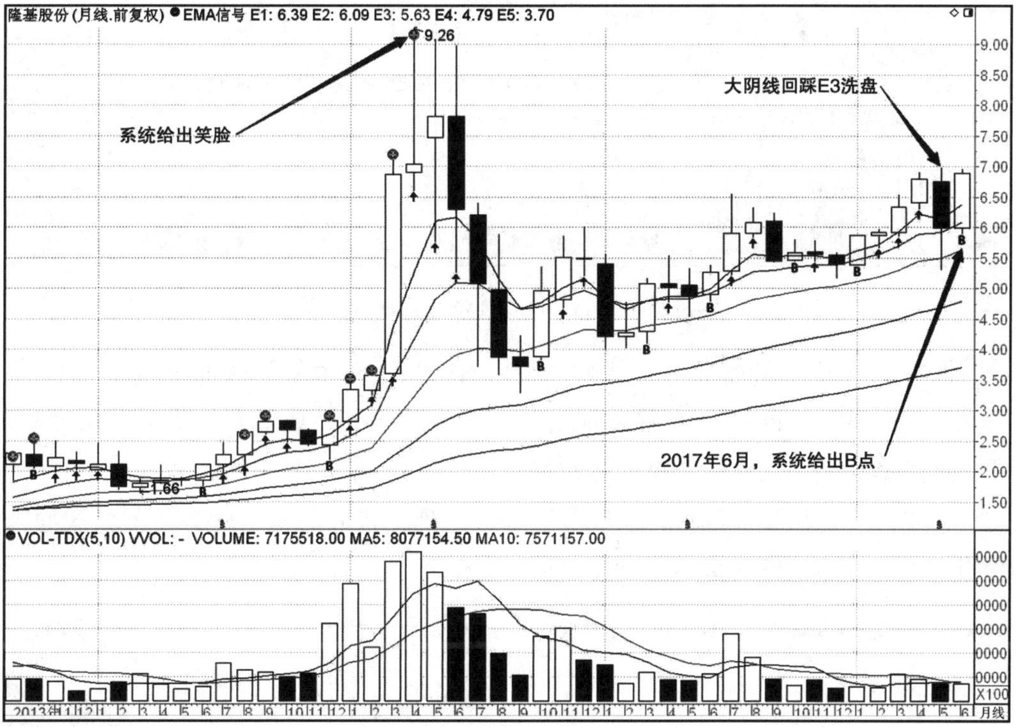

图 5－1－12　隆基股份月 K 线（1）

图 5－1－12 是隆基股份的月 K 线图。图中时间跨度为 2013 年 9 月至 2017 年 6 月。该股前期创出新高后，系统连续给出笑脸，股价见顶后连续下跌回到 E3 下方，然后开始逐渐震荡走高。此后，系统给出了多个 B 点，但因为股价的下跌没有到达 E4 附近，所以都不是优良买点。到了 2017 年 5 月，该股突然走出大阴线，最低点回踩 E3 下方，紧接着 2017 年 6 月又收出大阳线，实现了阳包阴，系统给出 B 点。此时年 K 线图上面系统继续给出箭头，故该 B 点完全符合优良买点的第四种经典形态。

下面再来看该股后续走势，见图 5－1－13。

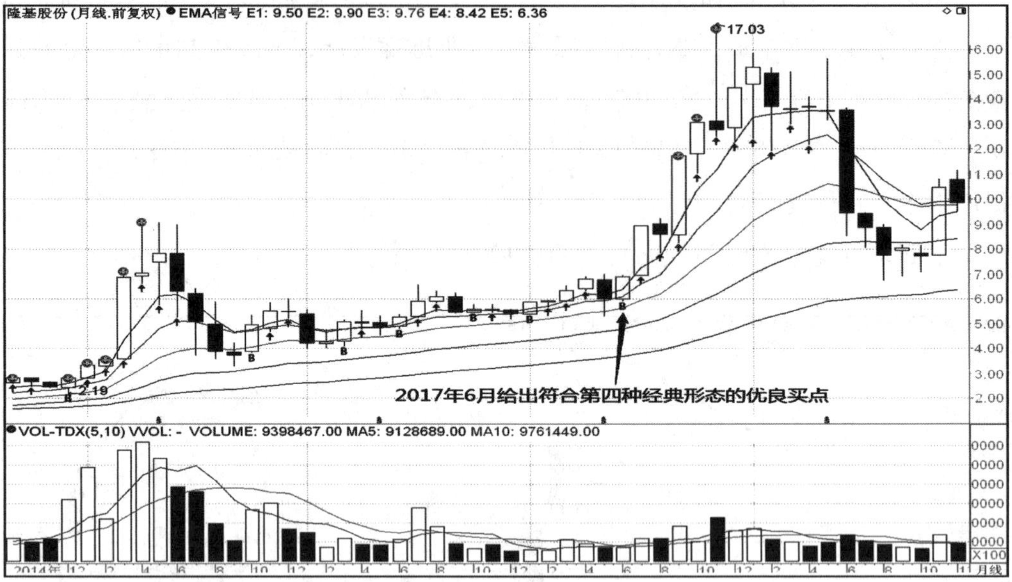

图 5－1－13　隆基股份月 K 线（2）

图 5－1－13 是隆基股份的月 K 线图，图中时间跨度为 2014 年 9 月至 2018 年 12 月。可以看到，2017 年 6 月系统给出了符合第四种经典形态的优良买点之后，股价连续暴涨半年，最高涨幅达到 147%。

时隔 3 年，该股在其后的走势中又一次出现了极其相似的走势，下面我们来看当时的走势图，见图 5－1－14。

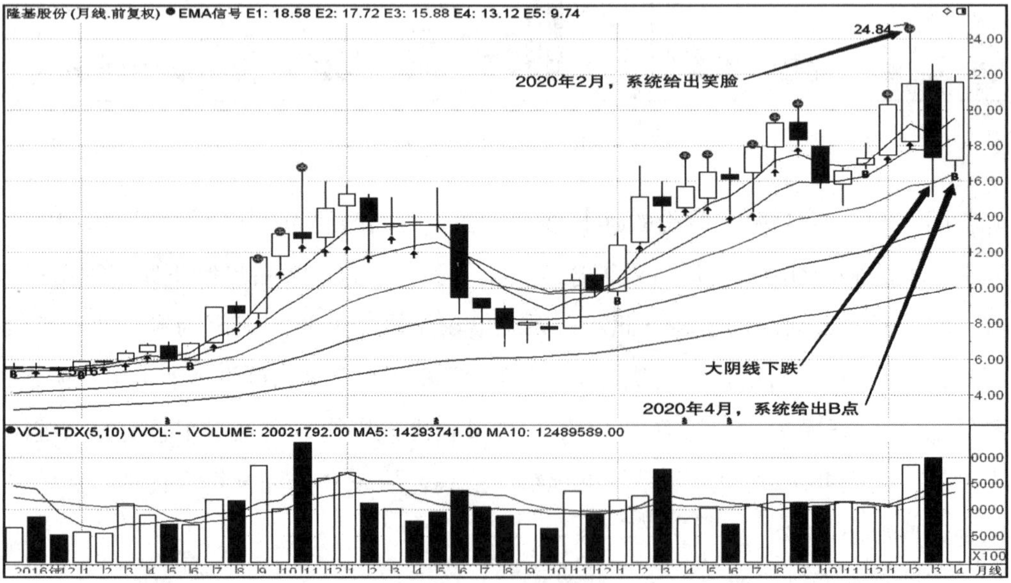

图 5－1－14　隆基股份月 K 线（3）

图 5－1－14 是隆基股份的月 K 线图，图中时间跨度为 2016 年 10 月至 2020 年4 月。可以看到，该股股价于 2020 年 2 月创出新高后给出笑脸，然后在 2020 年 3 月大跌，回踩 E3 下方，收出大阴线，紧接着 2020 年 4 月又走出大阳线，实现了阳包阴并给出 B 点。此时，年 K 线图上面系统继续给出箭头，这个 B 点符合优良买点的第四种经典形态。

下面再来看该股后续走势，见图 5－1－15。

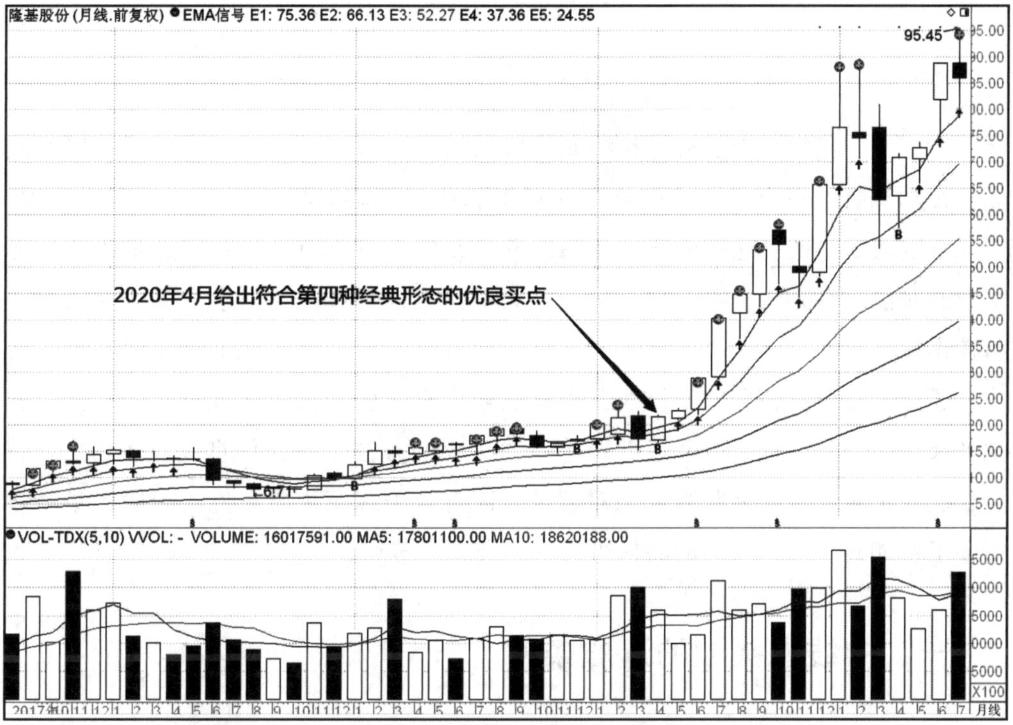

图 5－1－15 隆基股份月 K 线（4）

图 5－1－15 是隆基股份的月 K 线图，图中时间跨度为 2017 年 8 月至 2021 年7 月。可以看到，2020 年 4 月，系统给出了符合第四种经典形态的优良买点之后，股价连续暴涨。时隔 3 年，该股再次走出阳包阴的形态，说明主力尚未完成出货，主力的操作手法依然没有改变。如果投资者熟悉这种经典形态，并且了解该股主力的操作手法，就可以比较精准地抓住主升浪行情，获颇丰利益。

第二节 中线龙头股买点

上一节，我们详细讲解了长线龙头股的买点，但买入此类龙头股后持股时间较长，动辄数月甚至长达一两年，这对于那些需要临时周转资金的投资者来说，可能难以接受。而且这样的长线龙头股并不是每个月都有，当我们选不出长线龙头股的时候怎么办呢？答案很简单，退而求其次，选择符合要求的中线龙头股进行操作。

还有一种情况，那就是长线龙头股已经启动，已经错过了优良买点，此时我们如果还想介入，也可以通过选择中线龙头股的方法来寻找优良买点。当然，符合长线龙头股条件的个股数量相对较少，而符合中线龙头股条件的个股数量就多得多了，如此一来，我们的交易机会也会增加很多。

一、中线龙头股的选股条件

选择中线龙头股时只需要把选择长线龙头股的周期降低一级即可。同样的道理，选择中线龙头股时，其复权后在月线级别上必须已经率先走强，并且给出了信号，然后我们再从周K线图上去寻找优良买点。由于是根据周K线选择买点，我们需要耐心等待，到每个周末的时候再进行一次选股，选择月K线给出箭头同时周K线给出B点的所有个股，再从中筛选出具备优良买点经典形态的个股。具体选股条件如图5-2-1所示。

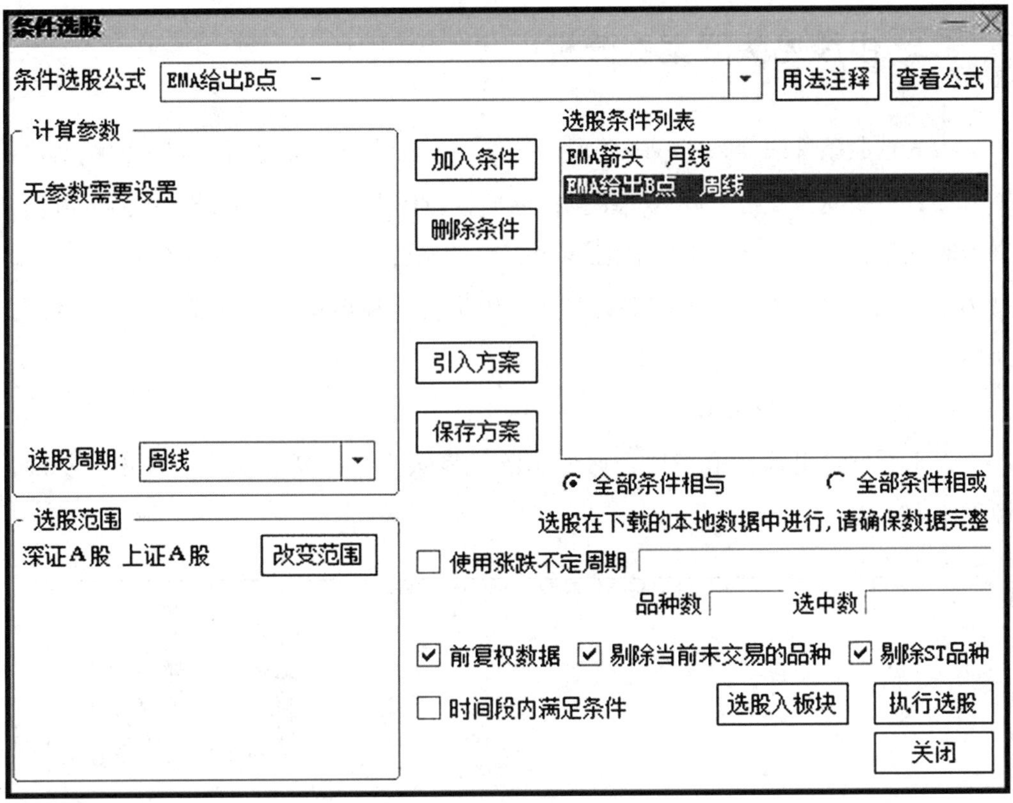

图 5－2－1　中线龙头股的条件选股

图 5－2－1 是中线龙头股的条件选股界面。根据设定，中线龙头股的两个选股要求是月 K 线给出箭头，同时周 K 线给出 B 点。按照这个条件选出来的个股数量，一般来说有几十只。实战交易中，我们在每个周末的时候，需要及时进行软件自动选股，然后逐一研究这些入选个股的走势是否符合交易系统的要求，尤其要看目标个股的走势是否符合优良买点的 5 种经典形态。

由于中线龙头股的持股周期是以周线来计算的，那么我们可以在周五的尾盘买入股票；只要下周开盘后股价波动不是很大，也可以等待周线收盘后信号确定了，等到下周的第一个交易日买入，这样安全性更高。

实战中，我们还得考虑周末可能突发利空消息，大盘、相关行业板块和个股都将受到负面影响，为了安全起见，我们可以选择下周再择机买入，以规避周末可能的利空影响。反之，当周末可能出现明显的大盘、相关行业板块和个股的利好消息时，我们最好在周末尾盘就及时买入，这样一来周末可能的利好消息就会刺激下周股价高开并迅速拉升。

二、中线龙头股案例分析

因为选股条件改变，中线龙头股的数量相比长线龙头股来说，有了大幅增加。一方面，长线龙头股可以降低一级操作周期，当作中线龙头股来操作；另一方面，随着时间推移，可以将此前符合长线龙头股的条件，但后面不再符合的个股，转变为中线龙头股。下面，我们来看看几只给出符合经典形态的优良买点的中线龙头股。

1. 古井贡酒（000596）

先来看看给出符合第一种经典形态的优良买点的中线龙头股——古井贡酒，见图5-2-2。

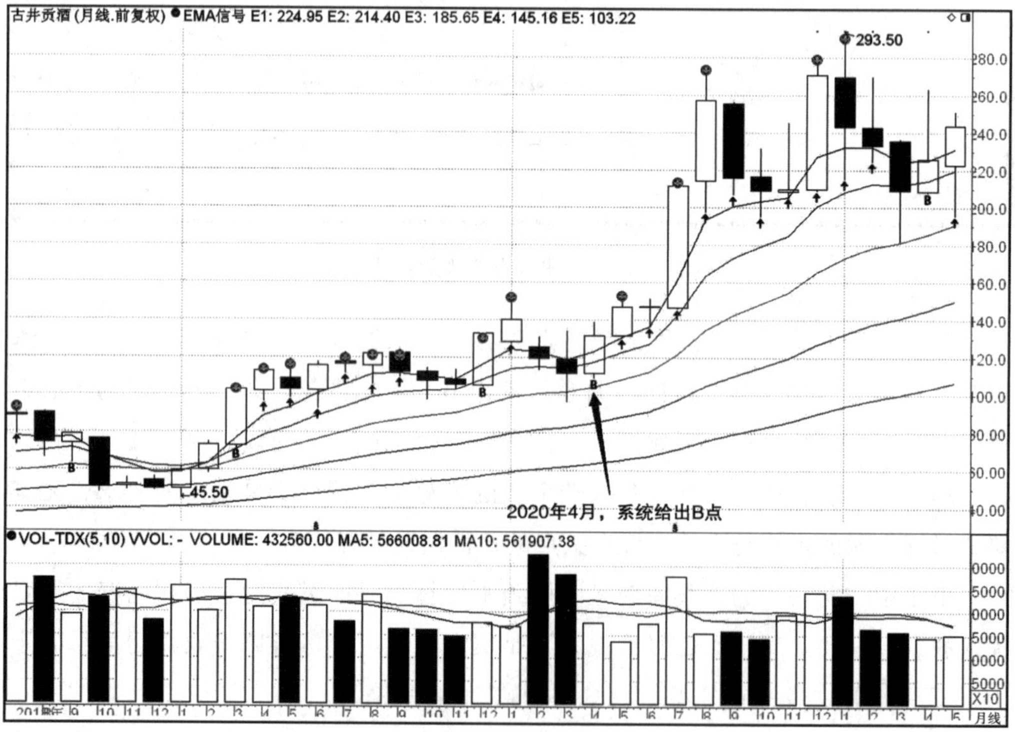

图5-2-2 古井贡酒月K线（1）

图5-2-2是古井贡酒的月K线图，图中时间跨度为2018年7月至2021年5月。其实，该股在年K线图上早已给出了箭头，但在月K线图上由于股价调整幅度不够，不能算是优良买点。此时，我们可以降低操作周期，在周K线图上寻

找优良买点。可以看到，2020 年 4 月系统给出了 B 点，此后连续 10 个月一直给出箭头。我们再切换到周 K 线图上寻找优良买点。

下面我们来看该股的周 K 线图，见图 5-2-3。

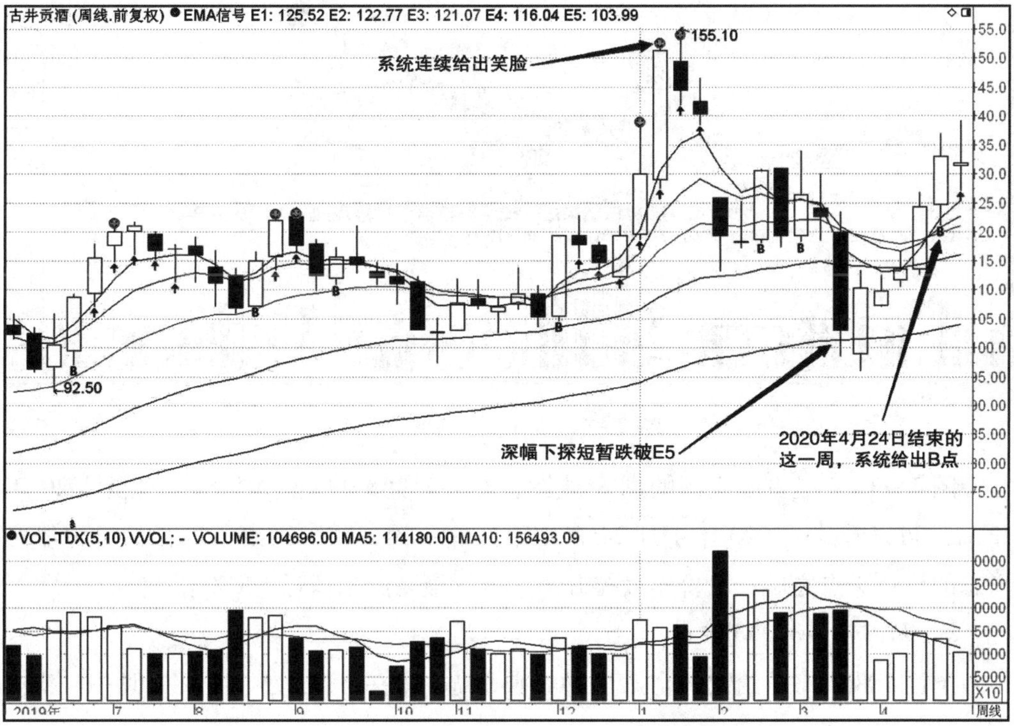

图 5-2-3　古井贡酒周 K 线（1）

图 5-2-3 是古井贡酒的周 K 线图，图中时间跨度为 2019 年 5 月至 2020 年 4 月。可以看到，该股前期创新高后，系统连续给出笑脸，股价见顶后迅速深度下探，最低点跌破 E5，但收盘时收在 E5 上方，因此不算有效跌破。下跌期间，成交量有单根 K 线放量，但总体保持缩量下跌，跌破 E5 后股价连续回升，2020 年 4 月 24 日结束的这一周，系统给出 B 点。此时月 K 线图上也给出 B 点，由于月线还没有收盘，实战中可以等到下一周系统继续给出箭头后再行买入，这样一来，无论是哪一周买入，都完全符合优良买点的第一种经典形态。

下面再来看该股后续走势，见图 5-2-4。

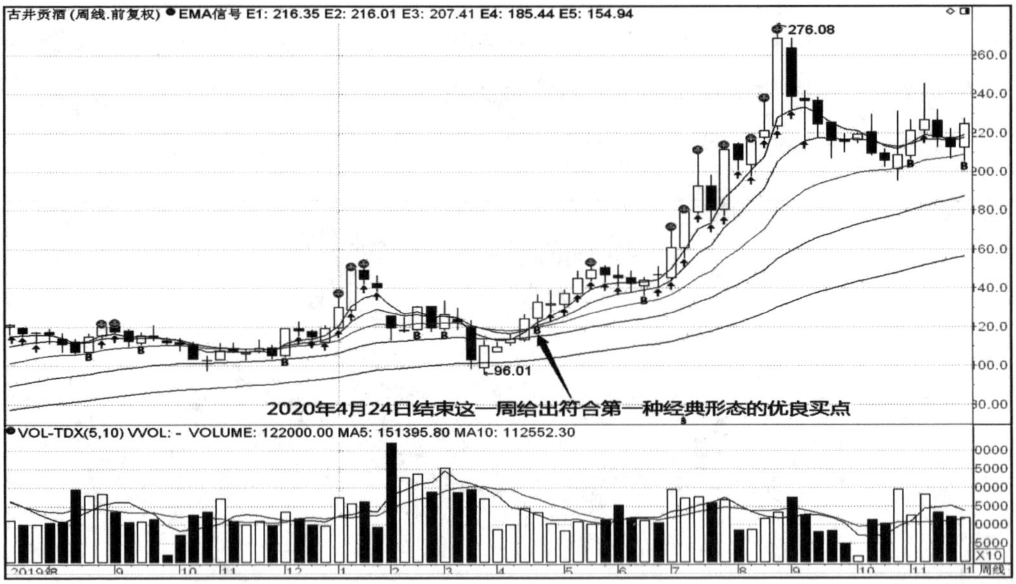

图 5-2-4　古井贡酒周 K 线（2）

图 5-2-4 是古井贡酒的周 K 线图，图中时间跨度为 2019 年 7 月至 2020 年 12 月。可以看到，2020 年 4 月 24 日结束的这一周，系统给出了符合第一种经典形态的优良买点之后，股价连续拉升 4 个月，最高涨幅超过 100%。

2. 新宙邦（300037）

下面，我们来看给出符合第二种经典形态的优良买点的中线龙头股——新宙邦，见图 5-2-5。

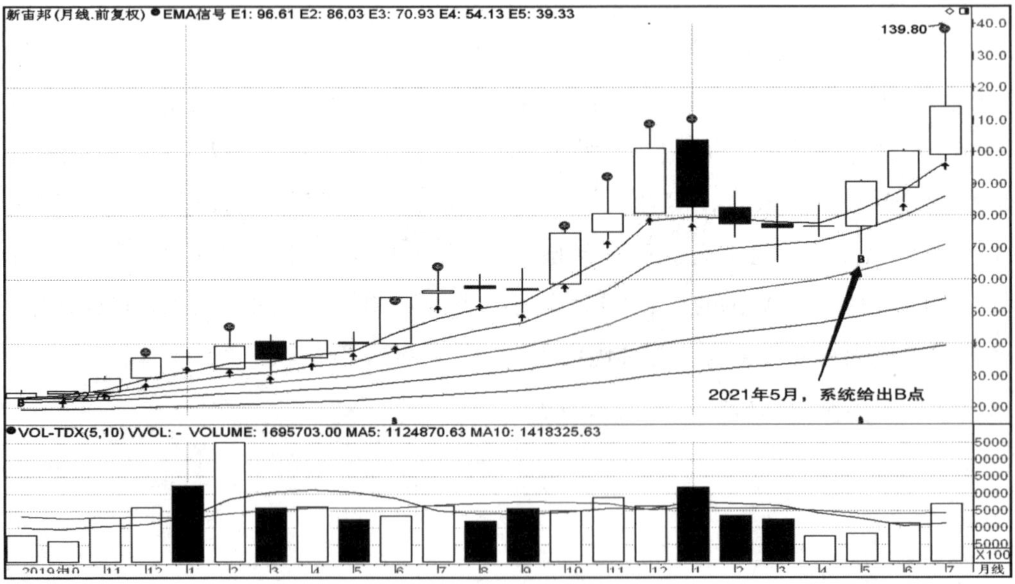

图 5-2-5　新宙邦月 K 线

图5－2－5是新宙邦的月K线图，图中时间跨度为2019年9月至2021年7月。可以看到，2021年5月系统给出了B点，此后连续2个月给出箭头。我们再从周K线图上寻找优良买点。由于此处仅限于探讨符合第二种经典形态的优良买点，因此对该股前面的买点不做讨论。

下面我们再来看该股的周K线图，见图5－2－6。

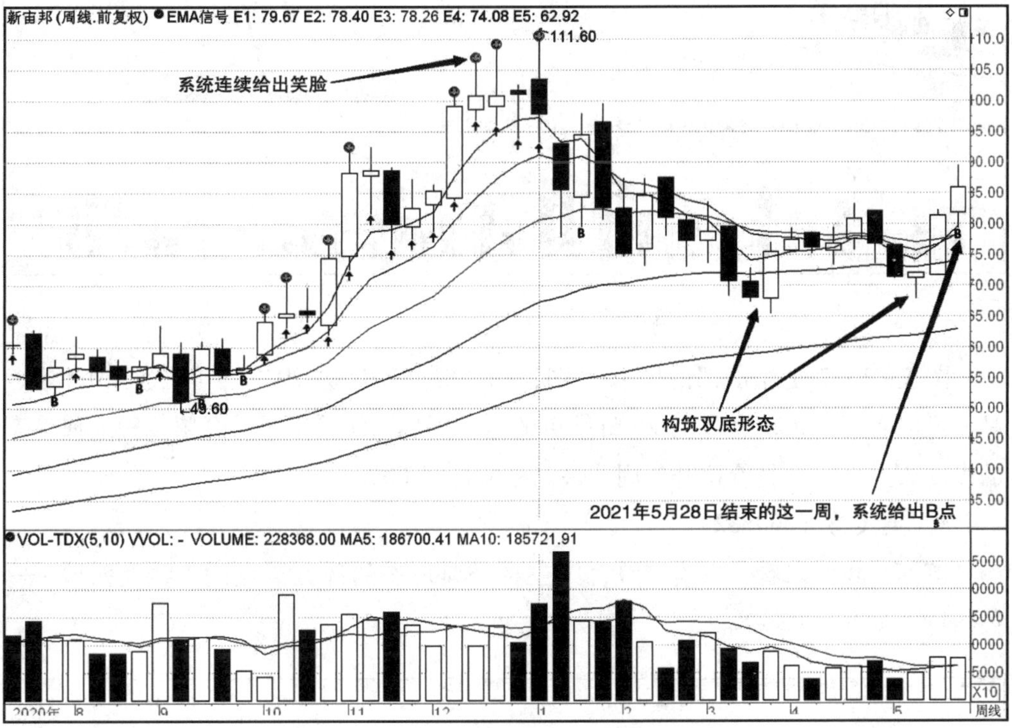

图5－2－6 新宙邦周K线（1）

图5－2－6是新宙邦的周K线图，图中时间跨度为2020年7月至2021年5月。可以看到，该股在前期创出新高后，系统连续给出笑脸，股价见顶后持续下跌到E4下方，然后有一波反弹回到均线上方，但是系统没有给出B点，股价又进行了第二波下跌，再度跌到E4下方，两波下跌成交量越来越小，构筑完成双底形态之后，股价开始向上拉升。在2021年5月28日结束的这一周，股价走强，系统给出B点。此时月K线图上面系统也给出B点，虽然月线还没有收盘，但是已经到了5月28日，还剩一个交易日5月就收盘了，此时可以立即买入，这个B点完全符合优良买点的第二种经典形态。

下面再来看该股后续走势，见图5－2－7。

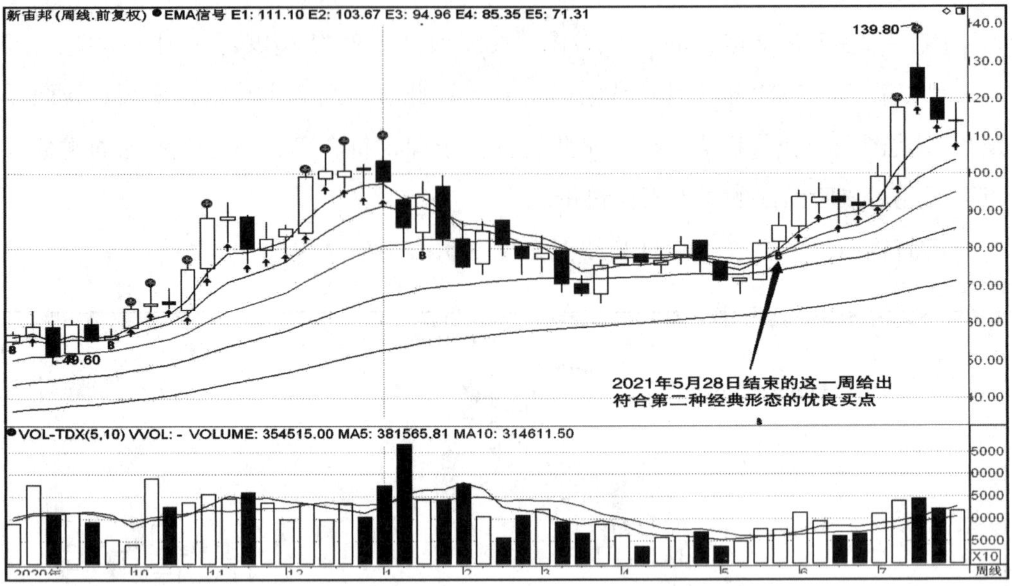

图 5-2-7　新宙邦周 K 线（2）

图 5-2-7 是新宙邦的周 K 线图，图中时间跨度为 2020 年 8 月至 2021 年 7 月。可以看到，2021 年 5 月 28 日结束的这一周，系统给出了符合第二种经典形态的优良买点之后，股价拉升 7 周，最高涨幅超过 60%。

3. 英飞特（300582）

下面，我们来看一只给出符合第三种经典形态的优良买点的中线龙头股——英飞特，见图 5-2-8。

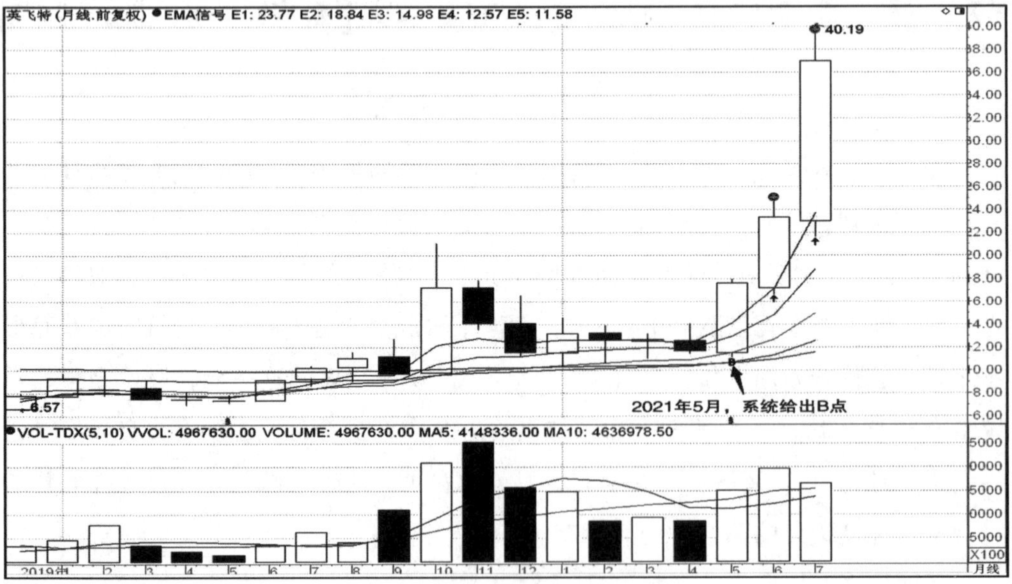

图 5-2-8　英飞特月 K 线

图 5-2-8 是英飞特的月 K 线图，图中时间跨度为 2019 年 12 月至 2021 年 7 月。可以看到，2021 年 5 月，系统首次给出了 B 点，此后连续两个月给出箭头，以月 K 线为大一级周期，我们再从周 K 线图上寻找优良买点。

下面我们再来看该股的周 K 线图，见图 5-2-9。

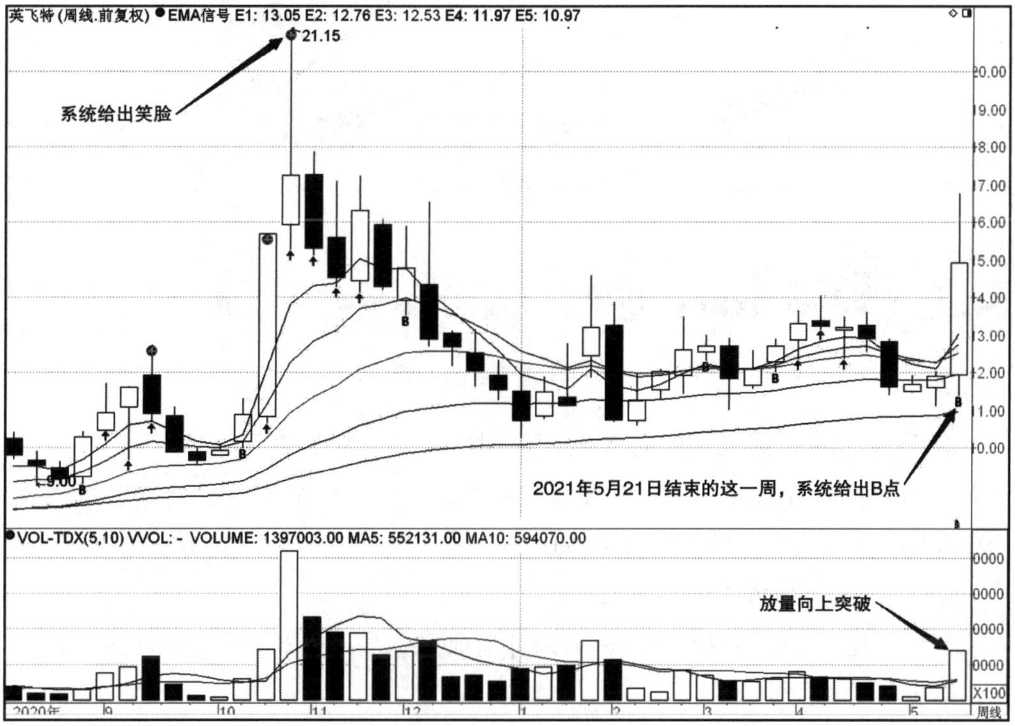

图 5-2-9 英飞特周 K 线 (1)

图 5-2-9 是英飞特的周 K 线图，图中时间跨度为 2020 年 8 月至 2021 年 5 月。可以看到，该股前期创出新高后，系统连续给出笑脸，股价见顶后持续下跌到 E4 附近，然后小幅震荡横盘，横盘期间成交量越来越小，在 2021 年 5 月 21 日结束的这一周，股价放量向上突破横盘区间，系统给出 B 点。此时月 K 线图上系统也给出 B 点，虽然月线还没有收盘，但已经到了 5 月下旬，可以立即买入而不必等到月底，这个 B 点完全符合优良买点的第三种经典形态。

下面再来看该股后续走势，见图 5-2-10。

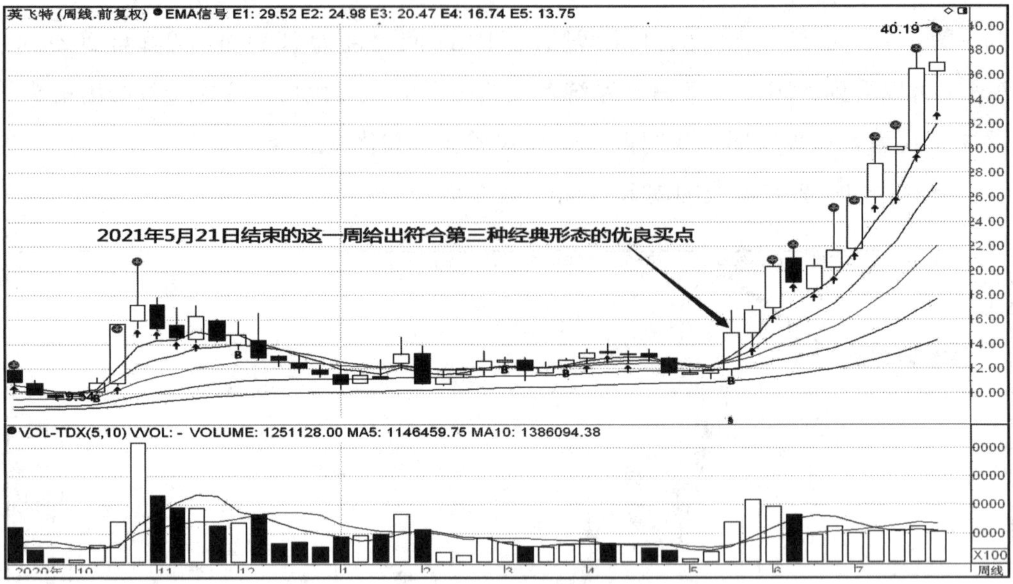

图 5－2－10　英飞特周 K 线（2）

图 5－2－10 是英飞特的周 K 线图，图中时间跨度为 2020 年 9 月至 2021 年 7 月。可以看到，在 2021 年 5 月 21 日结束的这一周，系统给出了符合第三种经典形态的优良买点之后，股价拉升 10 周，涨势惊人。

4. 国科微（300672）

下面，我们来看一只给出符合第四种经典形态的优良买点的中线龙头股——国科微，见图 5－2－11。

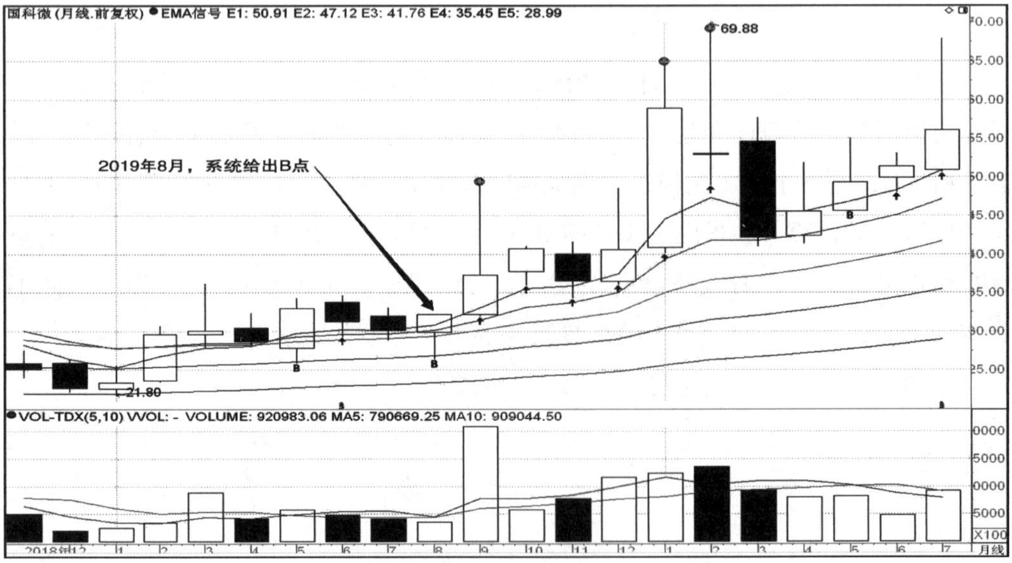

图 5－2－11　国科微月 K 线

图5－2－11是国科微的月K线图，图中时间跨度为2018年11月至2020年7月。可以看到，2019年8月系统给出B点，此后连续6个月给出箭头。此时，我们可从2019年9月开始，在周K线图上寻找优良买点。

下面再来看该股的周K线图，见图5－2－12。

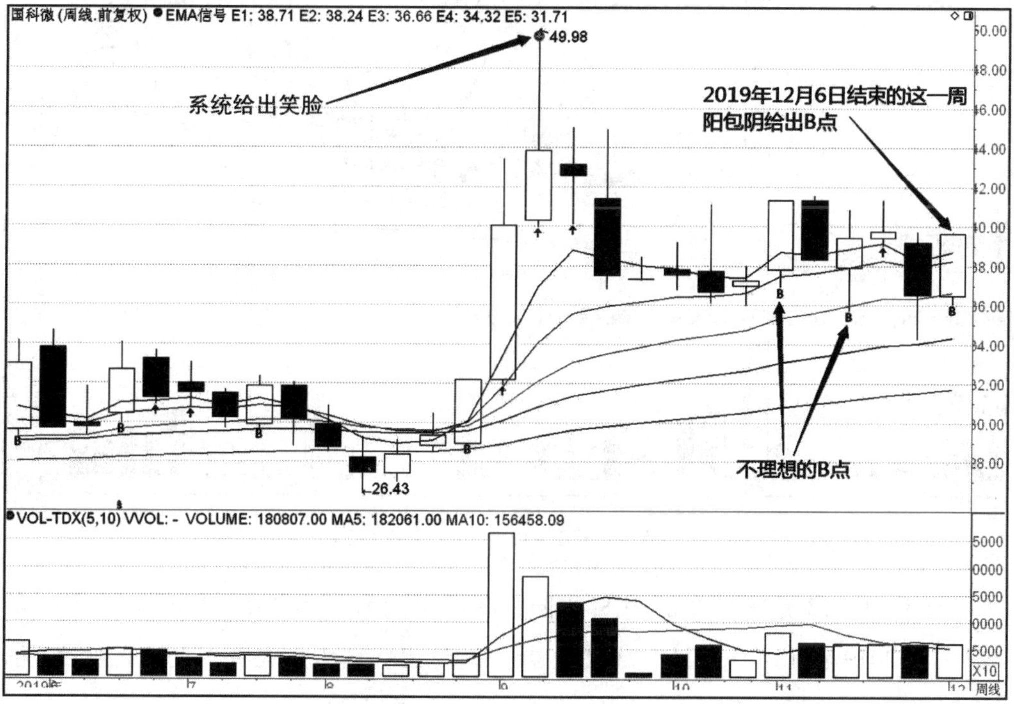

图5－2－12　国科微周K线（1）

图5－2－12是国科微的周K线图，图中时间跨度为2019年5月至12月。2019年9月中旬，该股创出新高后，系统给出笑脸，此后股价经历了6周的调整，调整过程中成交量逐渐减少。在2019年11月1日结束的这一周和2019年11月15日结束的这一周，股价两次反弹并且系统给出了B点，但是这两次的股价调整幅度都很小，第一次只是略微跌破E2，第二次只是略微跌破E3，两次调整均线都没有形成死叉，因此这两个B点都不是优良买点。

2019年11月29日结束的这一周，该股大跌，股价到达E4附近后收中阴线，紧接着下一周即2019年12月6日结束的这一周，股价大涨，一举收复上一周的大阴线，并且系统给出了B点。这一次均线也没有形成死叉，完全符合优良买点的第四种经典形态——阳包阴，所以这是一个优良买点。

下面再来看该股后续走势，见图5－2－13。

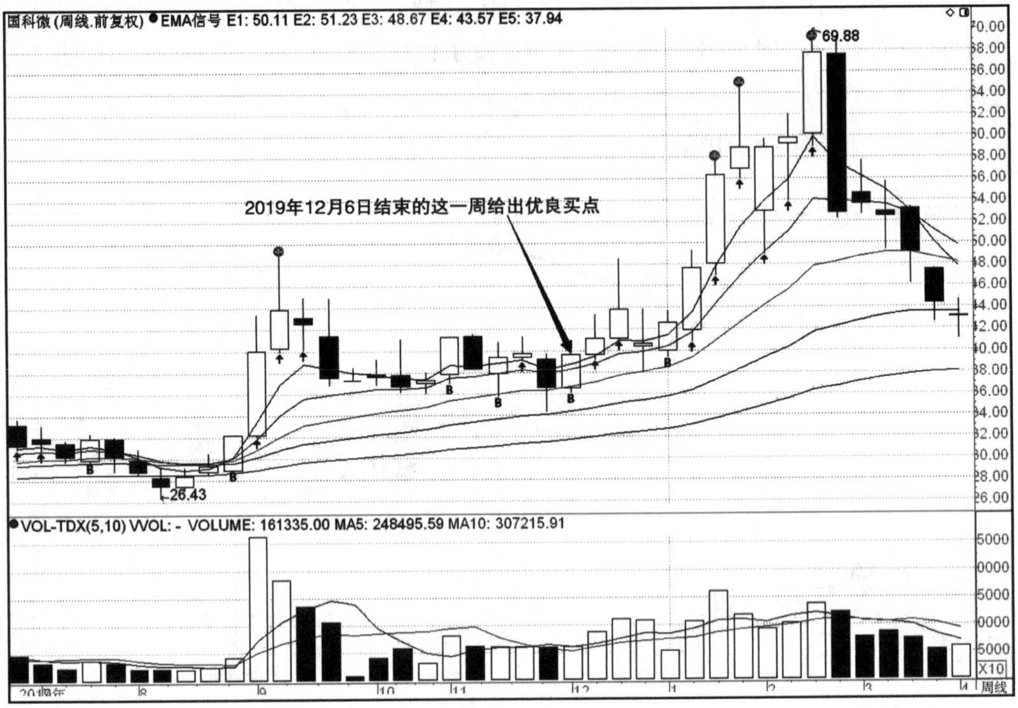

图 5-2-13　国科微周 K 线（2）

图 5-2-13 是国科微的周 K 线图，图中时间跨度为 2019 年 6 月至 2020 年 4 月。在 2019 年 12 月 6 日结束的这一周系统给出优良买点之后，股价就连续上涨了 3 个月左右，累计涨幅超过 70%。

第三节　短线龙头股买点

上一节，我们详细讲解了中线龙头股的买点，对比可以发现中线龙头股和长线龙头股的差别主要是选股周期的不同，在条件选股和后续的持股过程中，我们对两者技术形态的分析其实是大同小异的。

值得注意的是，中线龙头股的持股时间通常是一个月到几个月不等，对于部分喜欢短线交易的投资者来说，这个持股时间仍然过长，而且因为他们都习惯于看个股的日K线图，所以也不符合其看盘的习惯。本节我们专门讲解从日K线图上选股进行操作的案例，即如何寻找短线龙头股的买点。

一、短线龙头股的选股条件

根据前面的经验，我们在寻找短线龙头股时，只需要把中线龙头股的周期降低一级就可以了。同样的道理，选择短线龙头股时，短线龙头股复权后的周K线级别必须已经率先走强，并且给出了信号，然后我们再从日K线图上寻找优良买点。短线龙头股的选股条件如图5-3-1所示。

图5-3-1是短线龙头股的条件选股界面。根据笔者的实际操作经验，短线龙头股的两个选股要求是周K线给出箭头，并且日K线给出B点。按照这个条件选出来的个股数量，大盘行情走好时，可能会超过一百只，一般情况下也就几十只，再从中挑选几只目标股进行交易，相对比较容易。

由于短线龙头股的操作周期是日K线，我们必须每天进行一次选股。根据笔者的经验，可以在中午休市的时候进行软件自动选股，选出若干只完全符合优良买点的5种经典形态的个股，等到下午两点半左右，再择机买入股票。为什么要在两点半左右买入？很简单，此时当天的大盘行情基本确定了，买入相对稳定可靠，也是为了防止出现股价上午拉升、下午回落的情况。尽管也存在尾盘几分钟突然逆转的可能，但毕竟是少数。

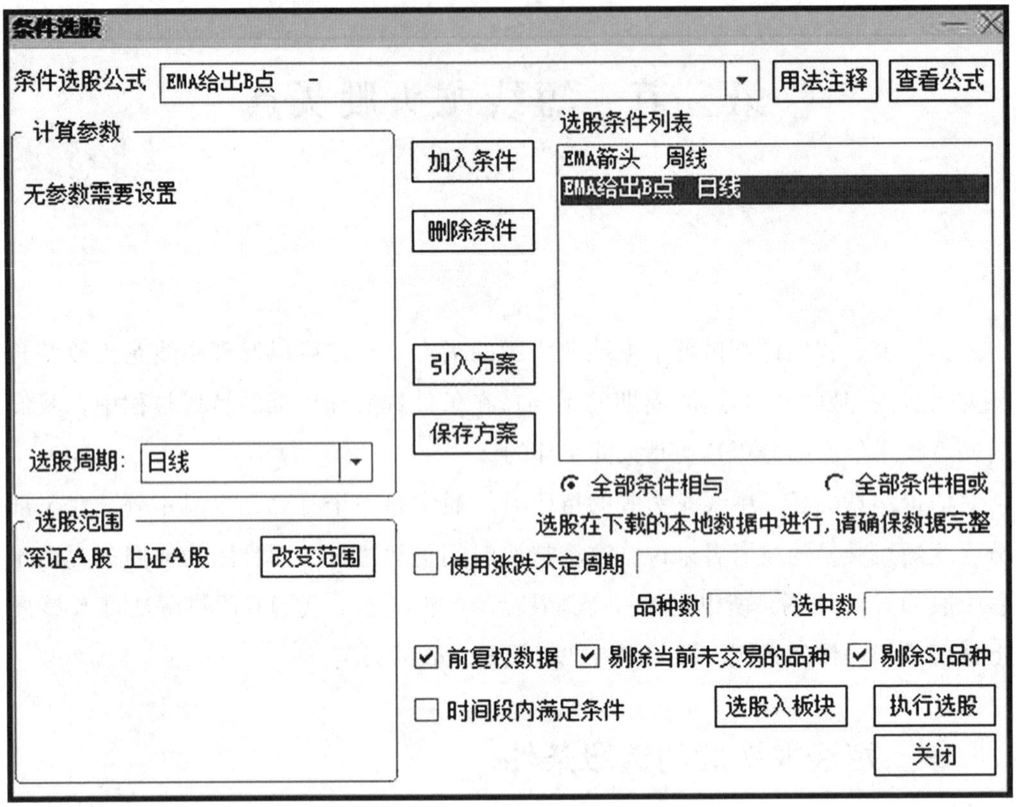

图 5-3-1 短线龙头股的条件选股

当然，这样一来也可能会遗漏那些上午没有给出 B 点，下午才走强并给出 B 点的个股。为了尽可能地减少此类个股的遗漏，笔者一般在中午休市时进行一次软件自动选股，选出若干备选标的个股加入自选股，到了下午两点半再进行一次软件自动选股，迅速浏览一下有无在中午那次选股时尚未选出的漏网之鱼，如果有的话，及时进行分析，然后决定是否买入。

二、短线龙头股案例分析

对短线龙头股使用的是投资者最常用的操作周期，每天的备选标的个股非常多，在这种情况下，我们必须优中选优，尽可能地筛选出那些各方面的技术形态都完美的个股进行操作，最好是选择在月 K 线图甚至年 K 线图上系统都给出 B 点或者箭头的个股，这样获利的概率和空间更大。普通投资者为什么容易亏钱，甚至在市场行情不错的情况下也赚不到钱？原因就是不会识别和筛选短线龙头股，结果是光赚指数不赚钱。下面我们看几只给出了优良买点的短线龙头股。

1．登海种业（002041）

我们先来看一只符合第一种经典形态的优良买点的短线龙头股——登海种业，见图5－3－2。

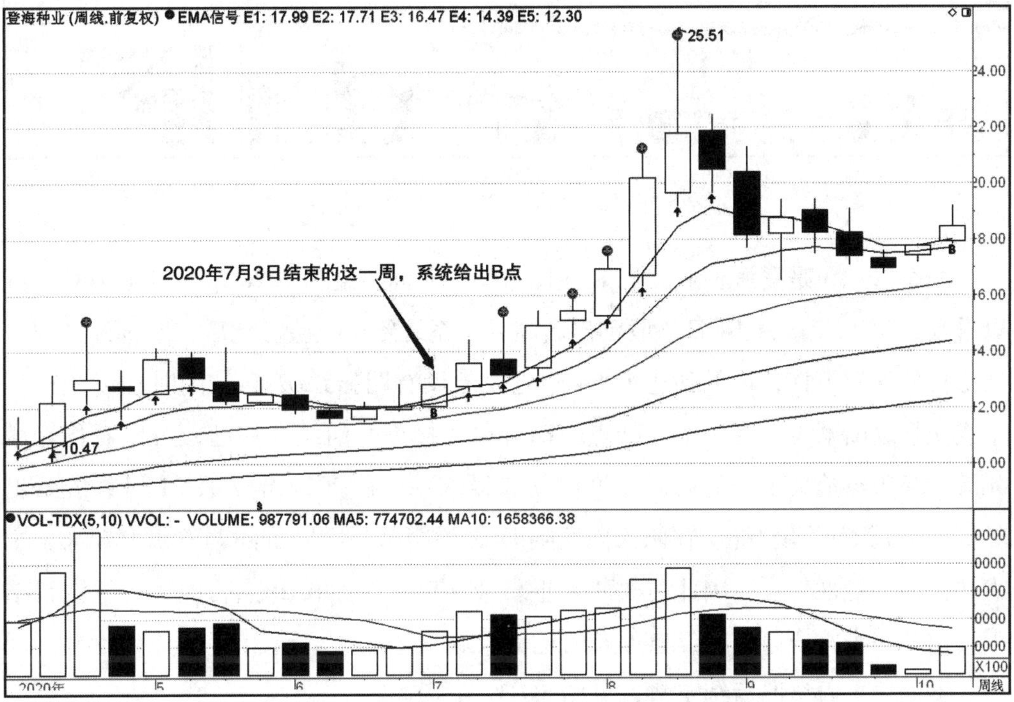

图5－3－2　登海种业周K线

图5－3－2是登海种业的周K线图，图中时间跨度为2020年4月至10月。可以看到，在2020年7月3日结束的这一周，系统给出了B点，此后连续8周给出箭头。我们再切换到日K线图上寻找优良买点。

下面我们再来看该股的日K线图，见图5－3－3。

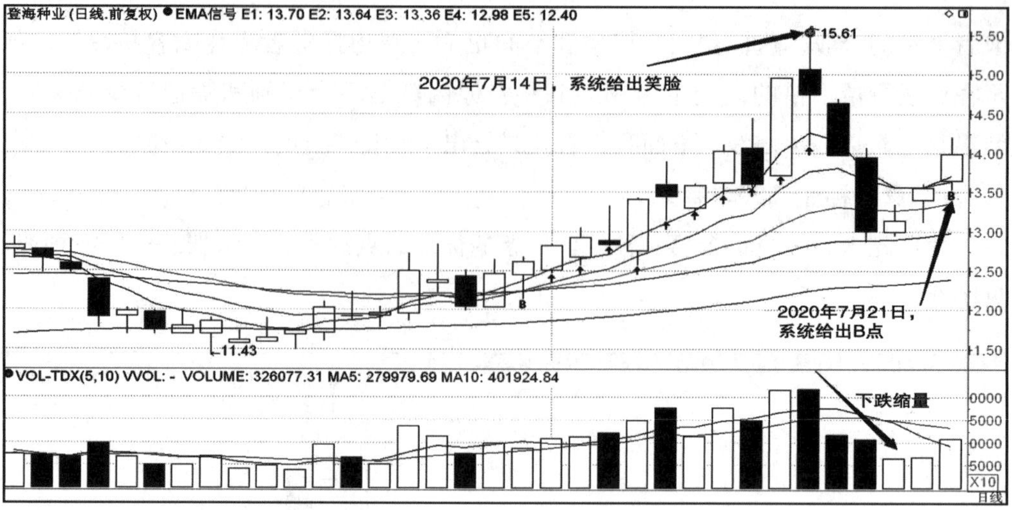

图 5-3-3　登海种业日 K 线（1）

图 5-3-3 是登海种业的日 K 线图，图中时间跨度为 2020 年 6 月至 7 月。可以看到，2020 年 7 月 14 日该股创出新高后，系统给出笑脸。此后，股价经过两个交易日的深幅下探，最低到达了 E4 附近，但没有明显跌破 E4，同时在下跌过程中成交量逐渐减少。在调整的低点，E1 和 E2 接近并纠缠在一起，可以看作轻微死叉，箭头也消失了。随后，股价再度走强，并且在 2020 年 7 月 21 日系统给出了 B 点。前面的调整能够在两天内回到 E4，说明这一次股价的调整幅度较大，主力洗盘的可能性较大，因此一次死叉重新金叉后系统给出 B 点，说明短线洗盘结束，这是一个符合第一种经典形态的优良买点。

下面再来看该股后续走势，见图 5-3-4。

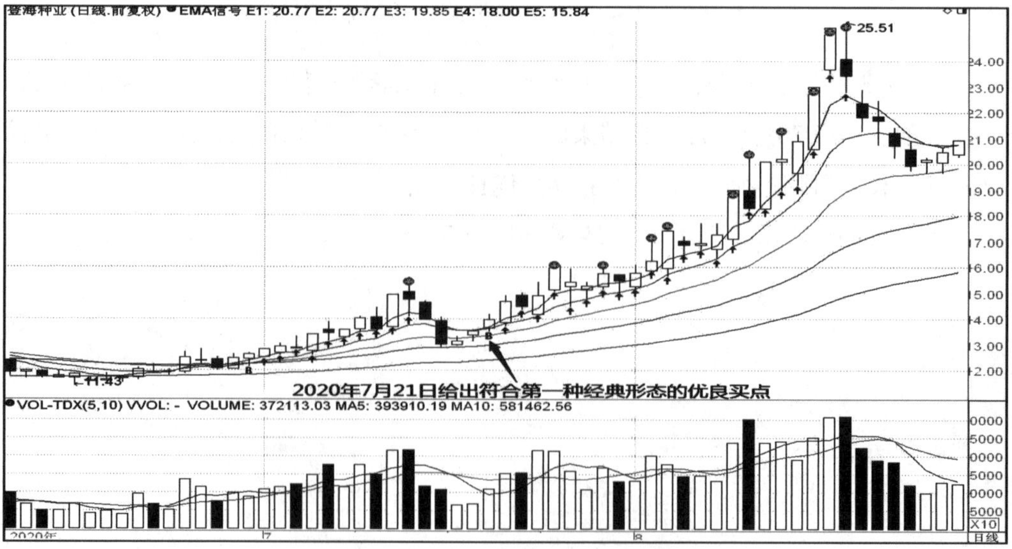

图 5-3-4　登海种业日 K 线（2）

图 5－3－4 是登海种业的日 K 线图，图中时间跨度为 2020 年 6 月至 8 月。2020 年 7 月 21 日，系统给出符合第一种经典形态的优良买点之后，股价就展开了连续拉升，短短一个月的时间最大涨幅超过 80%，涨势凌厉。

2. 报喜鸟（002154）

下面，我们来看一只符合第二种经典形态的优良买点的短线龙头股——报喜鸟，见图 5－3－5。

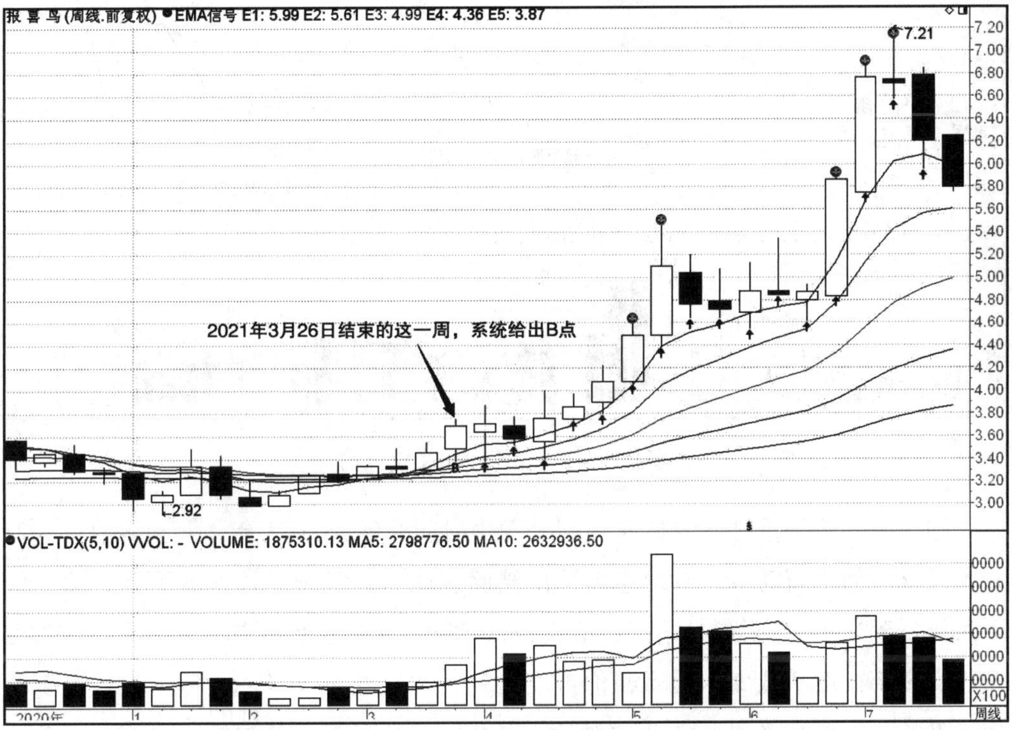

图 5－3－5　报喜鸟周 K 线

图 5－3－5 是报喜鸟的周 K 线图，图中时间跨度为 2020 年 12 月至 2021 年 7 月。在 2021 年 3 月 26 日结束的这一周，系统给出了 B 点，此后连续 16 周保持给出箭头。此时，我们再从日 K 线图上寻找优良买点。

下面我们来看该股的日 K 线图，见图 5－3－6。

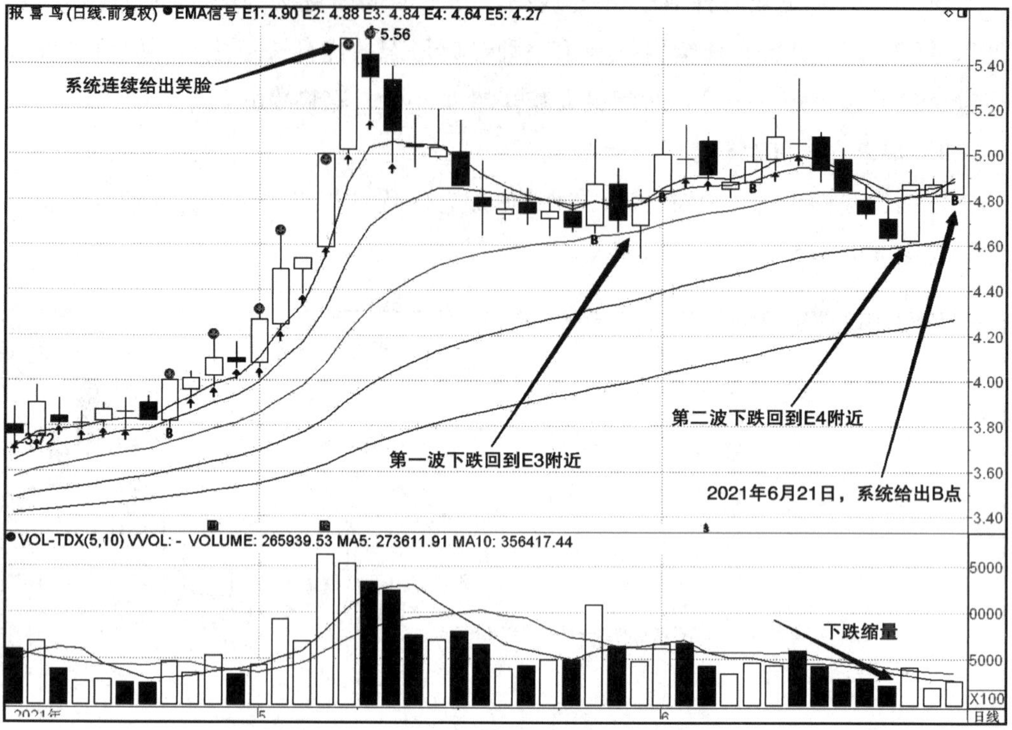

图 5-3-6　报喜鸟日 K 线（1）

图 5-3-6 是报喜鸟的日 K 线图，图中时间跨度为 2021 年 4 月至 6 月。2021 年 5 月该股创出新高后，系统连续给出笑脸。此后，股价经过两波下跌，第一波下跌最低到达了 E3 附近，第二波下跌最低到达了 E4 附近，同时在两波下跌过程中成交量都在逐渐减少。随后股价再度走强，并且在 2021 年 6 月 21 日，系统给出了 B 点。此时周 K 线图上也继续给出箭头，综合各方面技术特征来看，这是一个符合第二种经典形态的优良买点。

下面再来看该股后续的走势，见图 5-3-7。

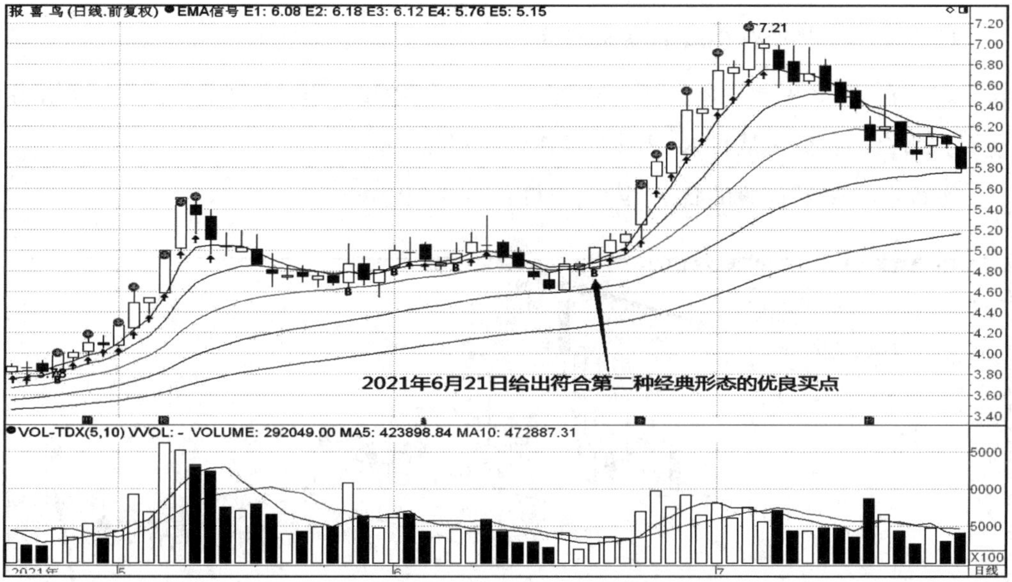

图 5-3-7 报喜鸟日 K 线 (2)

图 5-3-7 是报喜鸟的日 K 线图，图中时间跨度为 2021 年 4 月至 7 月。2021 年 6 月 21 日，系统给出符合第二种经典形态的优良买点之后，股价就展开了连续拉升，仅仅半个月的时间最大涨幅超过 40%。

3. 西藏珠峰（600338）

下面再来看一只给出符合第三种经典形态的优良买点的短线龙头股——西藏珠峰，见图 5-3-8。

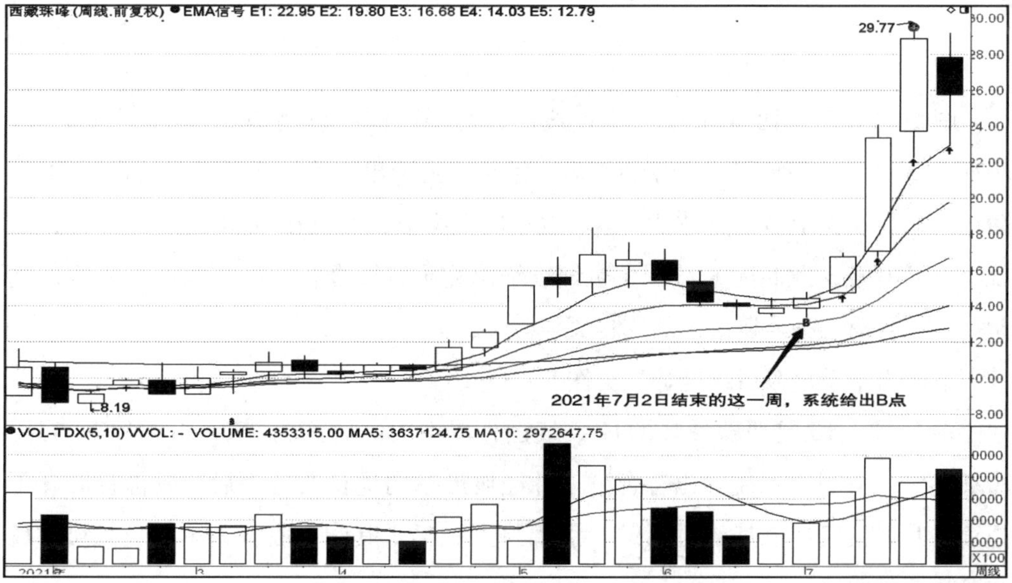

图 5-3-8 西藏珠峰周 K 线

图 5－3－8 是西藏珠峰的周 K 线图，图中时间跨度为 2021 年 1 月至 7 月。可以看到，在 2021 年 7 月 2 日结束的这一周，系统给出了 B 点，此后连续 4 周给出箭头。那么，我们再从日 K 线图上寻找优良买点。

下面我们来看该股的日 K 线图，见图 5－3－9。

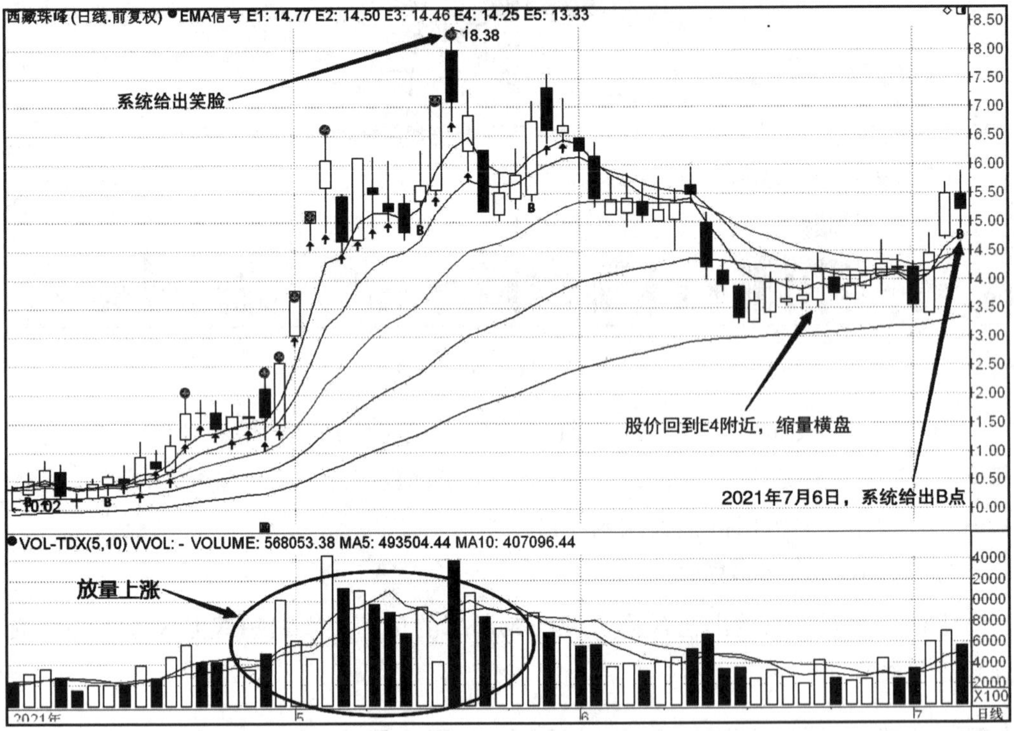

图 5－3－9　西藏珠峰日 K 线（1）

图 5－3－9 是西藏珠峰的日 K 线图，图中时间跨度为 2021 年 4 月至 7 月。2021 年 5 月，该股放量上涨创新高后，系统连续给出笑脸。此后，股价回落到 E4 附近，缩量横盘十多个交易日，然后放量向上突破，并且在 2021 年 7 月 6 日，系统给出了 B 点。此时周 K 线图上也继续给出箭头，综合各方面技术特征来看，这是一个符合第三种经典形态的优良买点。

下面再来看该股后续走势，见图 5－3－10。

图 5－3－10 是西藏珠峰的日 K 线图，图中时间跨度为 2021 年 4 月至 7 月。2021 年 7 月 6 日，系统给出符合第三种经典形态的优良买点之后，股价就展开了连续拉升，仅仅半个月的时间最大涨幅将近翻倍。其间，股价基本没有跌破 E1，强势特征很明显。

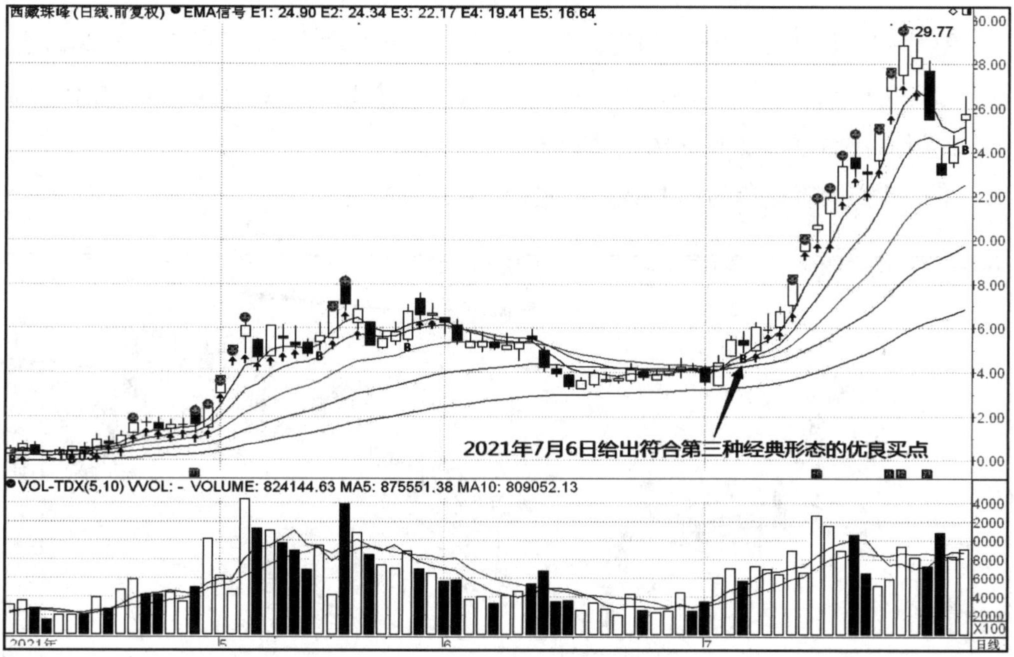

图 5－3－10　西藏珠峰日 K 线（2）

4. 通富微电（002156）

下面再来看一只给出符合第四种经典形态的优良买点的短线龙头股——通富微电，见图 5－3－11。

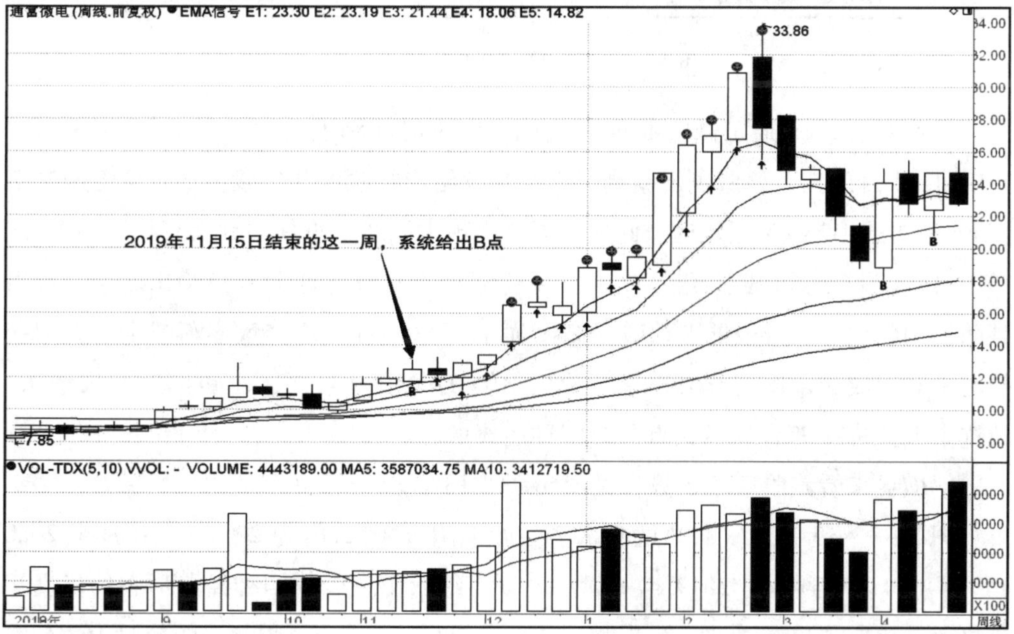

图 5－3－11　通富微电周 K 线

图 5－3－11 是通富微电的周 K 线图，图中时间跨度为 2019 年 7 月至 2020 年 4 月。2019 年 11 月 15 日结束的这一周，系统给出了 B 点，此后连续 14 周给出箭头。此时，我们再从日 K 线图上看有无良好买点。

下面我们来看该股的日 K 线图，见图 5－3－12。

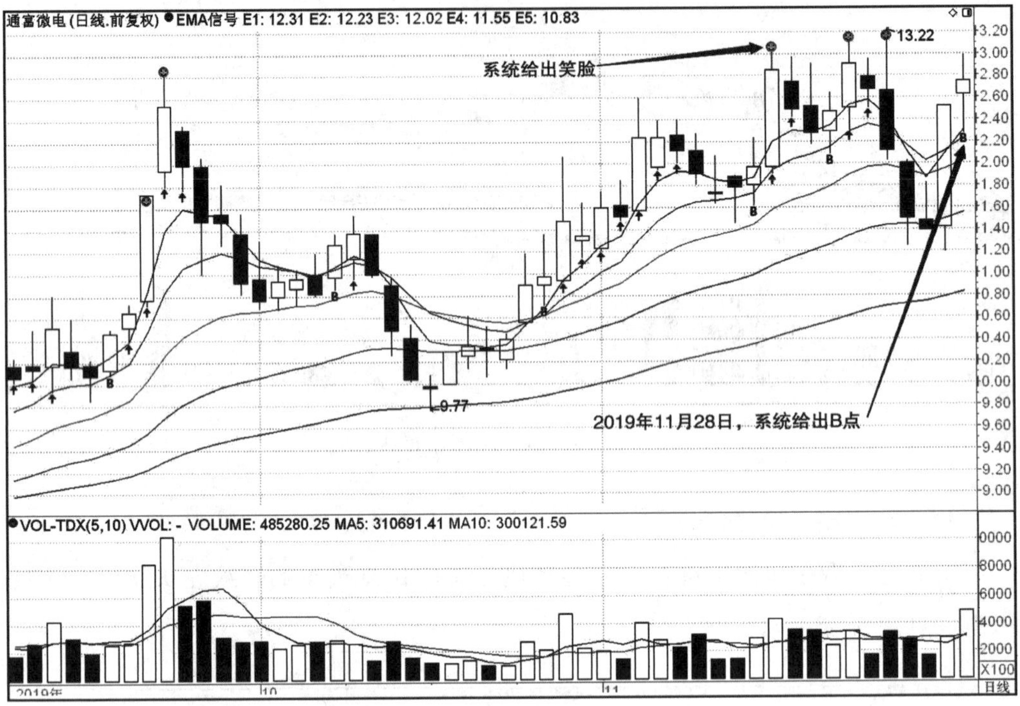

图 5－3－12　通富微电日 K 线（1）

图 5－3－12 是通富微电的日 K 线图，图中时间跨度为 2019 年 9 月至 11 月。2019 年 11 月中旬，该股创出新高后系统连续给出笑脸，此后股价从高位迅速调整到 E4 下方，但离 E5 还较远。此后一天，出现大阳线，重新回到所有均线的上方。2019 年 11 月 28 日，股价继续上涨，系统给出了 B 点。这个 B 点给出之前，曾出现两根中阴线，股价最低点跌破了 E4，而且下跌过程中成交量逐渐减少，大阳线拉起来时，成交量逐渐放大，系统给出 B 点的时候周 K 线图上也同时给出箭头，故这个 B 点完全符合优良买点的第四种经典形态。

下面再来看该股后续走势，见图 5－3－13。

图 5－3－13 是通富微电的日 K 线图，图中时间跨度为 2019 年 10 月至 2020 年3 月。可以看到，自 2019 年 11 月 28 日系统给出符合第四种经典形态的优良买点之后，该股走出了一波持续 3 个月的主升浪行情，3 个月累计涨幅超过 160%。

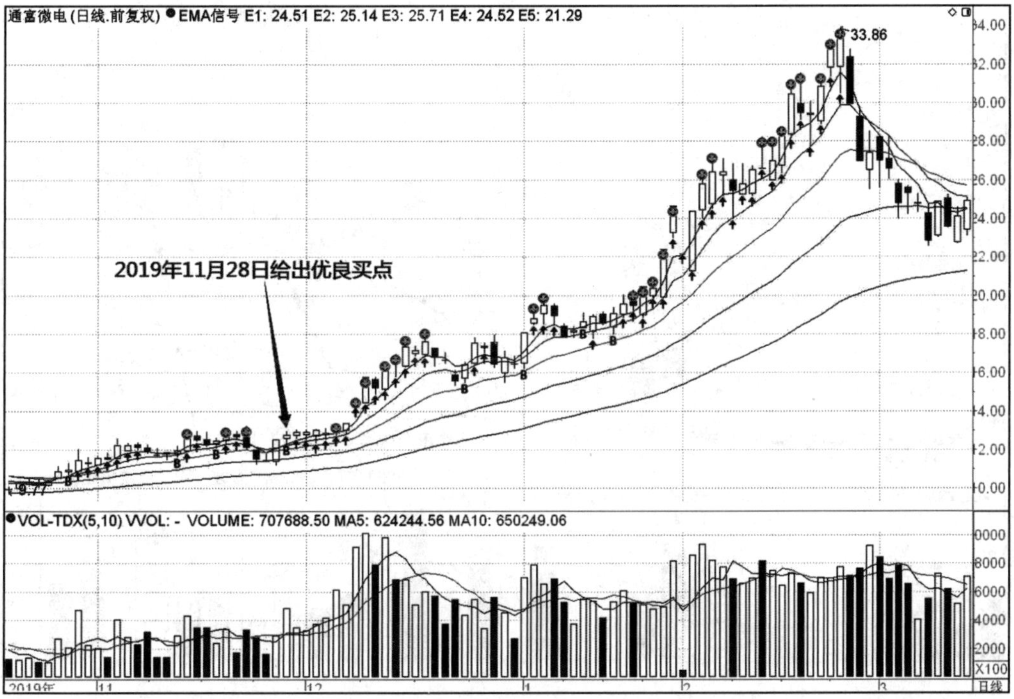

图 5-3-13　通富微电日 K 线（2）

5. 八一钢铁（600581）

值得注意的是，在某些情况下，部分龙头股给出的 B 点不一定非常标准地符合某一种经典形态，而是类似于几种经典形态的组合或变化，但其各个技术特征却与经典形态的特征非常吻合，这样的个股形态其实就是股价调整变形转化所致，此时，只要具备前面强调的几个特征——给出笑脸、缩量下跌回到 E4 附近、放量走强给出 B 点，那么给出的依然是比较好的买点。

当然，如果前面给出优良买点之后，股价没有出现连续拉升，而是震荡调整，后面再次给出优良买点时，依然可以继续买入。

下面来看一只多种经典形态组合的短线龙头股——八一钢铁，见图 5-3-14。

图 5-3-14 是八一钢铁的周 K 线图，图中时间跨度为 2021 年 1 月至 7 月。可以看到，在 2021 年 6 月 11 日结束的这一周，系统给出了 B 点，此后连续 2 周给出箭头。经过一周的下跌后，在 2021 年 7 月 9 日结束的这一周，系统又给出了 B 点，随后连续 3 周再度给出箭头。此时，我们再从日 K 线图上看看有没有比较好的买点。

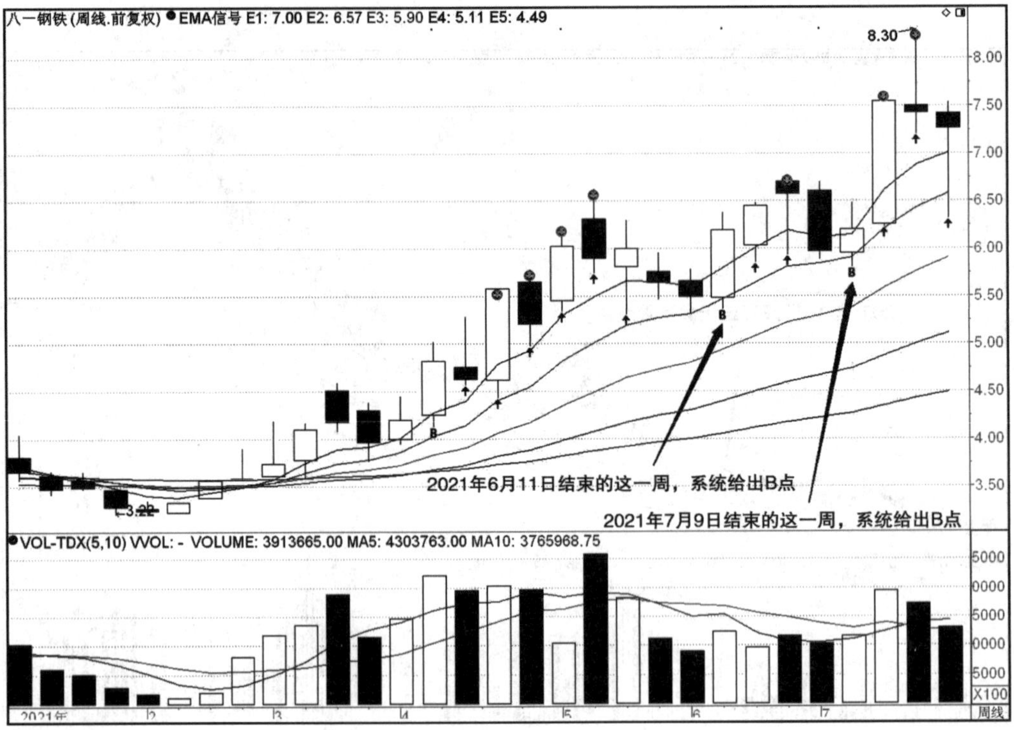

图 5－3－14　八一钢铁周 K 线

下面我们来看该股的日 K 线图，见图 5－3－15。

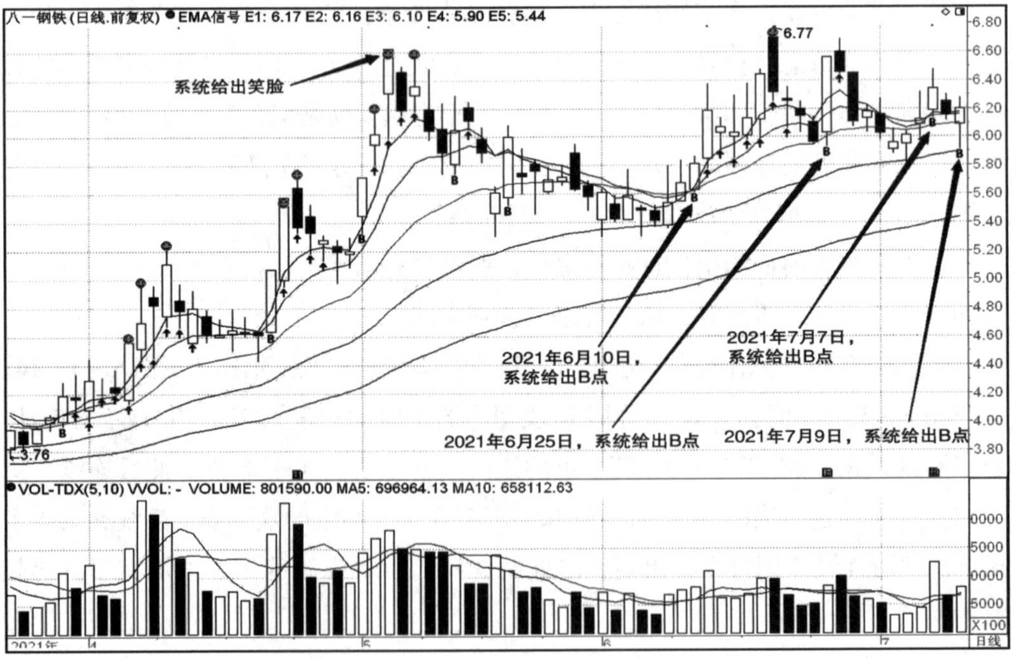

图 5－3－15　八一钢铁日 K 线（1）

图5－3－15是八一钢铁的日K线图，图中时间跨度为2021年3月至7月。2021年5月，该股放量创新高后，系统连续给出笑脸，此后股价从高位深幅下探到E4附近，随后股价震荡向上，并在一个月左右的时间内先后给出了4个B点，图中标示了4次给出B点的位置。我们来分析这4个B点是否为优良买点。

首先，2021年6月10日，系统给出B点。此前股价已经放量上涨，系统给出笑脸，然后深幅下探至E4附近，下探过程中成交量明显萎缩，此时周K线图上，在2021年6月11日结束的这一周，系统也给出了B点，考虑到2021年6月10日是星期四，这一天给出的B点可以直接买入，所以这是一个符合第一种经典形态的优良买点。事实上，给出这一优良买点之后股价短线也有几个交易日的拉升，最大涨幅超过16%并创新高。

其次，股价经过3个交易日的下跌后，又在2021年6月25日大涨并且系统再次给出B点。该B点的形态是一个典型的阳包阴，另外此时周K线图上也继续给出箭头，所以这是符合第四种经典形态的优良买点。但这一个优良买点出现之后，股价只是略微冲高就翻身向下，跌回到E4附近。到了2021年7月7日，股价再度放量走高并且系统给出B点，这一次的形态是一个变形的双底，此时周K线图上，2021年7月9日结束的这一周，系统也给出了B点，考虑到2021年7月7日是星期三，这一天给出的B点也可以直接买入。

最后，需要注意的是，第二天股价下跌，系统不再给出箭头。到了2021年7月9日，即星期五这天，系统又一次给出了B点，此时周K线图上2021年7月9日结束的这一周，系统再次给出了B点。这两个B点其实是相同的技术形态，都符合优良买点的第二种经典形态，故可以选择买入。

下面再来看该股后续走势，见图5－3－16。

图5－3－16是八一钢铁的日K线图，图中时间跨度为2021年3月至7月。可以看到，在图5－3－15中标示的4个优良买点中，第一个优良买点之后股价有所上涨，但是第二个和第三个优良买点基本都是失败的，2021年7月9日给出最后一个优良买点后股价短线走出了一波超过30%的迅猛拉升。这是因为在某些情况下给出优良买点之时拉升的条件还不成熟，主力会选择延长调整时间，直到最后一次给出优良买点才会真正开启主升浪行情。所以，即使前面的优良买点失败了，后续再度给出优良买点时仍然可以继续买入。

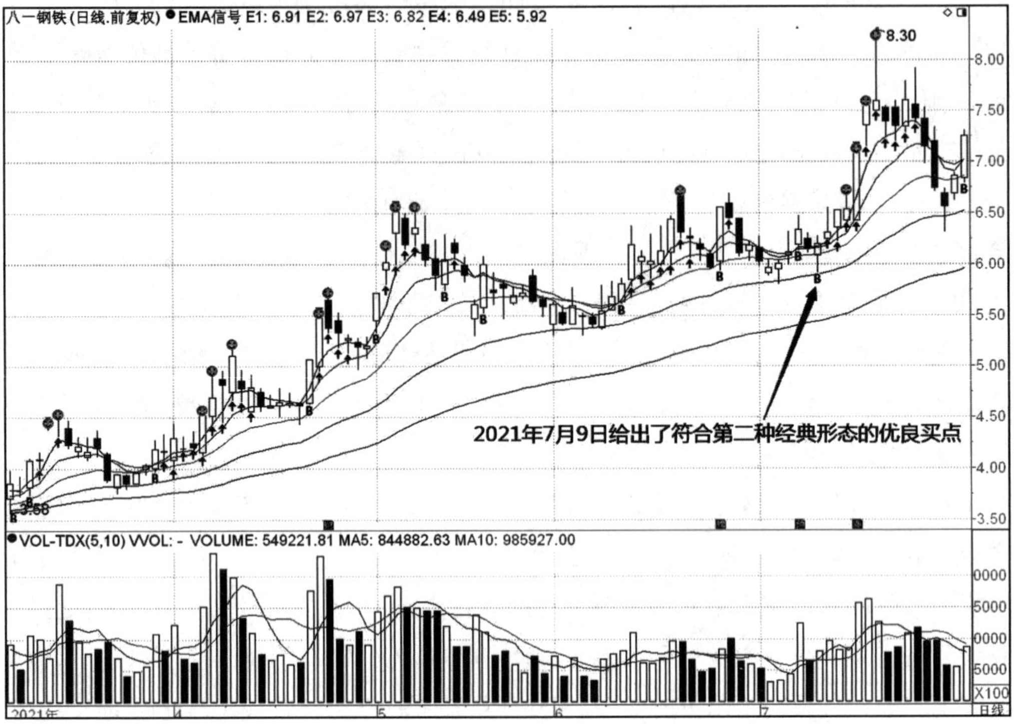

图 5-3-16　八一钢铁日 K 线（2）

第四节 超短线龙头股买点

上一节，我们详细讲解了短线龙头股的买点，大部分投资者都习惯于以日 K 线作为操作周期，但是在某些情况下，如果我们切换到比日 K 线更小一级的周期上，就会打开一个新世界的大门，发现很多原先没有发现的交易机会。这是因为，很多个股的走势在日 K 线图上看，不符合系统买入的 3 个必要条件，找不到优良买点，但如果切换到 120 分钟 K 线图或者 60 分钟 K 线图上，就会发现新的交易机会。本节我们引入超短线龙头股的买点判断，供喜欢超短线交易的投资者朋友们参考。

那么，我们在筛选超短线龙头股的时候，到底是使用 120 分钟 K 线图还是使用 60 分钟 K 线图呢？笔者认为两个周期都可以参考，最后看哪一个操作周期上给出了最标准的优良买点，即可以之作为操作周期进行操作。因为前面我们在谈到优良买点的 5 种经典形态时，都要求股价在给出 B 点之前要有一定的调整，调整的幅度不能太小，至少要低于 E3 或者 E4，也不能太大，不能有效跌破 E5，这样一来，很多个股都因为股价调整的幅度太小而不符合要求，此时我们就可以先切换到 120 分钟 K 线图上进行观察，看是否给出了优良买点，如果在 120 分钟 K 线图上股价调整的幅度还是太小，没有达到要求，那我们再切换到 60 分钟 K 线图上进行观察，股价调整的要求可能就达到了。另外，还有一种情况，在 120 分钟 K 线图上，系统没有给出笑脸，因为创新高的时间太短，但是切换到 60 分钟 K 图线图上，系统就给出了笑脸，这样一来，就会有优良买点出现。

一、超短线龙头股的选股条件

根据前面谈到的做法，我们在筛选超短线龙头股时，只需把短线龙头股的周期降低一级就可以了。也就是说，选择超短线龙头股时，超短线龙头股复权后的日 K 线级别必须已经率先走强，并且给出了信号，然后我们再从 120 分钟 K 线图或者 60 分钟 K 线图上寻找优良买点。

不过，这里存在一个无法克服的技术问题，那就是通达信软件并不支持 120 分钟K 线图或者 60 分钟 K 线图选股。所以，想要投资超短线龙头股的投资者就需要做更多的功课了。根据笔者的经验，每天在日 K 线图上给出 B 点或者箭头的个股可以说多如牛毛，大盘行情好的时候可能会达到上千只，一般情况下也有数百只，我们不可能去翻看每一只个股的 120 分钟 K 线图或者 60 分钟 K 线图，而且 A 股市场每一个交易日都是 4 个小时，若我们在每个小时临近收盘的时候还需要翻看一遍所有标的个股，再进行分析和买入的话，工作量将极其庞大，在实际操作中难以执行。

基于此，笔者对操作超短线龙头股的流程进行了大幅度精简，以便在实战中做到简便易行。具体来说，就是必须在前一天收盘后，进行日线级别的选股，再从中选出重点关注的个股并将其加入自选股，当天交易时，盘中只需要紧盯这些自选股在每个小时结束的时候是否给出优良买点即可。

需要提醒的是，超短线龙头股可能同时也是短线龙头股，其周 K 线也可能给出了信号，但由于种种原因，或者股价调整幅度不够，或者调整幅度过大从而有效跌破了 E5，日 K 线图上就没有出现优良买点，从而无法操作。但这样的个股在日 K 线图上还是继续给出 B 点或者箭头，我们依然可以把它加入自选股之中，第二天交易时，可在 120 分钟 K 线图或者 60 分钟 K 线图上寻找优良买点。

另外，在日 K 线图上给出 B 点或者箭头的个股还是太多，我们不可能关注所有的股票，这就需要有意识地进行精选。笔者一般只选择以下几类个股进行重点关注：（1）无套牢盘的次新股。（2）走出主升浪行情的长线龙头股或中线龙头股。（3）周 K 线没有给出 B 点或者箭头，但是日 K 线走势很强的个股。

针对这 3 类个股，我们需要在前一天收盘后提前将其选出来并加入自选股，然后第二天在盘中交易时，到了每个小时结束、120 分钟 K 线图或者 60 分钟 K 线图收盘时重点浏览一遍，寻找优良买点。下面，我们来看几只超短线龙头股的案例。

二、超短线龙头股案例分析

1. 无套牢盘的次新股

次新股由于没有套牢盘，加之上市之初流通盘往往只占总股本的很小比例，所以真正流通的市值不大，只需要很少的资金就能够推动股价持续大涨。因此，我们可以重点关注那些刚上市不久，同时日K线图和周K线图上系统都给出B点或者箭头的次新股，每天重点关注，寻找其优良买点。下面就来看一只次新股的案例，见图5-4-1。

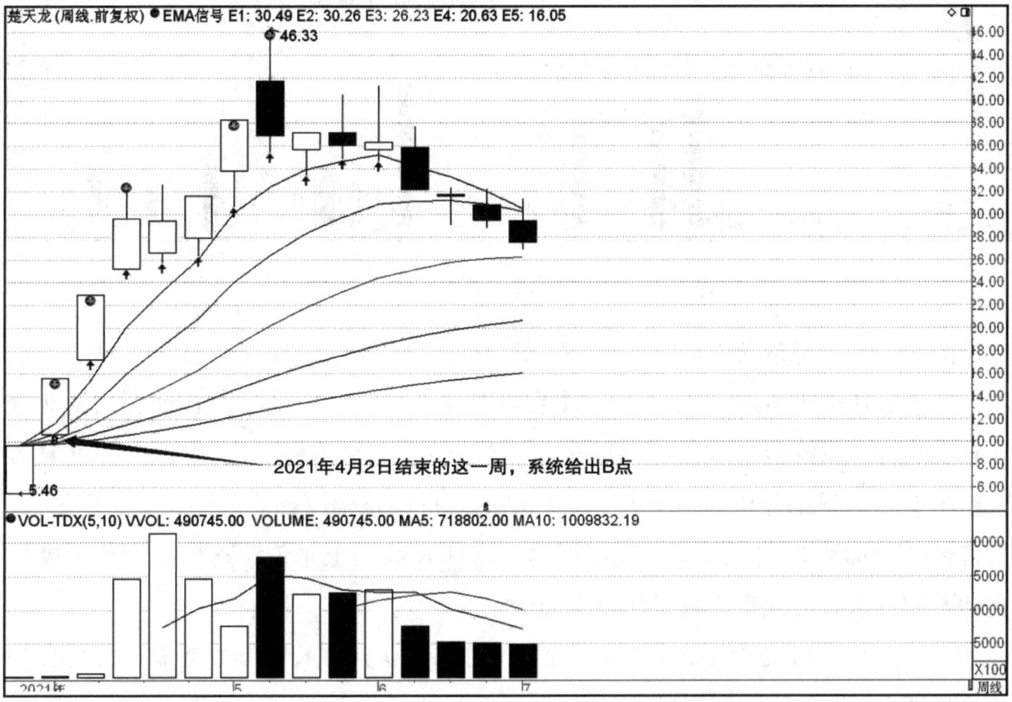

图5-4-1 楚天龙（003040）周K线

图5-4-1是楚天龙的周K线图，该股是一只次新股，在上市后的第二周，也就是2021年4月2日结束的这一周，系统就给出了B点，此后连续9周都给出箭头。如果以周K线为大一级周期，那我们再来看该股在日K线图上有没有给出优良买点。

下面来看它的日K线图，见图5-4-2。

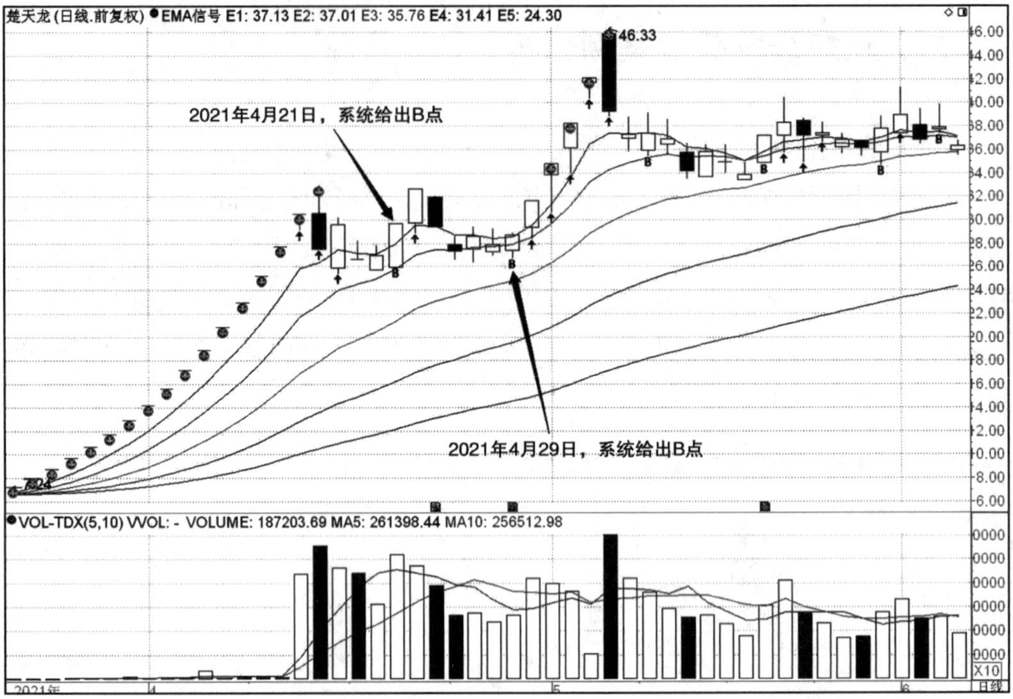

图 5-4-2　楚天龙（003040）日 K 线

图 5-4-2 是楚天龙的日 K 线图，图中时间跨度为 2021 年 3 月至 6 月。可以看到，该股从上市后连续涨停，同时系统连续给出笑脸，经过短暂回调后，2021 年4 月21 日，系统给出 B 点，此后又经过 5 个交易日的调整，2021 年 4 月 29 日再次给出 B 点。仔细分析这两个 B 点，之前的股价调整幅度都非常小，时间也很短，股价最低调整到 E2 下方，离 E3 还很远，从日 K 线图上来说，这样的调整幅度远远达不到要求，因此都不算是优良买点。

下面以日 K 线为大一级周期，我们再切换到 60 分钟 K 线图，看看有无优良买点，见图 5-4-3。

图 5-4-3 是楚天龙的 60 分钟 K 线图，图中时间跨度为 2021 年 3 月至 4 月底。可以看到，该股从最后一次给出笑脸之后就展开了两波调整，均线也两次出现死叉。到了 2021 年 4 月 30 日，第一个小时，系统给出了 B 点。此时完全符合优良买点的第二种经典形态——两次死叉再金叉，因此这是一个优良买点。这一小时股价已经封住涨停板，无法买入，但在 2021 年 4 月 30 日第二个小时涨停板打开了，K 线图上面明显留下了较长的下影线，此时就可以趁机买入该股。

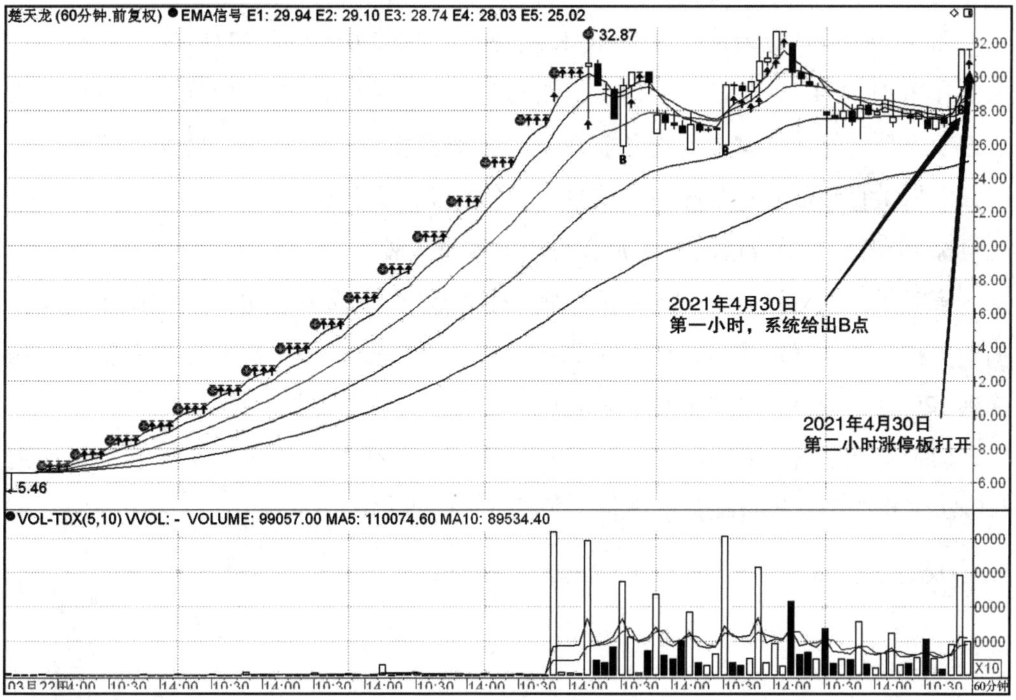

图5－4－3 楚天龙（003040）60分钟K线（1）

下面再来看该股后续走势，见图5－4－4。

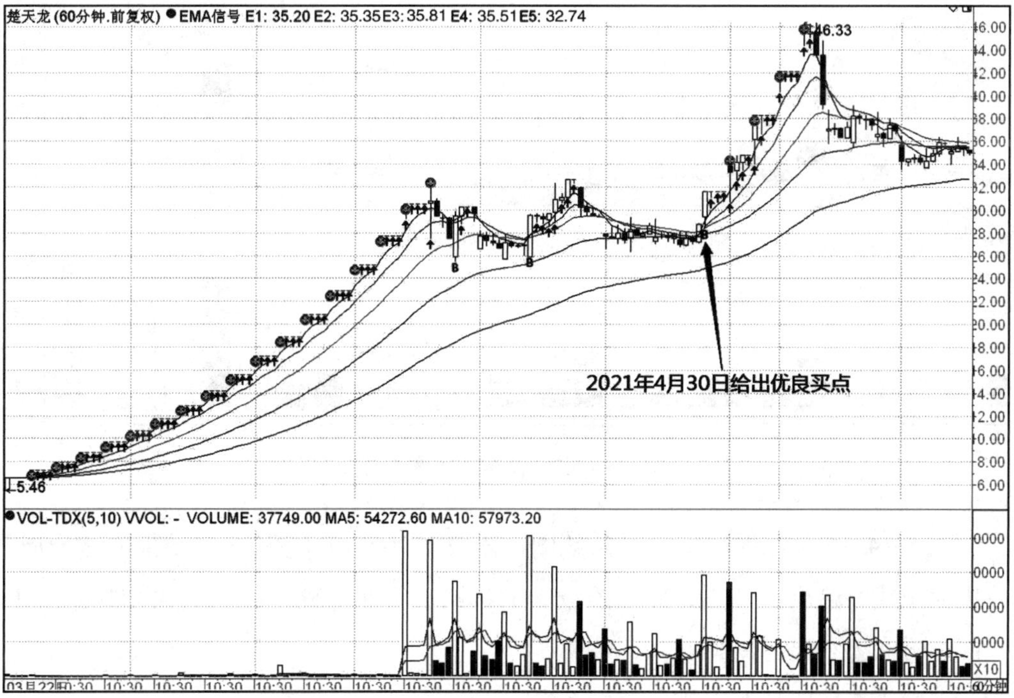

图5－4－4 楚天龙（003040）60分钟K线（2）

图5-4-4是楚天龙的60分钟K线图，图中时间跨度为2021年3月至5月。该股在2021年4月30日第一个小时给出符合第二种经典形态的优良买点后，股价连续5个涨停板，如果投资者能在第一个涨停板打开后买入，后面继续4天拉至涨停板，直到最后一个涨停板放量打开之后卖出，将斩获颇丰。

2. 走出主升浪行情的长线龙头股或中线龙头股

有时候，针对已经走出主升浪行情的长线龙头股或中线龙头股，在大的操作周期上找不到其优良买点，但又不想放弃这些龙头股的操作机会，我们就可以切换到120分钟K线图或者60分钟K线图上来寻找优良买点。

(1) 江淮汽车 (600418)。下面来看将一只中线龙头股——江淮汽车切换到120分钟K线图上进行操作的案例，见图5-4-5。

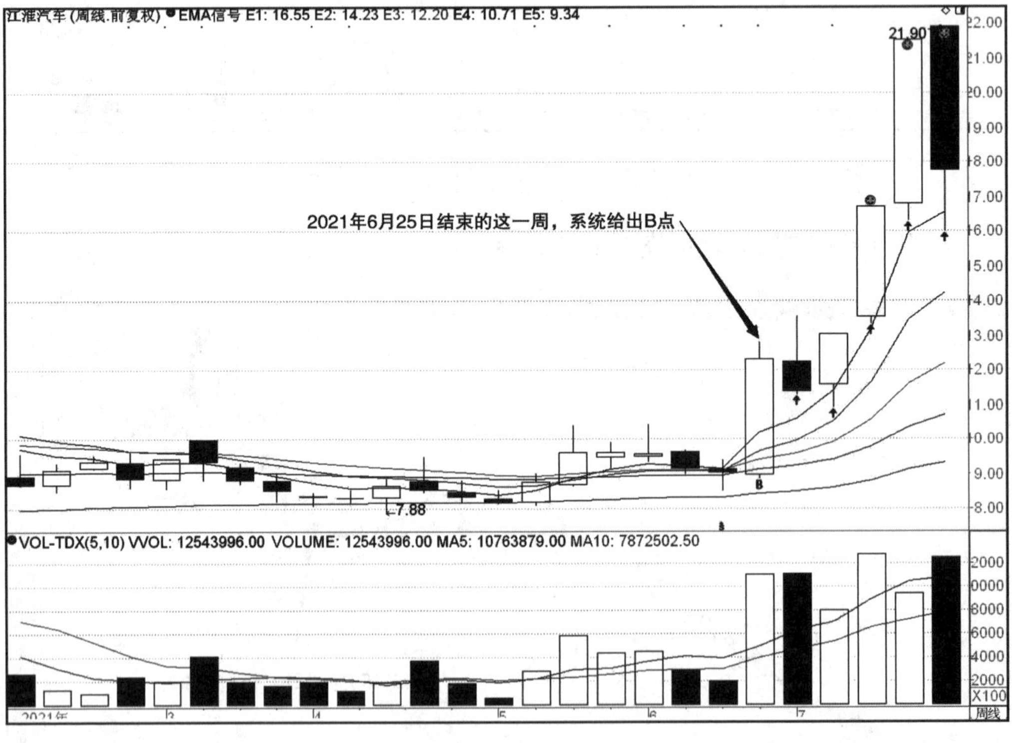

图5-4-5 江淮汽车周K线

图5-4-5是江淮汽车的周K线图，该股在2021年6月25日结束的这一周，收出大阳线并给出了B点，此后连续5周都给出箭头。此时，我们再切换到日K线图上看有无给出优良买点。

下面来看它的日K线图，见图5-4-6。

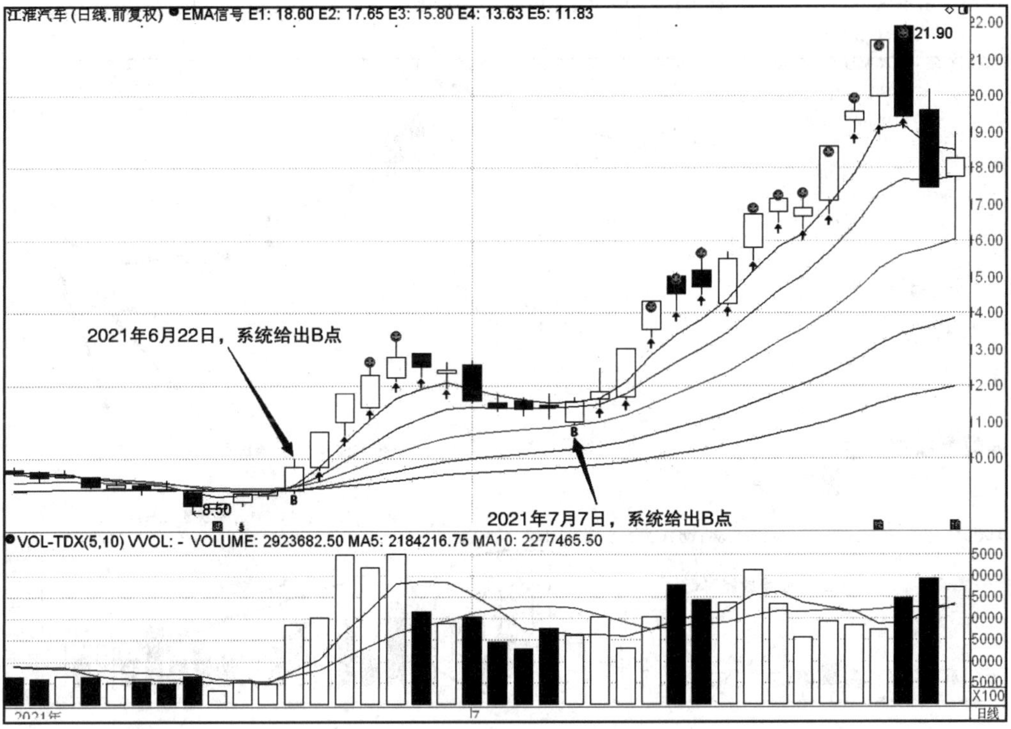

图 5-4-6　江淮汽车日 K 线

图 5-4-6 是江淮汽车的日 K 线图，图中时间跨度为 2021 年 6 月至 7 月。可以看到，该股从低位启动先后给出了两个 B 点。但仔细分析这两个 B 点会发现，在 2021 年 6 月 22 日给出的 B 点之前，系统没有给出笑脸，所以这个 B 点不是优良买点。在 2021 年 7 月 7 日给出的 B 点之前，系统有给出笑脸，但股价的调整仅仅到达 E3 附近，离 E4 还很远，调整幅度未达到要求，因此这个 B 点也不是优良买点。

下面我们以日 K 线为大一级周期，再切换到 120 分钟 K 线图上来看看有没有优良买点，见图 5-4-7。

图 5-4-7 是江淮汽车的 120 分钟 K 线图，图中时间跨度为 2021 年 6 月至 7 月。可以看到，该股从低位连续放量启动，其间 5 个交易日中有 4 天盘中拉升触及涨停板，然后连续给出笑脸。此后，股价展开了一次深幅下探，最低点刚好回到 E4 附近，然后再度转为上涨，在 2021 年 7 月 8 日上午 11：30 收盘的这一根 120 分钟 K 线上系统给出 B 点，深幅下探的时候成交量明显萎缩，此时日 K 线图和周 K 线图上面都给出了箭头，综合各方面技术形态，完全符合优良买点的第一

种经典形态——深幅下探后 V 形反转向上，因此这是一个优良买点。

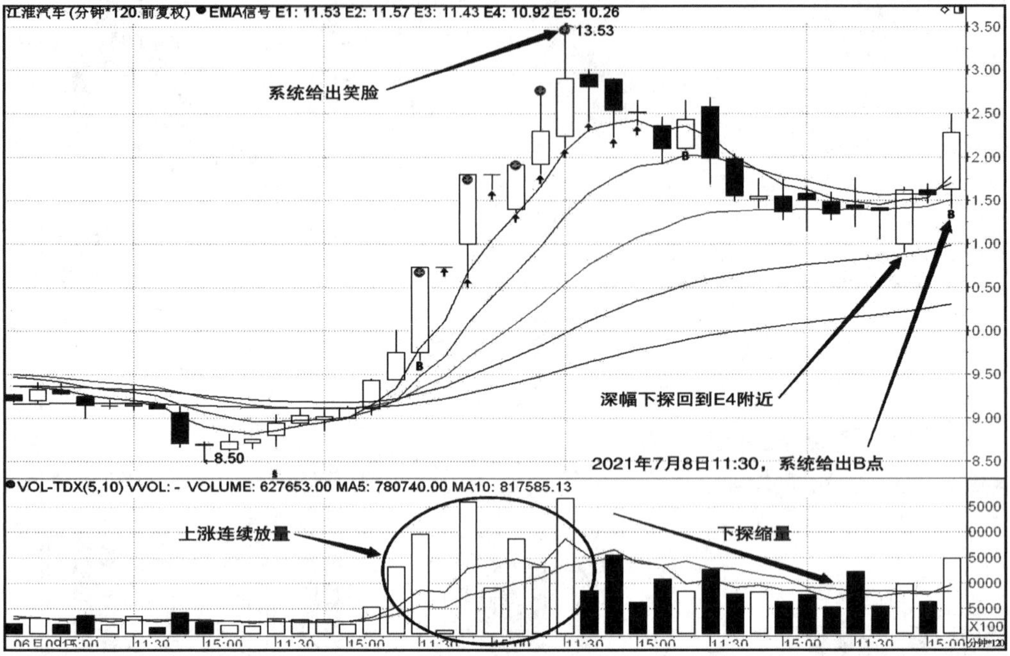

图 5-4-7　江淮汽车 120 分钟 K 线（1）

下面再来看该股后续走势，见图 5-4-8。

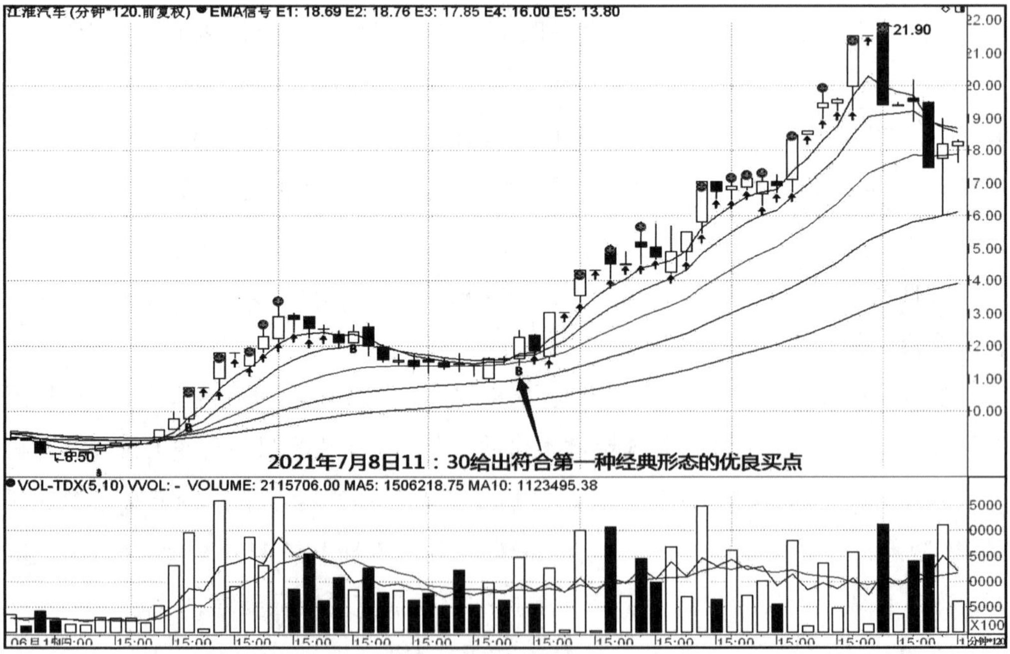

图 5-4-8　江淮汽车 120 分钟 K 线（2）

图 5-4-8 是江淮汽车的 120 分钟 K 线图，图中时间跨度为 2021 年 6 月至 7 月。2021 年 7 月 8 日 11：30，系统给出符合第一种经典形态的优良买点，股价随后连续大幅拉升，短短十多个交易日股价暴涨超过 70%。

（2）抚顺特钢（600399）。下面再来看将一只长线龙头股——抚顺特钢切换到 60 分钟 K 线图上进行操作的案例。该股在 2021 年 4 月之前被 ST 处理，但不影响我们对其走势的分析，见图 5-4-9。

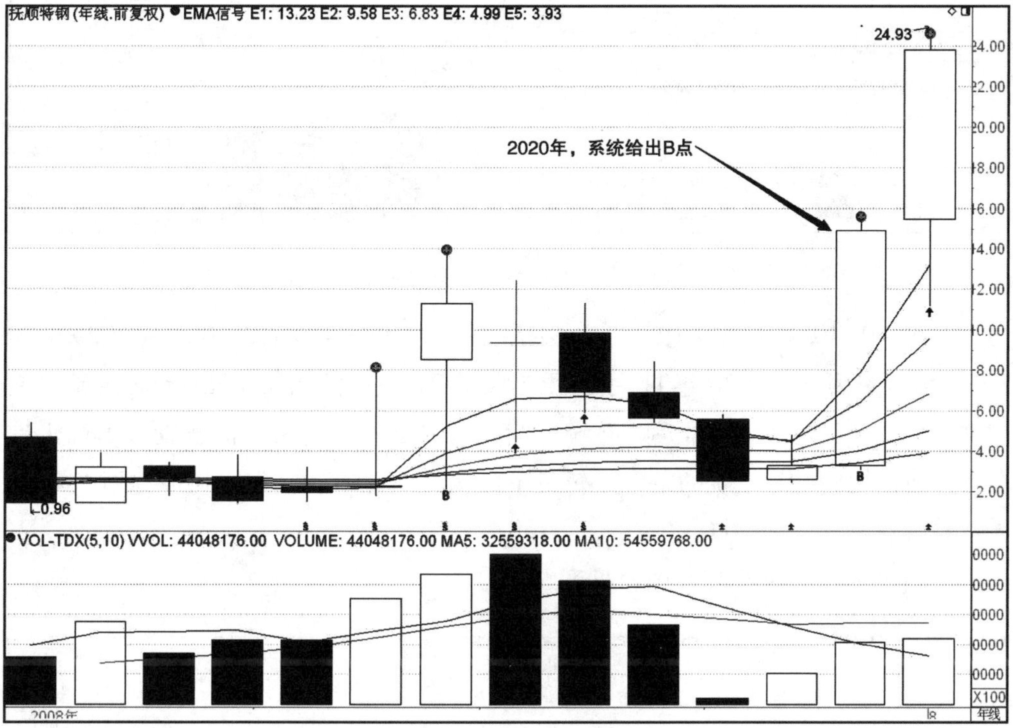

图 5-4-9 抚顺特钢年 K 线

图 5-4-9 是抚顺特钢的年 K 线图，图中时间跨度为 2008 年至 2021 年。可以看到，该股在 2020 年收出大阳线并给出了 B 点，截至 2021 年 7 月底，该股还是大阳线并继续给出箭头。此时，我们再来看该股在月 K 线图上有无给出优良买点，见图 5-4-10。

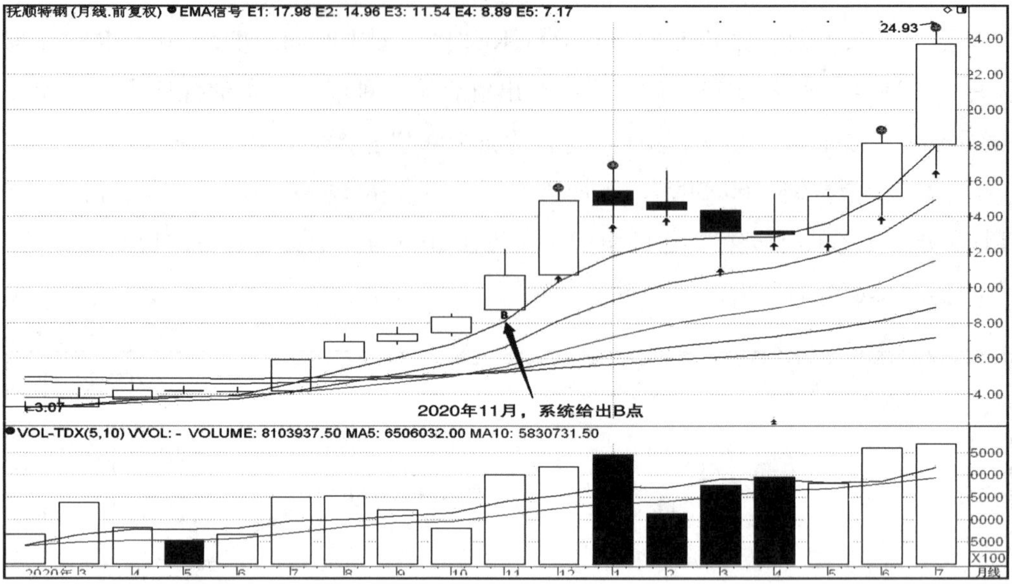

图 5－4－10 抚顺特钢月 K 线

图 5－4－10 是抚顺特钢的月 K 线图，图中时间跨度为 2020 年 2 月至 2021 年 7 月。可以看到，在 2020 年 11 月，系统给出了 B 点，但此前并没有给出笑脸，说明这不是一个优良买点。此后，系统连续 8 个月都给出箭头，但也没有出现优良买点，所以按照交易系统的条件，暂时不宜买入。此时，我们再切换到周 K 线图上，看看有没有优良买点。

下面再来看它的周 K 线图，见图 5－4－11。

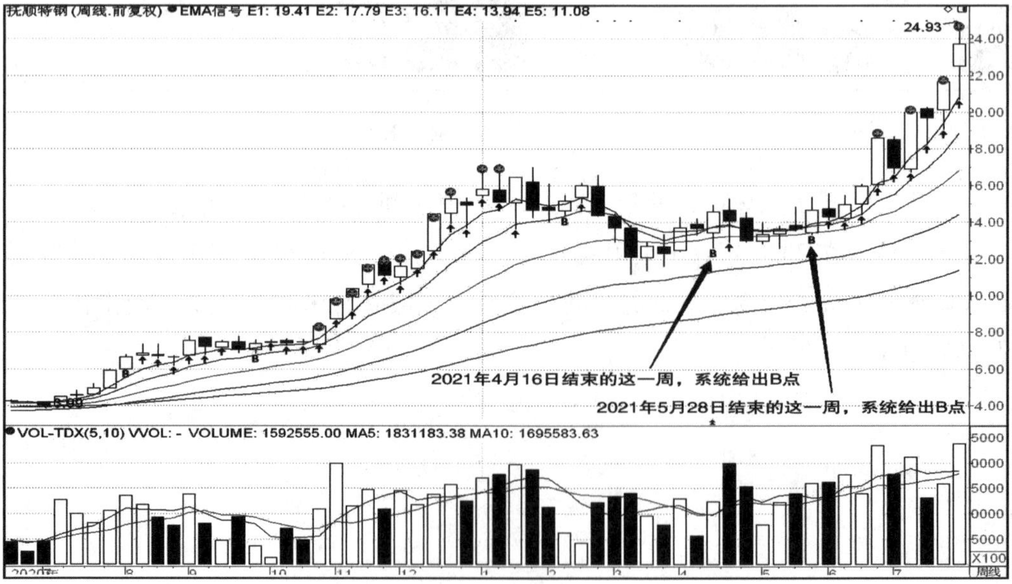

图 5－4－11 抚顺特钢周 K 线（1）

图 5－4－11 是抚顺特钢的周 K 线图，图中时间跨度为 2020 年 6 月至 2021 年 7 月。可以看到，该股在 2021 年 4 月 16 日结束的这一周，系统给出了 B 点，但前面的股价调整没有达到 E4 附近，说明不宜过早买入该股。事实上，这一次系统给出 B 点之后，股价又陷入了调整。2021 年 5 月 28 日结束的这一周，系统再次给出了 B 点，由于前面的股价调整没有达到 E4 附近，这一个买点依然比较勉强。那么，我们再切换到日 K 线图上，看看有无优良买点。

下面再来看它的日 K 线图，见图 5－4－12。

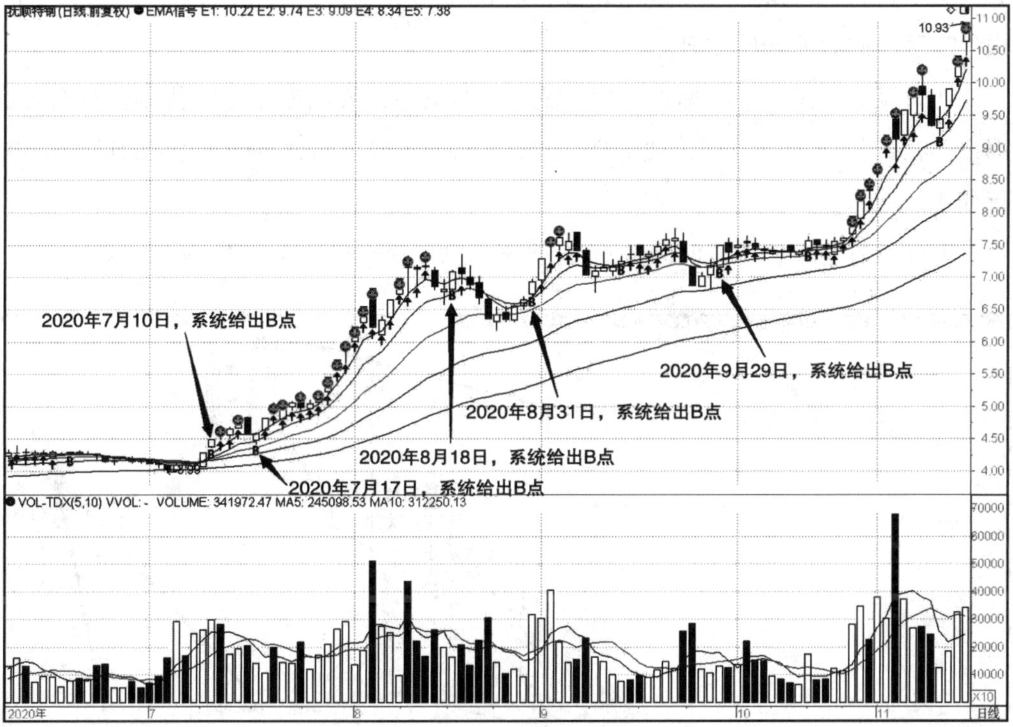

图 5－4－12　抚顺特钢日 K 线（1）

图 5－4－12 是抚顺特钢的日 K 线图，图中时间跨度为 2020 年 6 月至 11 月。这个阶段该股基本是一路向上拉升。其间，系统在几个关键的位置都给出了 B 点，下面我们来仔细分析这些 B 点是否为优良买点。

首先，2020 年 7 月 10 日，系统给出了一个 B 点，但此前没有给出笑脸，所以这个 B 点不是优良买点。

其次，2020 年 7 月 17 日，系统又给出了一个 B 点，但是当天股价仅仅下探到 E2 下方就迅速拉回，调整幅度远远不够，所以这个 B 点也不是优良买点。

再次，到了2020年8月18日，系统又给出了一个B点，但股价仅仅下探到E2下方就拉起来，调整幅度仍然不够，故这个B点还不是优良买点。

然后，2020年8月31日，系统又给出了一个B点，但此前股价一次下探刚好跌破E3，离E4还较远，这样也不符合第一种经典形态，所以这个B点不是优良买点。

最后，到了2020年9月29日，系统再次给出了一个B点，这一次股价下探到达E4，并且拉起来基本是阳包阴的形态，算是一个符合第四种经典形态的优良买点。不过，这一次B点出现后，股价并没有马上拉升，而是进入了半个多月的横盘震荡，此后才开始拉升。

让人疑惑的是，在涨幅不小的一波上升行情中，我们似乎很难找到优良买点。那么，在日K线图上没有出现优良买点的情况下，我们就需要到更小的周期上进行寻找了。

下面来看看该股一段时间的60分钟K线图，见图5-4-13。

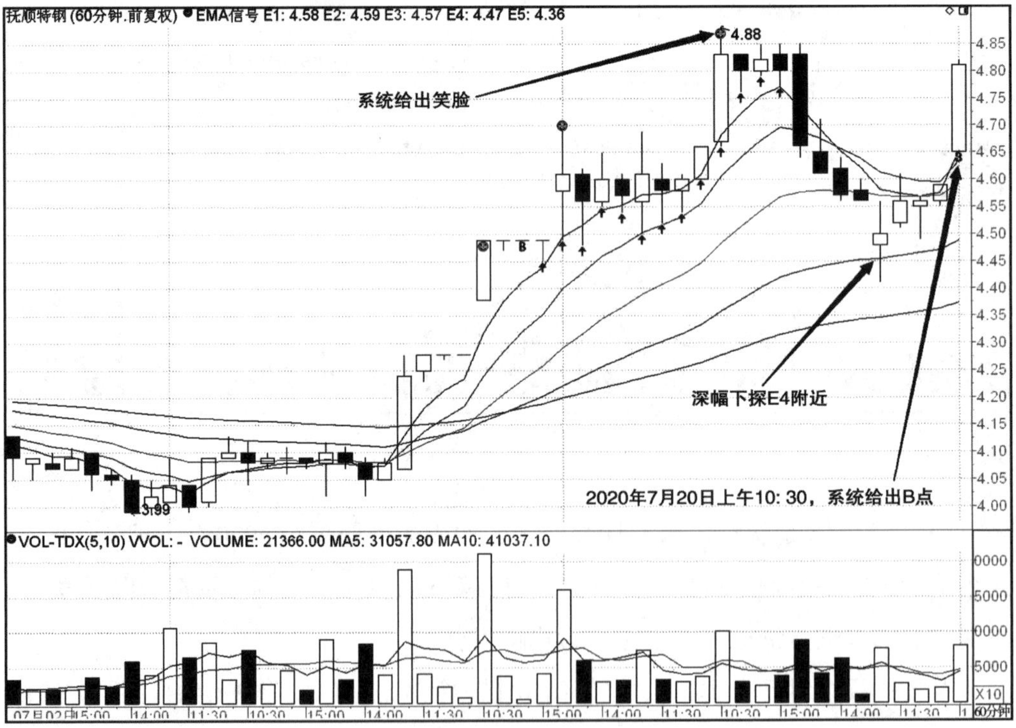

图5-4-13　抚顺特钢60分钟K线

图5-4-13是抚顺特钢的60分钟K线图，图中时间跨度为2020年7月2日

至20日。可以看到，该股从低位连续放量启动，其间有两次封住涨停板，然后系统连续给出笑脸。此后，股价展开了一次深幅下探，最低点刚好到达E4附近，然后再度转为上涨。2020年7月20日上午10：30收盘的这一根60分钟K线上，系统给出B点，深幅下探的时候成交量明显萎缩，此时日K线图上同时给出箭头，综合各方面技术形态，完全符合优良买点的第一种经典形态——深幅下探后V形反转向上，因此这是一个优良买点。从图5－4－12可以看到，该股后续的走势，基本是一路向上暴涨。

这里只是选取了该股刚启动之时的60分钟K线图，可以说出现了一个非常标准的优良买点，在该股此后持续一年的连续拉升行情中，我们切换到120分钟K线图和60分钟K线图上，还可以找到很多的优良买点，这里不再赘述。这就说明，超短线龙头股的买点是在大周期给出信号，但没有优良买点的情况下，投资龙头股时一个极其有用的补充，可以给投资者带来更多的买入机会。

3. 周K线没有给出B点或箭头，但是日K线走势很强的个股

当然，个股的走势是千变万化的，给出的B点不一定每次都完全符合经典形态，投资者要提升自身的应变能力和对各种经典形态变种的熟悉程度，否则会失去很多机会。

比如，部分个股的周K线没有给出B点或者箭头，即使在日K线图上系统给出B点或者箭头也是不宜操作的，但当我们切换到120分钟K线图或者60分钟K线图上时，可能会出现优良买点，从而捕捉到超短线龙头股。

（1）分众传媒（002027）。下面，我们来看一只超短线龙头股——分众传媒在120分钟K线图上面给出优良买点的案例，见图5－4－14。

图5－4－14是分众传媒的周K线图，图中时间跨度为2020年2月至2021年3月。可以看到，该股从低位启动，上涨的前半段都没有给出B点，直到2020年10月9日结束的这一周，系统才给出了B点。下面，我们切换到日K线图上面看看，见图5－4－15。

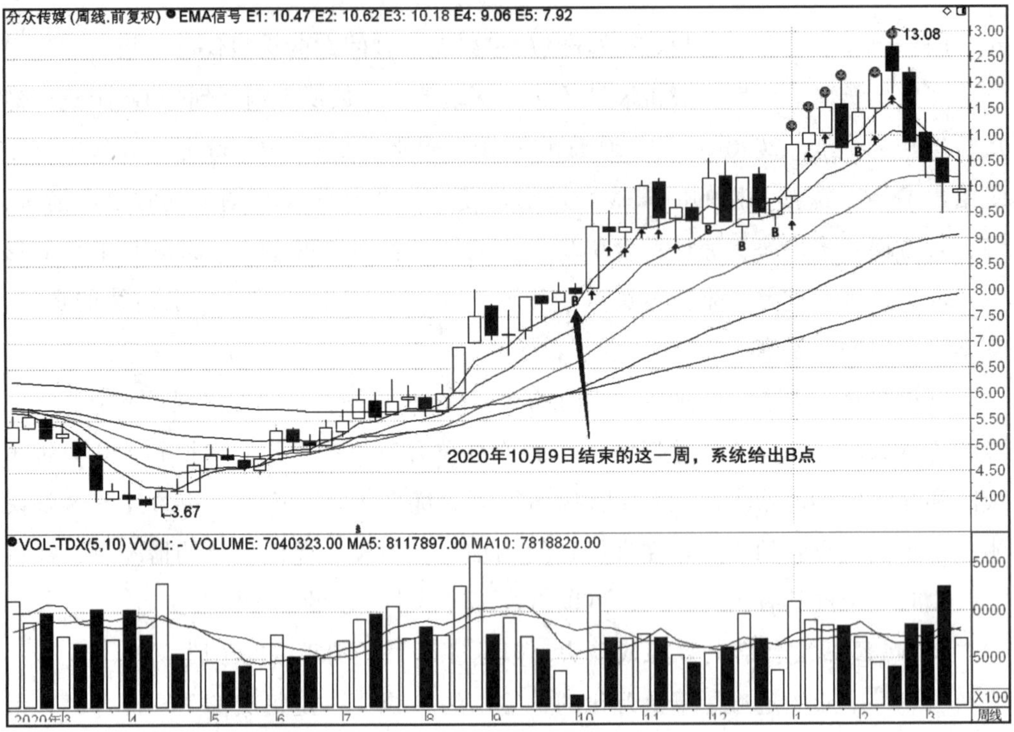

图 5-4-14　分众传媒周 K 线

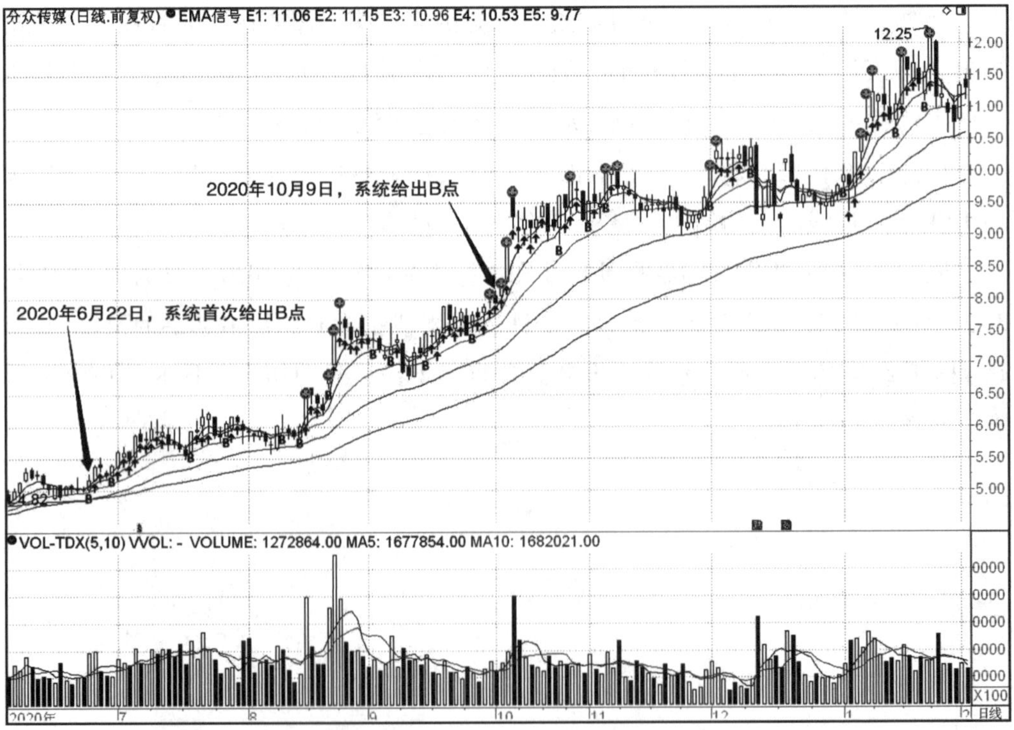

图 5-4-15　分众传媒日 K 线

图 5－4－15 是分众传媒的日 K 线图，图中时间跨度为 2020 年 6 月至 2021 年 2 月。可以看到，该股从低位启动，2020 年 6 月 22 日系统第一次给出了 B 点，但是股价经过了 3 个多月的上涨之后，到了 2020 年 10 月 9 日，周 K 线图上系统才给出了 B 点。之后，日 K 线图上也给出了优良买点，但从该股前面的涨幅来看，都不太好操作，这是一个很大的损失。此时，我们切换到 120 分钟 K 线图上，看看有无优良买点。

下面再来看它的 120 分钟 K 线图，见图 5－4－16。

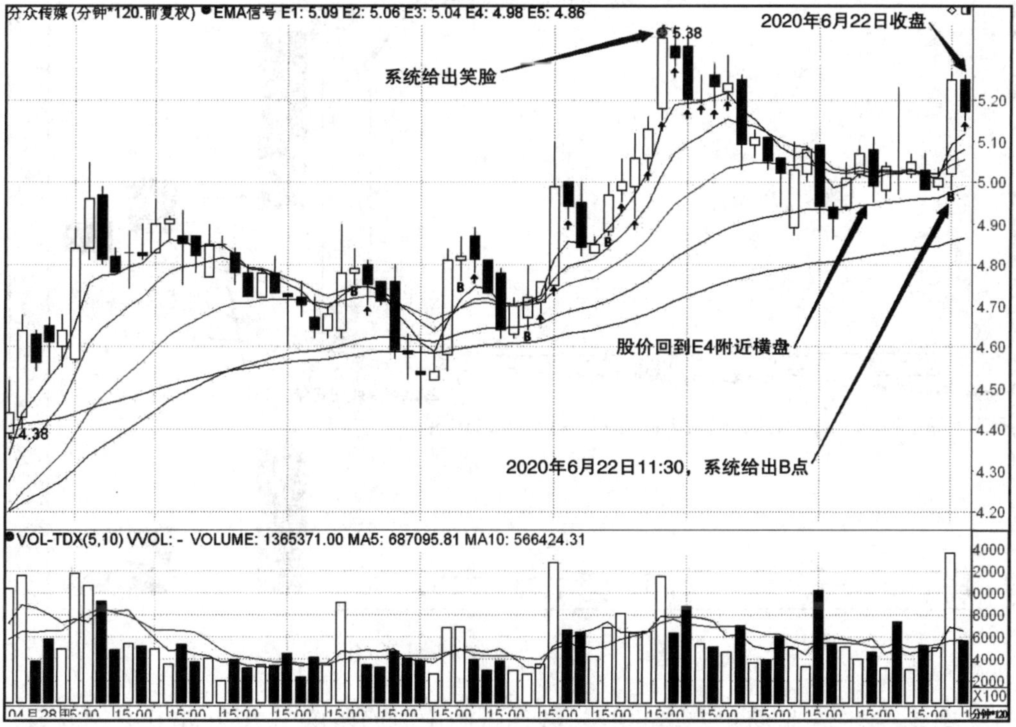

图 5－4－16 分众传媒 120 分钟 K 线

图 5－4－16 是分众传媒的 120 分钟 K 线图，图中时间跨度为 2020 年 4 月 28 日至 6 月 22 日。可以看到，该股从低位启动，在 2020 年 6 月 5 日创新高并给出了笑脸。此后，股价迅速回到 E4 附近横盘。经过一段时间的横盘调整之后，2020 年 6 月 22 日 11：30 这根 K 线放量向上突破，系统给出 B 点，此时在日 K 线图上也首次给出 B 点，这是一个符合第三种经典形态的优良买点。

2020 年 6 月 22 日收盘的这根 K 线继续给出箭头，投资者无论是选择在给出 B 点时买入，还是选择在 2020 年 6 月 22 日收盘时买入，都是优良买点。从图

5-4-15可以看到，该股从此开启了一轮长达半年的暴涨，最高涨幅达到150%以上。事实上，在后续的上涨途中，我们切换到120分钟K线图或者60分钟K线图上面，依然可以找到更多的优良买点。

（2）温州宏丰（300283）。下面再来看一只超短线龙头股——温州宏丰在60分钟K线图上面给出优良买点的案例，见图5-4-17。

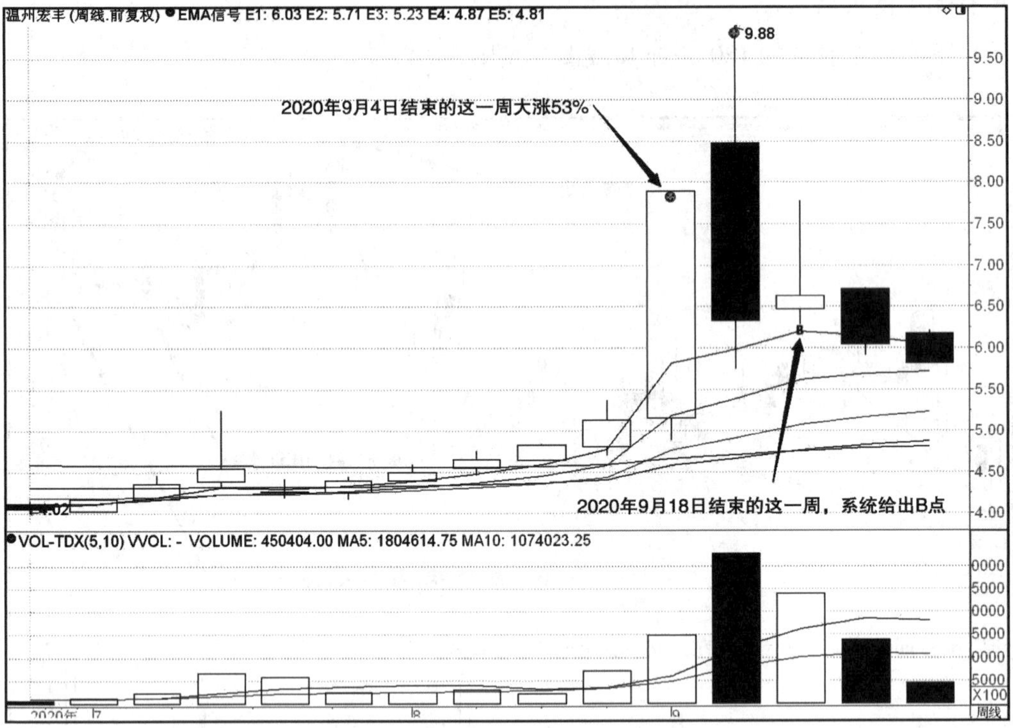

图5-4-17　温州宏丰周K线

图5-4-17是温州宏丰的周K线图，图中时间跨度为2020年6月至9月。该股在2020年9月4日结束的这一周，暴涨50%以上，但周K线图上没有给出B点，直到2020年9月18日结束的这一周，系统才给出了B点。下面，我们切换到日K线图上面看看，见图5-4-18。

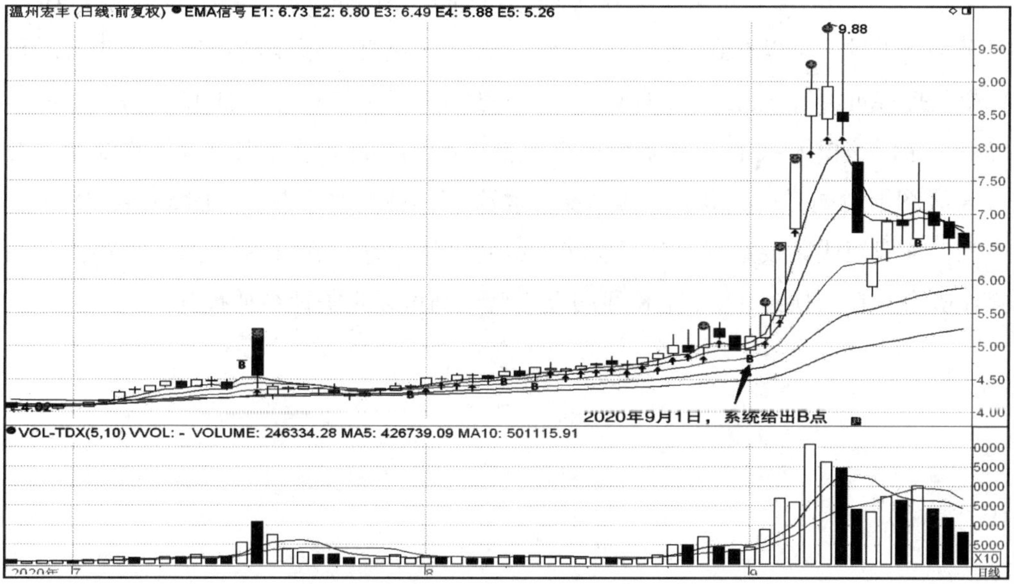

图 5-4-18 温州宏丰日 K 线

图 5-4-18 是温州宏丰的日 K 线图，图中时间跨度为 2020 年 6 月至 9 月。可以看到，该股在暴涨前的 2020 年 9 月 1 日系统给出了 B 点，不过在周 K 线图上没有给出 B 点或者箭头，因此在日 K 线图上给出的 B 点也不宜操作，而且这一天给出的 B 点的形态并不符合优良买点的要求。那么，这种情况是不是只能放弃呢？不一定！我们切换到 60 分钟 K 线图上看看有无买点，见图 5-4-19。

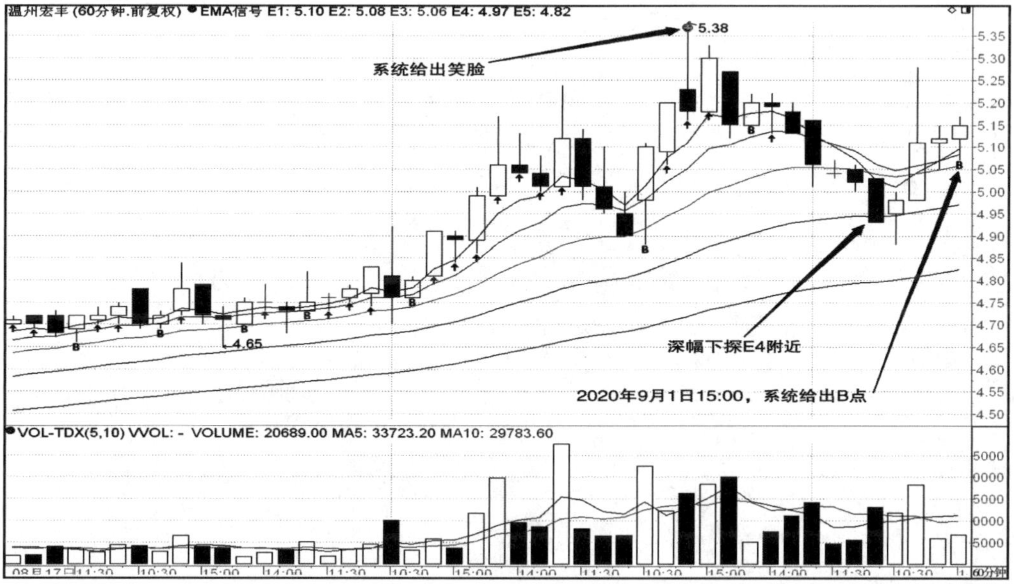

图 5-4-19 温州宏丰 60 分钟 K 线

图 5 -4 -19 是温州宏丰的 60 分钟 K 线图，图中时间跨度为 2020 年 8 月 17 日至 9 月 1 日。可以看到，该股在连续拉升创新高后，系统给出笑脸，此后股价深幅下探接近 E4，然后股价再度走强，并且在 2020 年 9 月 1 日 15：00，也就是最后一小时这根 K 线上，系统给出了 B 点，此前的成交量上涨放量下跌缩量，在日 K 线图上也同时给出 B 点，故该买点符合第一种经典形态。从图 5 -4 -18 可以看到，该股短线紧接着就展开了暴涨。由此可见，这种在日 K 线图上很难找到的操作机会，在切换到 60 分钟 K 线图上之后，则可以完美地被捕捉到。

第六章

龙头股的卖出条件

股市上有一句话："会买是徒弟，会卖才是师傅。"我们构建的交易系统不仅应该包括如何选择龙头股，判断买入信号，而且更需要判断卖出信号和选择卖出时机，这样才能形成一个完整操作流程的闭环。

在第四章和第五章，我们详细讲解了根据交易系统寻找龙头股买入股票的方法，而本章主要讲解买入股票之后，什么情况下应该耐心持有，什么情况下应该卖出。笔者在20年的实战中，深感在一个好的价位卖出股票要比买入股票更难，对投资者各方面的要求更高。作为一个优秀的投资者，学会如何买入股票只是万里长征的第一步，我们必须拿出"行百里者半九十"的精神，深入研究、谨慎观察，力争在一个好的价位卖出股票，让利润最大化。

笔者把卖出股票的情形分为3种，并按照各自相应的方法来判断其卖出信号。第一种是买入时机失败，需要止损卖出，第一节主要介绍各种情况下止损卖出的不同条件；第二种是买入时机成功，但判断其上涨目标已经完成，在上升途中寻找机会逃顶，第二节主要讲解几种逃顶卖出的技巧；第三种是买入后股价持续上涨，在股价上涨已经达到相当大的幅度后，上升趋势行将结束，这就需要寻找上涨趋势结束的信号并将股票卖出，第三节就主要讲述上涨趋势结束的信号及其运用。

第一节　止损卖出条件

我们在第四章和第五章列举了大量的案例，对交易系统的买入方法进行了全面且详细的讲解，这些案例涉及的个股在给出了优良买点之后，或多或少都有不错的涨幅。但是在实战之中，并非每一次操作都是这样完美，而且，即使我们完全按照交易系统的要求选择并买入个股，也并不是每一次都会成功，其中必然会有失败的情况出现，这就要求投资者在市场中碰到各种状况时，都需要知道如何止损，尽可能地减少损失，保住本金。与此同时，还要尽可能地避免因受到主力资金的震仓洗盘影响而卖出股票，从而错失大好行情。

事实上，很多投资者都小看了止损，认为只要设定一个止损位并坚决执行就万事大吉了，但是笔者经过长期实战发现，止损绝非如此简单，我们需要根据不同的情况，设置合理的止损条件。能否合理止损在很大程度上可以决定投资活动的成败，对此绝不可掉以轻心。

根据可能会出现的各种状况，笔者按照止损时亏损幅度的从小到大，把止损分为两道关口、三种止损条件。其中，两道关口中的第一道关口，就是第一种止损条件，优点是亏损幅度较小；第二道关口分为两种止损条件，对浮亏的容忍度更大，可以忍受更多的震仓洗盘。这两道关口、三种止损条件的设置原则是，让每一种止损条件都尽可能地以最小的止损排除同一类情况下最多的失败买点，同时又能够容纳最多的正常调整洗盘。

下面将详细介绍两道关口、三种止损条件的内容及其运用要点，投资者掌握了大原则之后，可以根据实际情况灵活运用。

一、第一道关口和第一种止损条件

第一道关口是对浮亏容忍度最小的止损条件，我们根据交易系统买入股票时，系统一定会先给出 B 点，当我们判断这是一个优良买点并买入股票后，如果下一根 K 线收盘时继续给出箭头，那么我们就安全地躲过了第一道关口，此时可以持股不动。如果下一根 K 线收盘时没有给出箭头，那么第一种止损条件就会被触发，此时应该止损卖出股票。原因是，笔者发现最后成功走出上升行情的那些优良买点，在给出 B 点后下一根 K 线必然也会给出箭头，因此如果 B 点之后紧接着的下一根 K 线不给出箭头，最好先卖出止损，以防止股价进一步下跌。退一步来说，就算股价重返上升趋势，系统也会再次给出 B 点，届时可以重新买入，但是之后能否重返上升趋势是无法确定的，如果股价一路下跌，系统就不会再给出 B 点，如此，我们可以避免更大的损失。

在实战中，我们买入股票后，尤其要密切关注下一根 K 线的指标信号，在下一根 K 线还没有收盘的时候，如果中途给出的箭头消失了，但股价的下跌没有触发后面的第二道关口，可以等到 K 线即将收盘的时候再做决定，因为股价还有拉升的可能，一旦股价重新符合指标设置的要求，系统就会再次给出箭头。如果下一根 K 线收盘没有给出箭头，那么应该坚决止损。

在一些情况下，我们在操作周期上，系统给出 B 点的时候，还需要等到大一级周期收盘才可判断股票是否符合买入条件。等到大一级周期收盘时给出 B 点，此时操作周期上已经在给出 B 点之后，系统给出了若干个箭头，说明这是优良买点，可以买入。那么，在这种情况下，操作周期上在给出 B 点之后的下一根 K 线就已经给出了箭头，因此可顺利地躲过止损的第一道关口。

我们在第四章和第五章已经列举了大量典型的成功案例，投资者朋友可以回顾一下这些成功的形态，它们在操作周期上给出作为优良买点的 B 点之后，下一根 K 线都是给出了箭头的。下面，我们来看几个给出 B 点之后，系统不再给出箭头，需要及时止损的案例。

1. 亚太股份（002284）

图 6－1－1 是亚太股份的周 K 线图，图中时间跨度为 2021 年 2 月至 7 月。可以看到，在 2021 年 7 月 9 日结束的这一周，系统给出了 B 点，但从下一根 K 线开始就不再给出箭头。下面，我们切换到日 K 线图上来看该股，见图 6－1－2。

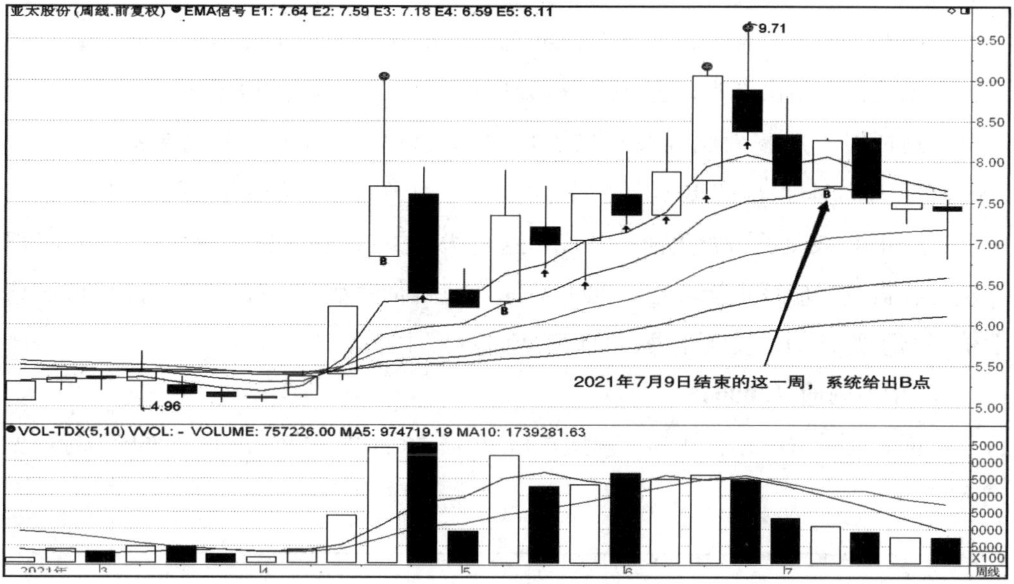

图 6－1－1 亚太股份周 K 线

图 6－1－2 是亚太股份的日 K 线图，图中时间跨度为 2021 年 4 月至 7 月。可以看到，在 2021 年 7 月 12 日，系统给出了 B 点，前期该股创新高并且系统给出了笑脸，此后股价深幅下探到 E4 附近，然后反弹并给出 B 点，其间成交量基本保持上涨放量、下跌缩量。周 K 线图上，因为 2021 年 7 月 9 日结束的这一周系统给出了 B 点，并且 2021 年 7 月 12 日是星期一，当天股价小幅上涨，所以在 2021 年 7 月 12 日这一天收盘时的周 K 线图上，系统给出了箭头。

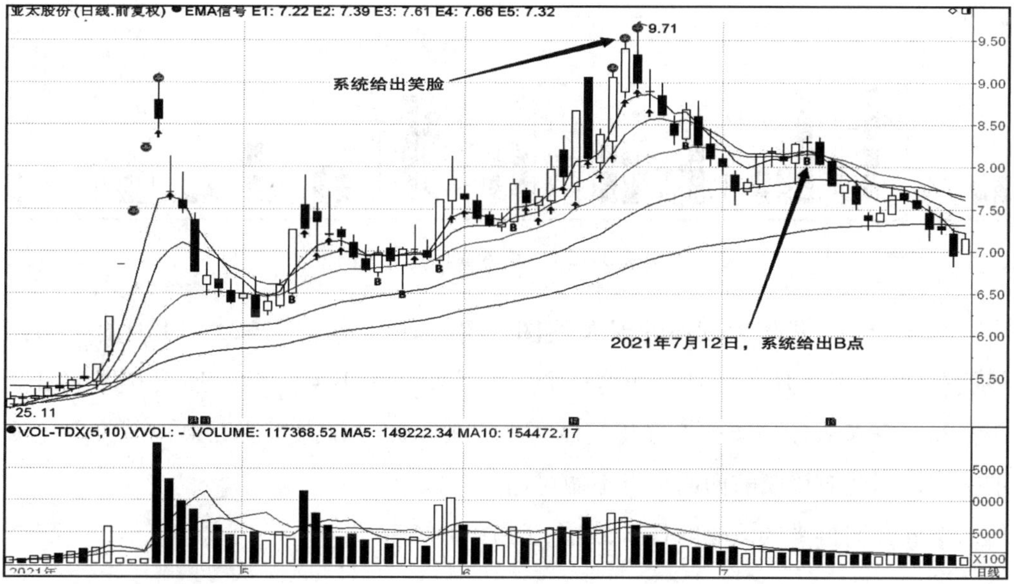

图 6－1－2 亚太股份日 K 线

从图6－1－1来看，2021年7月9日结束的这一周，系统给出B点，之后的一周，系统没有给出箭头，这是因为2021年7月12日后面的4个交易日股价连续下跌，造成周K线收大阴线并跌破了均线，所以周K线图上的箭头消失了。故2021年7月12日给出的B点是一个符合第一种经典形态的优良买点，但给出B点后下一根K线就不再给出箭头，说明这个优良买点很可能是失败的，在7月13日接近收盘时就应该止损卖出，而不必等到股价彻底破位。事实上，此后该股票股价一路下跌，如果及时止损，可以避免更大的损失。

2. 华力创通（300045）

下面，再来看一个在第一道关口止损之后再次给出B点的案例，见图6－1－3。

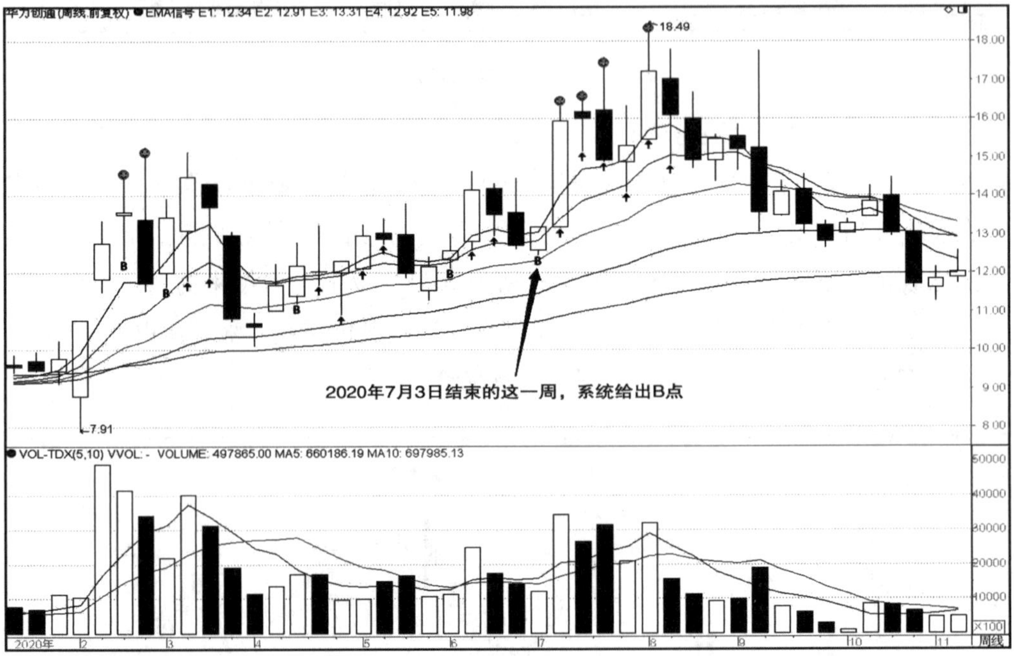

图6－1－3　华力创通周K线

图6－1－3是华力创通的周K线图，图中时间跨度为2020年1月至11月。该股在2020年7月3日结束的这一周，系统给出了B点，此后连续6周给出箭头。我们再来从日K线图上寻找优良买点。由于此处仅限于研究第一道关口止损的案例，因此对该股前面的买点不做讨论。

下面我们再来看该股的日K线图，见图6－1－4。

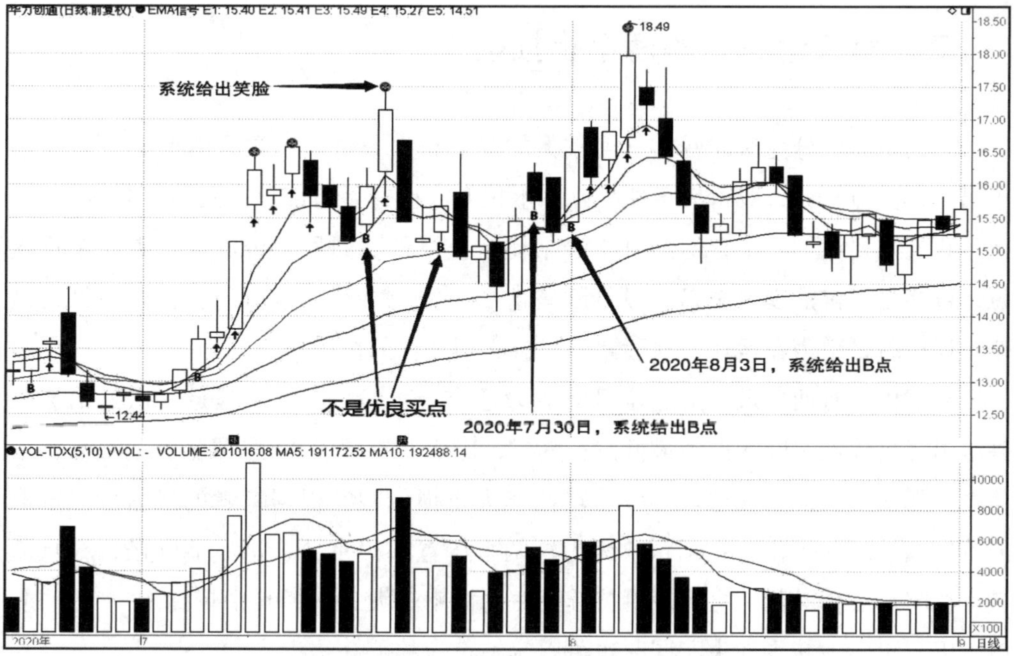

图 6-1-4　华力创通日 K 线（1）

图 6-1-4 是华力创通的日 K 线图，图中时间跨度为 2020 年 6 月至 9 月。该股在前期创出新高后系统给出了笑脸，此后股价深幅下探到 E4 下方，在此之前给出的两个 B 点都因为调整幅度不够，所以不是优良买点。随后，股价反弹，系统在 2020 年7 月30 日给出 B 点，其间成交量基本保持上涨放量、下跌缩量。周 K 线图上，因为 2020 年 7 月 3 日结束的这一周，系统给出了 B 点，后续几周也给出了箭头，所以符合第一种经典形态的优良买点。下一个交易日，即 2020 年 7 月 31 日下跌，系统不再给出箭头，触发了第一道关口的止损条件，应该止损卖出。紧接着下一个交易日，也就是 2020 年 8 月 3 日股价大幅上涨，并且系统再次给出 B 点，此时周 K 线图上也继续给出箭头，所以依然符合优良买点的第一种经典形态，可以买入股票。此后，股价短期拉升并创出新高。

单看这只个股，止损后大涨并在第二次优良买点继续买入，属于明显的低卖高买，这个操作不是亏了吗？其实，这是有可能的。不过，并不是所有个股都会这样。在实战中，大部分个股触发第一道关口止损条件之后，都很难重新走强，基本都像前面提到的亚太股份一样，逐渐走弱直至破位，所以按照止损条件卖出，可以尽可能地规避风险。若后面再次走强并给出优良买点，一样可以再次买入，相当于用小概率的小损失，规避大概率的大损失，总体还是合算的。

二、第二道关口和两个止损条件

第二道关口分为对浮亏容忍度较大的两个止损条件。当买入的股票顺利躲过了第一道关口之后，股价有可能一路向上拉升，但还是有部分个股可能转为下跌。此时我们需要找到一个合适的分水岭来作为止损位。如果股价没有跌破这个止损位，可能是正常的震仓洗盘；股价跌破这个止损位之后，很可能会持续下跌，这个止损位就是主力在运作一只股票的时候必须守住的位置。

实战中，有两个重要的点位可能成为这个分水岭。其一，最近一次给出笑脸到给出优良买点之间的调整最低点；其二，E5，也就是 EMA 信号指标的最后一根均线。那么，我们到底选取哪一个点位作为止损位呢？根据笔者的经验，应选取股价较高的那一个作为止损位，因为这两个位置都很重要，都不能跌破，一旦跌破就意味着股价破位，之后股价持续下跌的概率较大，选择其中较高的一个止损，就可以尽可能地减少损失，同时也可以容纳正常的震仓洗盘。

下面，我们分别来看看这两种止损条件的典型案例。

1. 第二种止损条件——跌破调整最低点止损

优良买点的 5 种经典形态，都要求先给出笑脸，然后经过一段时间的调整之后，股价再度走强并给出 B 点。在给出笑脸到给出 B 点之间的调整最低点如果离 E5 比较远，那么这个调整最低点就是止损位，它具有非常强的支持力度。如果股价还要进行震仓洗盘，一般也不会跌破这个调整最低点；一旦股价跌破了这个调整最低点，上升趋势就很可能发生逆转，应该及时止损卖出。

正常调整的情况下，符合所有 5 种经典形态的优良买点，都可能在震仓洗盘之后，演变为复杂的组合形态并再次给出优良买点。当然，还有很多个股在跌破调整最低点之后，趋势彻底遭到破坏，从而持续下跌。下面我们来看看一些典型的案例。

（1）平安银行（000001）。第一种经典形态的优良买点没有跌破前一波下跌最低点，最后演变为双底形态的例子——平安银行，见图 6－1－5。

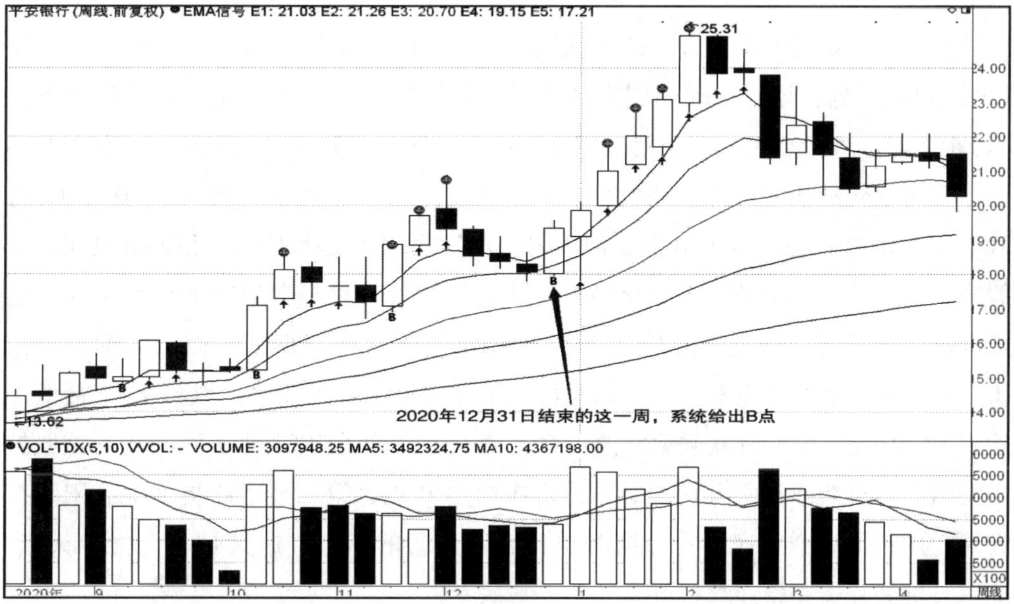

图 6－1－5　平安银行周 K 线

图 6－1－5 是平安银行的周 K 线图，图中时间跨度为 2020 年 8 月至 2021 年 4 月。在 2020 年 12 月 31 日结束的这一周，系统给出了 B 点，此后连续 7 周保持给出箭头。我们再切换到日 K 线图上寻找优良买点。由于此处仅限于研究第一种经典形态的优良买点演变为双底形态的案例，故对该股前面的买点不做讨论。

下面我们再来看该股的日 K 线图，见图 6－1－6。

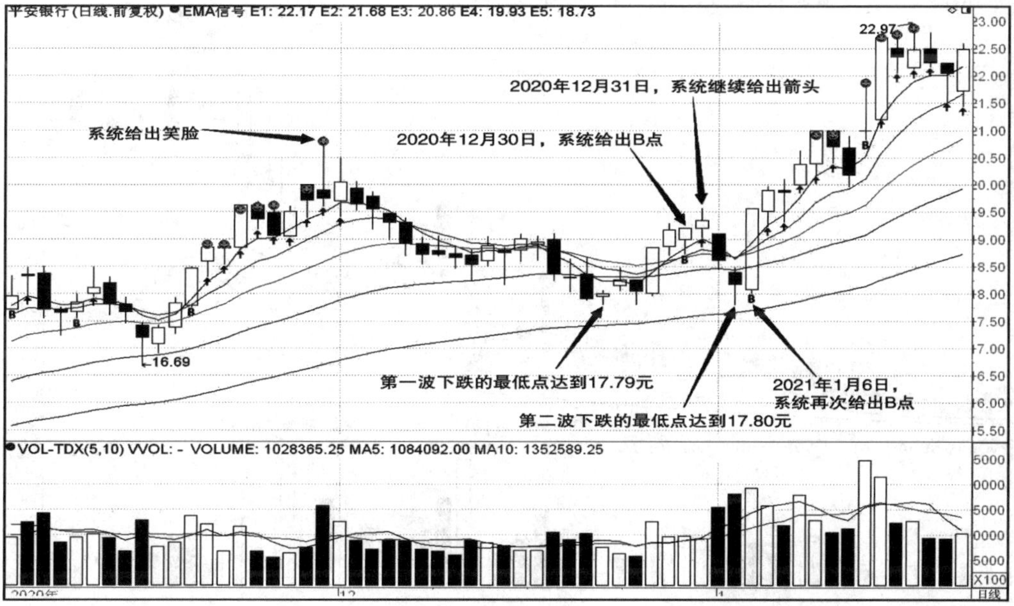

图 6－1－6　平安银行日 K 线

图6－1－6是平安银行的日K线图，图中时间跨度为2020年11月至2021年1月。可以看到，该股在前期创出新高后，系统给出了笑脸，此后股价深幅下探到E4下方，最低点为17.79元，随后反弹，并且在2020年12月30日系统给出B点，其间成交量基本保持上涨放量、下跌缩量。周K线图上，因为2020年12月31日结束的这一周给出了B点，而2020年12月30日是星期三，星期五是元旦节假日，所以该周还剩最后一个交易日，此时符合第一种经典形态的优良买点。当天可以买入股票。下一个交易日2020年12月31日是星期四，而且继续给出箭头。但是紧接着股价没有上涨，而是再次下跌，第二波下跌再次跌破E4，最低点达到17.80元，但没有跌破第一波下跌的最低点。到了2021年1月6日，该股拉出大阳线，重新回到所有均线上方并再次给出B点，第二波下跌再加上大阳线拉起来，构筑了一个双底形态，同时也符合阳包阴的形态，这又是一个优良买点，此后股价展开了一轮连续拉升。

由此可见，如果我们在2020年12月30日系统给出符合第一种经典形态的优良买点后买入股票，就可顺利躲过止损的第一道关口，此时可以把第一波下跌的最低点作为止损位，后面即使股价再次下跌，也没有跌破调整的最低点，我们就可以等到股价构筑双底后向上突破，再获利出局。

（2）广信股份（603599）。下面，我们再看一个第一种经典形态的优良买点演变为组合形态的案例——广信股份，见图6－1－7。

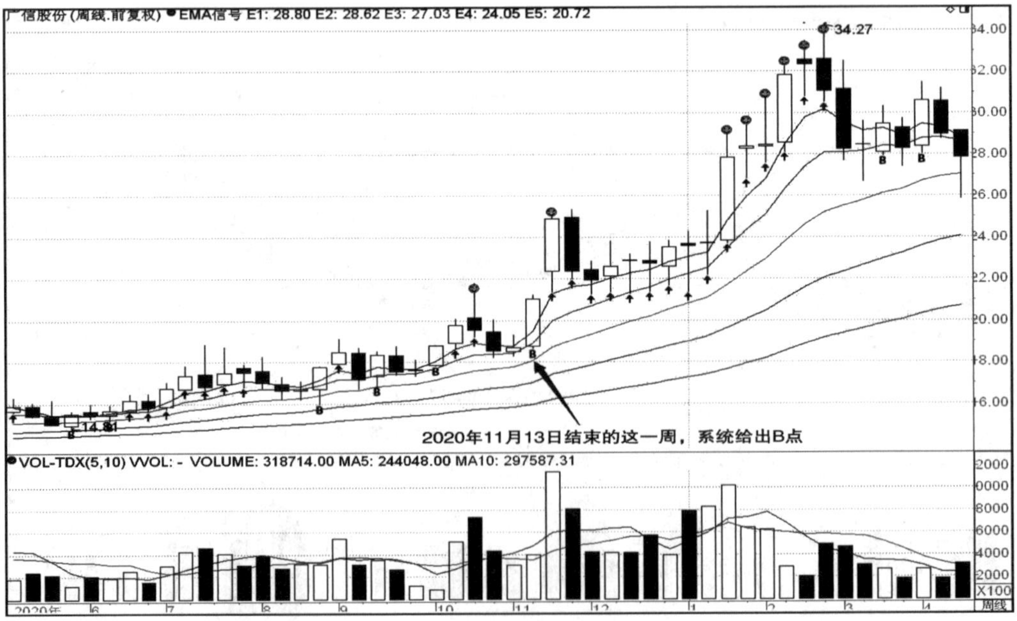

图6－1－7　广信股份周K线

图6-1-7是广信股份的周K线图，图中时间跨度为2020年5月至2021年4月。2020年11月13日结束的这一周，系统给出了B点，此后连续15周一直保持给出箭头。以周K线为大一级周期，我们再从日K线图上寻找优良买点。

下面我们再来看该股的日K线图，见图6-1-8。

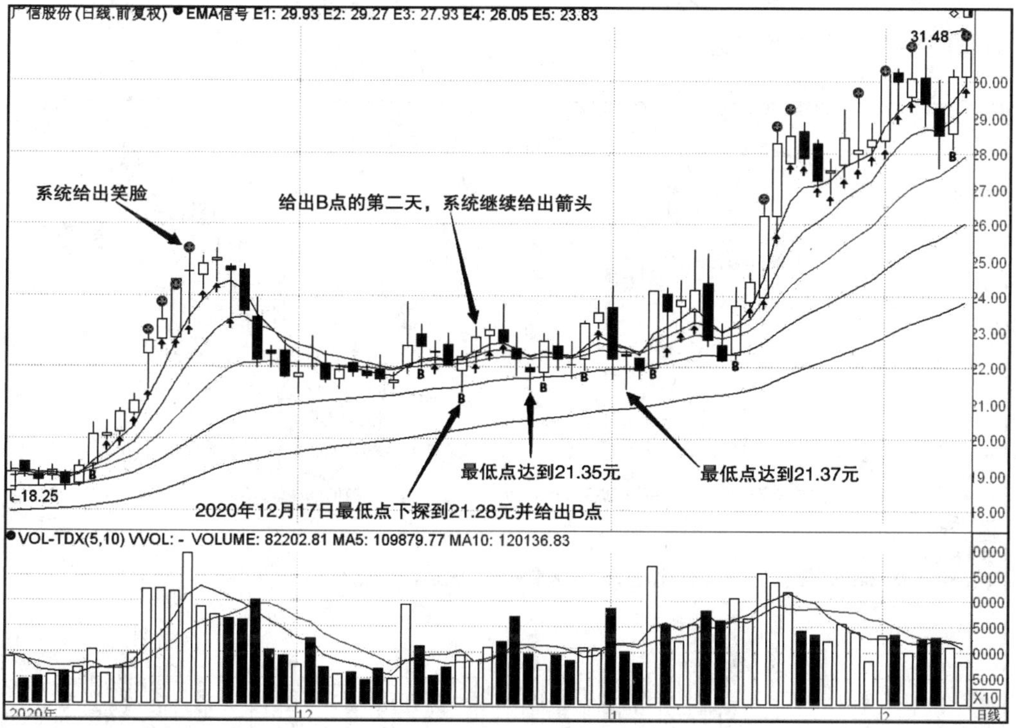

图6-1-8 广信股份日K线

图6-1-8是广信股份的日K线图，图中时间跨度为2020年11月至2021年2月。可以看到，该股在前期创新高并且系统给出了笑脸，此后股价在2020年12月17日深幅下探到E4附近，最低点为21.28元，同日收盘反弹并给出B点，其间成交量基本保持上涨放量、下跌缩量。周K线图上，2020年11月13日结束的这一周，系统给出了B点，此时系统继续给出箭头，这是一个符合第一种经典形态的优良买点，而给出B点的下一个交易日，系统继续给出箭头。此后，股价没有立即拉升，而是经历了数次调整，其间数次轻微跌破E4，其中一次最低点为21.35元，另一次最低点为21.37元，但都没有跌破第一波下跌的最低点，直到系统第4次给出B点后股价展开了一轮连续拉升行情。

如果我们在2020年12月17日系统给出符合第一种经典形态的优良买点后买

入该股，顺利躲过了止损的第一道关口，就可以把第一波下跌的最低点作为止损位，后面即使出现数次下跌，也没有跌破调整的最低点，我们就可以等到股价走强向上突破，从而获利出局。

（3）TCL 科技（000100）。关于优良买点的经典形态，第四章第二节已列举了几个典型的成功案例，其中有一个双底演变为三重底的例子——TCL 科技，下面我们再仔细观察其形态，见图 6－1－9。

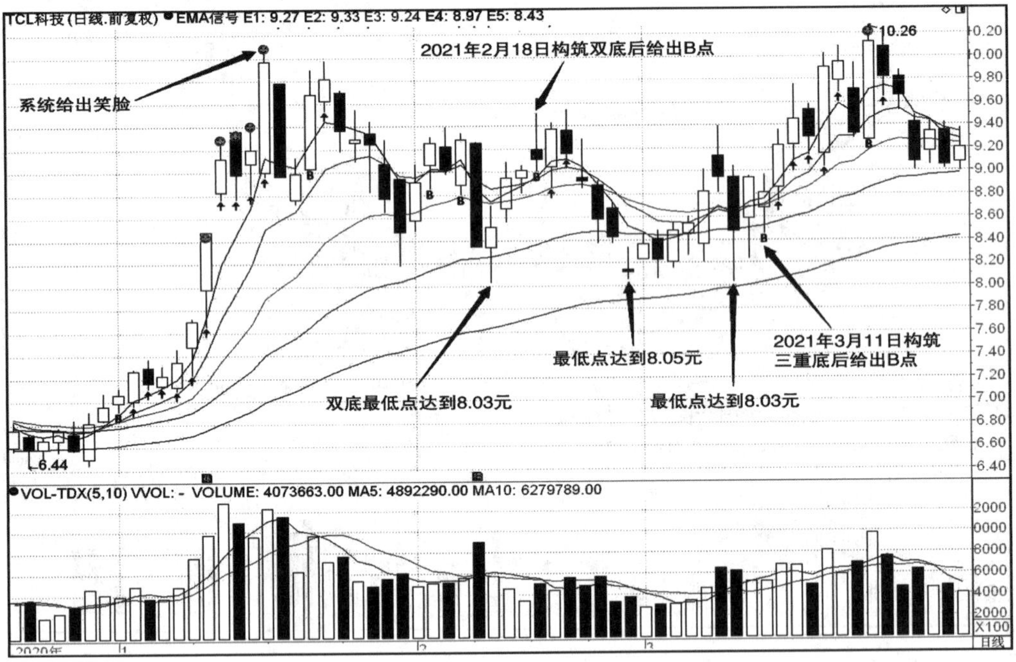

图 6－1－9　TCL 科技日 K 线（3）

图 6－1－9 是 TCL 科技的日 K 线图，图中时间跨度为 2020 年 12 月至 2021 年 3 月。可以看到，该股先是构筑了一个双底形态，双底调整的最低点出现在第二波下跌的低点，为 8.03 元。此后，该股走强并且系统在 2021 年 2 月 18 日给出符合第二种经典形态的优良买点，紧接着后面两个交易日都给出了箭头，从而顺利躲过了止损的第一道关口。随后，股价开始了第三波下跌，其间第一次下跌的最低点是 8.05 元，第二次的最低点是 8.03 元，刚好和双底的最低点一样，但是两者都没有跌破 8.03 元，在构筑完成三重底之后股价再度走强，系统给出 B 点。

如果我们在 2021 年 2 月 18 日系统给出符合第二种经典形态的优良买点后买入股票，顺利躲过止损的第一道关口，就可以把双底的最低点作为止损位，后面即使出现第三波下跌，也没有跌破调整的最低点，我们就可以等到三重底构筑成功、股价再度走强后，顺利获利出局。

（4）江西铜业（600362）。下面我们来看一个止损的例子——江西铜业，见图6－1－10。

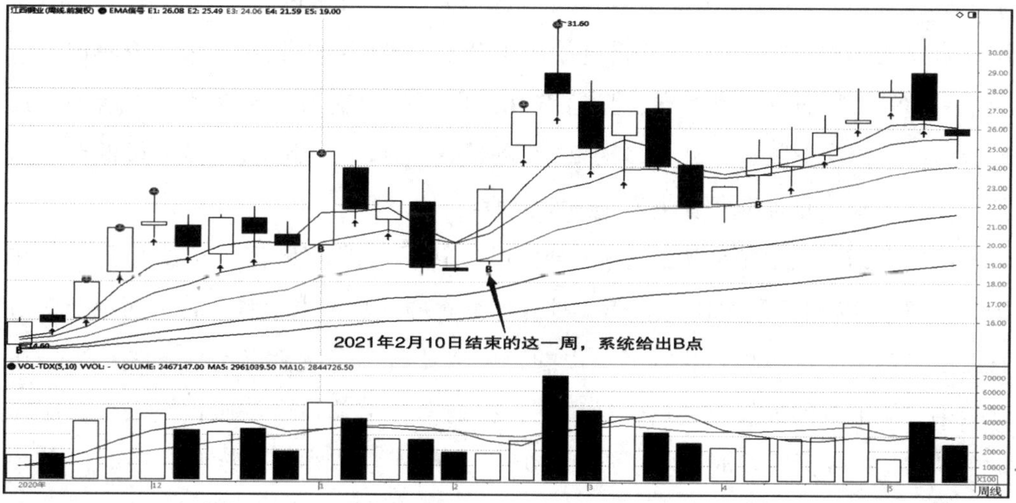

图6－1－10　江西铜业周K线

图6－1－10是江西铜业的周K线图，图中时间跨度为2020年11月至2021年5月。可以看到，在2021年2月10日结束的这一周，系统给出了B点，此后连续4周保持给出箭头。我们再从日K线图上寻找优良买点。由于此处仅限于研究其中一个优良买点，因此对该股前面的买点不做讨论。

下面我们再来看该股的日K线图，见图6－1－11。

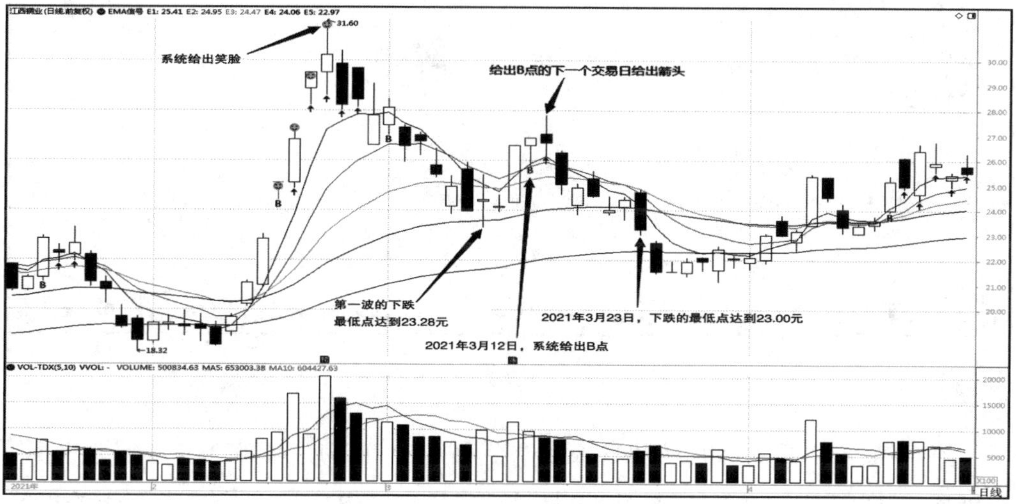

图6－1－11　江西铜业日K线

图 6－1－11 是江西铜业的日 K 线图，图中时间跨度为 2021 年 1 月至 4 月。该股在前期创新高并且系统给出了笑脸，此后股价展开了深幅下探，第一波下跌回到 E4 附近，最低点达到 23.28 元。接下来，股价反弹并且在 2021 年 3 月 12 日系统给出 B 点，其间成交量基本保持上涨放量、下跌缩量。周 K 线图上，因为 2021 年 2 月 10 日结束的这一周系统给出了 B 点，此时继续给出箭头，说明这是符合第一种经典形态的优良买点，且给出 B 点的下一个交易日又继续给出箭头。紧接着，股价再次下跌，2021 年 3 月 23 日的最低点跌破了第一波下跌的最低点，达到了 23.00 元，此时投资者应该止损卖出股票。

可以看到，该股先是构筑了一个 V 形反转的形态。此后，该股走强并且在 2021 年 3 月 12 日系统给出符合第一种经典形态的优良买点，紧接着后面一个交易日给出了箭头，从而顺利躲过了止损的第一道关口，但股价仍然呈下跌趋势，在跌破第一波下跌的最低点之后，触发了止损的第二道关口，按照止损条件，应在盘中跌破 23.28 元时及时止损。此后，股价继续下跌，在低位横盘一段时间后才再次走强。后面的再次走强是我们无法预料的，此时投资者可以先行止损。

（5）立高食品（300973）。下面我们再来看一个以 120 分钟 K 线为操作周期止损的案例——立高食品，见图 6－1－12。

图 6－1－12　立高食品日 K 线

图 6－1－12 是立高食品的日 K 线图，图中时间跨度为 2021 年 4 月至 7 月。该股是一只次新股，2021 年 6 月 15 日，系统给出了 B 点，此后连续两天给出箭

头，但是因为调整的幅度不够，所以这不是一个优良买点。不过，切换到 120 分钟 K 线图上面，系统却给出了优良买点。由于此处仅限于研究其中一个优良买点，因此对该对股前面的买点不做讨论。

下面我们再来看该股的 120 分钟 K 线图，见图 6－1－13。

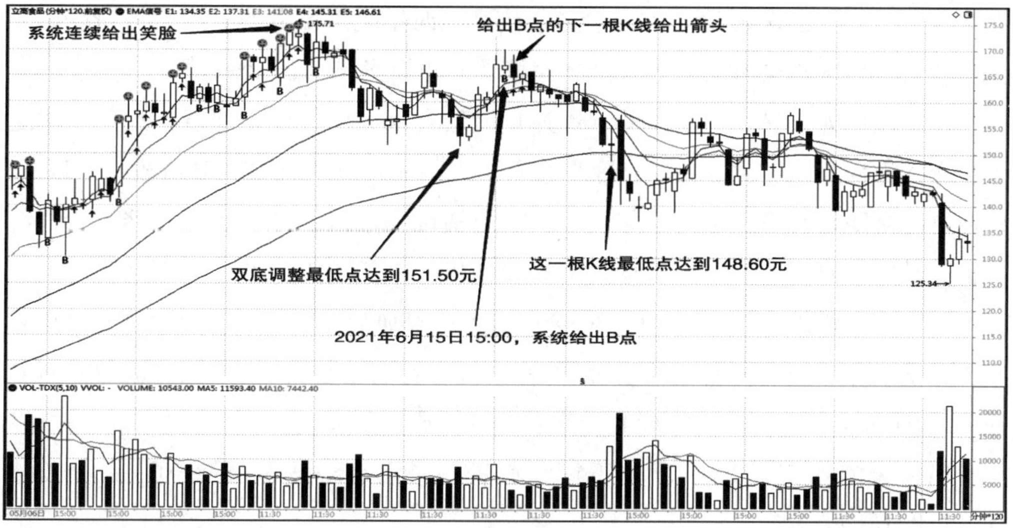

图 6－1－13 立高食品 120 分钟 K 线

图 6－1－13 是立高食品的 120 分钟 K 线图，图中时间跨度为 2021 年 4 月至 7 月。可以看到，该股在前期创新高后系统给出了笑脸，此后股价展开了两波下跌，其中第二波下跌的比第一波低，回到 E4 下方，最低点达到 151.50 元。此后，股价反弹并且在 2021 年 6 月 15 日 15：00 系统给出 B 点，其间成交量基本保持上涨放量、下跌缩量。日 K 线图上，因为 2021 年 6 月 15 日也同步给出了 B 点，说明这是符合第二种经典形态的优良买点，给出 B 点的下一根 K 线又继续给出箭头。但股价紧接着再次下跌，2021 年 6 月 23 日 15：00，最低点跌破了第一波下跌的最低点，达到了 148.60 元，此时应该止损卖出股票。

该股先是构筑了一个双底启动的形态，此后该股走强并且在 2021 年 6 月 15 日 15：00 系统给出符合第二种经典形态的优良买点，紧接着下一根 K 线也给出了箭头，从而顺利躲过了止损的第一道关口，但股价仍然呈下跌趋势，在跌破双底形态最低点之后，触发了止损的第二道关口。2021 年 6 月 23 日盘中跌破 151.50 元的时候，投资者应该及时止损。此后，股价继续震荡下跌。如果止损不及时，投资者将损失惨重。

2. 第三种止损条件——跌破 E5 止损

值得注意的是，系统给出笑脸到给出 B 点之间的调整最低点如果离 E5 比较近，那么随着股价运行时间的延长，就会造成 E5 缓慢上行到调整最低点上方，此时，我们应该选取的止损位就是 E5，而不必等到股价跌破调整最低点。股价的震仓洗盘，一般不会跌破 E5，并且会继续走强同时系统给出 B 点；一旦股价跌破了 E5，上升趋势大多会被逆转，投资者应该及时止损卖出。

以均线作为止损位和以最低点作为止损位有很大的不同，那就是最低点永远不会变，而均线是随时变化的，因为我们买入的股票都是处在上升阶段，所以 E5 的位置总是随着时间不断向上移动，那么止损位也应该不断向上进行修正。而在股价下跌的时候，我们需要随时关注 E5 的位置，一旦跌破就应该及时止损。

在股价不跌破 E5 的情况下，符合所有 5 种经典形态的优良买点，都有可能会在震仓洗盘之后演变为复杂的组合形态并再次给出优良买点。当然，股价一旦跌破 E5，通常会持续下跌。下面我们来看看一些典型的案例。

（1）上峰水泥（000672）。下面我们看一个没有跌破 E5 的例子——上峰水泥，见图 6－1－14。

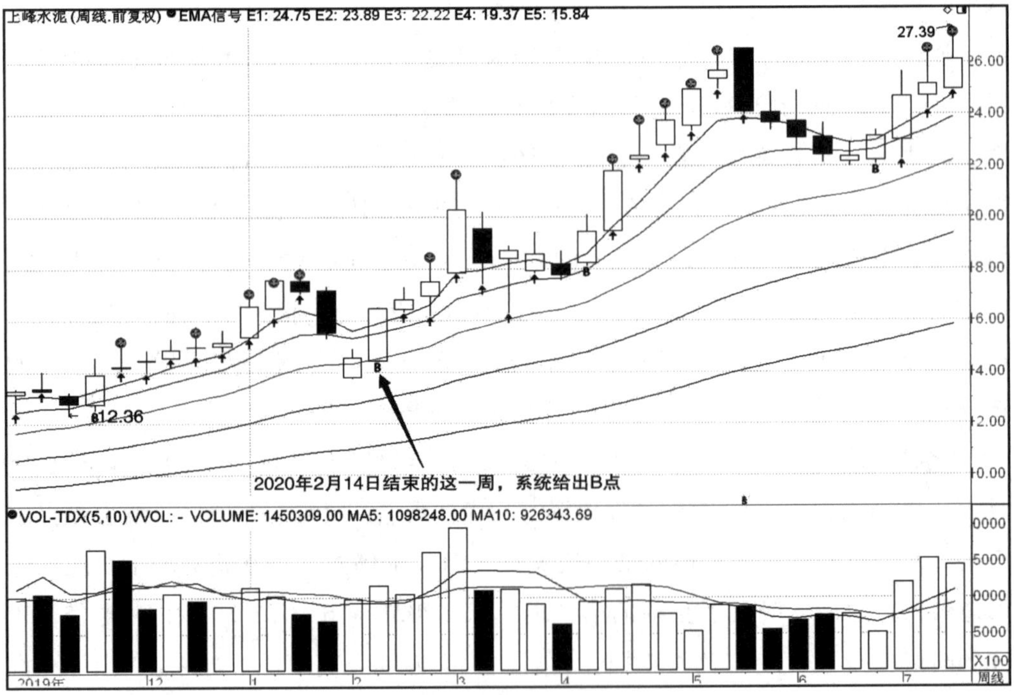

图 6－1－14　上峰水泥周 K 线（1）

图 6－1－14 是上峰水泥的周 K 线图，图中时间跨度为 2019 年 11 月至 2020 年7 月。在 2020 年 2 月 14 日结束的这一周，系统给出了 B 点。此后，连续 6 周给出箭头。我们再切换到日 K 线图上寻找优良买点。

下面我们再来看该股的日 K 线图，见图 6－1－15。

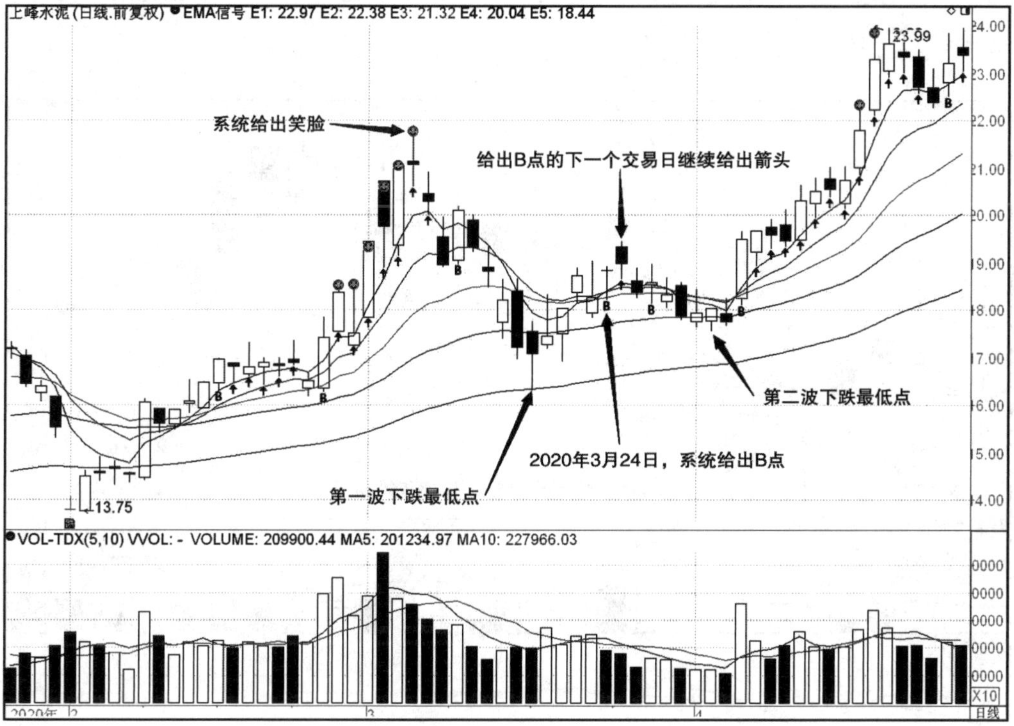

图 6－1－15　上峰水泥日 K 线（1）

图 6－1－15 是上峰水泥的日 K 线图，图中时间跨度为 2020 年 1 月至 4 月。可以看到，该股在前期创新高后系统给出了笑脸，此后股价展开了深幅下探，第一波下跌的最低点达到 E4 附近，此后股价反弹，并且在 2020 年 3 月 24 日系统给出 B 点，其间成交量基本保持上涨放量、下跌缩量。周 K 线图上，2020 年 2 月 14 日结束的这一周系统给出了 B 点，此时继续给出箭头，说明这是符合第一种经典形态的优良买点，且给出 B 点的下一个交易日又继续给出箭头。不过，股价又开始了第二波下跌，下跌的最低点跌破了 E4，但是离 E5 还较远，很快股价再度走强，系统给出 B 点，最后股价展开了一轮持续拉升。

如果我们在 2020 年 3 月 24 日系统给出符合第一种经典形态的优良买点后买入该股，顺利躲过止损的第一道关口，后面就可以继续寻找第二道关口的止损位。

由于此时 E5 已经上行到了第一波下跌的最低点上方，所以此时可以把 E5 作为第二道关口的止损位。后面即使股价再次下跌，也没有跌破 E5，我们就应该继续持股不动，等到构筑成功双底后，股价再度走强再出局。

（2）冀东水泥（000401）。在第四章第二节，我们列举了几个典型的成功案例，其中有一个双底演变为四重底的例子——冀东水泥，下面再仔细观察其形态，见图 6－1－16。

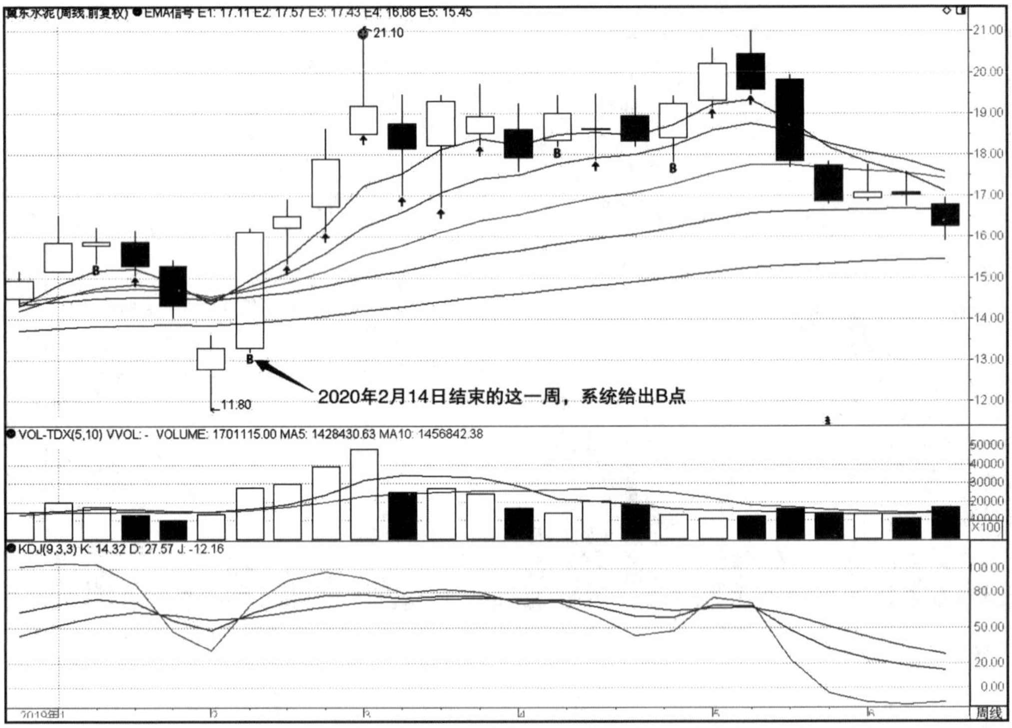

图 6－1－16　冀东水泥周 K 线（2）

图 6－1－16 是冀东水泥的周 K 线图，图中时间跨度为 2019 年 12 月至 2020 年6 月。可以看到，在 2020 年 2 月 14 日结束的这一周，系统给出了 B 点，此后连续6 周给出箭头。我们再从日 K 线图上面寻找它的优良买点。

下面我们再来看该股的日 K 线图，见图 6－1－17。

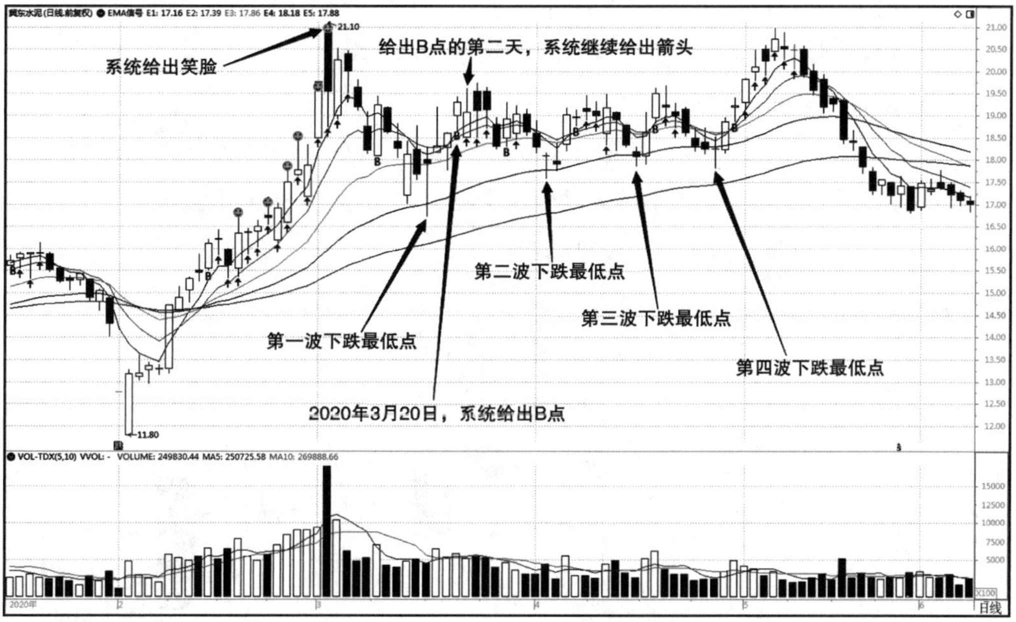

图 6－1－17 冀东水泥日 K 线（3）

图 6－1－17 是冀东水泥的日 K 线图，图中时间跨度为 2020 年 1 月至 6 月。可以看到，该股在前期创新高并且系统给出了笑脸，此后股价展开了深幅下探，第一波下跌的最低点跌破了 E4。此后，股价反弹并且在 2020 年 3 月 20 日系统给出 B 点，其间成交量基本保持上涨放量、下跌缩量。周 K 线图上，2020 年 2 月 14 日结束的这一周，系统给出了 B 点，此时继续给出箭头，说明这是符合第一种经典形态的优良买点，且给出 B 点的下一个交易日继续给出箭头。不过，股价紧接着又进行了第二波下跌，下跌的最低点跌破了 E4，但是离第一波下跌的最低点还比较远，之后股价很快再度走强，系统第二次给出 B 点。震荡几天后，股价开始第三波下跌，下跌的最低点跌破了 E4，但是离 E5 较远，此后股价再度走强，系统第三次给出 B 点。震荡几天后，股价又进行第四波下跌，下跌的最低点仍然跌破了 E4，但是离 E5 较远，随后股价再度走强，系统第四次给出 B 点，这一次给出 B 点后股价终于展开了一轮拉升。

如果我们在 2020 年 3 月 20 日系统给出符合第一种经典形态的优良买点后买入该股，顺利躲过止损的第一道关口，就需要寻找第二道关口的止损位。在第二波下跌的时候，E5 虽然上行但是还没有高于第一波下跌的最低点，此时仍然应该以第一波下跌的最低点为止损位，第二波下跌没有跌破止损位，可继续持有不动。

到了第三波下跌的时候，E5 上行超过了第一波下跌的最低点，之后就应该把 E5 作为止损位，因为第三波下跌和第四波下跌都没有跌破 E5，所以可继续持有，直到出现一波拉升，再获利出局。

（3）德生科技（002908）。前面我们反复提到，并不是所有个股在系统给出了优良买点之后都会出现拉升，一旦破位务必及时止损。下面我们来看一个止损的例子——德生科技，见图 6－1－18。

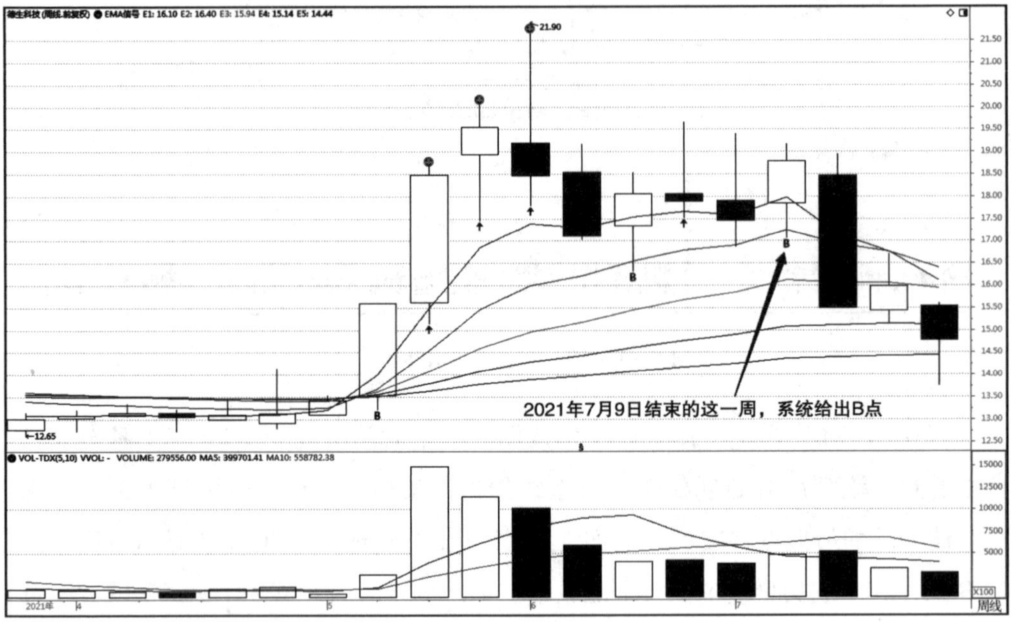

图 6－1－18　德生科技周 K 线

图 6－1－18 是德生科技的周 K 线图，图中时间跨度为 2021 年 3 月至 7 月。在 2021 年 7 月 9 日结束的这一周，系统给出了 B 点，此后股价连续下跌。我们再从日 K 线图上寻找优良买点。

下面我们再来看该股的日 K 线图，见图 6－1－19。

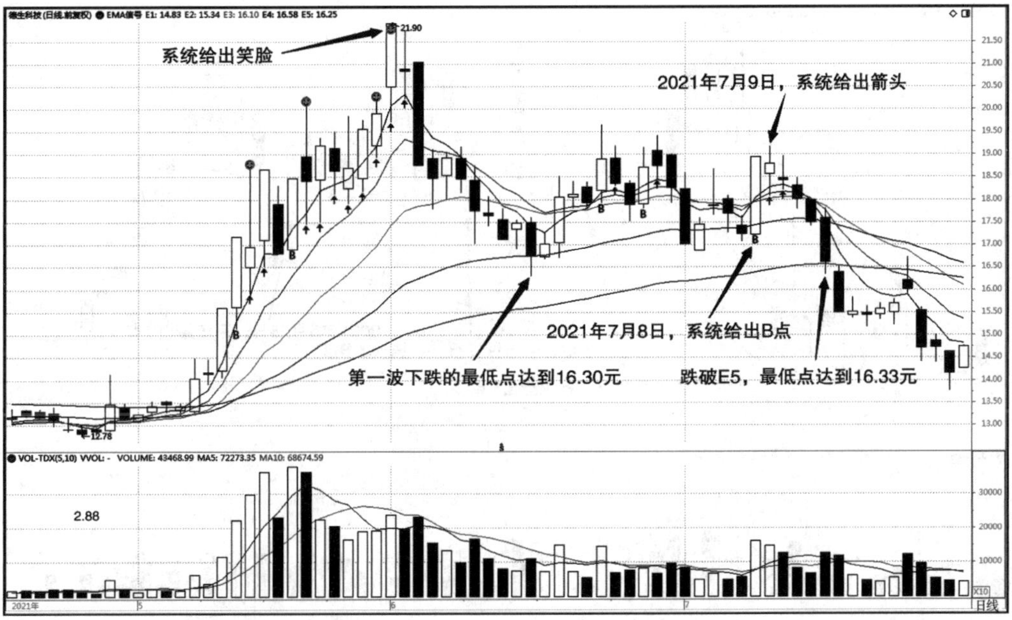

图 6-1-19 德生科技日 K 线

图 6-1-19 是德生科技的日 K 线图，图中时间跨度为 2021 年 4 月至 7 月。可以看到，该股在前期创新高时，系统给出了笑脸，此后股价展开了深幅下探，第一波下跌的最低点跌破了 E4，达到 16.30 元。随后，股价反弹并且系统两次给出 B 点，但是周 K 线图上并没有很好的买入形态支持，所以还不是优良买点。此后，股价出现第二波下跌，在没有跌破第一波下跌的最低点的情况下再次走强。2021 年 7 月 8 日，该股涨停并且系统给出 B 点，第二天继续给出箭头，构筑了双底形态，其间成交量基本保持上涨放量、下跌缩量。周 K 线图上，2021 年 7 月 9 日结束的这一周系统同步给出了 B 点，是符合第二种经典形态的优良买点。但是股价很快转为下跌，2021 年 7 月 15 日，股价大跌，跌破了 E5，最低点达到 16.33 元，此后一段时间继续下跌。

如果我们在 2021 年 7 月 9 日系统给出符合第二种经典形态的优良买点后买入股票，顺利躲过止损的第一道关口，那么就可以寻找第二道关口的止损位。2021 年 7 月 15 日下跌时，E5 上行超过了第一波下跌的最低点，因此应该把 E5 作为止损位。当天股价跌破 E5，最低点为 16.33 元，虽然没有跌破第一波下跌的最低点 16.30 元，但是跌破了 E5，投资者此时应该止损，这样就可以避免更大的损失。

（4）富安娜（002327）。下面我们再来看一个以 120 分钟 K 线为操作周期止损的例子——富安娜，见图 6-1-20。

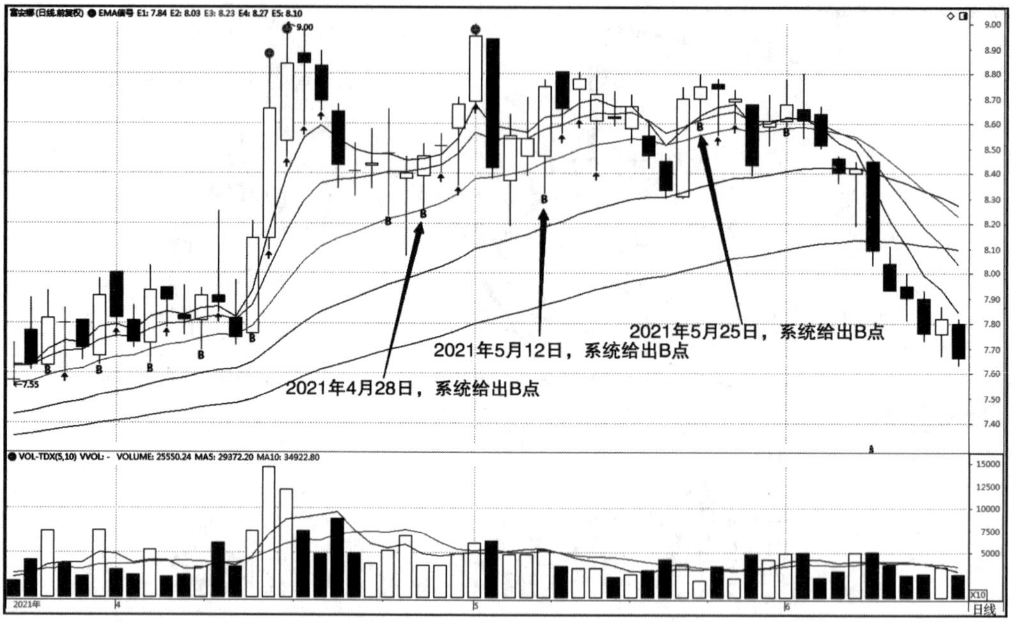

图 6－1－20　富安娜日 K 线

图 6－1－20 是富安娜的日 K 线图，图中时间跨度为 2021 年 3 月至 6 月。该股作为典型的失败形态曾经在第四章第三节介绍过，日 K 线图上没有出现优良买点，但是切换到 120 分钟 K 线图上后观察，该股出现了优良买点。

下面我们再来看该股的 120 分钟 K 线图，见图 6－1－21。

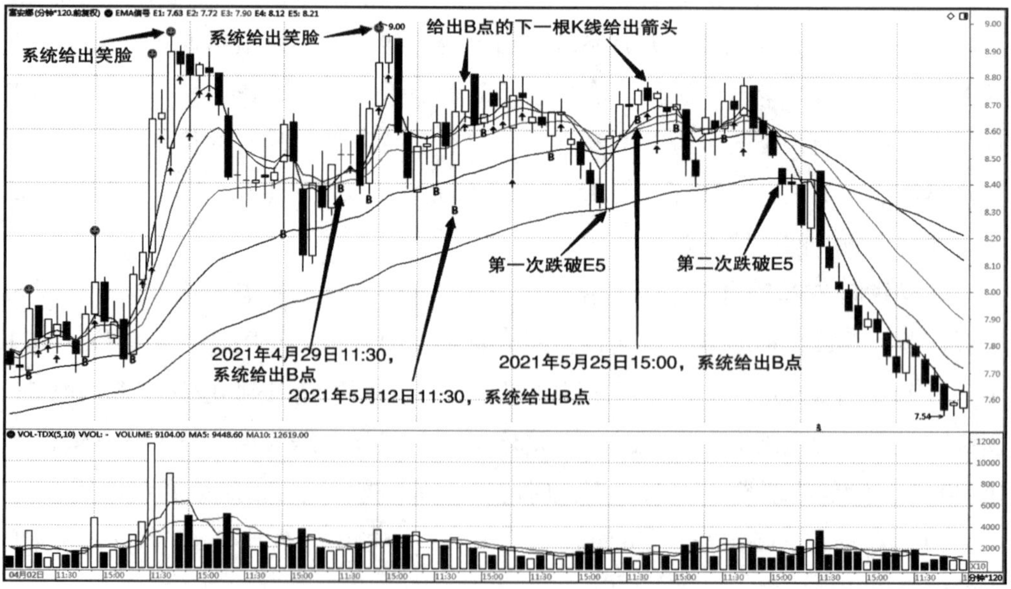

图 6－1－21　富安娜 120 分钟 K 线

图 6－1－21 是富安娜的 120 分钟 K 线图，图中时间跨度为 2021 年 4 月至 6 月。可以看到，该股在前期创新高后，系统给出了笑脸，此后股价展开了深幅下探，回到 E4 下方。随后，股价反弹并且在 2021 年 4 月 29 日 11：30 系统给出 B 点，其间成交量基本保持上涨放量、下跌缩量。日 K 线图上，因为 2021 年 4 月 28 日系统给出了 B 点，后一天继续给出箭头，所以符合第一种经典形态的优良买点，此后股价顺利拉升并创新高，表明这是一个优良买点。

系统再次给出笑脸之后，股价紧接着再次出现下跌，深幅下探到 E4 下方之后又反弹，并且在 2021 年 5 月 12 日 11：30 系统给出了 B 点，下一根 K 线继续给出箭头，其间成交量基本保持上涨放量、下跌缩量。日 K 线图上，2021 年 5 月 12 日系统同步给出了 B 点，此处属于第一种经典形态的优良买点。但这一次股价只是维持了一段时间的震荡后便再次下跌，并第一次跌破了 E5，此时投资者应该止损。

值得注意的是，股价并没有有效跌破 E5，此后再次走强并且在 2021 年 5 月 25 日 15：00 系统给出了 B 点，下一根 K 线继续给出箭头，其间成交量基本保持上涨放量、下跌缩量。日 K 线图上，2021 年 5 月 25 日系统也同步给出了 B 点，所以这是一个组合形态的优良买点。此后股价没有大涨，而是在反复震荡之后出现下跌，并在 2021 年 6 月 4 日 11：30 第二次跌破了 E5，此时可以选择止损。

可以看到，该股在 120 分钟 K 线图上系统先后给出了 3 个优良买点，且这 3 个优良买点都顺利躲过了止损的第一道关口。不过，股价只在第一个优良买点后出现了一定的上涨，后面两个优良买点出现后，股价都下跌了。此时，我们应该寻找第二道关口的止损位。从图 6－1－21 可以直观地看到，E5 上行超过了第一波下跌的最低点，故可以把 E5 作为止损位。如果在 2021 年 5 月 12 日 11：30 这一根 K 线的第二个优良买点买入股票，那么在第一次跌破 E5 的时候就应该止损。虽然后面又再次拉升，但那是不可预知的。

此后，2021 年 5 月 25 日 15：00 这一根 K 线给出了优良买点，如果买入股票，则在第二次跌破 E5 时就应该止损，因为在第二次止损之后股价开始连续大跌，如此一来，我们就可以避免更大的损失。

第二节　逃顶卖出技巧

逃顶卖出是指在股价仍然保持上升的情况下，投资者判断股价未来有可能出现调整，提前卖出股票以规避可能的下跌的行为。需要注意的是，在选择逃顶卖出之前，股价通常已经从买入价位完成了一波较大的拉升，股价要么再创新高，要么运行到前期高位附近，并且股价出现了某种比较明显的见顶信号，形成阶段性高点的可能性较大。

经过多年的实战，笔者总结出 5 种逃顶卖出技巧，本节将一一讲解具体运用方法。这 5 种逃顶卖出技巧使用完全不同的方法，互不影响。如果出现其中一种逃顶信号，股价就有短期见顶的风险，此时我们需要保持警惕，但不一定要马上卖出股票；如果同时出现了其中两种甚至更多的情况，那么股价阶段性见顶的概率很大，此时可以根据实际情况选择逃顶卖出，而不必等到股价走弱或者破位后再卖出。

当然，由于我们在买入时，已经判断标的股票完全符合龙头股的特征，对部分龙头股来说，往往其上涨时间长、涨幅非常大，这样的龙头股就算中途在某一时间段出现逃顶信号，股价也有可能经过短期、小幅的调整后，再度转为上升。具体来说，对于只有大一级周期给出了买入信号，而更大一级周期还没有给出买入信号的龙头股来说，出现两种逃顶信号时，股价就可能形成顶点。但是，对于那些大一级周期和更大一级周期都给出了买入信号的超强势个股来说，出现两种逃顶信号时，可能只是一个短期、小幅的调整。比如，针对仅有周线给出了买入信号而月线没有给出买入信号的个股，我们在日 K 线图上按照系统买入条件买入股票后，若出现一两种的逃顶信号就可能意味着股价见顶；而针对那些年线、月线、周线全部给出了买入信号的龙头股，我们在日 K 线图上按照系统买入条件买入股票后，即使出现一两种的逃顶信号，其也可能成为超强势个股。因此，我们在判断超强势龙头股逃顶的时候，尽量以谨慎为主，最好在股价经过充分的大幅度拉升，并同时出现3种或者更多种类的逃顶信号后，再进行卖出操作。

一、KDJ指标超买

KDJ指标是投资者常用的超买超卖型指标，其具体编制思路、方法在此不做过多介绍，我们只需要知道它一方面指示价格趋势，另一方面又有自身的波动极限值即可。笔者主要利用它的波动极限值功能。

KDJ指标主要由两部分构成：跟随股价波动的三条线（分别是K、D、J）和以数值50为中心的上下波动区间。K、D、J三条线每天的数值都会显示在指标旁边，可以直观地看到，K、D、J三条线的波动区间中间数值是50，上方最大区间数值是100，下方最小区间数值为0，根据指标的编制原理，K、D两条线的波动永远也不会超出上下限，但是J值却可能会超出上下限。笔者利用KDJ指标中J值的这个特点，规定当J值高于100的时候就代表股价超买，应该卖出股票；当J值低于0的时候就代表股价超卖，可能出现反弹。经过多年的实战，股价在超买的情况下见顶主要有以下两种特例。

1. 抛物线拉升超买

实战中，并不是每一次J值超过100时，股价都会见顶，我们不能轻易据此卖出股票。根据笔者的观察，股价经历了一个明显的从小幅上涨到加速拉升的过程，在此过程中J值一直没有超过100，但加速拉升最疯狂、J值超过100的时候，这就是最标准的卖出信号。这种走势的图形就像一个上开口抛物线的右半边，通俗地说就是一个慢热的过程——刚开始上涨较慢，后来越涨越快，最后出现疯狂拉升，到最高点J值超买，然后涨势戛然而止，紧接着反转向下。

不过，如果J值超过100的那一根K线牢牢封住了涨停板，那么见顶信号很有可能推迟到下一根K线。下面我们来看一个典型的案例，见图6-2-1。

图6-2-1是登海种业（002041）的日K线图，图中时间跨度为2020年6月至8月。在第五章中，我们曾以该股举例说明了该股的优良买点，这里我们再来看该股的卖出信号。从2020年7月21日系统给出了优良买点之后，股价就开始了连续上行。刚开始的时候，股价只是小幅上涨，不时回踩E2附近；后来股价上涨逐渐加速，只能回踩E1附近；到图中最后一天的2020年8月19日，股价脱离E1很远，此时属于疯狂拉升。再来看KDJ指标，2020年7月21日，系统给出优

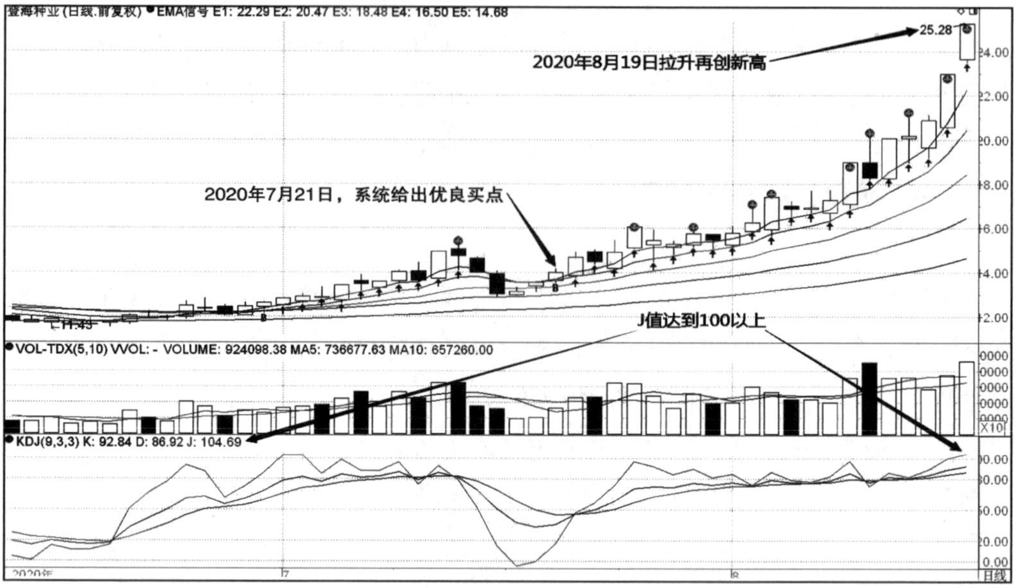

图 6-2-1 登海种业日 K 线（3）

良买点之后，J 值从低位迅速冲高到 70 以上，但始终没有超过 100。直到图中最后一天，即 2020 年 8 月 19 日，J 值终于超过了 100，从图上指标旁边的标注可以看到 J 值为 104.69，这里就是一个典型的超买信号。由于当天股价收盘时，仍然封住了涨停板，实战中可以等到第二天再卖出股票。

下面我们来看该股后续走势，见图 6-2-2。

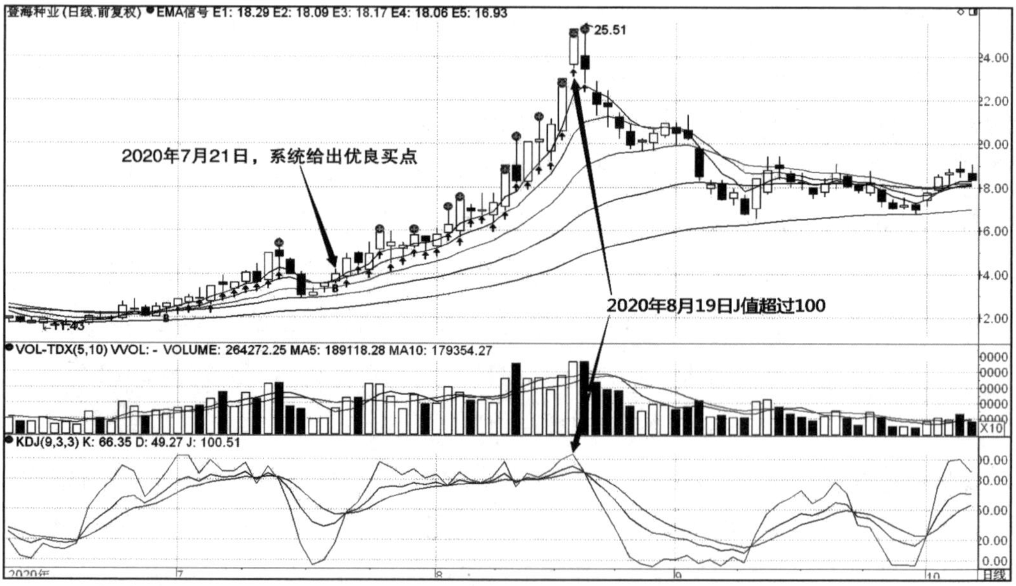

图 6-2-2 登海种业日 K 线（4）

图 6－2－2 是登海种业的日 K 线图，图中时间跨度为 2020 年 6 月至 10 月。可以看到，自 2020 年 8 月 19 日，该股 J 值超过 100 之后，第二天股价略微翻红就冲高回落，紧接着持续走弱。投资者据此卖出，就可以在高位成功逃顶，从而避免后面股价持续下跌带来的亏损。

2．短期内从超卖到超买

J 值波动到 0 以下的情况称为超卖，如果股价先下跌导致 J 值跌到 0 以下，然后在短时间内迅速上升导致 J 值超过 100，那也符合本条件要求的见顶特征。这里所说的短时间是指不超过 10 根 K 线。笔者在实战中发现，如果在系统已经给出买入信号，并且股价经历了较大涨幅，到达高位之后，再出现这种情况，股价大概率会出现一个短期高点，然后进行一定程度的调整，有些情况下甚至会产生历史最高点。如果股价从低位刚启动不久，就出现这种情况，则该处不是见底信号。同理，如果 J 值超过 100 的那一根 K 线牢牢封住了涨停板，那么见顶信号很可能推迟到下一根 K 线。

但是，在股价超强的情况下，出现 KDJ 指标短期内从超卖到超买的状况也不一定表示股价会见顶回落。也就是说，在股价的大一级周期上面给出了笑脸，或者更大一级的周期上也给出了 B 点或者箭头的超强势情况下，投资者最好耐心等待，观察到有其他的逃顶卖出信号出现的时候再卖出股票为宜。

在第五章第三节，我们介绍了一只多种经典形态组合的短线龙头股——八一钢铁（600581），下面我们来看看该股的卖出信号，见图 6－2－3。

图 6－2－3 是八一钢铁的日 K 线图，图中时间跨度为 2021 年 4 月至 7 月。在第五章中，我们曾以其举例说明了多种形态组合的优良买点，这里我们再来看该股的卖出信号。2021 年 7 月 9 日，系统给出优良买点之后，股价就开始了连续上行。KDJ 指标在此前的 2021 年 7 月 2 日，达到了 0 以下的超卖状态，到了 2021 年 7 月 15 日，该指标又达到了 100 以上的超买状态，其间一共经过了 9 个交易日，符合了 KDJ 指标短期内从超卖到超买的条件，是一个需要逃顶卖出的信号。不过，因为 2021 年 7 月 15 日这一天股价封住涨停板，故可以等到下一个交易日未封住涨停板时，再选择卖出股票。

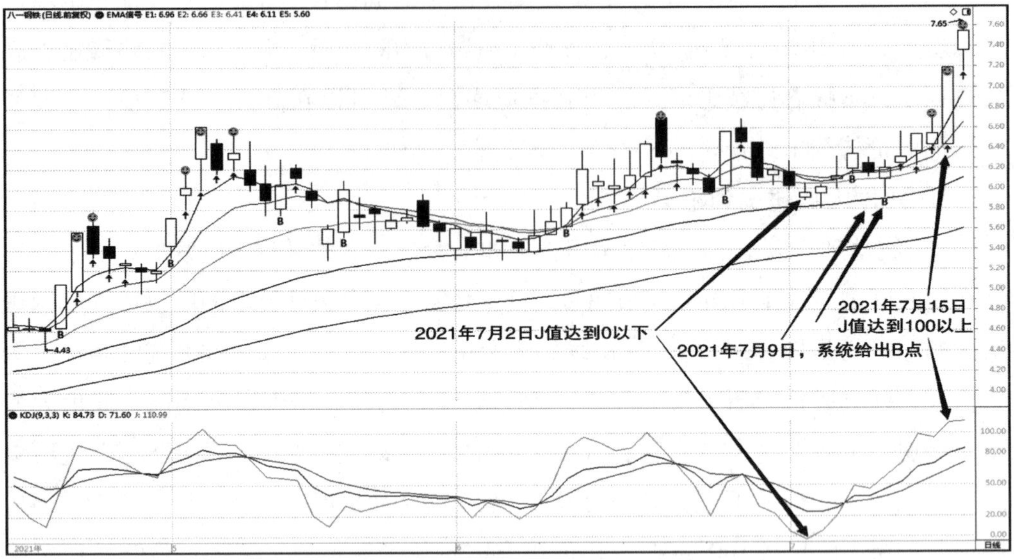

图 6－2－3　八一钢铁日 K 线（3）

下面我们来看该股后续的走势，见图 6－2－4。

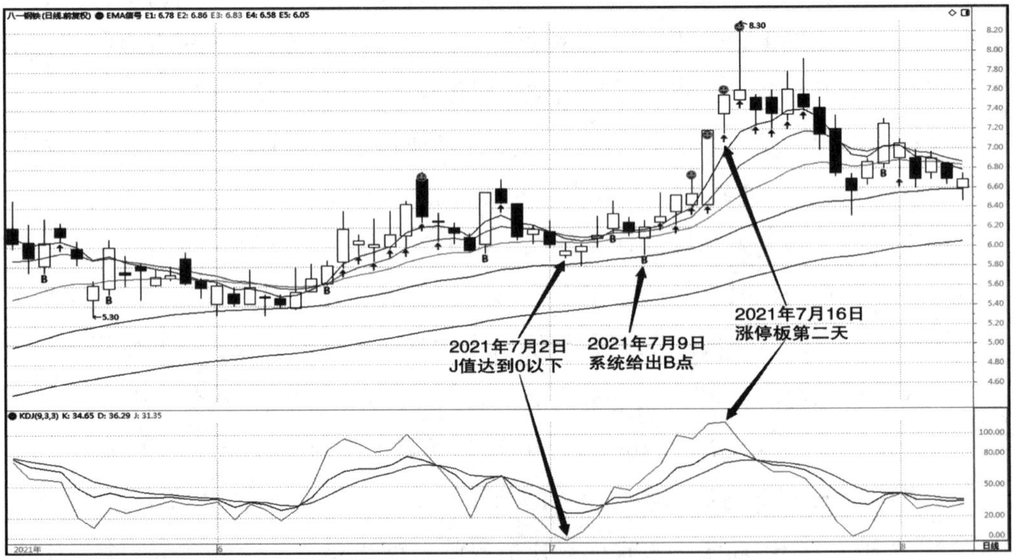

图 6－2－4　八一钢铁日 K 线（4）

图 6－2－4 是八一钢铁的日 K 线图，图中时间跨度为 2021 年 5 月至 7 月。在该股符合了 KDJ 指标短期内从超卖到超买的条件后，投资者应该选择在涨停板的第二天，即 2021 年 7 月 16 日卖出股票。此后股价短暂冲高，然后下跌回到 E4 附近。

在本章第一节，我们介绍了一个第一道关口止损后再次给出 B 点的案例——华力创通（300045），下面我们再来看看该股的卖出信号，见图 6－2－5。

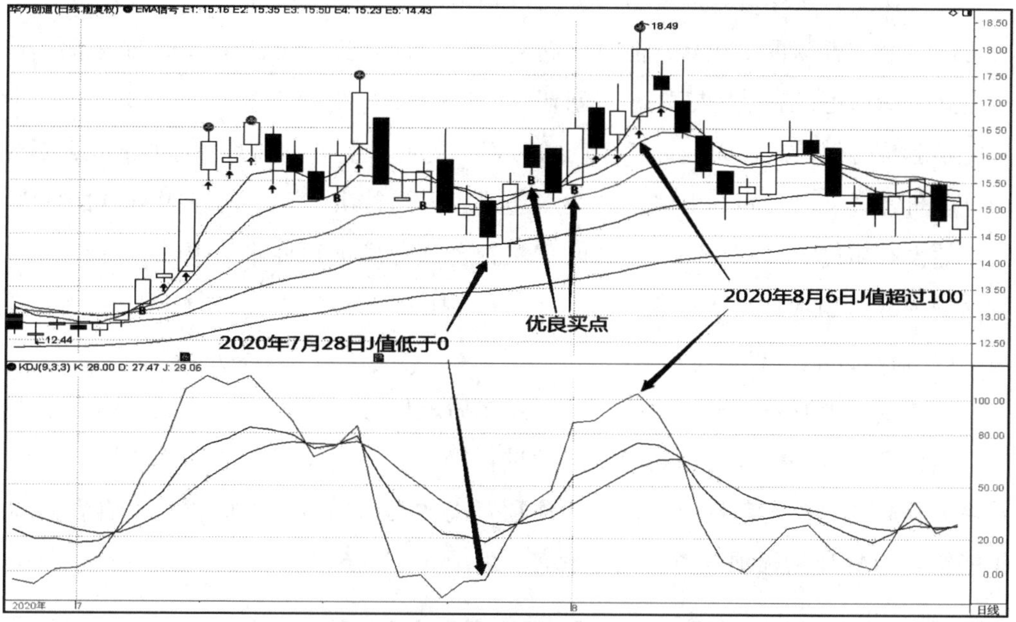

图 6－2－5　华力创通日 K 线（2）

图 6－2－5 是华力创通的日 K 线图，图中时间跨度为 2020 年 6 月至 8 月。在上一节中，我们提及该股在第一道关口止损后再次给出优良买点时，仍然可以买入。下面我们观察该股的 KDJ 指标，可以看到此前连续 5 个交易日 J 值低于 0，其中最后一个交易日是 2020 年 7 月 28 日，此后经过 7 个交易日到了 2020 年 8 月 6 日，J 值超过 100，这就属于典型的短期内从超卖到超买的情况，所以此时应该及时卖出股票。果不其然，从下一个交易日开始，该股逐渐走弱。

二、MACD 指标顶背离

MACD 指标是一个常用的趋势型指标，其具体编制思路、方法在此不做过多介绍，我们只需知道它可以有效指示股价趋势即可。MACD 指标主要由以下三部分构成：一条代表 0 轴的横线、两条随股价起伏的波动线、红绿柱。如果两条波动线在 0 轴以上就代表股价处于强势，两条线金叉就会出现红柱，代表股价处于上升趋势。反之，两条线死叉就会出现绿柱。指标会显示 MACD 数值，代表红绿柱，数值如果是正数就代表红柱，负数就代表绿柱。MACD 指标的顶背离是指股价超过上一波的高点创新高后，MACD 的两条波动线没有超过上一波的高点，这代表股价的上涨“不可靠”，预示着股价随后可能会下跌。

MACD 指标顶背离逃顶技巧可分为两种情况：第一种情况是股价经过连续大涨之后，高位震荡再创新高，但是创新高的时间很短暂，而且 MACD 的两条线不能金叉，绿柱也没有转为红柱，在创新高的这一根 K 线就应该卖出股票。第二种情况是股价再创新高的时候，MACD 的两条线发生了金叉，同时绿柱转为了红柱，但是股价经过一段时间的上涨，红柱从连续放大到首次缩短，同时 MACD 的两条线仍然没有超过上一波的高点，此时仍然符合顶背离逃顶要求，那么在红柱缩短的这一根 K 线就应该卖出股票。

1. 盛新锂能（002240）

有些强势个股在第一次给出优良买点之后就展开一轮大涨，经过回调后会再次给出优良买点。投资者仍然可以继续进行操作。但由于股价累计涨幅巨大，股价再创新高之后投资者就应该密切关注顶背离的卖出信号。下面我们来看看盛新锂能符合 MACD 指标顶背离卖出的形态，见图 6－2－6。

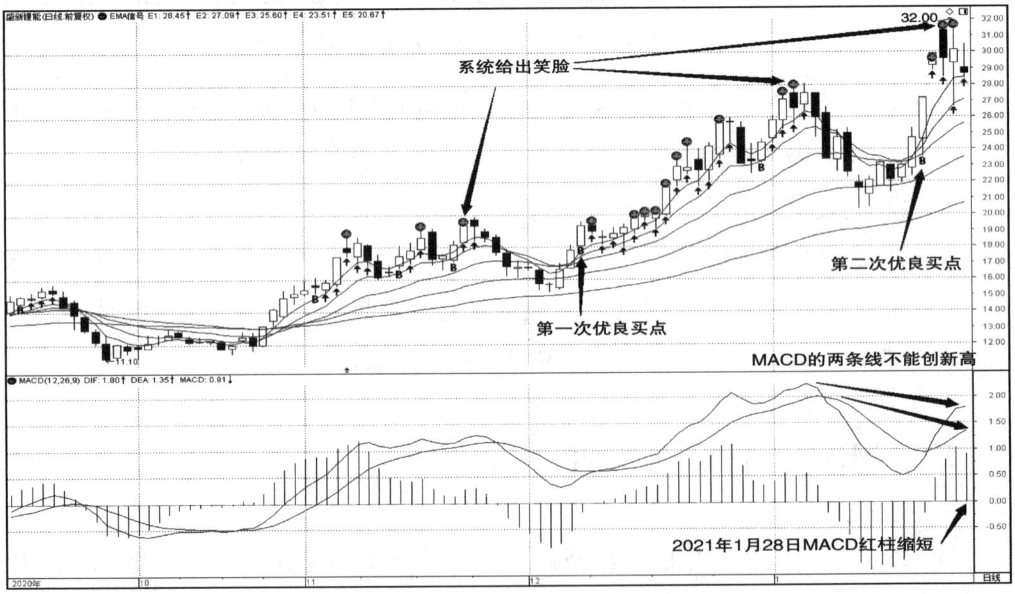

图 6－2－6　盛新锂能日 K 线（1）

图 6－2－6 是盛新锂能的日 K 线图，图中时间跨度为 2020 年 9 月至 2021 年 1 月。可以看到，系统在给出笑脸之后先后两次给出了明显的优良买点，相应时点的周 K 线图上也有买入信号，此处不再赘述。2021 年 1 月 22 日系统第二次给出

了优良买点之后，股价迅速拉升并创出新高，之后系统连续给出笑脸。从图中低位算起该股最高点累计涨幅已经接近 200%，因此投资者应该密切关注该股是否出现顶背离信号。

到了 2021 年 1 月 28 日，也就是图中最后停留的位置，在股价创新高的同时 MACD 的两条线没有超过上一轮的高点创出新高，同时 MACD 指标的红柱开始缩短，这就符合 MACD 指标顶背离的逃顶要求，此时投资者应该及时卖出股票。

下面我们来看该股后续走势，见图 6－2－7。

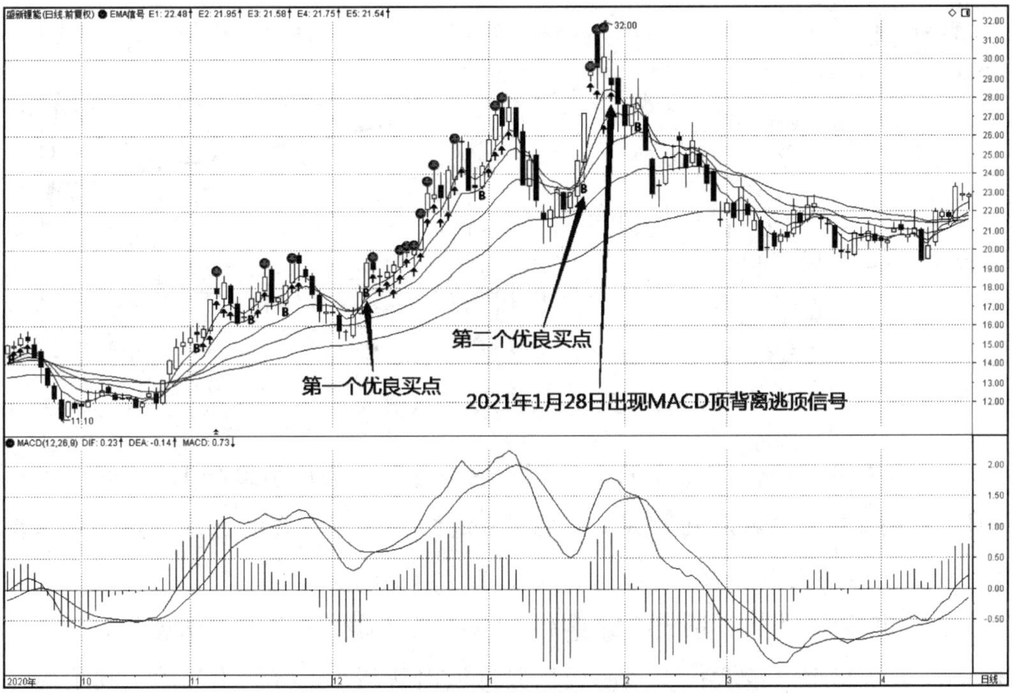

图 6－2－7　盛新锂能日 K 线（2）

图 6－2－7 是盛新锂能的日 K 线图，图中时间跨度为 2020 年 9 月至 2021 年 4 月。可以看到，该股在出现了 MACD 指标顶背离逃顶信号后，股价迅速回落并持续调整了 2 个多月。

2. TCL 科技（000100）

第四章第二节，我们介绍了一个由双底演变为三重底的例子——TCL 科技，下面我们来看看该股符合 MACD 指标顶背离卖出的形态，见图 6－2－8。

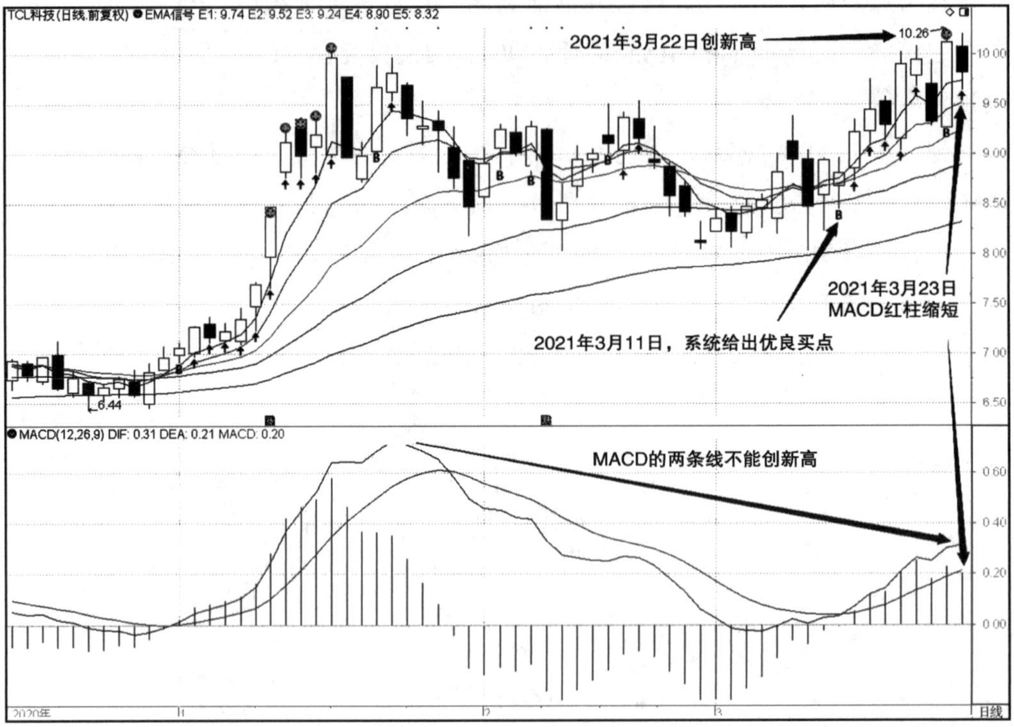

图 6－2－8　TCL 科技日 K 线（4）

图 6－2－8 是 TCL 科技的日 K 线图，图中时间跨度为 2020 年 12 月至 2021 年 3 月。在前文中，笔者以其为例，介绍了双底演变为三重底的优良买点，这里我们再来看该股的卖出信号。

2021 年 3 月 11 日，系统给出了优良买点之后，股价就开始了大幅拉升。到了 2021 年 3 月 22 日，该股拉出大阳线且股价创出新高，系统给出笑脸。到了第二天，即 2021 年 3 月 23 日，MACD 的两条线没有超过上一轮的高点创新高，同时 MACD 指标的红柱开始缩短，这就符合 MACD 指标顶背离逃顶的要求，此时投资者应该卖出股票。

下面我们来看该股后续走势，见图 6－2－9。

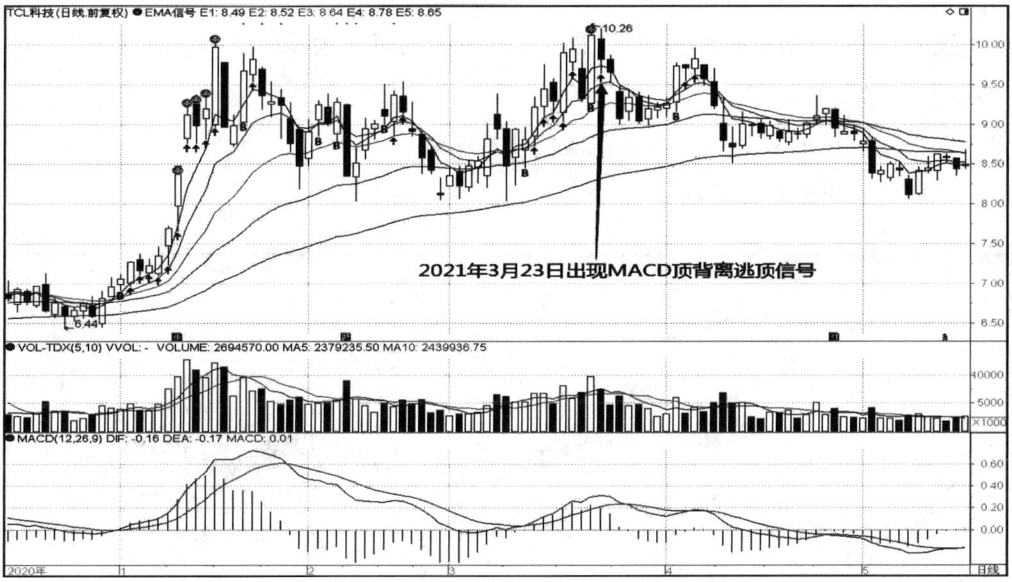

图 6-2-9 TCL 科技日 K 线（5）

图 6-2-9 是 TCL 科技的日 K 线图，图中时间跨度为 2020 年 12 月至 2021 年 5 月。可以看到，该股在给出了 MACD 指标顶背离逃顶信号后，股价难以继续拉升，反而逐步震荡向下。

3. 电科院（300215）

下面，我们再来看一个 MACD 指标顶背离卖出的案例——电科院，见图 6-2-10。

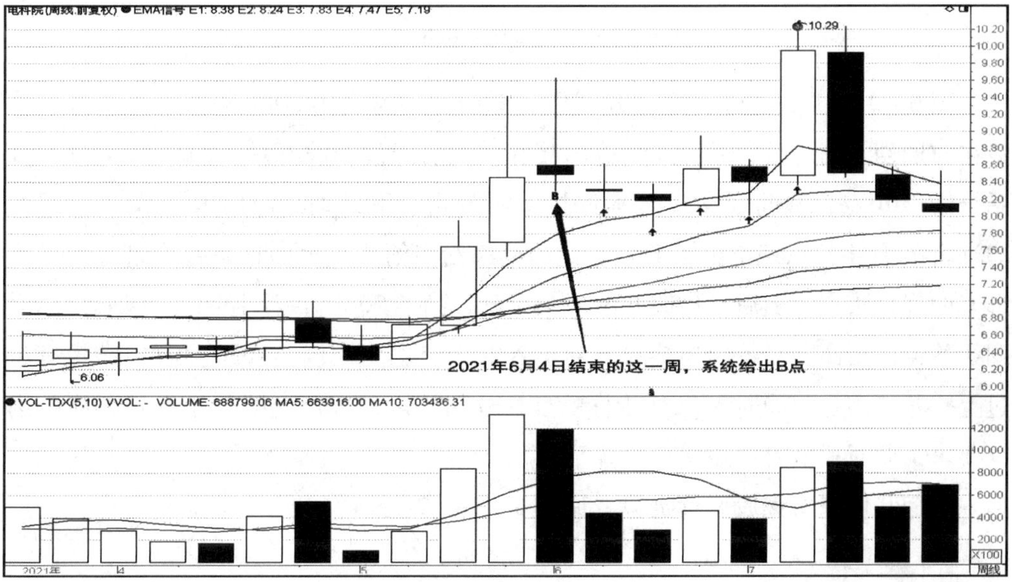

图 6-2-10 电科院周 K 线

图 6 - 2 - 10 是电科院的周 K 线图，图中时间跨度为 2021 年 3 月至 7 月。可以看到，在 2021 年 6 月 4 日结束的这一周，系统给出了 B 点，此后连续 5 周给出箭头。我们再从日 K 线图上寻找该股的优良买点。

下面我们再来看该股的日 K 线图，见图 6 - 2 - 11。

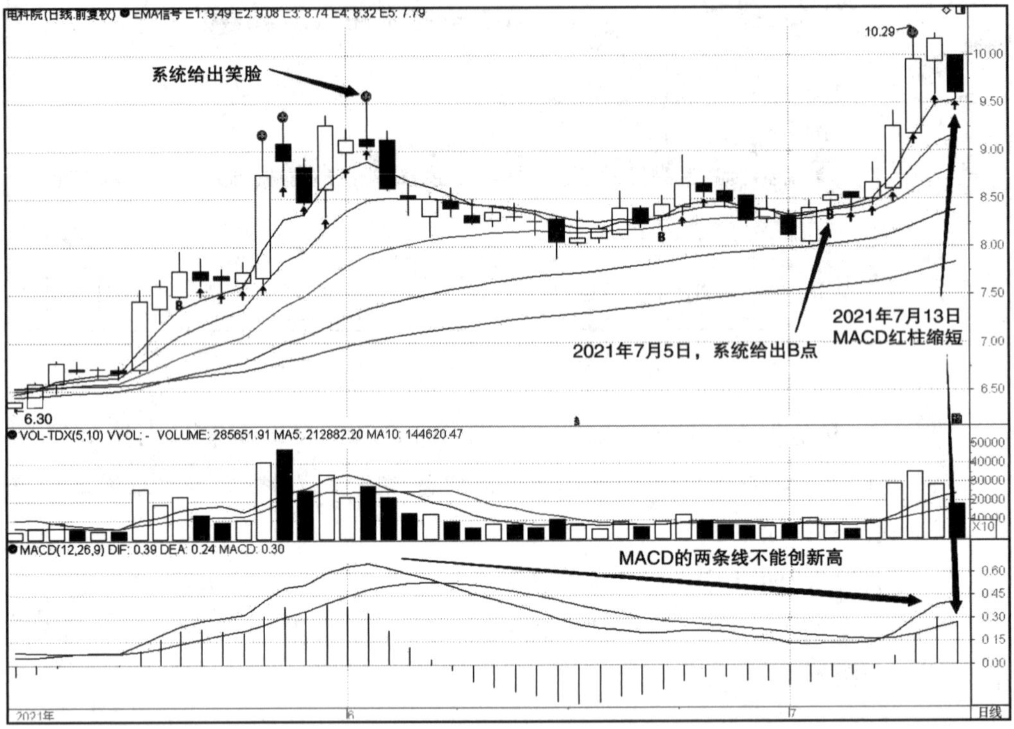

图 6 - 2 - 11　电科院日 K 线（1）

图 6 - 2 - 11 是电科院的日 K 线图，图中时间跨度为 2021 年 5 月至 7 月。该股在前期创新高之后，系统连续给出笑脸，此后经过两波下跌，2021 年 7 月 5 日系统给出 B 点，其间成交量基本保持上涨放量、下跌缩量。周 K 线图上，因为 2021 年 6 月 4 日系统给出了 B 点，此时继续给出箭头，表明这是符合第二种经典形态的优良买点。随后，该股开始大幅拉升，到了 2021 年 7 月 9 日，该股拉出大阳线并创出新高，系统给出笑脸。到了 2021 年 7 月 13 日，MACD 的两条线没有超过上一轮的高点，同时 MACD 指标的红柱开始缩短，符合 MACD 指标顶背离的逃顶要求，此时投资者应该卖出股票。

下面我们来看该股后续走势，见图 6 - 2 - 12。

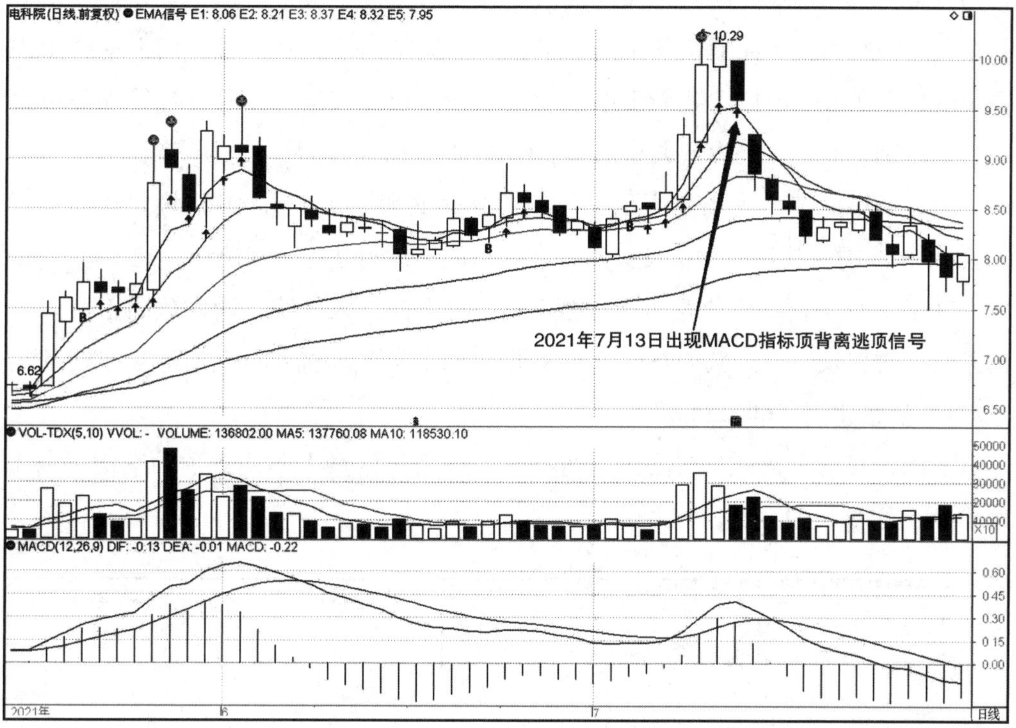

图 6-2-12 电科院日 K 线（2）

图 6-2-12 是电科院的日 K 线图，图中时间跨度为 2021 年 5 月至 7 月。可以看到，该股在给出 MACD 指标顶背离逃顶信号后，股价开始连续下跌乃至破位。

三、高位出现巨量大阴线

实战中，当股价经过一轮较大的上涨之后，在高位出现巨量大阴线时，通常是股价见顶的信号。所谓放巨量，是指股价在高位，一根大阴线的成交量比前面几根 K 线的平均成交量放大了一倍以上。前期股价累计的涨幅越大，高位大阴线的实体越长，大阴线的成交量越大，则股价见顶回落的可能性也就越大。出现高位巨量大阴线，可以是选股买入的 K 线周期，也可以是大一级的 K 线周期，不论是哪一个周期出现了典型的高位巨量大阴线，都是股价见顶的信号，投资者应该及时卖出股票，规避下跌的风险。

需要特别注意的是，高位巨量大阴线特别容易出现在涨停板的第二天，因为涨停板是股价拉升的极端形式，这样的个股理所当然会成为市场焦点，容易引发市场资金的争相追捧，因为在涨停板的当天无法买入个股，所以很多投资者就会在第二天追高买入，而潜伏其中的大资金一旦决定高位出货，在盘面上就会出现高位巨量大阴线。所以，我们手中的股票一旦出现涨停板，尤其是连续涨停板之后，要特别小心，一旦出现典型的高位巨量大阴线，必须及时逃顶卖出。

第五章第四节，我们介绍了一只超短线龙头股楚天龙（003040）。我们曾用60分钟K线图寻找该股的优良买点，之后该股连续封住4个涨停板，到了2021年5月11日，该股高开但收盘时下跌近7%，收出高位大阴线，同时放出上市以来的天量，这就是一个典型的高位巨量大阴线逃顶信号。此后，该股基本一路下跌。

1. 浦东建设（600284）

下面，我们来看一个在操作周期上面出现高位巨量大阴线逃顶的案例——浦东建设，见图6-2-13。

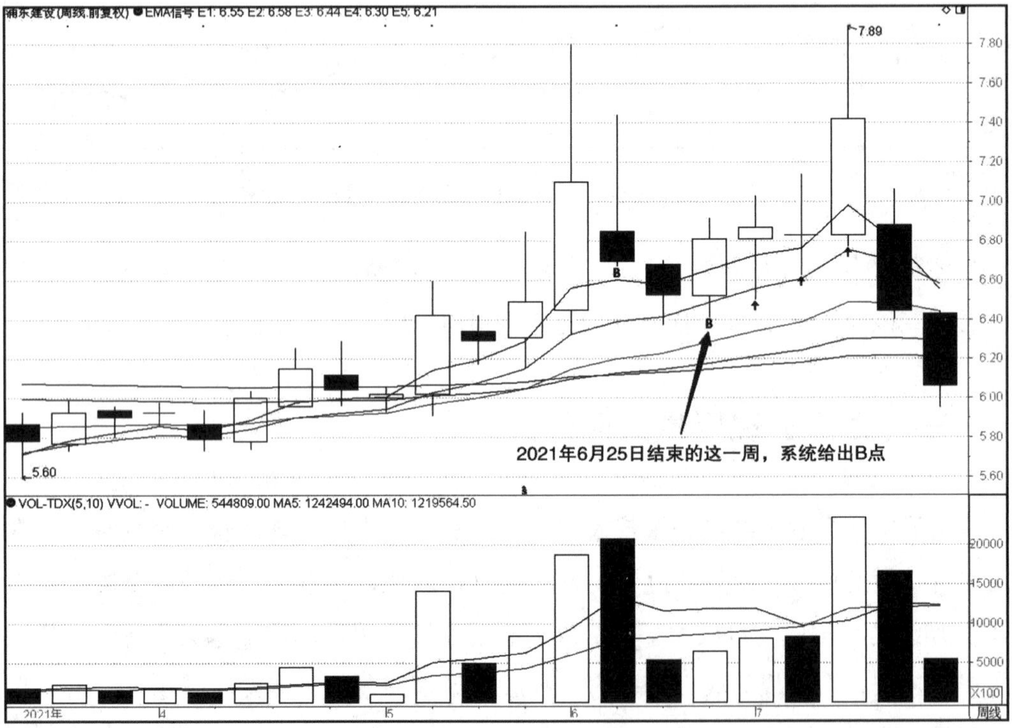

图6-2-13 浦东建设周K线

图6-2-13是浦东建设的周K线图，图中时间跨度为2021年3月至7月。可以看到，在2021年6月25日结束的这一周，系统给出了B点，此后连续3周给出箭头。我们再切换到日K线图上寻找该股的优良买点。

下面我们来看该股的日 K 线图，见图 6-2-14。

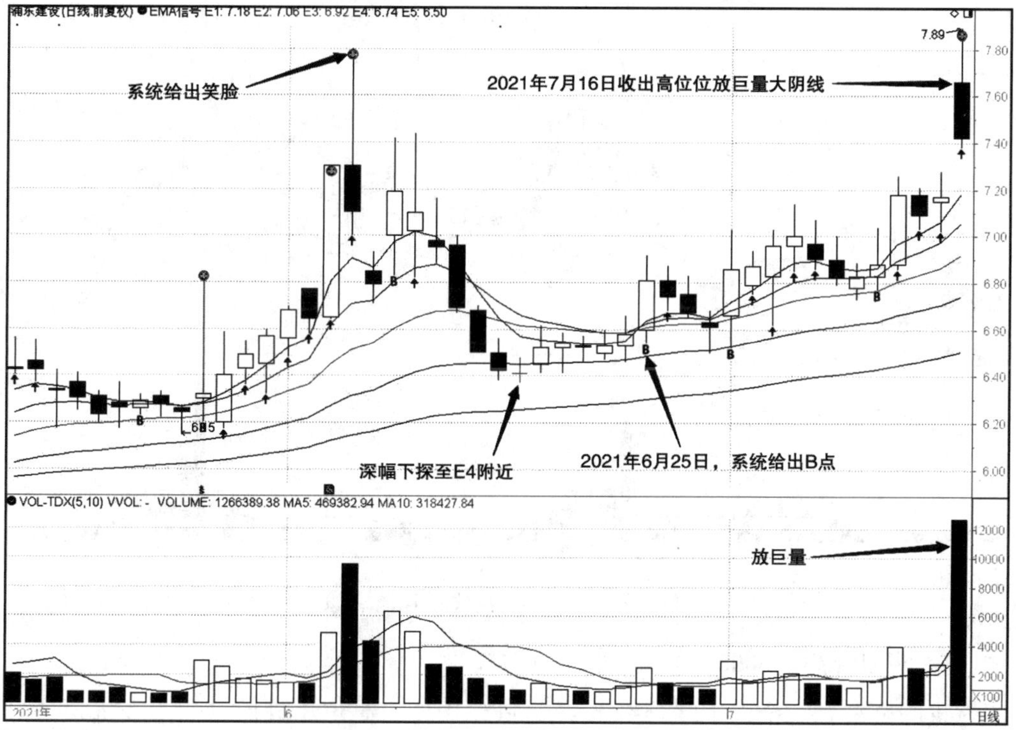

图 6-2-14 浦东建设日 K 线 (1)

图 6-2-14 是浦东建设的日 K 线图，图中时间跨度为 2021 年 5 月至 7 月。该股在前期创出新高之后，系统连续给出笑脸，此后经过一波深幅下探，回到 E4 附近，然后再次走强，在 2021 年 6 月 25 日系统给出 B 点，其间成交量基本保持上涨放量、下跌缩量。周 K 线图上，2021 年 6 月 25 日结束的这一周，系统同步给出了 B 点，表明这是完全符合第一种经典形态的优良买点。此后，股价虽有回调，但没有跌破第一波下跌的最低点，即没有跌破止损位，然后股价开始逐步拉升。到了 2021 年 7 月 16 日，该股跳空高开，但收出高位巨量的大阴线，符合第三种逃顶卖出信号的要求，此时投资者应该卖出股票。

下面我们来看该股后续走势，见图 6-2-15。

图 6-2-15 是浦东建设的日 K 线图，图中时间跨度为 2021 年 4 月至 7 月。可以看到，该股在给出高位巨量大阴线逃顶信号后，股价开始连续下跌乃至破位。

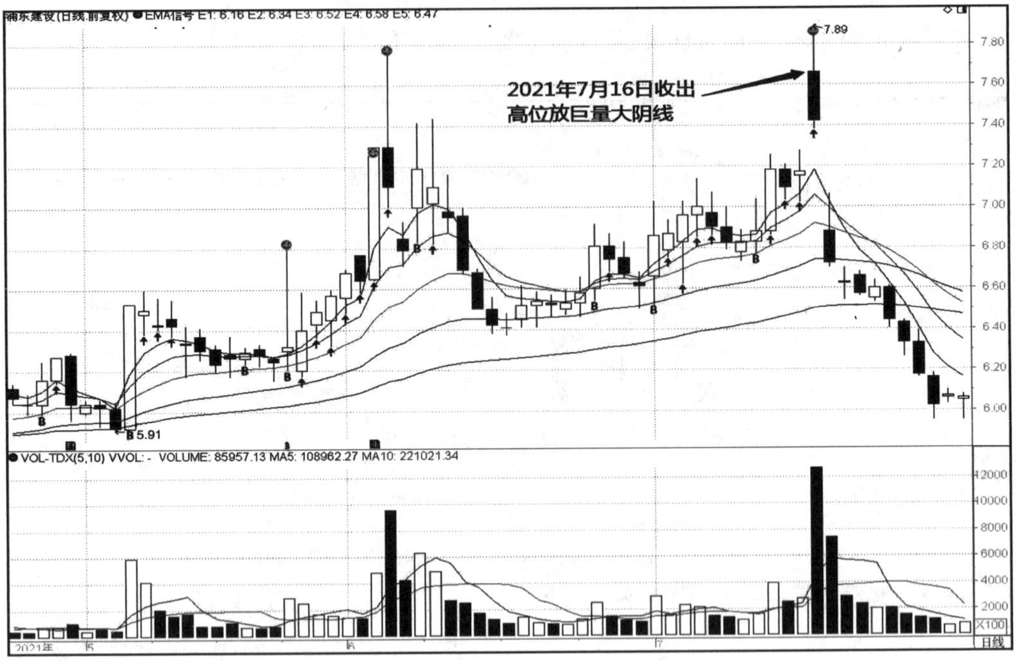

图 6-2-15　浦东建设日 K 线（2）

2. 惠泉啤酒（600573）

我们再来看一个以 120 分钟 K 线为操作周期、高位出现巨量大阴线逃顶信号的案例——惠泉啤酒，见图 6-2-16。

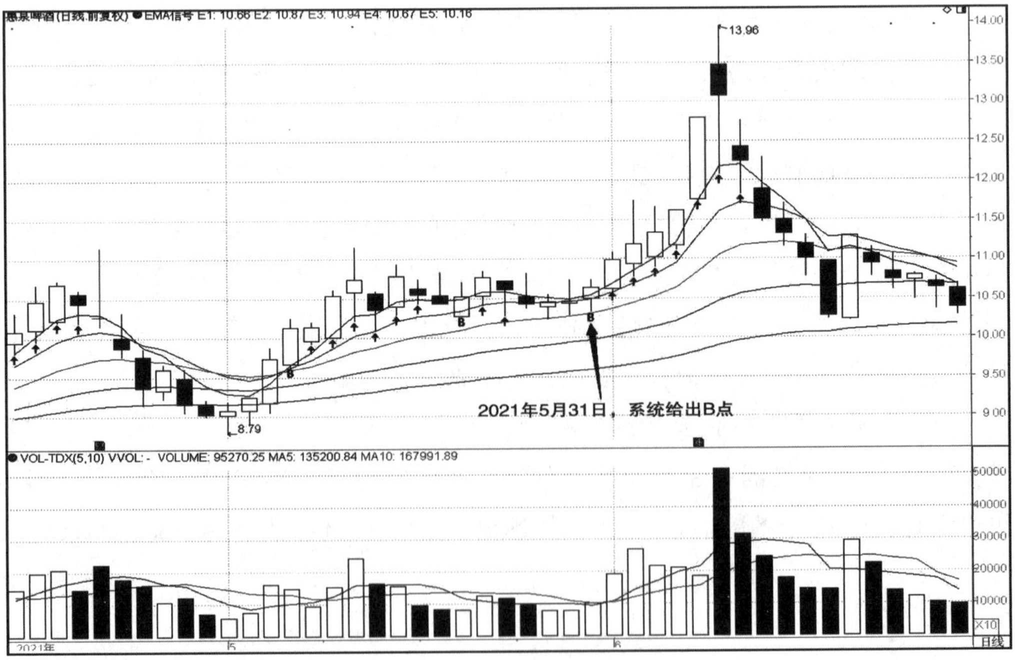

图 6-2-16　惠泉啤酒日 K 线

图 6－2－16 是惠泉啤酒的日 K 线图，图中时间跨度为 2021 年 4 月至 6 月。可以看到，2021 年 5 月 31 日系统给出 B 点，此后连续 7 天给出箭头，由于系统在前面没有给出笑脸，所以这并不是一个优良买点。我们切换到 120 分钟 K 线图上，却能找到优良买点。

下面我们再来看该股的 120 分钟 K 线图，见图 6－2－17。

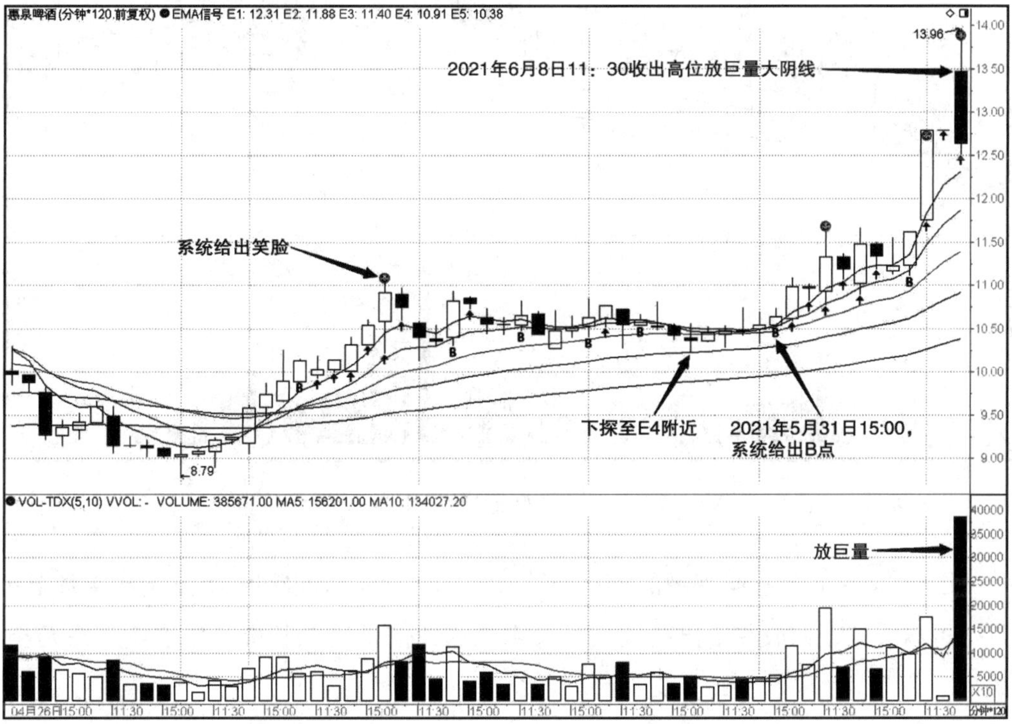

图 6－2－17　惠泉啤酒 120 分钟 K 线（1）

图 6－2－17 是惠泉啤酒的 120 分钟 K 线图，图中时间跨度为 2021 年 4 月至 6 月。可以看到，该股在前期创新高时，系统给出了笑脸，此后股价逐步回到 E4 上方，持续横盘震荡，其间系统给出了 4 个 B 点，但都不是优良买点。此后下探至 E4 附近后股价开始走强，并且在 2021 年 5 月 31 日 15：00 系统给出 B 点。在前面的调整阶段，成交量基本保持上涨放量、下跌缩量。日 K 线图上，2021 年 5 月 31 日系统也同步给出了 B 点，所以这是一个符合第三种经典形态的优良买点。此后，股价展开了连续拉升，在 2021 年 6 月 8 日 11：30 这一根 K 线收出了高位巨量大阴线，符合高位逃顶的要求，此时投资者应该卖出股票。

下面我们来看该股后续走势，见图 6－2－18。

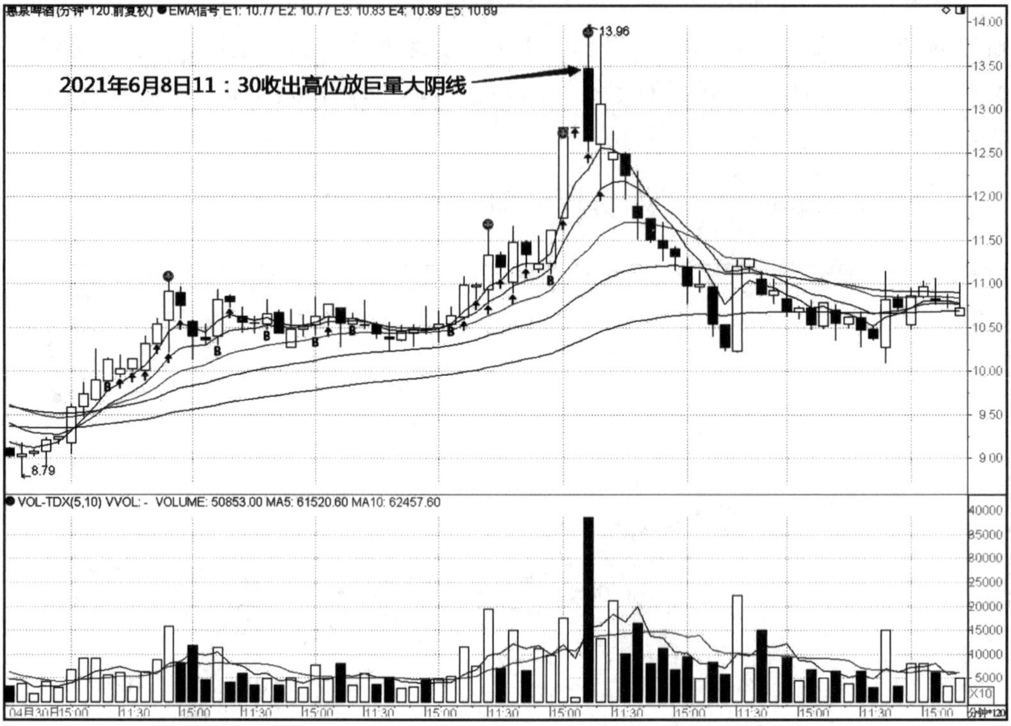

图 6－2－18　惠泉啤酒 120 分钟 K 线（2）

图 6－2－18 是惠泉啤酒的 120 分钟 K 线图，图中时间跨度为 2021 年 4 月至 6 月。可以看到，该股在给出高位巨量大阴线逃顶信号后，股价开始连续下跌乃至破位。

四、重要阻力位

很多时候，在系统给出优良买点后股价会连续拉升。此时，投资者需要密切注意上方的阻力位，对此，有不同的技术分析方法，而判断阻力位的方法也五花八门。笔者只选取其中最简单的一种阻力位，那就是前期曾经连续放巨量的密集成交区。因为该位置曾经放出巨量，说明这个价位附近有大量的套牢盘，如果目前股价拉升的成交量明显小于这个阻力位的平均成交量，那么要想突破这个阻力位就非常困难，股价有很大可能还会下跌，此时可选择先卖出股票，从而规避可能的风险。

重要阻力位逃顶的要点是前期阻力位的成交连续密集放量，而目前上涨拉升的成交量明显小于阻力位的成交量。如果股价冲击阻力位的同时，还叠加出现其他一种或者几种逃顶卖出信号，那么股价见顶的概率更大，投资者应该果断卖出股票；如果没有叠加出现其他逃顶卖出信号，那么等到某一根 K 线不再给出箭头时，也应该卖出股票。

下面，我们看几个典型的阻力位逃顶案例。

1. 冀东水泥（000401）

在第四章第二节，我们介绍了一个双底演变为四重底的例子——冀东水泥。在本章第一节介绍止损技巧时，也曾以其举例。现在我们再来看该股的卖出点应如何选取，见图 6－2－19。

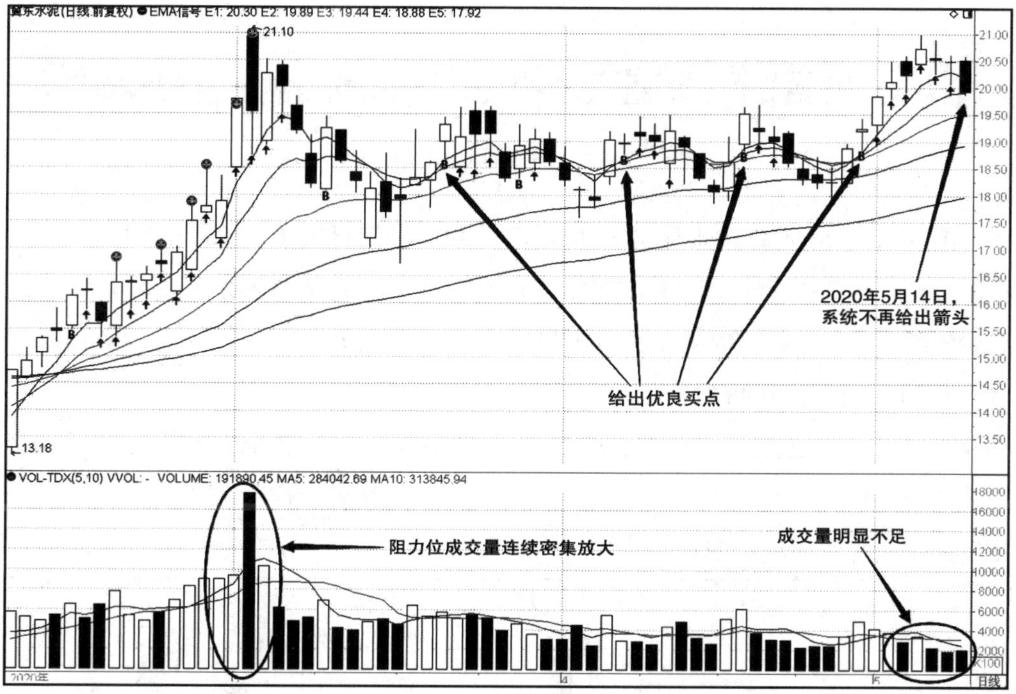

图 6－2－19 冀东水泥日 K 线（4）

图 6－2－19 是冀东水泥的日 K 线图，图中时间跨度为 2020 年 2 月至 5 月。可以看到，该股在构筑四重底时，系统连续 4 次给出了优良买点，此后股价开始连续上涨，指标也连续给出箭头，但是多头在攻击至前期阻力位附近的时候，成交量明显不足，而前期高位连续密集放巨量，因此前期高位是一个非常强的阻力位。到了 2020 年 5 月 14 日，系统不再给出箭头，此时完全符合重要阻力位逃顶技术形态，投资者应该先行卖出股票。

下面我们来看该股后续走势，见图6－2－20。

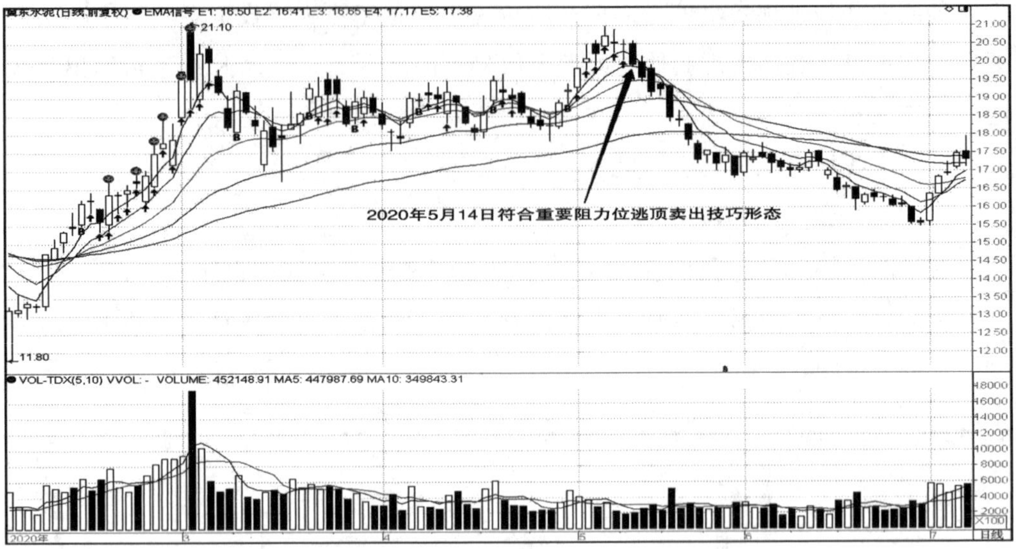

图6－2－20　冀东水泥日K线（5）

图6－2－20是冀东水泥的日K线图，图中时间跨度为2020年2月至7月。可以看到，自2020年5月14日该股符合重要阻力位逃顶条件之后，股价第二天开始连续下跌。如果及时卖出，就可以避免后面的持续下跌。

2. 上峰水泥（000672）

重要阻力位是前期密集成交量集中的一个区域，当弱势的股票上涨到了这个区域就会遇到强阻力，从而出现逃顶卖出的形态并具备相应的条件，下面看一个案例——上峰水泥，见图6－2－21。

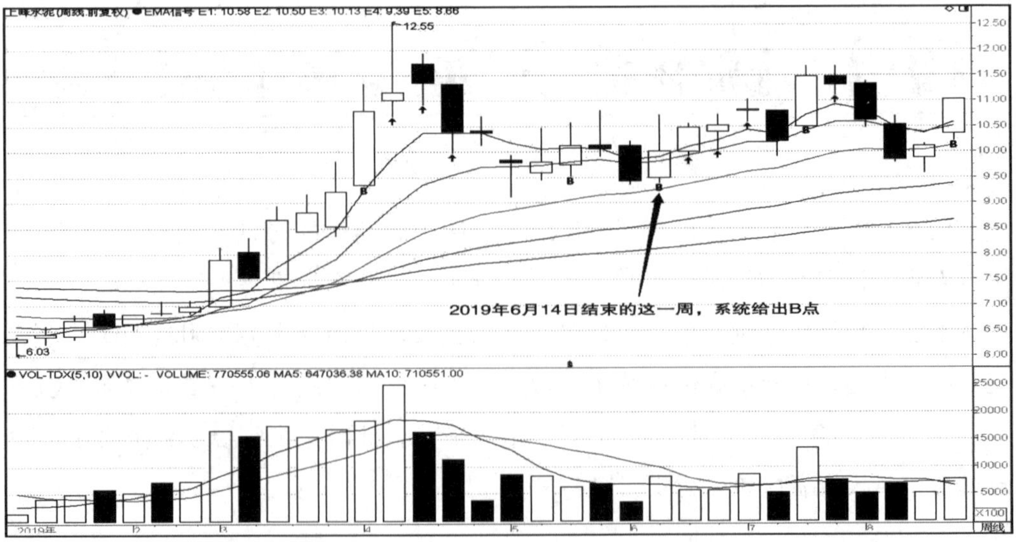

图6－2－21　上峰水泥周K线（2）

图6－2－21是上峰水泥的周K线图，图中时间跨度为2019年1月至8月。可以看到，在2019年6月14日结束的这一周，系统给出了B点，此后连续3周给出箭头。我们可再从日K线图上寻找该股的优良买点。

下面我们来看该股的日K线图，见图6－2－22。

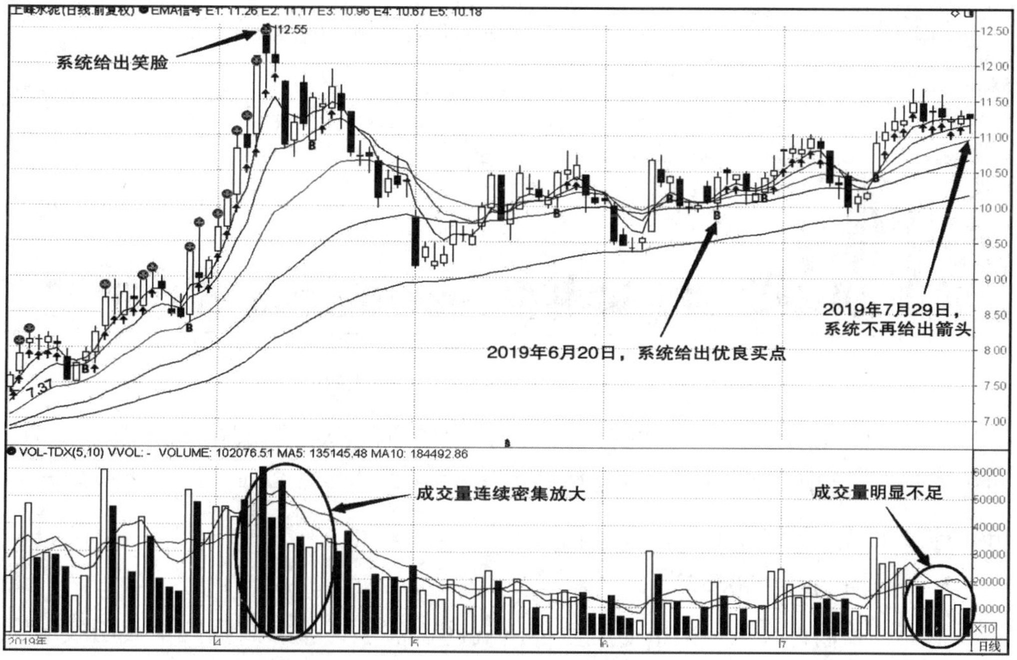

图6－2－22 上峰水泥日K线（2）

图6－2－22是上峰水泥的日K线图，图中时间跨度为2019年2月至7月。可以看到，该股在前期连续创出新高后，系统给出笑脸，此后经过两波下跌，中途两次给出B点，但周K线不支持，所以不是优良买点。直到2019年6月20日，系统给出B点，此时成交量配合良好，周K线上面也给出箭头，故这是一个符合第二种经典形态的优良买点。

此后，股价经过连续上涨，后再次下跌，但未跌破E5，没有触发止损，构筑三重底后，股价继续上涨，指标也连续给出箭头。遗憾的是，多头在攻击至前期阻力位附近时，成交量明显不足，而前期高位连续密集放巨量，是一个非常强的阻力位。到了2019年7月29日，系统不再给出箭头，此时完全符合重要阻力位逃顶技术形态，投资者应该卖出股票。

下面我们来看该股后续走势，见图6－2－23。

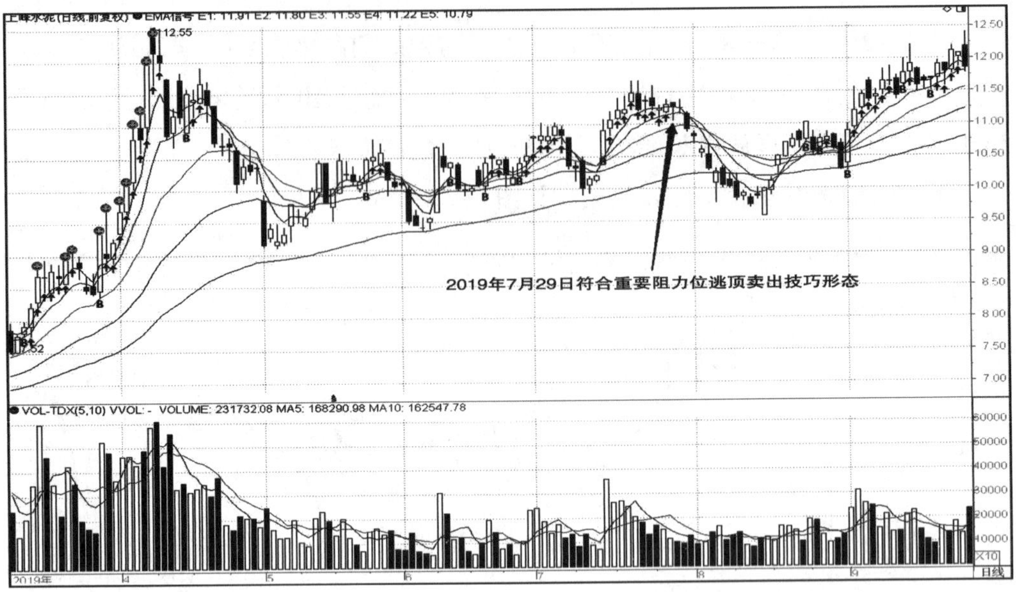

图 6－2－23　上峰水泥日 K 线（3）

图 6－2－23 是上峰水泥的日 K 线图，图中时间跨度为 2019 年 3 月至 9 月。可以看到，自 2019 年 7 月 29 日该股符合重要阻力位逃顶条件之后，股价第二天开始连续下跌，最终跌破 E5，跌幅不小。

3. 金岭矿业（000655）

下面，我们再来看一个重要阻力位出现逃顶信号且叠加高位巨量大阴线的案例——金岭矿业，见图 6－2－24。

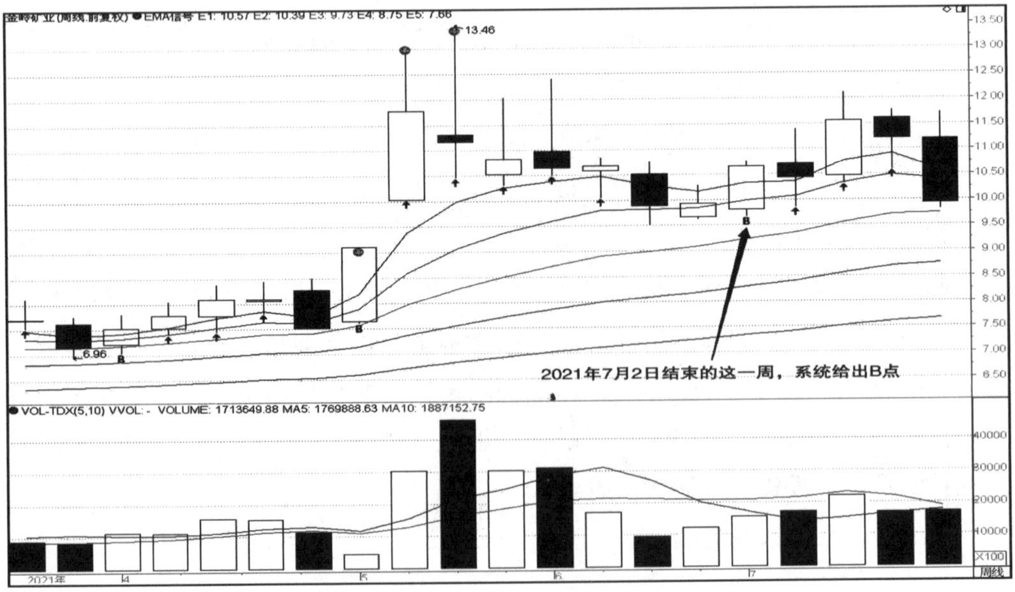

图 6－2－24　金岭矿业周 K 线

图6－2－24是金岭矿业的周K线图，图中时间跨度为2021年3月至7月。可以看到，在2021年7月2日结束的这一周，系统给出了B点，此后连续3周给出箭头。我们可再从日K线图上寻找该股的优良买点。

下面我们来看该股的日K线图，见图6－2－25。

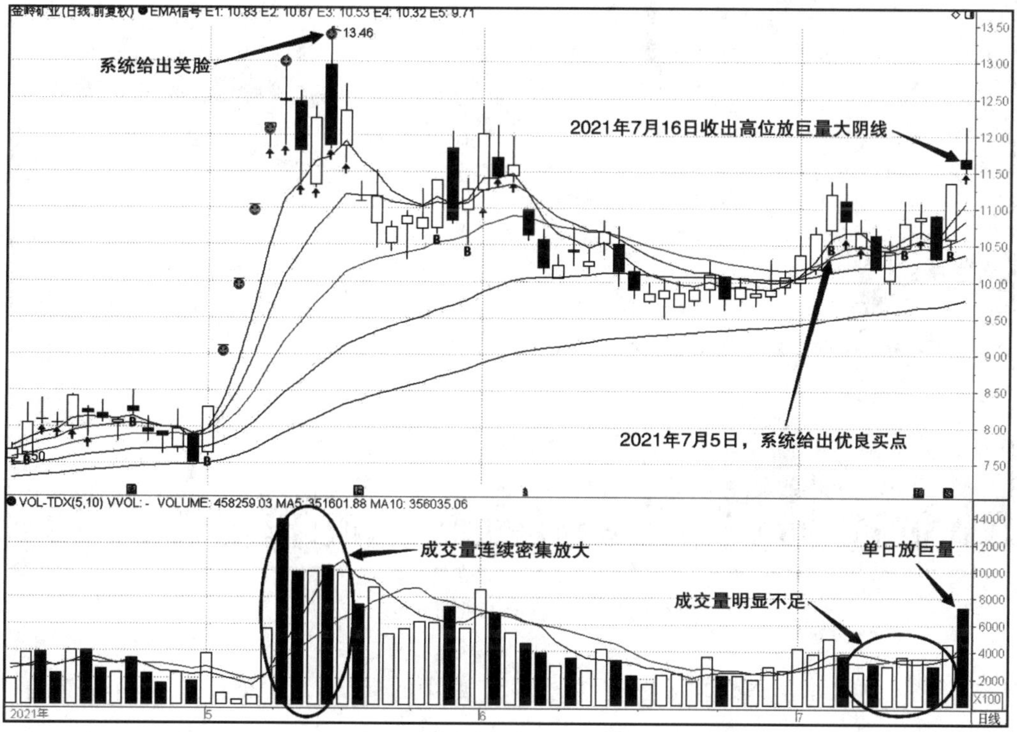

图6－2－25 金岭矿业日K线（1）

图6－2－25是金岭矿业的日K线图，图中时间跨度为2021年4月至7月。可以看到，该股在前期连续创出新高后，系统给出笑脸，此后经过深幅下探，回到E4下方。此后，股价再次走强并且在2021年7月5日系统给出B点，此时成交量配合良好，周K线上面系统也给出箭头，表明这是一个符合第一种经典形态的优良买点。

随后，股价震荡下跌，但没有跌破E5，没有触发止损。紧接着，股价继续上涨，但在冲击至前期阻力位附近时，成交量明显不足，且前期高位连续密集放巨量，是一个非常强的阻力位。2021年7月16日，该股收出一根高位巨量大阴线，虽然单日放巨量，但是总体成交量仍然远低于阻力位的成交量，此时完全符合重要阻力位逃顶技术形态，投资者应该卖出股票。

下面我们来看该股后续走势，见图6-2-26。

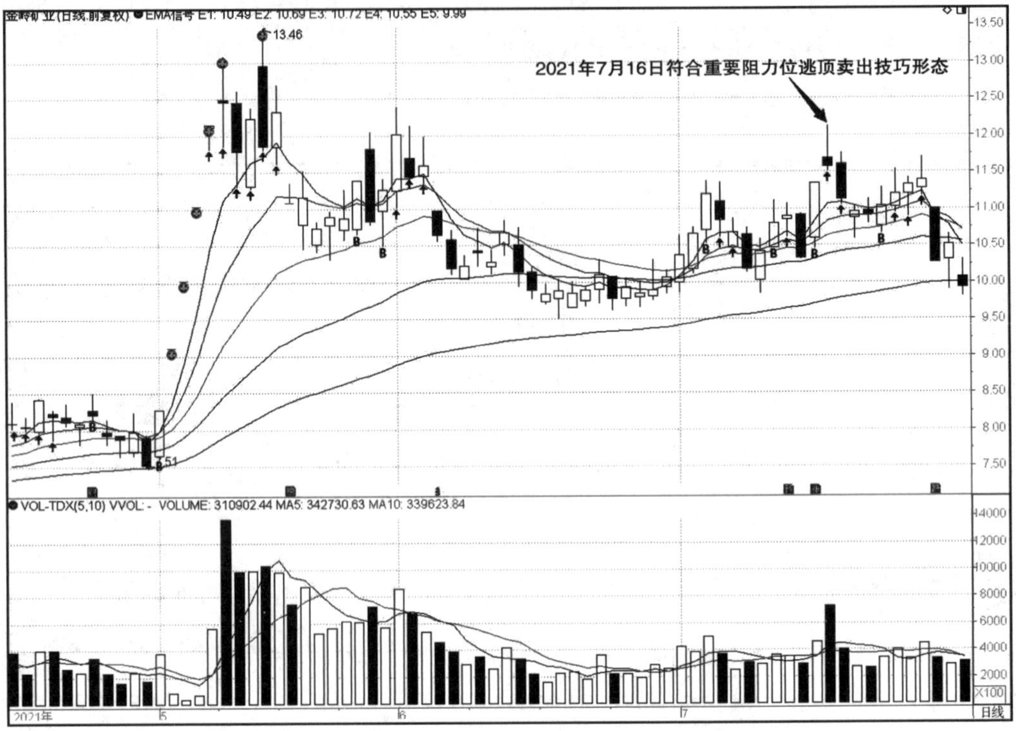

图6-2-26 金岭矿业日K线（2）

图6-2-26是金岭矿业的日K线图，图中时间跨度为2021年4月至7月。可以看到，自2021年7月16日该股符合重要阻力位逃顶卖出条件之后，股价第二天开始震荡向下，最终跌破E5。

五、特殊时间窗口

时间窗口理论非常复杂，其中神奇数列周期也可以形成时间窗口，但各种周期太过复杂，普通投资者不好把握。笔者经过长期实战，认为比较有效的是农历节气和朔望日可能出现的变盘，也就是说本来维持上升趋势的股票，到了农历节气或者朔望日的前后一天，有可能出现股价见顶回落的情况。

虽然农历节气和朔望日在每个月都会按时出现，但并不是在每一个农历节气和朔望日，每一只股票都会出现变盘，因此特殊时间窗口逃顶技巧不能单独使用，必须和前面4种逃顶技巧结合使用才会发挥作用，也就是说如果在农历节气和朔望日的前后一天，出现前面4种逃顶信号中的一种或者多种，那么股价见顶的可能性会显著变大，我们应该更坚定地卖出股票。

特殊时间窗口逃顶，要求我们关注几个特别的日子，那就是二十四节气和农历的初一、十五，也就是朔望日。二十四节气和朔、望首先是一个精确的时点，精确到几分几秒，这个通过万年历可以查到。

所谓朔，就是这一时刻太阳、月亮、地球排成一条直线，月亮在中间，朔所在的那一天被定为农历每月的初一；望，这一时刻太阳、地球、月亮排成一条直线，地球在中间，望一般为农历每月十五或者十六日。二十四节气则是地球围绕太阳旋转到了关键节点位置的时间点。

这些时间窗口的原理，是天体运行到了特殊位置时，不仅会对地球的生态环境产生全方位的影响，也会对所有生物节律乃至于人类社会的生产生活产生巨大影响，延伸到金融市场上，这些时间窗口的前后更容易发生转折性变化，俗称变盘。时间窗口大体可以精确到某一天，所以特殊时间窗口逃顶也只能在日K线上进行应用，在月K线、周K线上以及比日K线更小的周期K线上均无法应用。

本节在介绍高位巨量大阴线逃顶案例时，曾以楚天龙（003040）为例，该股出现优良买点之后，曾连续封住4个涨停板，到了2021年5月11日，该股收出高位巨量大阴线，符合第四种逃顶卖出技巧形态。另外，我们查询万年历可以得知，2021年5月12日是农历四月初一，这一天的凌晨2点59分38秒就是朔，由于朔出现在凌晨，所以对其前后两天也就是2021年5月11日和2021年5月12日这两天，可能会造成股价见顶回落。在此情况下，2021年5月11日出现的高位巨量大阴线，同时叠加时间窗口逃顶信号，那么股价见顶的可能性就非常高了。事实也是如此，该股其后就一路下跌，因此我们最迟在2021年5月11日收盘前就应该卖出该股，以规避其后的调整。下面再来看几个典型的案例。

1. 用友网络（600588）

下面再看一个特殊时间窗口叠加重要阻力位逃顶的案例——用友网络，见图6-2-27。

图6-2-27是用友网络的周K线图，图中时间跨度为2019年10月至2020年8月。可以看到，在2020年4月17日结束的这一周，系统给出了B点。我们再从日K线图上寻找该股的优良买点。

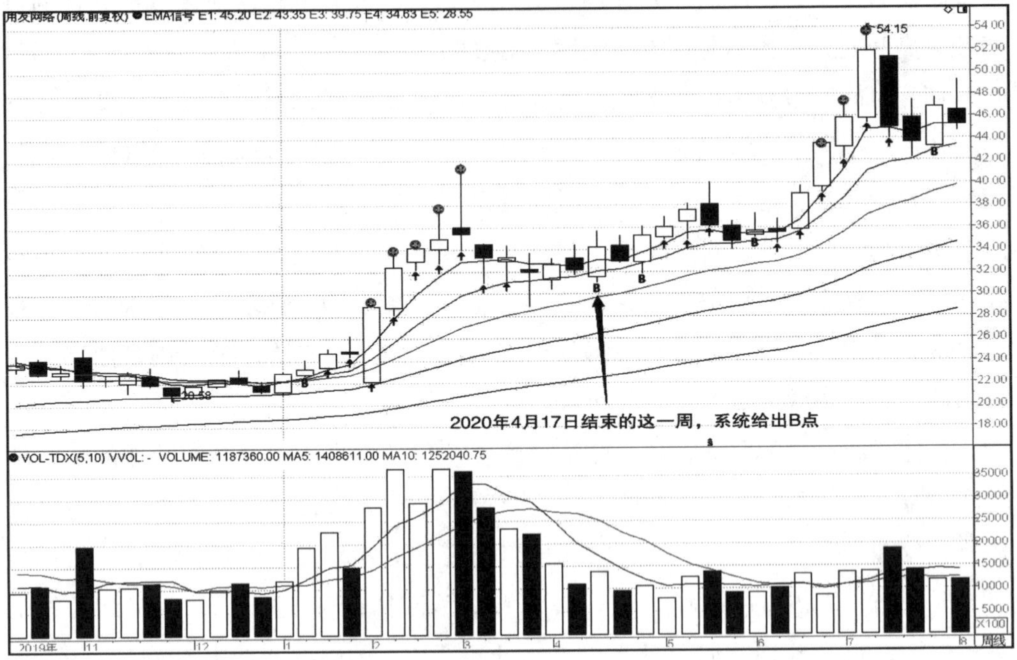

图 6-2-27　用友网络周 K 线

下面我们再来看该股的日 K 线图，见图 6-2-28。

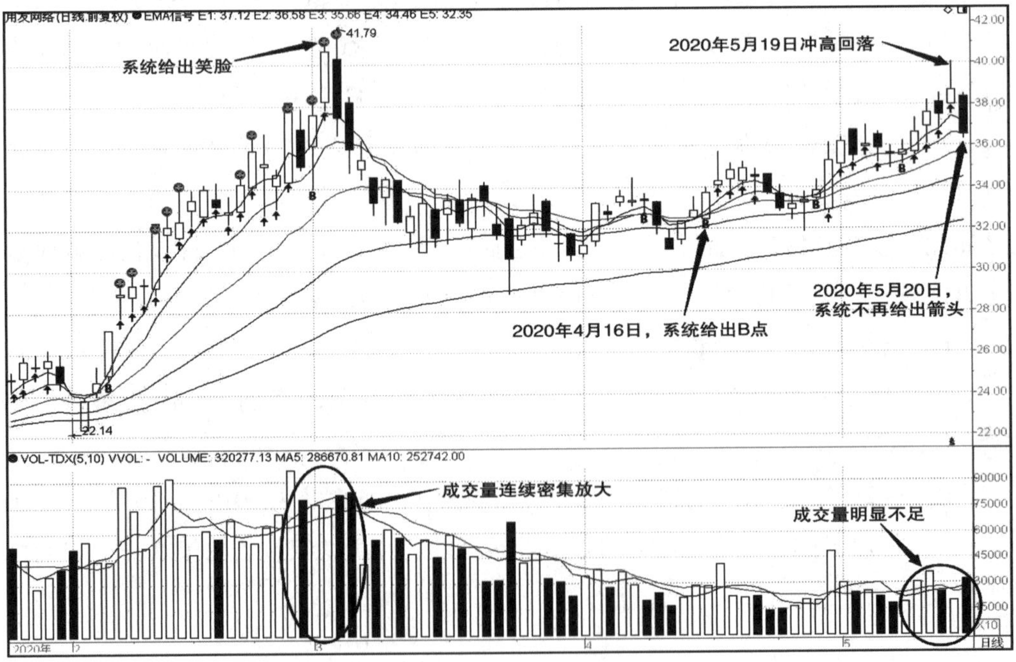

图 6-2-28　用友网络日 K 线（1）

图6－2－28是用友网络的日K线图，图中时间跨度为2020年1月至5月。可以看到，该股在前期连续创新高后系统给出笑脸，此后经过深幅下探，最低点回到E5附近。此后，股价再次走强，2020年4月16日系统给出B点，此时成交量配合良好，周K线上面系统也同步给出B点，表明这是一个符合第一种经典形态的优良买点。随后，该股震荡下跌，但没有跌破E5，没有触发止损。此后股价继续上涨，但多头在攻击至前期阻力位附近时，成交量明显不足，且前期高位连续密集放巨量，是一个非常强的阻力位。2020年5月19日，该股冲高接近前期高点后回落，2020年5月20日紧接着大跌，系统不再给出箭头。查询万年历可知，2020年5月20日是农历小满，这一天的晚上9点49分9秒是小满，这一天股价冲击高点回落再叠加时间窗口，股价容易见顶，投资者可先卖出股票。

下面我们来看该股后续走势，见图6－2－29。

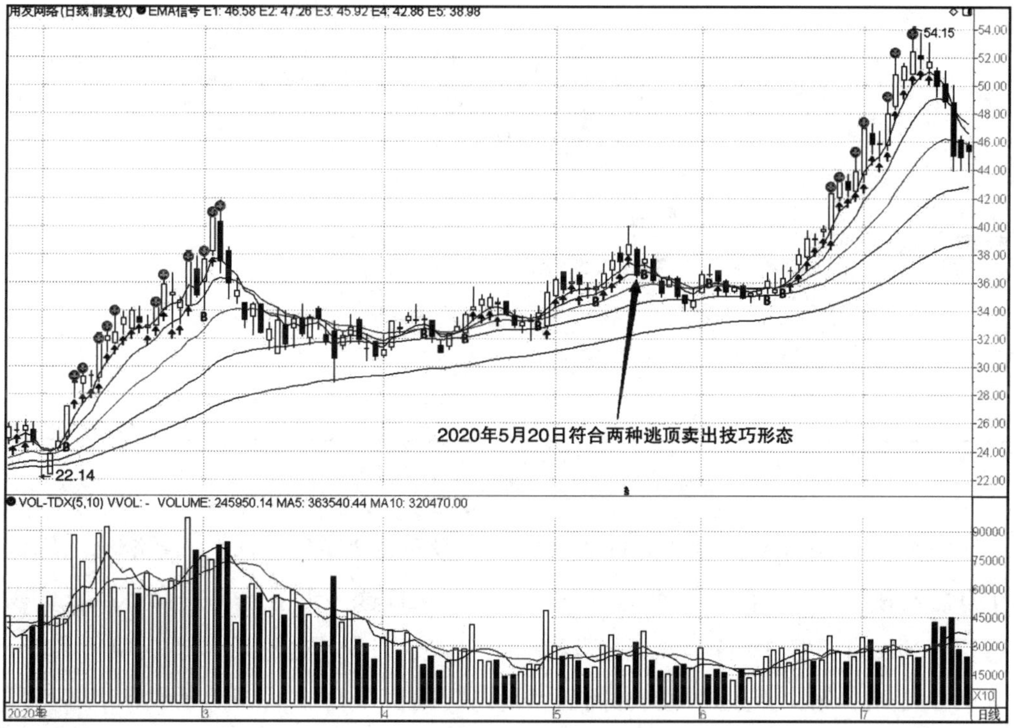

图6－2－29 用友网络日K线（2）

图6－2－29是用友网络的日K线图，图中时间跨度为2020年1月至7月。可以看到，自2020年5月20日该股符合重要阻力位逃顶，同时叠加时间窗口卖出条件之后，股价第二天略微反弹后震荡向下，很快跌回E4附近，投资者可以先

行卖出股票。虽然股价后面再次走强，但我们依然可以根据系统给出的优良买点，再次买入。事实证明，股价的涨跌是常态，我们要做的是，根据系统给出的买卖信号，灵活操作，来回吃波段，也可以换股操作，只要能够扩大利润、减少亏损的，都是有效的操作。

2. 登海种业（002041）

下面，我们再看一个特殊时间窗口叠加 KDJ 指标超买逃顶的案例——登海种业。本节我们在讲解 KDJ 指标抛物线拉升超买的时候，曾分析过该股，这里再来看该股符合时间窗口逃顶的情况，见图 6－2－30。

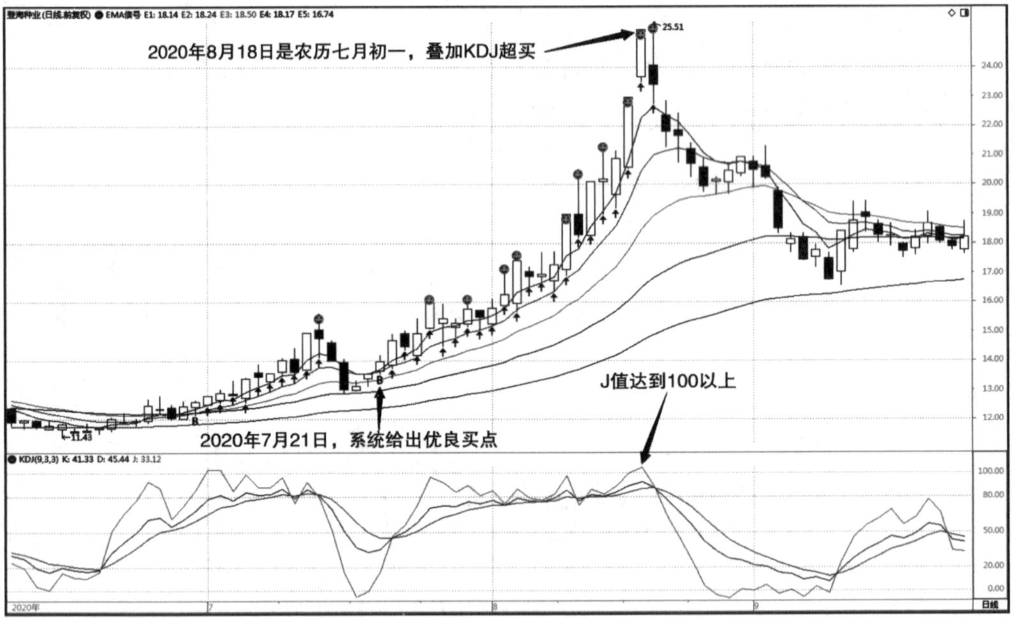

图 6－2－30　登海种业日 K 线（5）

图 6－2－30 是登海种业的日 K 线图，该股在 2020 年 7 月 21 日系统给出优良买点后迅速拉升，一路上涨直到 2020 年 8 月 19 日这一天涨停。查询万年历可以得知，2020 年 8 月 19 日是农历七月初一，也就是朔日，这一天的上午 10 点 41 分 31 秒就是朔，第二天股价短暂冲高后回落，时间窗口叠加了 KDJ 超买，很容易形成顶点。此时投资者应该卖出股票。果然，此处成为该股阶段性高点。

3. 电科院（300215）

下面再来看一个时间窗口叠加 MACD 指标顶背离逃顶的案例——电科院。本节我们在讲解 MACD 指标顶背离逃顶时曾以该股为例，这里再来看该股符合时间窗口逃顶的情况，见图 6－2－31。

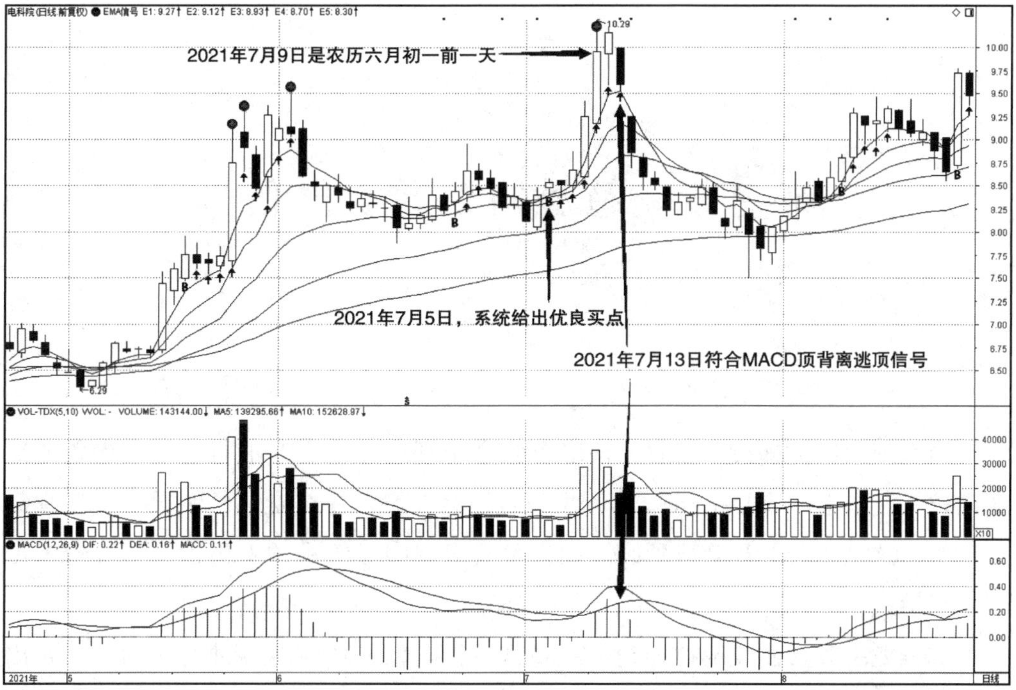

图 6-2-31 电科院日 K 线（3）

图 6-2-31 是电科院的日 K 线图，该股在 2021 年 7 月 5 日系统给出优良买点之后迅速拉升，2021 年 7 月 9 日这一天创新高。查询万年历可以得知，2021 年 7 月 10 日是农历六月初一，是朔日，这一天的上午 9 点 16 分 27 秒就是朔，由于这一天是星期六，股市休市，因此前后紧邻的交易日都可能出现阶段性高点。事实上，前一天的 2021 年 7 月 9 日股价创出了最高点，周末后的下一个交易日（即 2021 年 7 月 12 日）股价收阳线但未能创新高，到了 2021 年 7 月 13 日，MACD 指标出现顶背离，在短短 3 个交易日内，叠加了两种逃顶卖出信号，此处股价很容易形成阶段性顶点。此时投资者应该卖出股票。此后，该股果然出现短线大跌。

第三节 趋势结束的卖出信号

当系统给出优良买点之后，很多个股会顺利地走出主升浪行情，成为各方追捧的龙头。本书的核心指标——EMA 信号，会在股价持续走高的情况下，连续给出箭头，这意味着上升趋势延续。如果没有出现明显的逃顶卖出信号，投资者可以继续持股。

部分龙头股会在股价拉升到某一高度后，出现一种或者多种明显的逃顶卖出信号，此时我们应在谨慎判断后，根据情况灵活处理。还有部分龙头股不会出现明显、典型的逃顶卖出信号，但即便如此，股价的上升趋势在一段时间之后，也会自然结束，这就需要我们使用趋势结束信号来判断上升趋势何时结束。

股价开始持续走高后，EMA 信号指标会持续给出箭头，在股价经历了持续大幅拉升，基本完成了一轮趋势性上涨，且在高位出现一定回落的情况下，系统就不会再给出箭头，这就是趋势结束的卖出信号。如果在 EMA 信号指标不再给出箭头的同时，出现了一种或者多种明显的逃顶卖出信号，那么卖出信号准确性更高，此时投资者应果断卖出股票。

趋势结束的卖出信号通常是在股价从高点回落一定幅度之后才会出现，从这一点来说，它不如逃顶卖出那样尽可能地卖在最高点，但其优点是不容易错过各种类型龙头股的主升浪行情，能够把握住龙头股的大部分涨幅，同时在趋势结束后又可以及时提醒我们卖出股票。在完整持有一轮趋势性行情、获取了丰厚的盈利之后，就算有一些利润回吐，也是可以接受的。好比吃鱼，能吃掉最美味的鱼身就是很好的一种享受，你不能奢求鱼头和鱼尾都不放过。

具体到操作层面来说，各种不同形态的龙头股进入拉升阶段之后，会呈现出两种不同强度的上涨行情：一种是一般的龙头股拉升行情，具体表现是上方阻力重重，上涨成交量不足，主力拉升不坚决，上涨空间也不大；另一种是超强势的主升浪行情，这种行情是所有投资者都梦寐以求的，其表现是上方几乎没有阻力位，成交量配合良好，主力拉升坚决，上涨空间巨大，就算中途有所回调，也会很快重拾升势。由此，就造成了趋势结束的卖出信号也有两种不同类型，需要投资者区别对待。下面，我们将具体说明。

一、一般龙头股趋势结束时的卖出方法

通常来说，针对一般龙头股，系统只在操作周期上给出了笑脸，大一级周期上没有给出笑脸，也就是说这类个股还有高点没有突破，形成了上方长期阻力位，限制了股价上涨的空间。给出优良买点之后，股价能够拉升一定幅度，但上涨到长期阻力位附近时，EMA 信号指标不再给出箭头，这就是上涨趋势结束的信号。

实战中，我们根据优良买点买入个股，在股价持续向上，突破前期给出笑脸的高点之后，就需要切换到大一级周期上，关注系统是否给出了笑脸。如果没有，那么大概率是一般的龙头股拉升行情，在这种情况下，一旦某根 K 线收盘时不再给出箭头，就表明很有可能就是上升趋势结束了，投资者在这根 K 线收盘之时就可以卖出股票。如果后面该股再度走强，必须等待优良买点的出现，才能再次买入。

下面，我们来看一个典型的案例——昇辉科技（300423），见图 6－3－1。

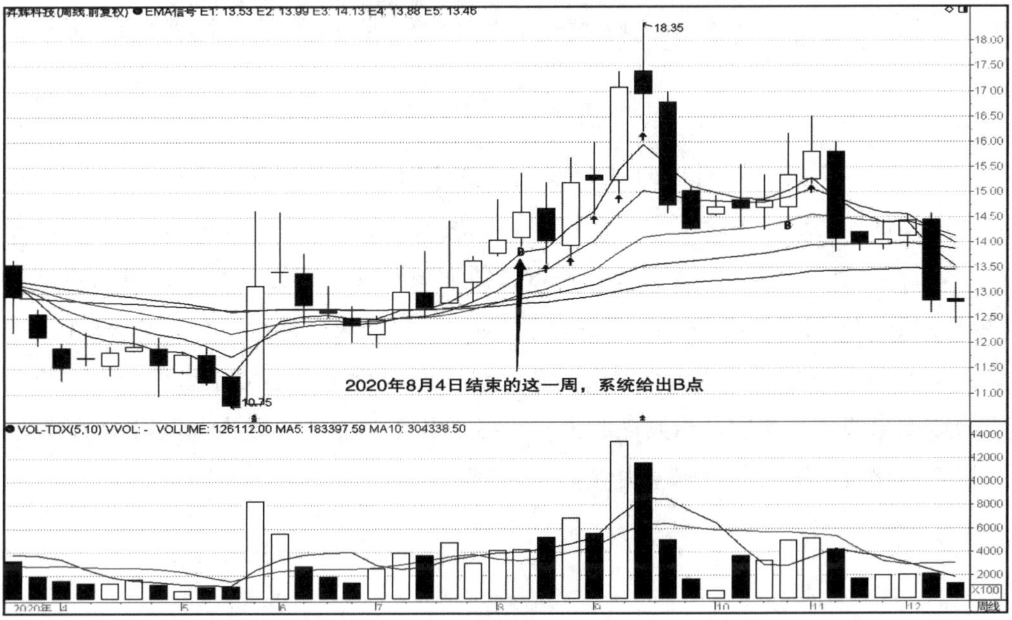

图 6－3－1 昇辉科技周 K 线

图 6－3－1 是昇辉科技的周 K 线图，图中时间跨度为 2020 年 3 月至 12 月。可以看到，在 2020 年 8 月 14 日结束的这一周，系统给出了 B 点，此后连续 5 周给出箭头，但是系统始终没有给出笑脸。我们再从日 K 线图上寻找该股的优良买点。

下面我们来看该股的日 K 线图，见图 6－3－2。

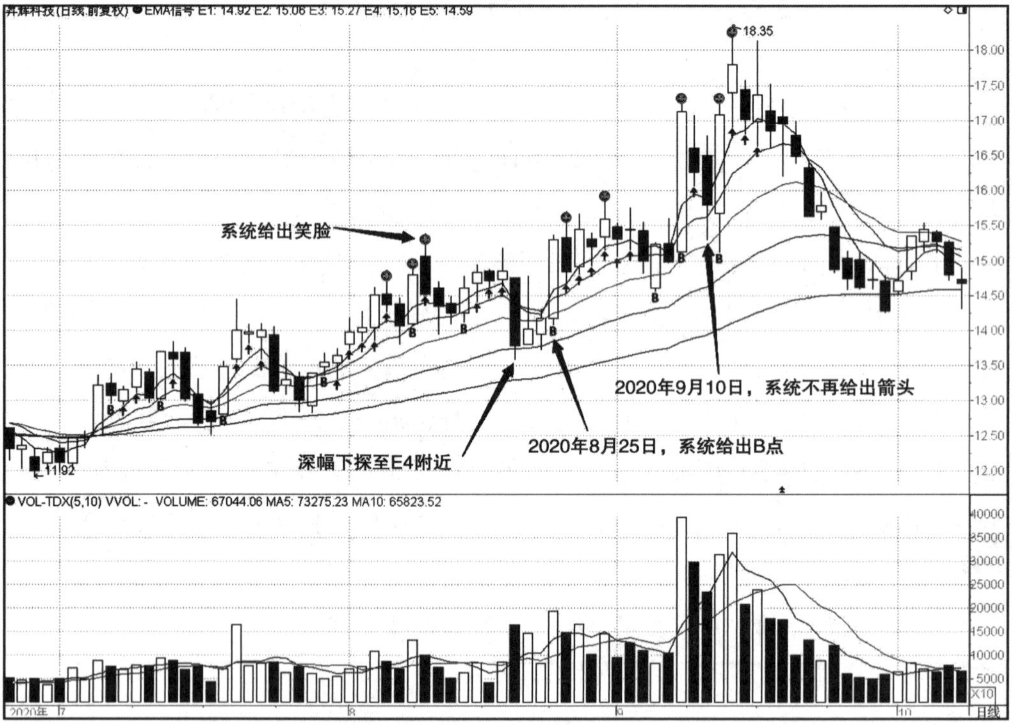

图 6－3－2　昇辉科技日 K 线

图 6－3－2 是昇辉科技的日 K 线图，图中时间跨度为 2020 年 6 月至 10 月。该股前面创新高后，系统连续给出笑脸，此后股价震荡回到 E4 附近。在 2020 年 8 月25 日，该股大涨，系统给出了 B 点，仔细观察其形态完全符合优良买点的第四种经典形态，因此这是一个优良买点。随后，该股震荡向上，到了 2020 年 9 月 10 日，该股下跌后，系统不再给出箭头，这就是股价上升趋势结束的信号，投资者应该卖出股票。此后，虽然该股再次给出了 B 点，但周 K 线上面没有给出笑脸，投资者不能贸然买入，否则损失惨重。

二、超强势行情追击时的卖出方法

针对超强势的龙头股，系统会在大一级周期上给出了笑脸，甚至在更大一级的周期上也给出了笑脸，还有许多个股创下了历史新高。也就是说，针对此类龙头股，系统在任何周期上都给出了笑脸。这样的话，股价上方就没有像样的阻力位了，股价上涨的空间已经打开，此时就可以采用超强势行情追击卖出方法。

这种卖出方法还包括超强势追击买入的方法，笔者之所以没有把这种方法归类为龙头股的买入方法，是因为这不属于龙头股的启动买点，而是超强势主升浪行情中的中途追买点，并且随时不再给出箭头，投资者必须随时卖出，所以这是一种极其特殊的买卖方法。

实战中，我们根据优良买点买入个股，一旦股价走出超强势行情，可能会有连续几波行情，也就是说 EMA 信号指标会分成几段连续给出 B 点加上若干箭头的波段，其中一段上涨完成后，股价可能会有小幅调整并不再给出箭头，然后很快又给出 B 点，随之又给出一连串的箭头，这一段上涨完成之后可能还会反复这一过程，直到本轮趋势结束。

因此，对于这种龙头股来说，完成了一轮趋势性的上涨之后，当某一根 K 线 EMA 信号指标不再给出箭头，我们就应该卖出股票，以防止趋势就此结束。但是，在短时间内再次给出 B 点时（此处的短时间是指不再给出箭头的 K 线不能超过三根），我们就应该观察大一级周期上是否给出了笑脸，只要大一级周期上最后一根 K 线给出了笑脸，就算超强势行情成立。如果最近一根 K 线还没有给出笑脸，而且也没有收盘，此时可以看前一根 K 线是否给出了笑脸，如果前一根 K 线给出了笑脸也算是超强势行情成立，这样就应该再次买入该股而不用管这个 B 点是否符合优良买点的经典形态。因为在超强势的主升浪开始之后，股价没有太多的时间进行调整，只要给出 B 点，可能又是一轮拉升行情的开始，此时可以追击买入。

总而言之，一旦进入超强势行情的状态，我们只要看到不再给出箭头的 K 线不超过 3 根，此后一根 K 线收盘时给出 B 点就应该买入，只有这样，才能最大限度地抓住超强势主升浪行情的最大涨幅；同样，一旦某一根 K 线收盘不再给出箭头就应该马上卖出，这样才能躲过可能出现的见顶反转。当然，超强势的龙头股也可能只有一段连续的行情，一次走完，不再给出箭头之后，股价就见顶了。这样我们也不用担心，因为在给出下一个 B 点之前我们不买，也就没有损失。下面，我们来看几个典型的案例。

1. 中信特钢（000708）

先来看一只日 K 线图上的超强势龙头股——中信特钢。在第四章第二节讲解优良买点第二种经典形态时，我们曾以该股为例，这里再来看看该股的卖出方法，见图 6－3－3。

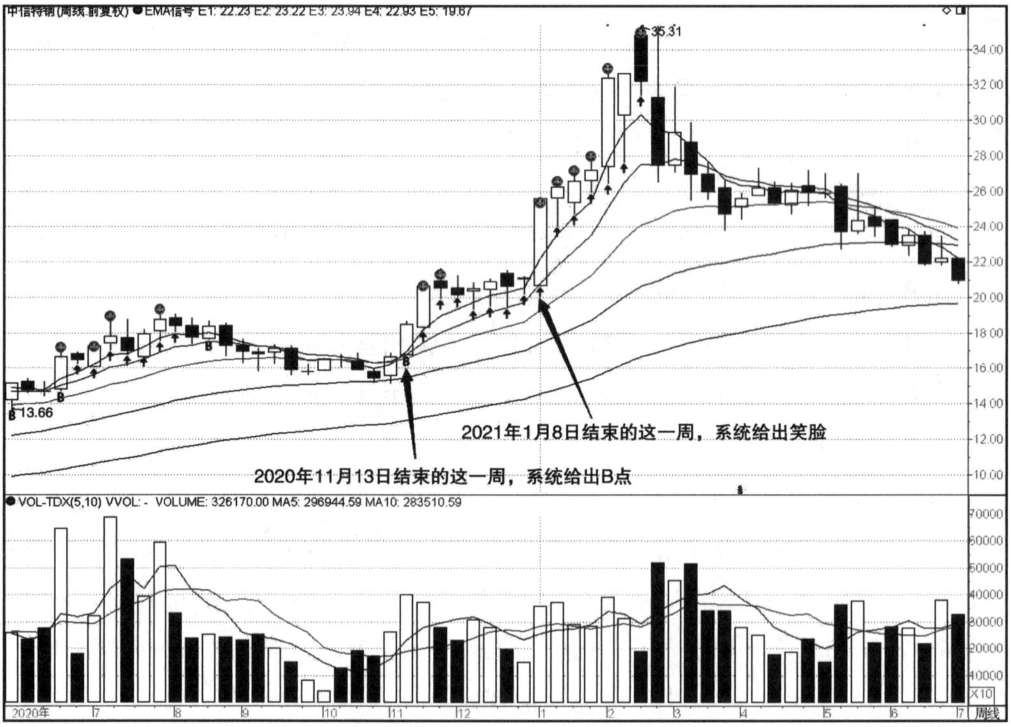

图 6－3－3 中信特钢周 K 线（2）

图 6－3－3 是中信特钢的周 K 线图，图中时间跨度为 2020 年 5 月至 2021 年 7 月。可以看到，在 2020 年 11 月 13 日结束的这一周，系统给出了 B 点，此后连续 14 周一直给出箭头。在 2021 年 1 月 8 日结束的这一周，系统给出了笑脸，此后连续 4 周一直保持给出笑脸。我们再从日 K 线图上寻找优良买点。

下面我们来看该股的日 K 线图，见图 6－3－4。

图 6－3－4 是中信特钢的日 K 线图，图中时间跨度为 2020 年 11 月至 2021 年 3 月。可以看到，2020 年 12 月 25 日，系统给出符合优良买点的第二种经典形态的 B 点，此后股价开始连续拉升，EMA 指标连续给出箭头。到了 2021 年 1 月 13

日系统不再给出箭头，此时投资者应该卖出股票。

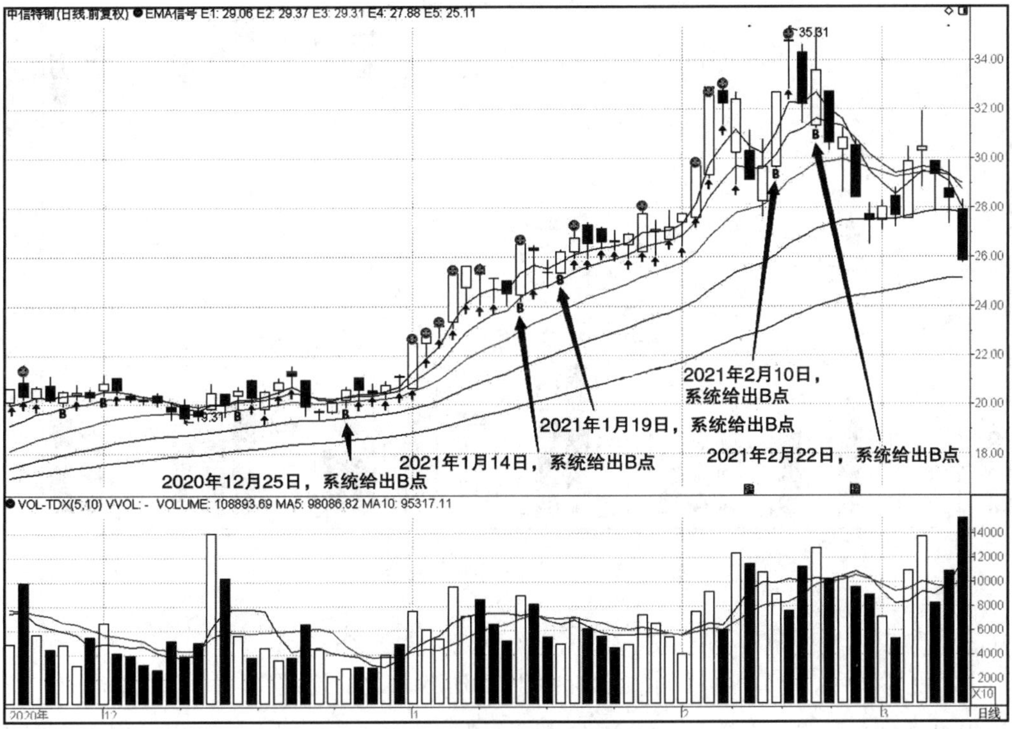

图 6-3-4 中信特钢日 K 线（3）

2021 年 1 月 14 日，系统又给出 B 点，此时周 K 线图上给出了笑脸，很明显这是一个超强势主升浪的行情，在这个 B 点应该买入。过了两天，系统不再给出箭头，投资者应该再次卖出股票。紧接着，2021 年 1 月 19 日系统又给出 B 点，此时周 K 线图上面没有给出笑脸，但本周还没有收盘，所以再看上一周，系统给出了笑脸，故可再次买入该股。此后，股价连续上涨，来到高位，系统又分别在 2021 年 2 月 10 日和 2021 年 2 月 22 日两次给出 B 点，这两次投资者也应该按照信号执行操作，直到最后趋势结束。在这 4 个 B 点之中，有 3 个 B 点买入之后都是亏损卖出的，只有一个 B 点买入之后可以盈利，但即使如此，如果每次买入资金相同，最后仍然是盈利的。

2. 古井贡酒（000596）

下面，再来看一个周 K 线图上的超强势龙头股——古井贡酒。在第五章第二节，我们曾以该股为例，这里再来看看该股的卖出方法，见图 6-3-5。

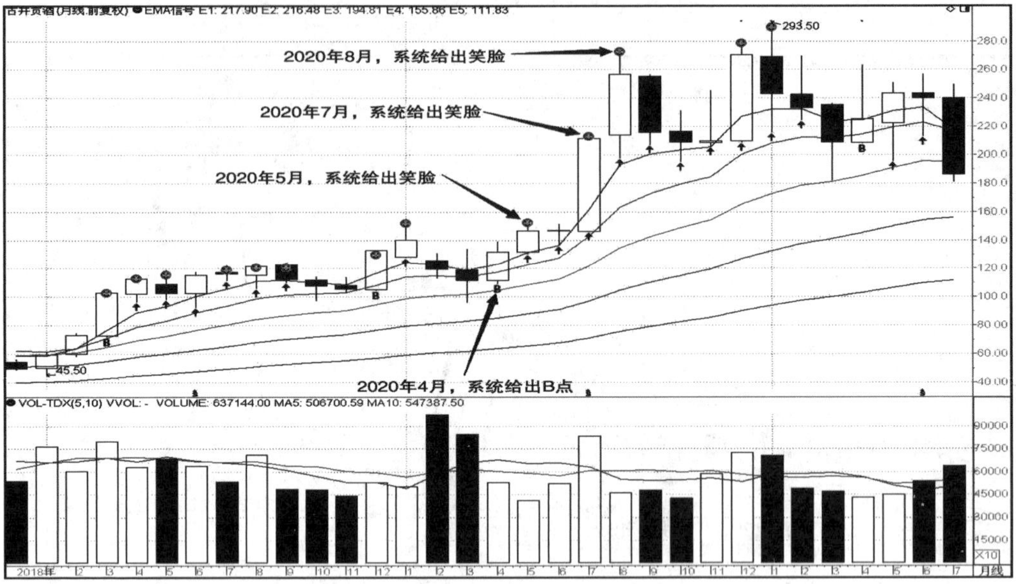

图 6－3－5　古井贡酒月 K 线（2）

图 6－3－5 是古井贡酒的月 K 线图，图中时间跨度为 2018 年 12 月至 2021 年 7 月。可以看到，2020 年 4 月，系统给出了 B 点，此后连续 10 个月给出箭头，在 2020 年 5 月、7 月、8 月，系统都给出了笑脸。我们再从周 K 线图上寻找该股的优良买点。

下面我们来看该股的周 K 线图，图 6－3－6。

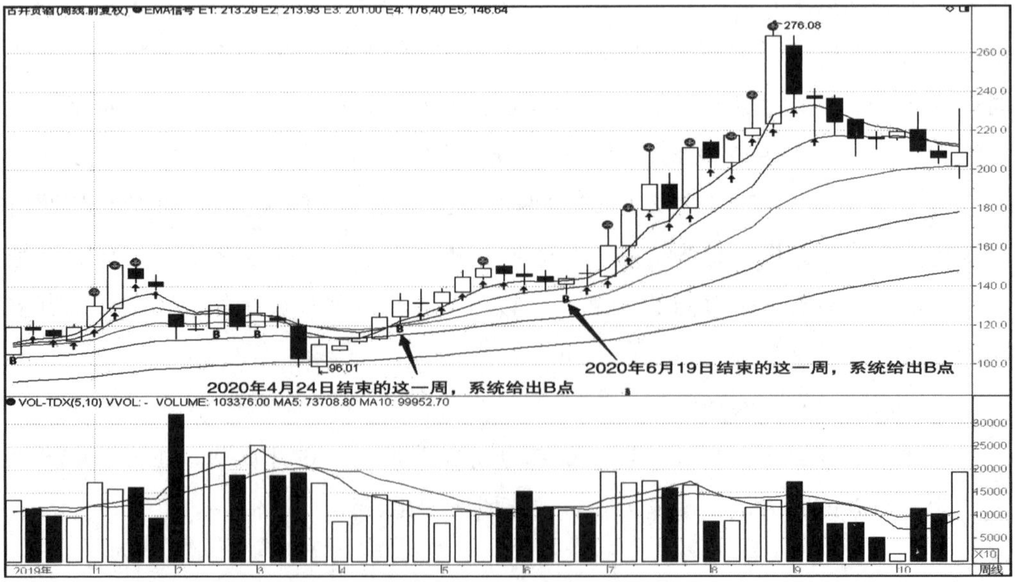

图 6－3－6　古井贡酒周 K 线（3）

图6－3－6是古井贡酒的周K线图，图中时间跨度为2019年12月至2020年10月。可以看到，在2020年4月24日结束的这一周，系统给出符合优良买点的第一种经典形态的B点，此后股价开始连续拉升，EMA指标连续给出箭头。到了2020年6月12日结束的这一周，系统不再给出箭头，此时投资者应该卖出股票。

紧接着，2020年6月19日结束的这一周，系统又给出B点，此时月K线图上面6月系统没有给出笑脸，但6月还没有收盘，所以再看5月，5月系统给出了笑脸，所以可以再次买入该股。此后，股价再次连续上涨，EMA指标连续给出箭头，直到2020年9月18日结束的这一周，系统不再给出箭头，此时投资者应该卖出股票。随后，股价一路下跌，超过3根K线且不再给出B点，表明上升趋势彻底结束。

3. 恒逸石化（000703）

下面，我们再来看一个案例，只有一段行情的超强势龙头股——恒逸石化。在第四章第二节，我们曾以该股为例，这里再来看看该股的卖出方法，见图6－3－7。

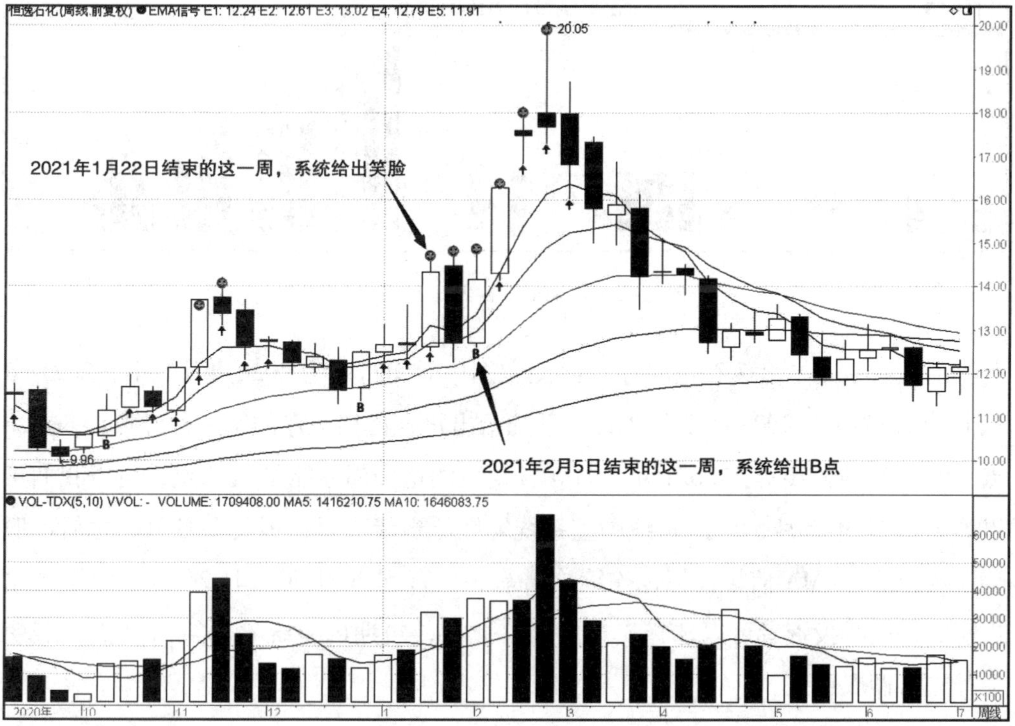

图6－3－7 恒逸石化周K线（2）

图6－3－7是恒逸石化的周K线图，图中时间跨度为2020年9月至2021年

7月。可以看到，在2021年1月22日结束的这一周，系统给出笑脸，此后连续5周给出笑脸。在2021年2月5日结束的这一周，系统给出B点，此后连续4周给出箭头。我们再从日K线图上寻找该股的优良买点。

下面我们来看该股的日K线图，见图6－3－8。

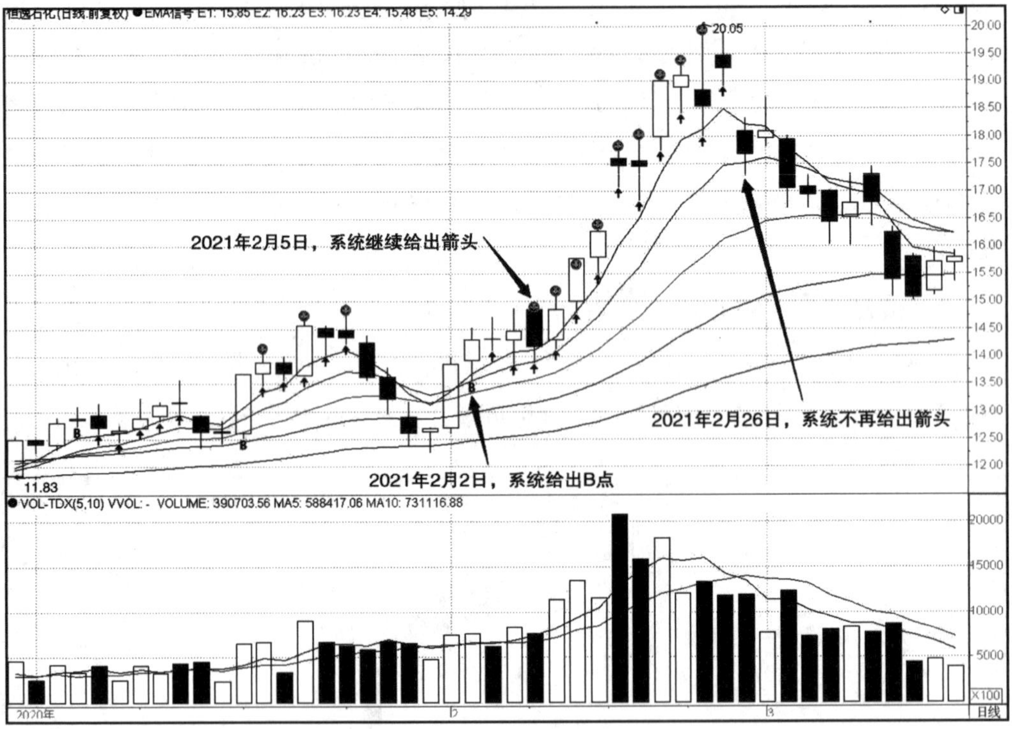

图6－3－8　恒逸石化日K线（3）

图6－3－8是恒逸石化的日K线图，图中时间跨度为2020年12月至2021年3月。可以看到，2021年2月2日，系统给出符合优良买点的第一种经典形态的B点，但周K线需要等到2021年2月5日结束的这一周才能给出B点，所以我们可以等到2021年2月5日日K线图上系统继续给出箭头后，再买入股票。之后，股价连续上涨，EMA信号指标也连续给出箭头，直到2021年2月26日系统不再给出箭头，此时投资者可以选择卖出股票。此后，短期内系统不再给出B点，表明上升趋势彻底结束。

4. 抚顺特钢（600399）

我们再来看一只曾经的ST个股——抚顺特钢，看看这种特殊的个股进入超强势行情追击之后的情况，见图6－3－9。

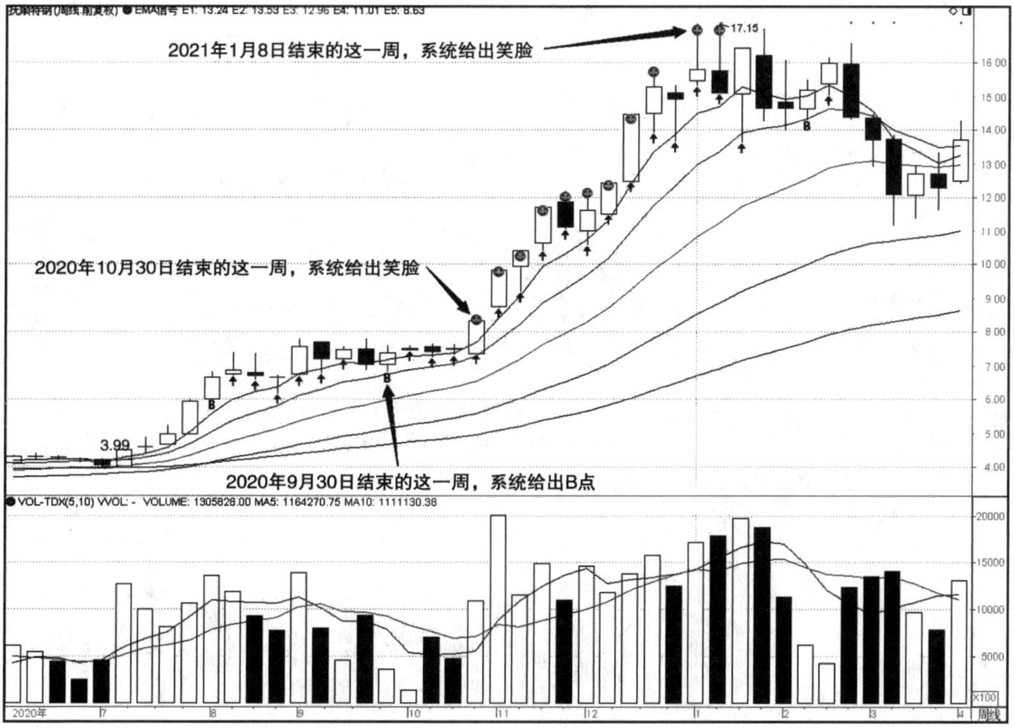

图 6-3-9 抚顺特钢周 K 线（2）

图 6-3-9 是抚顺特钢的周 K 线图，图中时间跨度为 2020 年 6 月至 2021 年 4 月。可以看到，在 2020 年 9 月 30 日结束的这一周，系统给出 B 点，此后连续 16 周给出箭头。在 2020 年 10 月 30 日结束的这一周，系统给出笑脸，此后连续 8 周给出笑脸。间隔一周后，在 2021 年 1 月 8 日结束的这一周，系统再次给出笑脸，此后 1 周继续给出笑脸。我们再从日 K 线图上寻找该股的优良买点。

下面我们来看该股的日 K 线图，见图 6-3-10。

图 6-3-10 是抚顺特钢的日 K 线图，图中时间跨度为 2020 年 9 月至 2021 年 1 月。在第五章第四节，我们曾以该股为例，详细说明了该股的日线买点。此处逐一分析图 6-3-10 中的 B 点是否属于超强势追击买点。

首先，K 线不再给出箭头间隔一个交易日后，2020 年 11 月 11 日系统给出 B 点，此时周 K 线图上面系统继续给出笑脸，所以该处属于超强势主升浪行情的追击买点，应该买入。该买点之后，连续 8 个交易日系统给出箭头，直到第 9 个交易日不再给出箭头，获利空间为 20% 左右。

间隔一个交易日后，2020 年 11 月 25 日系统再次给出 B 点，此时周 K 线图上

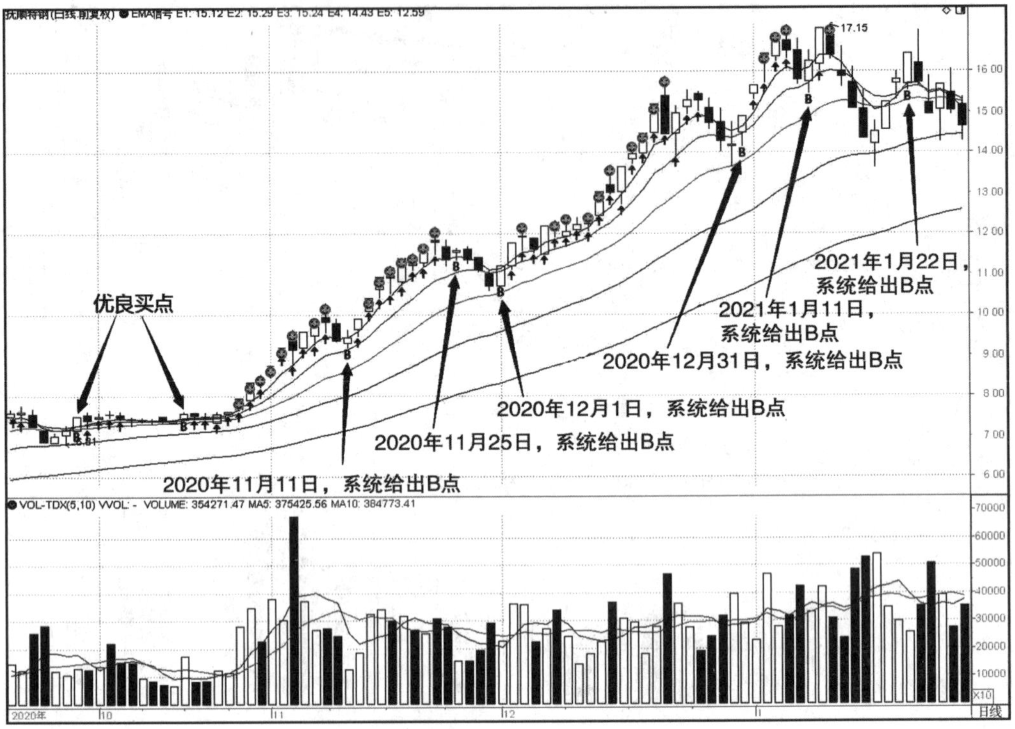

图 6-3-10 抚顺特钢日 K 线（2）

面继续给出笑脸，此处也属于超强势主升浪行情的追击买点，可以买入。但该买点的下一个交易日股价下跌，系统不再给出箭头。此时，投资者应该卖出，亏损2%左右。间隔 3 个交易日后，2020 年 12 月 1 日系统再次给出 B 点，此时周 K 线图上面系统继续给出笑脸，所以此处仍然属于超强势主升浪行情的追击买点，可以买入，该买点之后连续 18 个交易日系统都给出了箭头，获利空间 30% 左右。间隔 3 个交易日后，2020 年 12 月 31 日系统再次给出 B 点，此时周 K 线图上面当周没有给出笑脸，但是上一周给出了笑脸，所以此处可以算作超强势主升浪行情的追击买点，可以买入，这个买点之后连续 4 个交易日系统都给出箭头，获利空间6% 左右。2021 年 1 月 11 日，系统再次给出 B 点，此时周 K 线图上面当周没有给出笑脸，但是上一周给出了笑脸，所以此处也属于超强势主升浪行情的追击买点，可以买入，但获利空间不大。此后，连续 7 根 K 线不再给出箭头，到了 2021 年 1 月 22 日，系统再次给出 B 点，此时由于中间没有给出箭头的 K 线超过了 3 根，因此不能算作超强势主升浪行情的追击买点，不宜买入。

从图上可以看到，抚顺特钢进入超强势主升浪行情之后，系统给出的 6 个 B 点中有 5 个都符合超强势行情追击买点的要求。该股当时还是 ST（2021 年 4 月 16

日摘帽）个股，但是没有退市之忧，并在前期经历了充分的下跌，股价被严重低估，所以进入超强势行情之后，很快出现强势暴涨行情。

5. 乾照光电（300102）

在2015年的牛市行情中，大批小盘股先是连续暴涨，见顶后又疯狂下跌。那么，在这种情况下，如果使用超强势行情追击卖出方法，效果如何呢？下面，我们来看一只典型的小盘科技龙头股——乾照光电。一起来看看，使用超强势行情追击卖出方法能不能抓住牛市的主升段，并顺利躲过大跌，见图6－3－11。

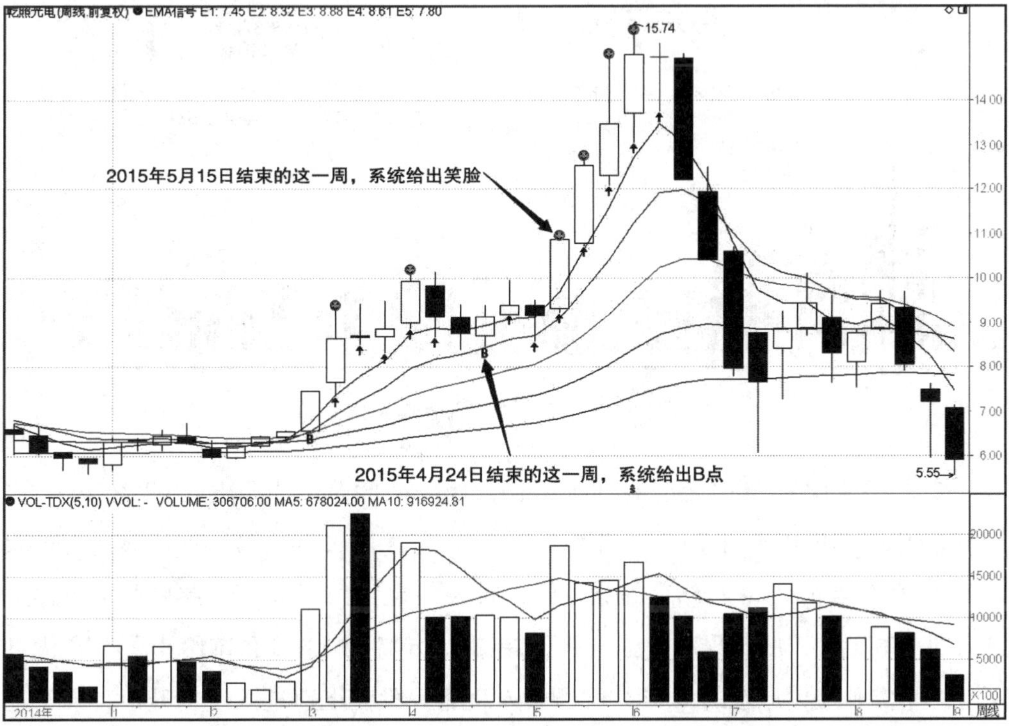

图6－3－11 乾照光电周K线

图6－3－11是乾照光电的周K线图，图中时间跨度为2014年12月至2015年9月。可以看到，在2015年4月24日结束的这一周，系统给出B点，此后连续7周给出箭头，而在2015年5月15日结束的这一周，系统给出笑脸，此后连续3周给出笑脸。我们再从日K线图上寻找该股的优良买点。

下面我们来看该股的日K线图，见图6－3－12。

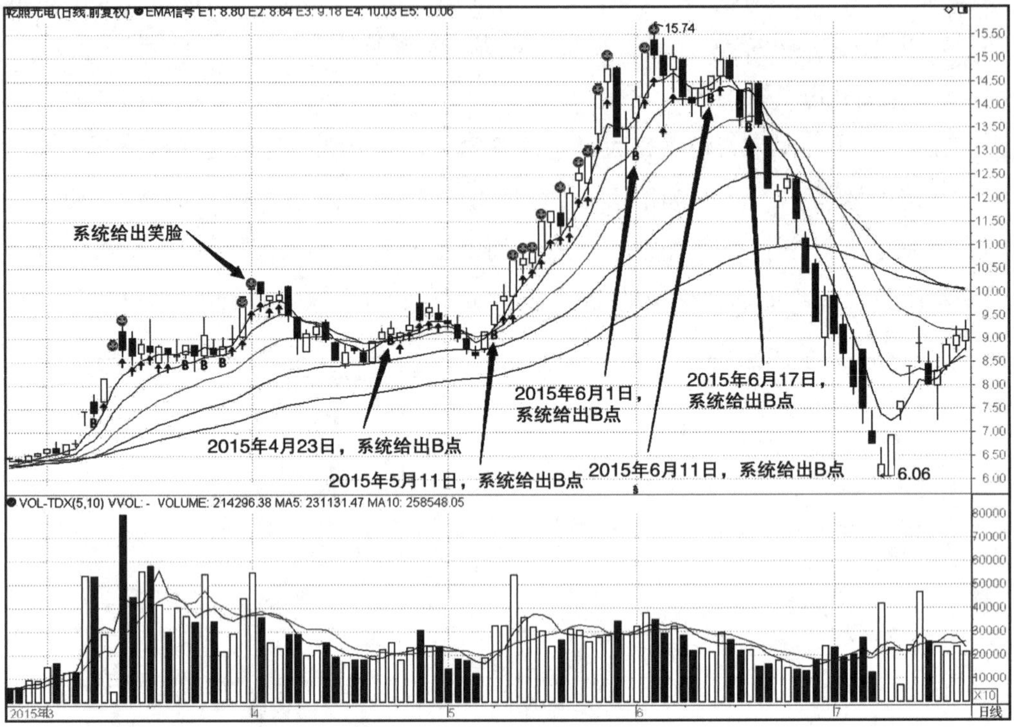

图 6－3－12　乾照光电日 K 线

图 6－3－12 是乾照光电的日 K 线图，图中时间跨度为 2015 年 2 月至 7 月。可以看到，2015 年 4 月 23 日，系统给出了符合优良买点的第一种经典形态的 B 点，在 2015 年 4 月 24 日结束的这一周，周 K 线也给出了 B 点，此后股价小幅上涨后回落。随后，股价再次走强，并且在 2015 年 5 月 11 日系统给出了符合优良买点的第二种经典形态的 B 点，可以买入。此后股价迅速进入了主升浪，开始连续拉升。直到 2015 年 5 月28 日大跌后系统不再给出箭头，此时应该卖出股票。

2015 年 6 月 1 日，该股在连续两天没有给出箭头后，系统再次给出了 B 点，此时在周 K 线图上，上一周继续给出笑脸，所以符合超强势追击买入条件，可以再次买入。到了 2015 年 6 月 8 日，经历下跌后，系统不再给出箭头，此时应该再次卖出股票。到了 2015 年 6 月 11 日，系统在连续 3 天没有给出箭头的情况下再次给出了 B 点，此时周 K 线图上的上一周继续给出笑脸，所以符合超强势追击买入条件，可以第三次买入。直到 2015 年 6 月 15 日下跌后，系统不再给出箭头，此时应该第三次卖出股票。此后，在 2015 年 6 月 17 日，该股在连续两天没有给出箭头的情况下再次给出了 B 点，此时周 K 线图上，本周和上周都没有给出笑脸，所以不符合超强势追击买入条件，不宜再买入，股价上升趋势彻底结束。此后，该股开始连续暴跌。

考察该股在历史高点的走势，从 2015 年 4 月 24 日给出了优良买点之后，股价没有跌破止损位，到了 2015 年 5 月 11 日，系统再次给出了优良买点之后，股价开始出现主升浪行情，投资者可斩获可观的短期收益。后面的两次超强势追击买入，投资者只要严格按照交易系统操作，一次小幅盈利，一次小幅亏损，总的来说盈亏不大，却能够成功躲过暴跌，这算是一个相对不错的结果。

第七章
优秀投资者的必备素质

前面几章，笔者详细阐述了运用交易系统买卖股票的方法，包括如何选股、研判优良买点，什么情况下应该卖出股票，但是投资者要想在市场之中实现长期稳定的盈利，有了这些方法还不够，仍然需要一些必备的素质才能成功。

本章笔者从自己的实战经验出发，尝试从4个方面来论述如何完善和提高投资者在博弈股海方面的素质，从而具备坚强而又不失灵活的执行力。当然，这只是笔者的一家之言，仅供投资者朋友参考。

这4个方面的内容由内至外进行划分。首先，投资者必须拥有健康、丰富的内心世界，练就一个健全的交易心态。其次，开始进行投资的顶层设计，也就是制订交易计划。再次，在做好了周密的部署以后，最关键的一步就是对资金进行有效的分配、管理，即控制仓位，然后按照自己的交易系统进行实际操作。最后，在实战之中，不可避免地会出现各种问题和失误，此时我们需要了解如何及时进行补救。

总之，股票交易的执行环节看似简单，似乎只要点几下鼠标就完成了，但这简单之中却蕴涵着深刻的道理。要想成为一个成功的投资者，必须具备由内至外、全面的优秀品质和能力，这样才能够在长期的投资生涯中立于不败之地。

第一节　练就健全的交易心态

股票投资交易活动是一个复杂的系统性工程，这其中牵扯了太多的利益关系，从而导致这个市场鱼龙混杂，各种各样的骗局、陷阱让人防不胜防。想要在这样一个风云变幻的资本市场里与资金雄厚的机构、股市“黑嘴”等各方势力进行博弈，谈何容易！因此，投资者必须有健全的交易心态，否则很难适应股市变化，如果贸然进入市场，就算小有获利，最终也会全数回吐，成为“七亏二平一赚”中的失败者。

那么，一个心理健康的投资者是否自动具备了健全的交易心态呢？答案是否定的，心理健康只能使一个人在日常生活和工作中做到理性、平和，但股票市场是一个高智商和高强度的博弈市场，博弈的结果对投资者的个人财富具有决定性的作用，会影响投资者的整个家庭，因而股票市场对投资者心理素质的要求远远超过了日常生活和工作，没有一颗强大的内心很难承受这样的压力。健全的交易心态不会从天而降，它需要投资者在市场之中反复历练，不断总结，最终磨炼得来。笔者总结了健全的交易心态应该具备的 5 个要求，以及一些常见的错误交易心态及行为，包括克服它们的方法。

一、健全的交易心态应该具备 5 个要求

一个拥有健全交易心态的投资者：首先，内心世界必须足够强大，这样才不至于被社会舆论裹挟，随波逐流，迷失自我；其次，投资者的内心世界还必须足够丰富，对于股市有一个全面、深刻的认识，这样在面对市场中纷繁复杂的海量信息时，才能够自主判断，不至于无所适从，人云亦云；最后，投资者还必须足够理智，在任何情况下都能以理性的眼光看待和执行投资活动，不会被情绪绑架，做出非理性的决策。

1. 相信自己

自信心是古今中外所有成功人士具备的共同特质，作为一种内在的精神力量，它能鼓舞人们克服困难，战胜逆境。尤其是在波诡云谲的股票市场上，投资者必须具有坚定的自信心，既不自卑，也不自负，这样才能够在博弈的关键时刻始终采取正确的态度面对市场，做出理性、明智的决策。自信心来自实事求是地评价自己各方面的知识、能力，对自己从事的工作有一个全面、深刻的认知，然后明白自己在哪些方面可以大展拳脚，在哪些方面需要保持敬畏。因此，具有自信心的投资者能够持续激励自己，坚持走自己选择的路，即使碰到挫折也不会动摇。具有坚定的自信心也是我们进行股票投资的基础，是练就健全交易心态的先决条件，否则将很难在这个市场上长久生存。

那么，不够自信的投资者又该怎么办呢？笔者想送他们一句尼采说过的话：“一个人知道自己为什么而活，就可以忍受任何一种生活。”当一个人彻底想通了一些问题，才能够真正排除外界的一切干扰，专注于自己的目标。那些还不够自信的投资者，多半在这些问题上面还没有彻底想通，还存在着这样那样的困惑，所以才会动摇，才会怀疑，遇到挫折可能会彻底崩溃。

不够自信的投资者需要想通什么问题呢？总体来说，就是要正确认识自己，包括自己有哪些优势，有哪些缺点，如何扬长避短，自己能做什么，不能做什么。

2. 正确认识交易系统

交易系统是投资者经过多年的实战检验，总结出来的一整套投资的方法。笔者从信奉的投资哲学出发，在市场中深入观察并找到符合这一套哲学理论的市场机会，然后制定了一套行之有效的股票交易系统。依照这一套系统进行投资，就可以做到胸有成竹，如何选股、何时买入、该不该持股、何时卖出都能够做到有理有据。依照交易系统进行投资，可以做到小亏大赚，长远来看就能实现稳定盈利。可以说，交易系统是一个成功投资者必备的工具，没有交易系统的投资者就像是航海没有罗盘，只能漫无目的地随波逐流，像无头苍蝇一样在市场中乱碰。

在本书中，笔者提出了交易系统的买点必须符合的条件和经典形态，那么是不是说，只要符合了这些条件和形态的个股就一定能上涨，不符合这些条件和形态的个股就不会上涨呢？当然不是。交易系统的买入条件和形态的建立主要基于我们的实战检验，只能说明符合这些买入条件和形态的个股上涨的概率很大，走出主升浪行情的概率也很大，但是概率再大也不可能达到100%，所以总会有失败的案例出现，但我们不能因为出现了失败的案例就认为交易系统是错误的。交易系统是必需的，而且应该在实战之中不断得到改进和优化。不过，在完善交易系统之前，仍然应该严格按照交易系统的要求执行，因为这是投资者经过反复研究总结出来的一套有效方法。反之，那些不符合交易系统买入条件和形态的个股也可能会上涨，但是这些上涨的股票超出了投资者的认知范围，如果投资者对这样的股票没有把握，不宜随便买入。

总之，任何一种交易系统都不可能把握住市场上所有的个股上涨机会，而只能把握住其中很小的一部分。卓有成效的交易系统一定是对某一类市场进行了深入的研究，具有非常强的辨识能力，能够抓住大行情的启动点，同时也能够设置合理的止损位，长期来看，能够做到小亏大赚。交易系统建立之后，我们应当将其奉为圭臬，时时刻刻用它来指导我们的投资活动。如果我们认为确有必要对交易系统进行改进，那就必须在符合原有投资哲学的前提下，以提高投资成功率、降低止损为目标对其进行合理优化，而不能违背原有的思想体系。

3. 承担责任，果断操作

交易系统建立之后，严格执行操作就成为投资活动最关键的一步了，如果执行不好，那么最后的结果必然是失败。要做好执行操作，投资者必须从内心深处完全相信自己，相信交易系统，愿意为任何可能产生的不利结果承担责任，在实际操作中做到冷静、果断和进退自如。具体来说，执行操作需要做到以下几个方面。

首先，应该充分相信交易系统，因为这是投资者用无数经验换来的成果，是智慧的结晶，就算它需要改进，也是在执行完操作之后，投资者把多次执行遇到的问题梳理出来，再对其进行研究改进。但在执行过程中，不应有任何的怀疑和动摇，必须做到无条件地按照交易系统进行操作，否则失败的概率极高。

其次，做好交易计划并合理控制仓位。有了交易计划可以让我们对每一笔交易了如指掌，事后能够更好地反思、评估每一次操作的得失。控制仓位的目的，就是从最坏的角度出发，提前控制住亏损的总额，使其处于我们能够接受的范围内，这样一来，我们在执行操作时就不会有后顾之忧。

最后，在每个交易日的开盘时间内，必须专注于盘面，执行操作的时候应该做到情绪稳定，对手中持有的个股了然于胸，仔细观察其走势变化，一旦出现交易系统所规定的信号，就坚定不移地进行操作。在操作的过程中，不论是买入、持有还是卖出股票，都要尽量做到不受外界的干扰。

4. 客观理性，疏解情绪

人非草木，孰能无情。客观地说，每个人无时无刻不被情绪所影响，尤其是在股票市场上，瞬息万变的行情波动必然会对投资者的心理不断地产生激烈的冲击，这种情况下极易诱发投资者的情绪波动。科学研究表明，每个人平均每天会产生 12000 ~ 60000 个念头，也就是说除去睡眠时间，我们平均 1 ~ 5 秒钟就会产生一个念头。

投资者在看盘的时候，随着股价的反复波动，会产生各种念头，这些念头和内心原有的各种想法激烈碰撞之后，就会催生出各种各样的情绪，让人时而激情澎湃，时而怒火中烧，时而悲观绝望，时而谈虎色变。这些极端的情绪主要分为喜、怒、哀、惧四种，这对我们执行操作都是极其有害的。投资者如果不能有效地疏解和控制情绪，任其发展下去，最后只会变成情绪的奴隶。极端情绪就像汹涌澎湃的洪水，瞬间就会冲垮投资者苦心构建的内心防线，对执行操作造成毁灭性的破坏。被情绪绑架的投资者，很可能会丧失一切理智，变成疯狂的赌徒，完全无视交易系统的要求，一意孤行，最后铸成大错。

成熟的投资者必须始终保持客观理性，并且有效地疏解自己的情绪，最终做到能够在股市的复杂环境中坦然自若、应付自如。疏解情绪的方法主要依靠个人的自主意识控制，这就要求投资者在平时要加强自我修养，提升心理素质，培养大格局，养成淡定稳重的性格。用诸葛亮在《诫子书》中的一句话来说那就是："非淡泊无以明志，非宁静无以致远。"当然，我们作为凡夫俗子，不可能彻底排除一切不良情绪，如果在执行操作的过程中产生了不良情绪，我们可以马上进行自我鼓励、自我暗示、自我提醒，同时也可以做一些适合自己的事情来转移、宣泄不良情绪，比如朗诵富含哲理的名言警句、到室外散散步、听听喜欢的音乐、运动健身、接触大自然的花花草草等。

具体到执行操作的过程中来说，投资者应该始终保持平和、稳定的心境，将关注点聚焦于技术走势的判断，而暂时忘记对利益的考量。也就是说，投资者应该将注意力放在股价变化呈现的各种技术特征上面，专心思考这些技术特征是否触发交易系统的买卖要求。千万不能把注意力放在账户资金的变动上面，否则就会被金钱的得失牵动情绪。看到股价上下波动的时候，不要想着这是钱在波动，眼中应该只有股票的各项指标和形态，而没有其他任何东西。只有放下了强烈的得失心，才能真正做好一件事，成功的投资者都擅长专注于自己的交易系统，而根本没有时间和精力去患得患失。

5. 正确认识不同的投资方法

市场上的投资方法多种多样，我们既然选定了一种，制定了自己的交易系统，就应该把它当作自己的灵魂和信仰，用它来指导我们的投资活动。同时，市场上还流行着五花八门的投资方法，外加一些似是而非的投资铁律、策略、金句等，这些东西大都支离破碎，不成体系，而且各种方法所奉行的投资哲学、思维方式都不尽相同，这些东西看似很有道理，但是实行起来却让我们无所适从。其中最具迷惑性的，是市面上一些被大肆鼓吹的、有战无不胜方法的所谓的高手、大师、专家。对于这些人，笔者向来是敬而远之，仔细想一下，如果他们真有这样厉害无比的方法，为什么不闷声发大财，而要拿出来和我们分享呢？即使他们真的是高手，实战成绩优异，也未必会把自己的核心方法教给别人；就算他们愿意把方法教给我们，他们的方法也不一定适合我们每一个人；就算我们愿意学习他们的方法，可能也不是轻易就能学会的，不但需要付出大量的时间，还需要付出大量的资金来进行实践验证。

所以，我们要充分相信自己的交易系统，不能因为看到别人一时的成功，而自己投资一时的不顺利，就见异思迁，抛弃自己的交易系统去学习别人的，这样做最终只是邯郸学步，别人的精髓没有学会，反而把自己的方法弄丢了。

二、常见的错误交易心态、行为及克服方法

股市上流传着这样一句话：做投资，就像治病！每个人一出生就带着各种各样的“病”，这里的“病”不是指身体上有形的病痛，而是指无形的思维、行为方面的“病”，包括急躁、迟钝、冲动、麻木、胆怯、鲁莽、盲从、固执、贪婪、恐惧、侥幸……

机构投资者能够雇佣一个投资团队，让每个人发挥所长，各自负责一个环节，这样就可以最大限度地克服人性的弱点。但是个人投资者却无法这样做，只能一个人独立地、完完整整地完成投资的全过程。在此期间，投资者任何一方面的小“病情”，都会导致最终投资的失败。要想自己的投资进入稳定盈利的光辉大道，就必须先治好所有的“病”，成为一个强健而又完善的人！在此过程中，没有任何人能够真正帮到你，就算有人愿意帮助你，也需要你先放弃自己的价值观转而接受他的价值观，这恐怕比给自己治“病”更难。所以，一个投资者的成长过程，就是一个治“病”的过程，而且这个“病”还得你自己来治，因为这个治疗的过

程需要你自己从内心接受，并自觉坚持！

在多年的实战交易中，笔者总结出对股票交易影响较大的一些常见错误心态及行为，并对实战中如何克服这些心态及行为进行了说明。还没有练就健全的交易心态的投资者朋友可以反观自己的交易过程，找出自己主要的心态问题是哪一种，然后有针对性地调整心态，在实战中加以改正完善。

1. 不愿空仓，胡乱操作

这是初学的投资者最容易犯的错误，他们不愿意空仓等待，生怕错过任何市场机会，还喜欢重仓操作股票。殊不知，投资最忌讳的就是急躁。俗话说：财不入急门。初学的投资者尤其要注意这个问题。市场永远不缺机会，缺的是发现机会的眼光！我们买入的股票一定要符合交易系统的买入条件和形态。如果我们选不出符合要求的个股，那就应该坚决空仓，绝不能因为不愿空仓而胡乱买股票。

2. 轻信人言，贸然买入

许多投资者会相信某个高手或者某个媒体，由于过去其推介的个股都有不错的上涨，所以愿意买入其推介的股票。不过，这样的投资者往往对别人的思路、应变策略都不清楚，长期来看必然是失败的。这种做法最大的错误就是把自己的命运交给别人，不建立自己的交易系统。如果自己确实不能胜任股票投资的活动，那么选择一家经过时间考验的公募基金是比较方便的办法。如果非要自己参与投资，而又没有自己系统的方法，那么就会陷入道听途说、人云亦云的境地。所以，这样的投资者，当务之急是建立自己的交易系统，如果已经有了交易系统，那就不应该再犯这样的低级错误。

3. 害怕踏空，追高买入

一些投资者看到股价不断上涨，忍不住追高买入，这主要是因为他们把金钱的得失看得太重，产生了严重的焦虑感，生怕错过了大涨行情。对于这种情况，我们需要在任何时候都保留一份清醒，不要被贪婪蒙蔽了双眼。笔者并不反对追高，但是必须在符合交易系统的情况下追高，如果是因为害怕踏空而追高买入，这就完全是被情绪绑架，最后的结果往往不如人意。所以，看到有的个股疯狂拉升的时候，千万不能认为自己错过了此次机会，而要去寻找其他未来可能拉升的潜力股。

4. 因恐惧而不敢买股票

俗话说“一朝被蛇咬，十年怕井绳”，很多投资者曾经有过惨重的亏损，所以就牢牢记住了亏损时的某些市场特征，以后再遇到这样的市场特征就会风声鹤唳，不敢买股票，这也是一种典型的情绪化表现。目前，我国股市的上市公司数量已经今非昔比，就算大盘暴跌也始终会有部分个股走出独立走势。所以，只要交易系统给出了良好的买点，我们就可以在控制好仓位的前提下大胆买入个股，而不必受其他因素的影响。

5. 因贪婪而不舍卖出

当股票经过充分的上涨之后，系统给出了卖出信号时，我们应该当机立断，马上卖出。不过，在行情上涨进入尾声阶段的时候，市场整体气氛极度亢奋，到处充斥着强烈看好的观点，大部分投资者在这种情况下很容易受到影响，不愿意卖出股票，生怕因为空仓踏空行情。此时，就需要投资者具有独立思考的勇气了。“股神”巴菲特说过，“别人贪婪时我恐惧。”往往在牛市的顶点市场上的声音都是看好的，越是在这样的氛围中我们越是要保持警惕。

还有一种情况，当我们的交易系统给出卖出信号的时候，股价可能已经有了一段下跌，很多投资者就会因为没有在更高的位置卖出股票而耿耿于怀，不愿意在较低的位置卖出股票。笔者听投资者说过这样的话：“我在 30 元的时候都没有卖，现在才 28 元，我为什么要卖?”这就是一种典型的贪婪心理。要知道股价的波动是有趋势的，一旦我们判断趋势结束或者逆转，那就应该卖出股票，因为未来股价可能还会继续下跌，如果被贪婪蒙蔽了双眼，无视趋势的变化，最后就会造成更大的损失。

6. 因恐惧而卖出股票

根据交易系统买入股票之后，只要没有触发交易系统的卖出信号就应该坚定持有。如果股价在正常范围内调整，没有跌破止损价，股价涨起来的概率就较大。如果此时因为恐惧股价继续下跌而卖出，那么当股价涨起来了，你就会更加懊悔，心态被影响之后，操作就会更加混乱。如果股价已经开始上涨，说明我们买入的时机很好，那就更应该坚定持有。但是有相当多的投资者都有“恐高”心理，股价越往上涨就越害怕，于是匆匆卖出股票以求落袋为安。表面上看，这样做好像比较稳妥，但是要知道龙头股一旦进入主升浪之后，上涨空间是非常大的，投资者要想让盈利扩大，必须发自内心地敢于持股。

7. 抱怨大涨的股票买得太少

经常听到有的投资者说：“哎呀，这只股票果然大涨，可惜我买少了。”我们在买入一只股票之前，应该根据自身的资金和风险承受力精确计算好仓位，这样买入之后即使出现最坏的结果，亏损金额也在可以接受的范围内。如果买入之后股价上涨，那么能够盈利多少就取决于最后上涨的幅度，不管盈利多少，我们都达到了阶段性的目的，都应该感到满足。

投资者切不可抱怨盈利不足，因为买入股票的仓位是我们提前计算好的，出现任何结果都是在我们计划之内的。抱怨是一种负面情绪，如果养成了抱怨的坏习惯，长此以往，它就会在潜移默化之中使人累积负面情绪压力，当压力累积到了一定程度，就可能会爆发出来，造成情绪彻底失控。所以，投资者应该坦然接受投资的任何结果，把不满转化为动力，不断改进和提高自己的投资水平，像孔子说的一样“不怨天，不尤人”。

8. 心存侥幸，不愿止损

人都有侥幸心理，这是一种典型的赌徒心态。在投资活动中，侥幸心理是非常有害的，最为常见的表现就是不愿止损。根据市场人士的统计，股价下跌后有80%的情况都能在不久之后反弹回到原位，所以许多投资者会发现自己止损之后，股价不久又会反弹回来，因此懊悔当初的止损。有了多次这样的经历之后，许多投资者就会不愿止损，期望未来股价反弹让自己盈利。但是，还有20%的情况，股价不但不会反弹回来，反而还会不断下跌，这样一来不愿止损的投资者就会越亏越多，投资者也就更加不愿止损，最后达到无法收拾的境地。每一轮牛市结束后，都会套牢一大批各种类型的投资者，这些都是不愿止损的人，这些人最后的结局都是把从牛市赚的钱全部亏完，甚至亏掉大部分本金。所以，我们必须严格执行止损，就算后来股价再反弹起来，也不能有丝毫动摇。

9. 气愤手中股票的上涨不如别的股票

我们按照交易系统买入的股票，最后的结果可能并不如人意，比不上每天涨幅榜上面那些连续大涨的股票，这时我们应该如何看待手中的股票呢？账户稳定增值的秘诀就在于成功率，在于回撤幅度必须尽可能小，如果在不符合交易系统的情况下买入股票，那么成功率就难以保证。每天涨幅榜上面的个股都是最后大涨的，但是还有大量不符合交易系统的个股不会上涨，反而下跌，这些股票都被我们忽略了，这就叫作幸存者偏差。因为不符合交易系统的市场机会超出了我们的认知范围，我们无法掌控它的发展，如果侥幸赚钱了反而更糟，因为靠运气赚来的钱最终可能会凭本事亏掉，毕竟我们在这方面的能力为零。

我们必须树立一个理念，那就是弱水三千只取一瓢，在让人眼花缭乱的股市中，我们只能去把握那些能够看懂并且能够把握的机会，也就是交易系统能够捕捉到的机会，只有这样的机会才是真正的机会，别的机会看起来诱人，但都不是我们应该羡慕的，贸然参与其中很容易失败。我们只能反复和持续操作交易系统提示的市场机会，从而实现长久的稳定盈利。所以，如果交易系统不能选出合适的个股，那么就应该坚决空仓等待，买入股票的原因必须是交易系统给出了良好的买入信号，而不是因为空仓。

10. 频频为卖出的股票大涨而生气

在严格按照交易系统操作的前提下，有的时候股票卖出以后，股价非但不跌，反而还大涨了，是不是交易系统出错了呢？并不是。因为我们的交易系统是按照股价运行最大的概率来进行设计的，以往出现下跌概率较大的情况，我们就将其设置为交易系统的卖出信号，但是概率永远不可能达到100%，总会出现例外。如果我们能够根据卖出后大涨的股票的技术特点研究出规律，就可以重新修正交易系统的卖出信号，让我们的交易系统更加完善。如果不能研究出规律，那么这就是一个特例，不能成为我们操作的普遍规律，我们就应该坦然接受这个结果，完全不必因为卖出的股票大涨而生气。

第二节　制订交易计划表

古语说："凡事预则立，不预则废。"意思是说，做任何事情，事前有准备才能够成功，没有准备就会失败。如今，在投资市场上也有一句话："计划你的交易，交易你的计划。"由此可见，计划何其重要，提前做好计划是我们投资活动取得成功的先决条件。

交易计划表也包括交易记录，它必须对交易相关的各种情况进行详细记录，这样才可方便我们事后总结经验教训。由于我们的交易系统已经完善，买、卖股票的理由前文已经详细阐述过了，所以交易记录就不用再详细讲述买、卖股票的理由，只需要简明记录买卖所依据的技术形态或者技术方法即可，这样一来我们就可以最大限度地简化交易计划。

笔者制订的交易计划表简明扼要，列出的15个栏目包括每一次操作必须记录的关键信息。一般来说，每一个股票账户需要单独填写一份交易计划书。笔者制作的交易计划表有电子版，也有纸质版，见图7－2－1。

1	证券账户交易计划														
2	买入日期	名称代码	操作周期	买入理由	成本价	买入数量	市值	预设止损位	最大止损额	调整止损位	卖出日期	卖出理由	卖出价格	盈亏额	备注
3															
4															
5															
6															
7															
8															
9															
10															
11															
12															
13															
14															
15															
16															

图7－2－1　交易计划表（1）

图7－2－1是笔者制订的交易计划表，下面我们来详细看看每个栏目的填写方法。

1. 买入日期

本栏填写买入股票的日期，包括星期几。这一栏需要在当天准备买入股票之前预先填上。同一天如果要买入多只股票，那么只需要填写第一只个股的日期，后面的个股都是在同一天买入的，可以不写。

2. 名称代码

这一栏填写买入股票的名称和代码，我们可将已选出但还没有实际买入的备选个股先填上去，到了尾盘临近收盘时，观察该股是否符合交易系统的买入条件，如果符合，即可直接买入，以免备选个股太多而手忙脚乱。

3. 操作周期

我们的交易系统可以从多个操作周期进行选股操作，这一栏只需要据实简略填写：60分钟、120分钟、日、周、月。这一栏也可以在选股之后、买入之前填写，以免在要买入的时候忘记。

4. 买入理由

买入该股的理由，只需要简略填写符合优良买点的第几种经典形态即可，所以这一栏可以填写经典形态1、经典形态2、经典形态3、经典形态4、组合形态等。这一栏也可以在选股之后、买入之前填写。

5. 成本价

这一栏只能在实际买入目标股后的当天填写，可以是买入该股的平均成交价格，也可以直接在账户里面查看“成本价”一栏，后者包含了手续费，不过差别不大，可以按照这个价格填写。

6. 买入数量

这一栏只能在实际买入目标股后的当天填写，数量单位是股。比如1000股。

7. 市值

这一栏只能在实际买入目标股后的当天填写，可以直接查看账户里面的“最新市值”一栏，据此填写。需要注意的是，最新市值会随着价格的波动发生变化。

8. 预设止损位

这一栏在选股之后、买入之前填写。一般来说，符合优良买点的4种经典形态和组合形态最开始都是以笑脸之后调整的最低点，也就是前低作为预设止损位，如果选出该股之时E5已经运行到了高于调整最低点的位置，那么就应该以E5作为预设止损位。超强势追击买入的预设止损位填写 E2，因为股价跌破 E1 就不会再给出箭头，但是我们需要预留多一点的止损空间。这一栏应该填写止损位的性质和具体价格，比如：前低，15.26；E5，5.21；E2，21.60。

需要注意的是，前低永远不会改变，但是 E5 和 E2 每天都在变化，这一栏是我们最初的预设止损位，也就是预计最大可能亏损的位置，所以这一栏填写之后就不需要改变。实战中，止损的时候需要随时根据 E5 和 E2 的价格变化进行调整。

9. 最大止损额

这一栏应该先于所有栏目填写，它应该大致等于成本价减去预设止损位的差再乘以买入数量，最大止损额的单位是元。

10. 调整止损位

这一栏只能在卖出目标股后的当天填写。在前面预设止损位时，如果填写的是前低加上价格，那么随着时间的推移，当卖出目标股的那一天，E5 运行到了高于前低的时候，就应该在这一栏填写 E5 加上价格。如果前面的预设止损位填写的是 E5 或者 E2，那么这一栏就无须填写了。

11. 卖出日期

这一栏只能在卖出目标股后的当天填写，日期包括星期几。

12. 卖出理由

这一栏只能在卖出目标股后的当天填写，卖出股票的理由可以是第六章中三大类卖出方法中的任何一种。其中，止损卖出需要填写是第一道关口止损还是第二道关口中的前低止损，或者 E5 止损。

如果属于第二类逃顶卖出技巧，那么应该简略填写属于哪一种或者几种组合的逃顶卖出技巧，比如 KDJ 超买 + 时间窗口、MACD 背离 + 巨量大阴线、重要阻力位 + 时间窗口等。

如果属于第三类趋势结束的卖出信号，那就需要简明填写属于两种中的哪一种，比如一般趋势结束、超强势追击。

13. 卖出价格

这一栏只能在卖出目标股后的当天填写，可取该股每一笔卖出的平均价格。

14. 盈亏额

这一栏只能在卖出该股后的当天填写，可以直接查看账户里面的“参考盈亏”一栏，据此填写，单位为元。

15. 备注

这一栏可以在任何时候填写，主要用来填写操作中出现的意外事件。比如：目标股突然公布重大消息，对股价造成重大影响；股价快速封住跌停板，当天无法止损；出现某种操作失误；等等。

第三节　控制仓位的方法

前面几章，我们阐述了如何识别龙头股，以及如何买入和卖出股票，没有涉及买入或者卖出多少股票，哪种行情应该建立或保留多少仓位。事实上，仓位在投资中是非常重要的，甚至可以决定投资的成败。本节我们专门来讲解控制仓位的方法。

有的投资者喜欢平均分配仓位，把总资金平均分为几份，每只股票买入一份，或者每一个板块买入一份，一份之中再细分成更小的份额，再买入若干只个股。还有的投资者提倡按照个股的重要程度来分配资金，研究得最为透彻、最为看好的个股，分配的仓位最多；其余的个股则依据其看好的程度，分配的仓位依次递减。

笔者经过多年实战发现，这些方法都有一个弊端，那就是不重视止损额，没有把止损放在第一位，如果股价顺利上涨自然皆大欢喜，但是如果股价进入调整之后，随着浮亏金额的逐渐扩大，投资者的内心难免会产生波动，一旦情绪失控，就可能会出现操作失误。

所以，笔者制订了一套按照止损额来确定仓位的方法，先把一个账户能够接受的最大回撤幅度确定下来，然后来确定每一只股票能够接受的最大止损额，最后倒推计算其应该分配的仓位。这样做的好处显而易见，那就是提前做好了最坏的打算，就算出现了最坏的情况，我们也能够坦然接受。通过这种方法我们在实战操作中才能彻底放下各种顾虑，专注于技术系统的研判，不至于患得患失。

我们以一个 20 万元的账户为例进行说明。首先，确定这个账户能够接受的最大止损额。假设这个账户可以接受最大 20% 的亏损，那么，这个账户总共可以亏损的金额就是 4 万元。接下来，我们来确定每一次操作可以接受的最大止损额，即便对自己的交易系统很有信心，但也要考虑到小概率事件的发生，保守一点的话，可确定连续失败 10 次总共亏损 4 万元，也就是说每一次操作能够接受最大 4000 元的亏损。如果我们严格按照交易系统来操作，连续 10 次都出现止损，肯定不是运气不好，而应该是交易系统彻底失败了。

万事开头难，刚开始谨慎一点总是对的。在操作一个账户的时候，最好在开始的时候保守一点，设置每一次操作可以接受的最大止损额应尽可能低一点，而当账户慢慢产生了盈利之后，我们就可以逐步增加每一次操作能够接受的最大止损额了。

确定了每一次操作能够接受的最大止损额为 4000 元之后，我们再来倒推计算每一只股票应该分配多少仓位，见图 7－3－1。

1	证券账户交易计划（总资产20万，最大回撤4万）													
2	买入日期	名称代码	操作周期	买入理由	成本价	买入数量	市值	预设止损位	最大止损额	调整止损位	卖出日期	卖出理由	卖出价格	盈亏额	备注
3	2021.7.1	金达威002626	日	经典形态3	46.2	1200	55440	前低，43.03	4000		2021.7.2	第一关止损	44.23	-2453	
4		浦东建设600284	日	经典形态2	6.86	8100	55566	前低，6.37	4000	E5，6.50	2021.7.16	巨量大阴线	7.46	4791	
5	2021.7.5	江苏吴中600200	日	经典形态1	8.31	3600	29916	E5，7.21	4000		2021.7.6	第一关止损	8.04	-1005	
6	2021.7.7	金浦钛业000545	日	经典形态2	3.87	10500	40635	E5，3.49	4000		2021.7.19	MACD背离	4.01	1315	
7	2021.7.9	八一钢铁600581	日	组合形态	6.21	9700	60237	前低，5.8	4000		2021.7.16	KDJ超买	7.55	12898	
8															
9															
10															
11															
12															
13															
14															
15															

图 7－3－1　交易计划表（2）

图 7－3－1 是笔者在 2021 年 7 月开始操作的交易计划，可以看到每一只股票的“最大止损额”这一栏都填写了 4000，这是笔者从这个账户的风险控制的角度得到的一个数据，是笔者在投资之前首要考虑的问题。最先填写这一栏的原因就是笔者首先想到的不是赚多少钱，而是亏多少钱，只有先把最大能够亏多少钱确定下来，才能做到心中有底，操作的时候才能够做到没有后顾之忧，至于赚多少钱，就让市场去决定吧。

下一步就是填写“预设止损位”，因为要确定最大止损额，必须根据这个价格来计算。在买股票之前，就应该预先填好这两个数据，这样我们在买股票的时候才能够快速计算出应该买多少份额的股票。

最后，在即将买入股票的时候，应该马上观察目前目标股的价格，然后作为成本价代入公式计算应该买入的股票数量，计算公式如下。

买入数量＝4000÷（成本价－预设止损位）

按照这个公式，我们来计算图 7－3－1 中，第一只个股金达威（002626）的买入数量：

4000÷(46.2－43.03)≈1261.83（股）

计算的结果是1261.83，因为A股市场买入股票必须是100股的整数倍，所以取整数，买入1200股。

我们再来计算图7－3－1中，第二只个股浦东建设（600284）的买入数量：

买入数量＝4000÷(6.86－6.37)≈8163.27（股）

计算的结果是8163.27，我们取整数，买入8100股。

总之，笔者买入的每一只股票的最大止损额都是4000元，整个账户可以接受的最大止损额是40000元，这样就有连续10次失败的机会去进行尝试，而且心中也有底了，在操作的时候更容易做到心平气和，这样就更能够发挥出交易系统的优势。

第四节 如何弥补操作失误

在实际操作之中，肯定会不可避免地出现各种各样的突发状况，关于如何应对市场波动等正常状况，前面的内容已有相关叙述，大家只需遵照执行即可。但是还有一类问题，是交易系统没有涉及的，这就是操作失误。

最常见的是人为的操作失误。我们在买卖股票的过程中必须保持平静、专注，切忌急躁、慌乱，否则稍有不慎就可能造成操作失误，最后的结果就会完全打乱交易计划。另外，在投资的过程中，还有可能会遇到一些无法预知的突发状况，包括地震、火灾等不可抗力，以及断电、断网、电脑故障、外界干扰等意外情况，这些突发状况，都属于非人为的操作失误。

不管是人为还是非人为的操作失误，一旦出现了，我们必须第一时间尽力进行补救，以最大限度地保住利润，减少损失。为了尽可能地减小突发状况的影响，笔者提前准备了两套交易系统，那就是电子交易系统和手机交易系统，同时包括电子版的交易计划表和纸质版的交易计划表，在电脑和网络因为种种原因无法使用的时候，还可以使用手机进行交易，同时使用纸质版交易计划表进行记录。

不过，由于我们设定的指标系统都只能在电脑上面进行显示，手机上面无法显示，也就无法进行分析，这就要求我们平时在实际操作的时候，最好养成一个习惯，那就是在纸质版交易计划表上面，详细记录好持有的每一只股票的止损位、阻力位，开盘后先观察持有的每一只股票的形态以及 KDJ、MACD 指标的状态，对每只个股什么情况下应该卖出，做到心中有数。另外，每天中午提前选出当天尾盘可以买入的股票，计算好止损位、仓位，算出尾盘不跌破什么价位就会保持给出 B 点或者箭头，尾盘是否买入以及买入多少。这样一来，即使碰到了突发状况导致电脑无法使用，我们也能够借助纸质版交易计划表，在手机上进行大致的分析，并判断是否买入、卖出股票，把非人为的操作失误影响降低到最小。

"有备无患"。我们不能寄希望于永远不出现操作失误，而是应针对各种类型的操作失误提前想好对策，想好具体的弥补办法，这样才不会在特殊情况时病急乱投医，从而造成更大的影响。下面我们分别来看看各种类型的操作失误，以及如何进行弥补。

一、错误买入计划外的股票

因为打错股票代码而买入了错误的股票，这是一种低级失误。一旦出现这种情况，我们应该在收盘后，仔细研究错买的股票，判断其走势形态是否符合交易系统的买入条件：如果该股恰好符合交易系统的买入条件，这便是最好的情况，但是我们还要计算该股的买入数量，判断其最大止损额是否超过了账户预设的金额，如果超过了，那么在第二天应该卖出超出部分的股票，留下剩余部分，等待交易系统的卖出信号再行卖出；如果该股不符合交易系统的买入条件，那么在下一个交易日开盘后应该立即卖出该股，不管盈利还是亏损，都只能接受这个教训，以后在买股票的时候要更加仔细。

二、买入错误的数量

因为我们买入股票的时候需要临时计算买入数量，又到了尾盘，有些人可能会手忙脚乱，从而计算错误，或者输入错误，最终造成买入数量的错误。如果买入数量不足，那么我们可以在下一个交易日开盘后追加买入不足部分；如果买入数量过多，则可以在下一个交易日开盘后卖出超出部分。

三、错误卖出股票

如果因为操作失误卖出了交易系统没有给出卖出信号的个股，这可能会损失该有的盈利。此时应该观察该股的走势：如果系统不再给出箭头，就不用再买回来了；如果仍然给出箭头，可以立即买回错误卖出的该股；如果当天已经收盘而来不及买回来，可以等到下一个交易日观察其走势后再做出决定。

四、未能及时买入股票

因为失误而未能及时买入计划的股票，不会造成任何损失，只是失去了可能获利的机会。只要我们的本金还在，就还有机会，无须气馁，应该认真反思造成失误的原因，未来尽量避免再犯相同的错误。

五、未能及时卖出股票

交易系统给出卖出信号，说明该股很可能会见顶回落，如果没有及时卖出就可能会造成更大的损失。此时，也不要惊慌，到了下一个交易日，应该先观察该股的各项技术特征，如果卖出信号仍然成立，那么不管该股涨跌多少，都应该果断卖出；如果卖出信号不成立，或者继续给出 B 点或者箭头，那么说明技术形态转好，歪打正着，可以暂时持有该股。如果是后一种情况，我们千万不要因此而庆幸，失误就是失误，不能因为结果变好了就对失误掉以轻心，以后仍然应当尽量避免相同的失误。

总之，出现任何失误都不可怕，但要认真吸取教训，只有确保每次的操作是经过深思熟虑的，才能尽可能地降低损失，做到稳定持久的盈利，从而成为一个合格和成功的股市交易者。

推荐阅读

看穿投资迷雾，练就投资天眼！

书　　名：解码估值：价值投资必读
作　　者：考拉看看
书　　号：978－7－5454－7088－8
定　　价：48.00 元
出版日期：2020 年 4 月
出 版 社：广东经济出版社

全面系统呈现缠论核心交易战法！

书　　名：零基础学缠论操盘：系统讲解缠论操盘战法
作　　者：股票淘金客
书　　号：978－7－5454－7055－0
定　　价：49.80 元
出版日期：2020 年 4 月
出 版 社：广东经济出版社

全面系统讲解 KDJ 指标战法！

书　　名：零起步学 KDJ 操盘
作　　者：吴超
书　　号：978－7－5454－6326－2
定　　价：45.00 元
出版日期：2018 年 11 月
出 版 社：广东经济出版社

一本书把股票的买卖信号看穿！

书　　名：买卖信号：精准判定股票交易时机
作　　者：黄凤祁
书　　号：978－7－5454－5777－3
定　　价：49.80 元
出版日期：2019 年 7 月
出 版 社：广东经济出版社

明明白白合伙，清清楚楚分钱！

书　　名：合伙制：重新定义企业的组织形式
作　　者：解银坤
书　　号：978－7－5454－5402－4
定　　价：45.00 元
出版日期：2017 年 6 月
出 版 社：广东经济出版社

教会你如何把股权激励落到实处！

书　　名：股权激励：融资、融人、融智的零成本秘诀
作　　者：陈丰
书　　号：978－7－5454－5403－1
定　　价：45.00 元
出版日期：2017 年 6 月
出 版 社：广东经济出版社

为老板量身打造的财税管控实战课！

书　　名：老板财税管控实战方案
作　　者：徐培杰
书　　号：978－7－5454－7796－2
定　　价：88.00 元
出版日期：2021 年 7 月
出 版 社：广东经济出版社

解密华为狼性团队的锻造法则！

书　　名：华为团队管理法
作　　者：千海
书　　号：978－7－5454－5907－4
定　　价：45.00 元
出版日期：2018 年 1 月
出 版 社：广东经济出版社